Zum Verhältnis von Recht und Ökonomik beim Behinderungsmissbrauch gemäß Art. 102 AEUV

SCHRIFTEN
zum internationalen und zum öffentlichen
RECHT
Herausgegeben von Gilbert Gornig

Band 115

Zu Qualitätssicherung und Peer Review der vorliegenden Publikation

Die Qualität der in dieser Reihe erscheinenden Arbeiten wird vor der Publikation durch den Herausgeber der Reihe geprüft.

Notes on the quality assurance and peer review of this publication

Prior to publication, the quality of the work published in this series is reviewed by the editor of the series.

Christan Ehlenz

Zum Verhältnis von Recht und Ökonomik beim Behinderungsmissbrauch gemäß Art. 102 AEUV

Die Zwangslizenzierung von Immaterialgüterrechten als Paradigma des More Economic Approach

PL ACADEMIC RESEARCH

Bibliografische Information der Deutschen Nationalbibliothek
Die Deutsche Nationalbibliothek verzeichnet diese Publikation in der DeutschenNationalbibliografie; detaillierte bibliografische Daten sind im Internet über http://dnb.d-nb.de abrufbar.

Zugl.: Marburg, Univ., Diss., 2015

D 4
ISSN 0943-173X
ISBN 978-3-631-67419-2 (Print)
E-ISBN 978-3-653-06781-1 (E-Book)
DOI 10.3726/978-3-653-06781-1

PL Academic Research ist ein Imprint der Peter Lang GmbH.
Peter Lang – Frankfurt am Main · Bern · Bruxelles · New York · Oxford · Warszawa · Wien

Die Publikation wurde begutachtet.

www.peterlang.com

Meinen Eltern

Vorwort

Die vorliegende Arbeit wurde von der Rechtswissenschaftlichen Fakultät der Philipps Universität Marburg im Sommer 2015 als Dissertation angenommen. Im Wesentlichen entstand das Manuskript während meiner Zeit an der RWTH Aachen als Mitglied des von der Exzellenzinitiative des Bundes geförderten Projekthauses Human Technology Centre sowie als wissenschaftliche Hilfskraft am Lehrstuhl von Prof. Dr. Walter Frenz. Rechtsprechung und Literatur fanden bis Ende Juli 2013 Berücksichtigung und gehen nur vereinzelt darüber hinaus.

Besonders herzlich bedanken möchte ich mich bei Prof. Dr. Walter Frenz für die schöne und anregende Zeit in Aachen, die meinen juristischen Werdegang entscheidend geprägt hat. Insbesondere die großzügigen Freiräume und Möglichkeiten, sich intensiv dem wissenschaftlichen Arbeiten zu widmen, habe ich sehr geschätzt. Prof. Dr. Walter Frenz war in jeder Situation überaus hilfsbereit und unterstützte mich in jeder Lage während meiner Zeit in Aachen und darüber hinaus.

Ein weiterer besonderer Dank gilt Herrn Prof. Dr. Dr. h.c. mult. Gilbert Gornig, der mich als Doktorand an der Philipps-Universität Marburg als Erstgutachter betreut, bei der Fertigstellung der vorliegenden Arbeit begleitet und diese in seine Schriftenreihe aufgenommen hat. Bei Herrn Prof. Dr. Michael Kling möchte ich mich für die Erstellung des Zweitgutachtens bedanken.

Insgesamt hat die Unterstützung einer Vielzahl von Menschen mir den Weg zum Abschluss dieser Arbeit bedeutend erleichtert. Dies gilt in besonderem Maße für Herrn Dr. Hendrik J. C. Wübbenhorst, der mir als wertvoller Diskussionspartner dabei half, die eine oder andere Hürde auf dem Weg zur Fertigstellung des Manuskripts zu nehmen, aber auch für alle meine Arbeitskolleginnen und Arbeitskollegen am Lehr- und Forschungsgebiet Berg-, Umwelt- und Europarecht der RWTH Aachen und am Human Technology Centre.

Der größte Dank gilt meinen Eltern, denen diese Arbeit gewidment ist und deren bedingungslose Unterstützung mir in den schwierigen Momenten meiner Zeit als Doktorand viel Last von den Schultern genommen hat, sowie meiner gesamten Familie und meinen Freunden, die mir während dieser nicht immer einfachen Phase den einen oder anderen notwendigen Moment der Zerstreuung ermöglicht haben.

Inhaltsverzeichnis

Abkürzungsverzeichnis

a. A.	andere Ansicht
a.a.O.	am angegebenen Ort
abl.	ablehnend
ABl.	Amtsblatt
Abs.	Absatz
a. E.	am Ende
AEUV	Vertrag über die Arbeitsweise der Europäischen Union
a. F.	alte Fassung
allg.	allgemein
Alt.	Alternative
Anm.	Anmerkung
Art.	Artikel
Aufl.	Auflage
Bd.	Band
Beschl.	Beschluss
BGB	Bürgerliches Gesetzbuch
BGH	Bundesgerichtshof
BGHZ	Entscheidungen des Bundesgerichtshofes in Zivilsachen
BKartA	Bundeskartellamt
BVerfG	Bundesverfassungsgericht
BVerfGE	Entscheidungen des Bundesverfassungsgerichts
bzgl.	bezüglich
bzw.	beziehungsweise
CD	Compact Disk
CMLR	Common Market Law Review
COM	s. KOM
DG	s. GD
d. h.	das heißt
dies.	dieselbe
DVBl.	Deutsches Verwaltungsblatt
DVD	Digital Versatile Disk
EAGCP	Economic Advisory Group on Competition Policy

EAGV	Vertrag zur Gründung der Europäischen Atomgemeinschaft
EC	European Community
ECIS	European Committee for Interoperable Systems
EG	Europäische Gemeinschaft
EGV	Vertrag zur Gründung der Europäischen Gemeinschaft
EGMR	Europäischer Gerichtshof für Menschenrechte
EGRC	Europäische Grundrechtecharta
Einf.	Einführung
Einl.	Einleitung
EL.	Ergänzungslieferung
EMRK	Europäische Menschenrechtskonvention
endg.	endgültig
EPÜ	Europäisches Patentübereinkommen
EU	Europäische Union
EuG	Gericht der Europäischen Union
EuGH	Europäischer Gerichtshof
EuGRZ	Europäische Grundrechte-Zeitschrift
EuR	Europarecht
EUV	Vertrag über die Europäische Union
EuZW	Europäische Zeitschrift für Wirtschaftsrecht
EWG	Europäische Wirtschaftsgemeinschaft
EWiR	Entscheidungen zum Wirtschaftsrecht
EWS	Europäisches Wirtschafts- und Steuerrecht
f./ff.	folgende/fortfolgende
FIFA	Fédération Internationale de Football Association
FIW	Forschungsinstitut für Wirtschaftsverfassung und Wettbewerb e.V.
FKVO	Fusionskontrollverordnung
Fn.	Fußnote
FPR	Familie Partnerschaft Recht
FS	Festschrift
GA	Generalanwalt
GD	Generaldirektion
gem.	gemäß
GewArch.	Gewerbearchiv

GG	Grundgesetz
GRUR	Gewerblicher Rechtsschutz und Urheberrecht
GRUR Ausl.	Gewerblicher Rechtsschutz und Urheberrecht Auslands- und Internationaler Teil
GRUR Int.	Gewerblicher Rechtsschutz und Urheberrecht Internationaler Teil
GWB	Gesetz gegen Wettbewerbsbeschränkungen
h. M.	herrschende Meinung
Hrsg.	Herausgeber
HS.	Halbsatz
IETF	Internet Engineering Task Force
i.H.v.	in Höhe von
IIC	International Review of Intellectual Property and Competition Law
insb.	insbesondere
i.S.d.	im Sinne der/des
ITC	International Trade Commission
IT	Informationstechnologie
i.V.m.	in Verbindung mit
JZ	Juristenzeitung
Kap.	Kapitel
KMU	kleine und mittlere Unternehmen
KOM	Dokument der Europäischen Kommission
KOME	Kommissionsentscheidung
krit.	kritisch
LG	Landgericht
lit.	Buchstabe
Lit.	Literatur
Mio.	Millionen
MIT	Massachusetts Institute of Technology
MMR	MultiMedia und Recht
MP3	MPEG-1 Audio Layer 3
m.w.N.	mit weiteren Nennungen
NDS	Novell Directory Services
NJW	Neue Juristische Wochenschrift
Nr(n).	Nummer(n)
NVwZ	Neue Zeitschrift für Verwaltungsrecht
o.	oben

OLG	Oberlandesgericht
ORDO	Jahrbuch für die Ordnung von Wirtschaft und Gesellschaft
PC	Personal Computer
PharmR	Pharma Recht
PKW	Personenkraftwagen
RiW	Recht der internationalen Wirtschaft
RJD	Reports of Judgments and Decisions
RL	Richtlinie
Rn.	Randnummer
Rs.	Rechtssache
Rspr.	Rechtsprechung
s.	siehe
S.	Seite
Sec.	Section
SIEC	Substantial Impediment to Effective Competition
Slg.	Sammlung der Rechtsprechung des Europäischen Gerichtshofs und des Gerichts erster Instanz
s.o.	siehe oben
sog.	so genannte(r/s)
SSNIP	small but significant non-transitory increase in price
str.	streitig/strittig
st. Rspr.	ständige Rechtsprechung
s.u.	siehe unten
TKG	Telekommunikationsgesetz
u.	und/unten
u. a.	und andere/unter anderem
UAbs.	Unterabsatz
UEFA	Union of European Football Associations
UrhG	Urheberrechtsgesetz
Urt.	Urteil
USA	United States of America
UWG	Gesetz gegen den unlauteren Wettbewerb
v.	vom
vgl.	vergleiche
VO	Verordnung
W3C	World Wide Web Consortium

WIPO	World Intellectual Property Organization
WRP	Wettbewerb in Recht und Praxis
WuW	Wirtschaft und Wettbewerb
ZAöRV	Zeitschrift für ausländisches öffentliches Recht und Völkerrecht
z. B.	zum Beispiel
ZEW	Zentrum für Europäische Wirtschaftsforschung
ZGE	Zeitschrift für Geistiges Eigentum
ZHR	Zeitschrift für das gesamte Handels- und Wirtschaftsrecht
zit.	zitiert
z. T.	zum Teil
ZVglRWiss	Zeitschrift für Vergleichende Rechtswissenschaft
ZWeR	Zeitschrift für Wettbewerbsrecht

Nicht genannte Abkürzungen ergeben sich aus *Kirchner/Hildebert*, Abkürzungverzeichnis der Rechtssprache, 7. Aufl. 2013.

In den Fußnoten genannte Dokumente und Fundstellen aus dem Internet wurden letztmalig am 20. November 2013 abgerufen. Die inhaltlichen Ausführungen befinden sich auf dem Stand von Ende Juli 2013 und gehen nur vereinzelt über diesen hinaus.

Einleitung

„An effects-based analysis will not always require technical economic reasoning and evidence. Econometrics, for example, are (sic!) a useful servant, but a terrible master."[1]

Die Europäische Kommission[2] hat sich seit nunmehr 15 Jahren einer stärker ökonomisch geprägten Durchsetzung der europäischen Wettbewerbsregeln verschrieben.[3] Zusammengefasst wird diese vermeintliche Neuausrichtung als „more economic approach" bezeichnet, welcher seit seiner Einführung die Meinungen in Politik und Wissenschaft gleichermaßen spaltet. Die Positionen lassen sich jedoch keinesfalls schematisch in die Lager „Recht" und „Ökonomik" einteilen und in vielerlei Hinsicht herrscht bisweilen ein hohes Maß an Ungewissheit darüber, was für Veränderungen mit dem more economic approach tatsächlich einhergehen.[4]

In Bezug auf den für die vorliegende Arbeit relevanten Behinderungsmissbrauch[5] im Sinne des Art. 102 AEUV rückte die Kommission (neben der

---

1 *Kroes*, Exclusionary Abuses of Dominance, SPEECH/08/457, 2008. Zit. nach: *Petit*, Antitrust Quote of the Day, 2011, http://chillingcompetition.com/2011/07/14/antitrust-quote-of-the-day.

2 Im Folgenden: Kommission. Sie ist die oberste europäische Wettbewerbsbehörde und in dieser Rolle ein Exekutivorgan.

3 Als Ausgangspunkt gilt das Weißbuch der Kommission über die Modernisierung der Vorschriften zur Anwendung der Art. 85 und 86 EG-Vertrag (Art. 101 und 102 AEUV), ABl. 1999 C 132, S. 1 ff.

4 S. *Emmerich*, in: Dauses, Handbuch des EU-Wirtschaftsrechts, 27. EL 2010, H. I. § 3, Art. 102 AEUV Rn. 8: „Die Kommission betreibt seit Ende der neunziger Jahre des vorigen Jahrhunderts eine Revision ihrer Wettbewerbspolitik, nicht zuletzt mit dem Ziel, in der Anwendung der Wettbewerbsregeln des Vertrages einen „more-economic-approach" (was immer das heißen mag) durchzusetzen."

5 Ein Behinderungsmissbrauch bzw. Verdrängungsmissbrauch liegt vor, wenn ein marktbeherrschendes Unternehmen aufgrund seiner Marktstellung missbräuchlich das Verhalten seiner Wettbewerber unmittelbar oder mittelbar beeinflusst oder die Marktstruktur derart verändert, dass die Wettbewerber drohen, wettbewerbswidrig vom Markt ausgeschlossen zu werden. Es handelt sich um einen horizontalen Missbrauch, welcher in abgeschwächter Form nicht zur Marktverdrängung führen muss, sondern auch die Disziplinierung der Wettbewerber durch den Marktbeherrscher zur Folge haben kann. Die Abgrenzung erfolgt anhand des Begriffs des „Leistungswettbewerbs", hierzu EuGH, Rs. 85/76, Slg. 1979, 461 (Rn. 91) – Hoffmann-La Roche/ Kommission.

Steigerung der Verwaltungseffizienz durch zeitnahe Verfahrensbeendigungen[6]) die Auswirkungsanalyse in den Vordergrund. Die Reformbemühungen mündeten im Erlass der Durchsetzungsprioritäten (2009)[7], in welchen mutmaßlich missbräuchliche Verhaltensweisen ökonomisch analysiert und rechtlich in verschiedene Fallgruppen (sog. theories of harm) eingebettet wurden.[8] Wenn die Kriterien einer Fallgruppe erfüllt sind, entfaltet dies allerdings lediglich die Vermutung, dass die konkret in Augenschein genommene Verhaltensweise missbräuchlich sein könnte. Die Kommission muss aus diesem Grund ihre Entscheidungen rechtlich und ökonomisch fundiert begründen und auch die von den betroffenen Unternehmen vorgetragenen Argumente sorgfältig prüfen und gegebenenfalls widerlegen.[9] Ein stärkerer Einzelfallbezug ist die Folge, was die Rolle der ökonomischen Sachverhaltsanalyse stärkt. Hierdurch erweitert sich nicht nur der Argumentationsradius der Kommission, sondern auch der der betroffenen Unternehmen.

Wie das eingangs angeführte Zitat der ehemaligen Wettbewerbskommissarin *Kroes* nahelegt, soll es allerdings bei der etablierten Rollenverteilung an der Schnittstelle von Recht und Ökonomik bleiben. Der Ökonomik wird lediglich ein dienender Beitrag zur rechtlichen Durchsetzung der Wettbewerbsregeln zugestanden. Im Einzelfall kann die Trennlinie jedoch häufig nicht scharf gezogen

6 Über Verpflichtungszusagen gem. Art. 9 VO (EG) Nr. 1/2003 zur Durchführung der in den Artikeln 81 und 82 des Vertrags (Art. 101 und 102 AEUV) niedergelegten Wettbewerbsregeln, ABl. 2003 L 1, S. 1 ff., und informelle Zusagen kann die Kommission mögliche Gefährdungslagen für den Wettbewerb beseitigen und effektiv ihre Ressourcen schonen, ohne die zugrunde liegenden Sachverhalte bis ins letzte Detail ausleuchten zu müssen. Vgl. hierzu den Bericht der Kommission über die Wettbewerbspolitik 2010, KOM (2011), 328 endg., Rn. 60, http://eur-lex.europa.eu/LexUriServ/LexUriServ.do?uri=COM:2011:0328:FIN:DE:PDF; s. auch *Podszun*, ZWeR 2012, 48 (51, 53).

7 Mitteilung der Kommission – Erläuterungen zu den Prioritäten der Kommission bei der Anwendung von Art. 82 des EGV (Art. 102 AEUV) auf Fälle von Behinderungsmissbrauch durch marktbeherrschende Unternehmen, ABl. 2009 C 45, S. 2. Im Folgenden: Durchsetzungsprioritäten (2009).

8 In diesem Rahmen will die Kommission sich auf solche Verhaltensweisen konzentrieren, „die den Verbrauchern am meisten schaden", Durchsetzungsprioritäten (2009), Rn. 5.

9 Vgl. etwa für eine fehlende ernsthafte Prüfung der gegenüber der Kommission vorgetragenen Argumente im Rahmen des Art. 101 AEUV EuG, Rs. T-410/08, Urt. v. 12.4.2013 (Rn. 111 ff., insb. 115 f., 137, 142, 145, 149, 154, 157 ff.) – GEMA. In Bezug auf Art. 102 AEUV ist jedoch noch kein vergleichbares Urteil ergangen und es wurde insofern noch keine Kommissionsentscheidung insgesamt als nichtig eingestuft.

werden und es ist auf den ersten Blick nicht erkennbar, ob sich der Diener nicht doch im Gewand des Meisters befindet. Darüber hinaus stellt sich die Frage, ob rechtliche und ökonomische Implikationen nicht im Einklang miteinander oder zumindest komplementär umgesetzt werden können.

Die vorliegende Arbeit widmet sich vor diesem Hintergrund der Darstellung und Bewertung der Zwangslizenzierung von Immaterialgüterrechten gemäß Art. 102 AEUV, insbesondere anhand der Entscheidungen *Microsoft*[10] und *Microsoft (II)*[11]. Die Kommission zwingt in solchen Fällen marktbeherrschende Unternehmen dazu, ihren Wettbewerbern Immaterialgüter (z. B. Patente) zur Nutzung bereitzustellen und zu angemessenen Bedingungen zu lizenzieren, sofern die verweigerte Lizenzierung missbräuchlich ist. Der Missbrauchstatbestand ist in solchen Fällen erfüllt, wenn:

(1) Das verweigerte Immaterialgut unerlässlich für die Teilnahme am Wettbewerb ist,
(2) die Ausschaltung wirksamen Wettbewerbs auf einem nachgelagerten Produktmarkt droht,
(3) die technische Entwicklung zum Schaden der Verbraucher eingeschränkt wird und
(4) keine objektive Rechtfertigung für die Lizenzverweigerung besteht.

In der *Microsoft*-Entscheidung verweigerte Microsoft die Offenlegung und Lizenzierung immaterialgüterrechtlich geschützter Schnittstellenprotokolle. Ohne diese ist die Entwicklung von Software, die reibungslos mit dem vorherrschenden Betriebssystem Microsoft Windows für Client PCs funktioniert, nahezu unmöglich. Die Wettbewerber von Microsoft drohten ohne die Schnittstelleninformationen vom Markt für komplementäre Software (im konkreten Fall dem Markt für Betriebssysteme für Arbeitsgruppenserver) gedrängt zu werden.

Dieser Sachverhalt mag auf den ersten Blick speziell wirken und gegen allgemeine Rückschlüsse auf das Verhältnis von Recht und Ökonomik im Rahmen des Art. 102 AEUV sprechen. Die Kommission berief sich allerdings bei Einführung des more economic approach im Bereich des Behinderungsmissbrauchs gemäß Art. 102 AEUV explizit auf drei Leitentscheidungen: *Telefonica*, *Wanadoo* und *Microsoft*.[12] Ähnlich in ihrer Bedeutung ist die Entscheidung *Microsoft (II)*,

10 EuG, Rs. T-201/04, Slg. 2007, II-3601 – Microsoft/Kommission.
11 EuG, Rs. T-167/08, Urt. v. 27.6.2012 (Rn. 232) – Microsoft/Kommission (II).
12 Pressemitteilung der Kommission, IP/08/1877 vom 3.12.2008, http://europa.eu/rapid/press-release_IP-08-1877_de.htm.

dem Folgeverfahren der *Microsoft*-Entscheidung, in welchem die Einhaltung der Abstellungsverfügung gerichtlich überprüft wurde. In der Sache ging es darum, wann Lizenzgebühren angemessen sind und nicht gegen Art. 102 AEUV verstoßen. Die Verfahren gegen Microsoft werden regelmäßig von der Kommission hervorgehoben, wenn sie ihre wettbewerbspolitische Linie in der Öffentlichkeit darstellt und rechtfertigt.[13]

Aus praktischer Sicht ist die Relevanz der Auseinandersetzung zwischen Microsoft und der Kommission ebenfalls ungebrochen. Die Zwangslizenzierung der patent- und urheberrechtlich geschützten Schnittstellenprotokolle sollte sicherstellen, dass Microsoft seine Wettbewerber im Bereich komplementärer Software nicht daran hindert, wirksam am Wettbewerb teilzunehmen. Allgemein gewährleisten Schnittstellenprotokolle Interoperabilität zwischen verschiedenen Programmen und sie sind auf allen Märkten mit Softwarebezug von zentraler Bedeutung. Technische Geräte verschmelzen in ihren Funktionen immer stärker zu Alleskönnern und die Interoperabilität der Soft- und Hardwareprodukte entscheidet darüber, ob ein Anbieter wirksam am Wettbewerb teilnehmen kann.[14] Ein Paradebeispiel sind Smartphones, welche nicht nur als Mobiltelefon benutzt werden können, sondern zugleich Internetzugang, MP3-Player, Foto- und Videokamera sowie Navigationsgerät sind und noch unzählige weitere Funktionen in sich vereinen. Diese Entwicklungen führten zu einer vertikalen technischen Integration von zuvor nebeneinanderliegenden Märkten. Umso härter ist der auf diesem zusammengewachsenen Markt ausgetragene Konkurrenzkampf. Die Marktzutrittsbarrieren (zumindest für potenzielle Wettbewerber, die keinen unmittelbaren Bezug zu IT-Märkten haben) sind hier besonders hoch, weil das Know-how der etablierten Unternehmen nur schwer aufgeholt werden kann. Durch die technische Standardisierung[15] entstanden zudem weitere problematische

13 Aktuell *Italianer*, Competition Policy for Consumers' and Citizens' Welfare, European Competition and Consumer Day, Dublin 2013, S. 3.

14 Interoperabilität ist entscheidend für die reibungslose Kommunikation zwischen verschiedenen Software- und Hardwareprodukten. Diese ist im IT-Bereich von entscheidender Bedeutung. Im Jahr 2009 reichte die Interessenvereinigung ECIS (European Committee for Interoperable Systems), welcher einige von Microsofts härtesten Konkurrenten angehören, eine Beschwerde bei der Kommission ein, dass Microsoft Interoperabilitätsinformationen u. a. in Bezug auf die Office-Produkte und das .NET Framework zurückgehalten habe, s. Pressemittelung der Kommission, MEMO/08/19 v. 14/01/2008, http://europa.eu/rapid/press-release_MEMO-08-19_en.htm?locale=en.

15 Allg. ist die technische Normung bzw. Standardisierung ein Prozess, der auf Festlegung einheitlicher technischer Eigenschaften für bestimmte technische Produkte abzielt,

Konstellationen, wie etwa der Patenthinterhalt[16]. Es ist noch nicht abschließend geklärt, ob ein solcher überhaupt als Marktmachtmissbrauch im Sinne des Art. 102 AEUV zu qualifizieren ist.

Eine weitere Entwicklung unter dem Schlagwort „Patentkrieg" bezeichnet die Tatsache, dass große Technologiekonzerne sich in verschiedenen Ländern gegenseitig mit patentrechtlichen Unterlassungsklagen überziehen, um den Vertrieb von Konkurrenzprodukten zu verhindern.[17] In jüngerer Zeit leitete die Kommission in diesem Zusammenhang Ermittlungsverfahren gegen Samsung[18]

---

damit alle Produkte im Verbund an ihren Schnittstellen reibungslos miteinander funktionieren. Sie kann durch staatliche Stellen geschehen oder aufgrund von Vereinbarungen der Herstellerunternehmen. Zudem bildet sich ein technischer Standard häufig im Marktgeschehen (sog. de facto-Standards). Hierzu u. 3. Kapitel, § 2 A. IV. 2. e), in Zusammenhang mit der *Microsoft*-Entscheidung, in welcher Windows für Client PCs als de facto-Standard eingestuft wurde.

16 Bei diesen verschweigt ein Patentinhaber im Rahmen der Festlegung einer technischen Norm durch ein Standardisierungsgremium, dass er an Technologien, die in die jeweilige Norm aufgenommen werden sollen, Patentrechte hält. Nach der Festlegung auf den technischen Standard, wodurch die einbezogenen patentierten Erfindungen essentiell für die Teilnahme am Wettbewerb werden, verlangt der Patentinhaber überhöhte Lizenzgebühren von den übrigen Nutzern des Standards oder verklagt sie wegen Patentverletzung. Dies ist möglicherweise ein Verstoß gegen Art. 102 AEUV. Ein Beispiel für technische Normen sind die Mobilfunkstandards UMTS, GSM und LTE, welche den Zweck erfüllen, dass die Mobilfunkgeräte eines jeden Herstellers in allen Mobilfunknetzen einsetzbar sind. Zum Begriff des Patenthinterhalts s. Mitteilung der Kommission an das Europäische Parlament, den Rat und den Europäischen Wirtschafts- und Sozialausschuss, Eine europäische Strategie für gewerbliche Schutzrechte, KOM (2008) 465 endg./2, S. 10 f.

17 Vgl. zu den Problemen bei der technischen Standardisierung im Smartphone-Bereich *Italianer*, Competition Policy for Consumers' and Citizens' Welfare, European Competition and Consumer Day, Dublin 2013, S. 5.

18 Es handelt sich um Unterlassungsverfügungen gegen Apple in verschiedenen Mitgliedstaaten, s. Pressemitteilung der EU v. 21.12.2012, http://europa.eu/rapid/press-release_IP-12-1448_de.htm; s. auch Kommission, MEMO/12/1012 v. 21.12.2012, http://europa.eu/rapid/press-release_MEMO-12-1021_en.htm. Aktuell liegen Verpflichtungszusagen von Samsung vor, die einem sog. Markttest unterworfen werden. Samsung will sich demnach dazu bereiterklären, in den nächsten fünf Jahren keine Unterlassungsverfügungen gegen Unternehmen einzureichen, die einem bestimmten Lizenzierungsrahmen zustimmen. Bestandteil dieses Lizenzierungsrahmens ist die Lizenzierung von Patenten zu fairen, zumutbaren und diskriminierungsfreien Bedingungen, s. Pressemitteilung der EU v. 17.10.2013, http://europa.eu/rapid/press-release_IP-13-971_de.htm.

und Motorola[19] ein und übermittelte Beschwerdepunkte wegen eines möglichen Marktmachtmissbrauchs im Hinblick auf gegen Apple gerichtete patentrechtliche Unterlassungsverfügungen.

Die Aufhebung der Ausschließlichkeitswirkung von Patenten und anderen Schutzrechten durch die Zwangslizenzierung richtet sich gegen solche Verhaltensweisen und steht bei diesen Missbrauchsvorwürfen im Sinne des Art. 102 AEUV im Mittelpunkt. In diesem Zusammenhang ist auch die Höhe der Lizenzgebühren entscheidend. Sind sie zu hoch, droht der Ausschluss der Lizenznehmer vom Wettbewerb. Sind sie zu niedrig, schädigt dies Innovationsanreize. Die bereits angesprochene technische Standardisierung verschärft diese Problematik. Für diese Sachverhaltskonstellationen sind die Fälle *Microsoft* und *Microsoft (II)* auf Unionsebene die wesentlichen Präzedenzfälle. Die in diesen Entscheidungen aufgestellten Maßstäbe sowie der zu erwartende gerichtliche Rechtsschutz beeinflussen erheblich das unternehmerische Kalkül bei der Forschung und Entwicklung im Technikbereich und letztendlich das Vorgehen, wenn die Kommission einen Missbrauchsverdacht äußert.

In diesem Zusammenhang treten Probleme an der Schnittstelle von Recht und Ökonomik auf. Der Gerichtshof der EU räumt der Kommission weitgehende Entscheidungsspielräume in wirtschaftlichen und technischen Sachfragen ein und die Erfolgsaussichten vor Gericht gehen in Fällen des Art. 102 AEUV nahezu gegen Null. Es besteht die Gefahr, dass es aus diesem Grund in Zukunft effektiv zu keiner gerichtlichen Kontrolle von Kommissionsentscheidungen gemäß Art. 102 AEUV kommt. Die betroffenen Unternehmen neigen nämlich in jüngerer Zeit dazu, Missbrauchsvorwürfe im Einvernehmen mit der Kommission (z. B. über Verpflichtungszusagen gemäß Art. 9 VO (EG) Nr. 1/2003[20]) zu entkräften. Diese Entwicklung droht das Auslegungsmonopol des Gerichtshofs der EU im Sinne des Art. 19 EUV auszuhöhlen und die Missbrauchsaufsicht faktisch von der Judikative abzukoppeln. Der gerichtliche Prüfungsmaßstab und die noch größeren Entscheidungsspielräume der

Ausf. zu der Angemessenheit von Lizenzbedingungen im Sinne des Art. 102 AEUV im *Microsoft (II)*-Fall u. 3. Kapitel, § 3 C.

19 Die mögliche Verletzung resultiert wiederum aus einer Unterlassungsvefügung gegen Apple, s. Pressemitteilung der EU v. 6.5.2013, IP/13/406, http://europa.eu/rapid/press-release_IP-13-406_de.htm; s. auch Kommission, MEMO 13/403 v. 6.5.2013, http://europa.eu/rapid/press-release_MEMO-13-403_en.htm.

20 VO (EG) Nr. 1/2003 zur Durchführung der in den Artikeln 81 und 82 des Vertrags (Art. 101 und 102 AEUV) niedergelegten Wettbewerbsregeln, ABl. 2003 L 1, S. 1 ff.

Kommission bei Verpflichtungszusagen gemäß Art. 9 VO (EG) Nr. 1/2003 verstärken diesen Effekt.[21]

Das Forschungsinteresse richtet sich vor diesem Hintergrund zunächst darauf, das Verhältnis von Recht und Ökonomik beim Marktmachtmissbrauch gemäß Art. 102 AEUV auszuleuchten und die Einzelfallanalyse in Zwangslizenzfällen im Sinne des Art. 102 AEUV hieran zu messen. In einem weiteren Schritt werden die Auswirkungen dieser Entscheidungspraxis auf die betroffenen Unternehmen ökonomisch analysiert, um mögliche Folgen für die Rechtspraxis zu prognostizieren und rechtspolitische Konflikte aufzudecken.

Die Arbeit gliedert sich zu diesem Zweck in vier Kapitel. Das erste Kapitel führt in die wesentlichen ökonomischen Grundlagen von Wettbewerb und Eigentum ein, um eine Basis für das Verständnis der maßgeblich von ökonomischen Erwägungen getragenen Entscheidungen der Kommission zu legen.

Im zweiten Kapitel folgt eine Darstellung der rechtlichen Grundlagen von Wettbewerb und Eigentum in den Europäischen Verträgen[22]. Einen Schwerpunkt bildet die Verortung des wirksamen Wettbewerbs im Ziel- und Wertgefüge der Union, auch im Hinblick auf das Verhältnis zu den Grundfreiheiten unter dem übergeordneten Binnenmarktziel. Anschließend folgt eine ausführliche Darstellung der jüngeren Entwicklungen im Zuge des more economic approach, welche sich auf den Marktmachtmissbrauch gemäß Art. 102 AEUV konzentriert.

Das dritte Kapitel widmet sich den einzelnen Voraussetzungen des Art. 102 AEUV in Fällen der missbräuchlichen Lizenzverweigerung und der Analyse der bisherigen Rechtsprechung mit einem Schwerpunkt auf der *Microsoft*-Entscheidung. Dem schließt sich eine Darstellung und Bewertung des *Microsoft (II)*-Urteils an. In dieser Entscheidung beschäftigte sich das EuG damit, wann Lizenzgebühren für Immaterialgüterrechte überhöht sind und gegen Art. 102 AEUV verstoßen.

Im vierten Kapitel folgt eine ökonomische Analyse dieser Rechtspraxis und ihrer Auswirkungen auf betroffene Unternehmen sowie die Rechtskontrolle beim Behinderungsmissbrauch gemäß Art. 102 AEUV durch den Gerichtshof der EU.

Die Arbeit schließt mit einer thesenartigen Darstellung der herausgearbeiteten Ergebnisse.

---

21 Hierzu *Hennig*, ZWeR 2010, 440 (449 f.); *Frenz/Ehlenz*, EWS 2010, 305 (307); *Klees*, WuW 2009, 374 (379) sieht die Gefahr, dass Verpflichtungszusagen zu einer Art „Ablasshandel" verkommen.

22 Im Folgenden: Verträge.

1. Kapitel: Ökonomische Grundlagen

Die Zwangslizenzierung von Immaterialgüterrechten über Art. 102 AEUV betrifft durch geistige Leistung geschaffene unkörperliche Güter. Solche Güter werden durch die Rechtsordnung in vielerlei Hinsicht geschützt. Ein Patent z. B. verbürgt gemäß § 1 PatG und Art. 52 EPÜ exklusive Nutzungs- und Verwertungsrechte für jede technische Erfindung, die auf einer erfinderischen Tätigkeit beruht, neu ist und gewerblich genutzt werden kann. Der Inhaber eines Patents ist grundsätzlich in seiner Entscheidung frei, ob und wie er das geschützte technische Wissen nutzen will. Er kann es selbst verwerten, indem er ein innovatives Produkt auf den Markt bringt oder im Falle einer Prozessinnovation ein etabliertes Produkt effizienter herstellt. Er kann das Patent aber auch Dritten zur Lizenzierung anbieten oder das geschützte Wissen aus wettbewerbsstrategischen Gründen ungenutzt lassen. Diese Nutzungsmöglichkeiten müssen zwar nicht in wettbewerbsrechtlich relevanter Marktmacht münden. Aktuelle Entwicklungen (z. B. der „Patentkrieg" zwischen Apple und Samsung[23]) zeigen jedoch, dass die aus dem ausschließlichen Nutzungsrecht folgende Sperrwirkung erhebliche Marktbarrieren schafft. Im Extremfall ist es denkbar, dass ein Markt von einem Unternehmen zumindest temporär nahezu konkurrenzlos dominiert wird.

Dies wirft die Frage auf, ob der Regulierungszweck des Immaterialgüterschutzes in solchen Fällen nicht verfehlt wird oder zumindest den des Wettbewerbsrechts einseitig überlagert. Die wettbewerbsrechtliche Zwangslizenz bietet eine von vielen Korrekturmöglichkeiten, um die Ausschließlichkeitswirkung

23 Beide Unternehmen führen eine Vielzahl von Streitigkeiten im Hinblick auf die gegenseitige Verletzung von Immaterialgüterrechten. Jüngst, am 4.6.2013, erwirkte Samsung in den USA ein Importverbot für ältere Modelle des iPhones und des iPads aufgrund der Verletzung standardessentieller Patente, s. hierzu die Entscheidung der ITC, Inv. No. 337-TA-794, http://www.usitc.gov/secretary/fed_reg_notices/337/337-794_notice06042013sgl.pdf; vgl. in diesem Zusammenhang auch die Reformvorschläge der US-Regierung für den Patentschutz im Hochtechnologiebereich vom 4.6.2013, http://www.whitehouse.gov/the-press-office/2013/06/04/fact-sheet-white-house-task-force-high-tech-patent-issues. In Bezug auf standardessentielle Patente im Mobilfunkbereich informierte die Kommission Samsung darüber, dass sie nach einer ersten Prüfung davon ausgeht, dass patentrechtliche Unterlassungsverfügungen von Samsung in diesem Bereich einen Verstoß gegen Art. 102 AEUV darstellen, Pressemitteilung der EU v. 21.12.2012, IP/12/1448, http://europa.eu/rapid/press-release_IP-12-1448_de.htm.

von Immaterialgüterrechten aufzuheben und so Marktzutrittsbarrieren zu senken.[24] An dieser Schnittstelle treffen komplexe rechtliche und ökonomische Wertungen des Wettbewerbs- und des Immaterialgüterrechts aufeinander. Im Lichte des von der Kommission verfolgten more economic approach[25] und der stärkeren Bedeutung des Verbraucherwohls[26] bedarf es daher einer Einführung in die ökonomischen Grundlagen von Wettbewerbs- und Immaterialgüterrecht. Darüber hinaus ist der Regelungszweck beider Rechtsgebiete

---

24 Zentraler Betrachtungspunkt dieser Arbeit ist der Verstoß gegen Art. 102 AEUV durch die Nichtlizenzierung von Immaterialgüterrechten, insb. im Hinblick auf EuG, Rs. T-201/04, Slg. 2007, II-3601 – Microsoft/Kommission und Rs. T-167/08, Urt. v. 27.6.2012 – Microsoft/Kommission (II). Das Spektrum von Verhaltensweisen, für welche die Anwendung von Art. 102 AEUV in Betracht kommt, ist allerdings bedeutend größer. Ein weiteres Beispiel ist das Verfahren der Kommission gegen Rambus wegen eines mutmaßlichen Patenthinterhalts. Das Unternehmen soll patentierte Technologien in den technischen Standard für RAM-Bausteine eingebracht und im Nachhinein möglicherweise überhöhte Lizenzgebühren für die standardrelevanten Patente verlangt haben. Dieses Verfahren endete mit einer Verpflichtungszusage gem. Art. 9 VO (EG) Nr. 1/2003, KOME, 9.12.2009, COMP/38.636 – Rambus, ABl. 2010 C 30, S. 17 f. Gegen diese Verpflichtungszusage reichte ein Wettbewerber am 25.3.2010 Klage ein, EuG, Rs. T-148/10 – Hynix Semiconductor/Kommission, ABl. 2010 C 148, S. 41 f., welche jedoch zurückgezogen wurde, s. *Lamadrid*, Cases that never will be (I) – Hynix (Case T-148/10), http://chillingcompetition.com/?s=hynix. Zum Begriff des Patenthinterhalts näher Mitteilung der Kommission an das Europäische Parlament, den Rat und den Europäischen Wirtschafts- und Sozialausschuss, Eine europäische Strategie für gewerbliche Schutzrechte, KOM (2008) 465 endg./2, S. 10 f. In einem weiteren prominenten Fall aus jüngerer Zeit machte AstraZeneca irreführende Angaben bei der Anmeldung eines ergänzenden Schutzzertifikats für das patentierte Medikament Omeprazol, um die Schutzzeit missbräuchlich zu verlängern, EuGH, Rs. C-457/10 P, Urt. v. 6.12.2012 – AstraZeneca/Kommission; EuG, Rs. T-321/05, Slg. 2010, II -2805 – AstraZeneca/Kommission.

25 Kritisch zu diesem Begriff, da er bereits einen Widerspruch zwischen Recht und Ökonomik impliziere, *Röller/Friederiszick*, Ökonomische Analyse in der EU Wettbewerbspolitik. Ein erstes Résumé, 2007, S. 2; s. auch *Röller*, Economic Analysis and Competition Policy Enforcement in Europe, in: van Bergeijk/Kloosterhuis, Modelling European Mergers, 2005, S. 13 (13) zur Bedeutung der Ökonomik für das Wettbewerbsrecht.

26 Dieses ist zu unterscheiden vom Gemeinwohl, welches die gesamtwirtschaftliche Wohlfahrt zum Effizienzziel erhebt und nicht speziell das Wohl der Verbraucher, näher *Drexl*, Wettbewerbsverfassung, in: von Bogdandy/Bast, Europäisches Verfassungsrecht, 2. Aufl. 2009, S. 905 (944).

maßgeblich ökonomisch fundiert.[27] Zunächst erfolgt jedoch eine Konkretisierung des Begriffs „Wettbewerb".

§ 1 Wettbewerbsbegriff

Bereits der Versuch, den vielschichtigen Gesamtprozess des Wettbewerbs in seinem tatsächlichen Ablauf begrifflich und rechtlich zu konkretisieren, ist mit erheblichen Schwierigkeiten verbunden. Eine positive Definition ist nur auf Kosten hoher Abstraktion möglich. Damit die Definition von Wettbewerb überhaupt nutzenstiftend ist, sollte sie zumindest eine Einschätzung ermöglichen, ob der Wettbewerb auf einem Markt mehr oder weniger gut funktioniert.[28]

A. Definitionsansatz

Einen der herrschenden Meinung entsprechenden Ansatz bietet der praktische Wettbewerbsbegriff von *Fikentscher*, welcher (verkürzt dargestellt) im Wettbewerb das zieloffene Streben von Anbietern und Nachfragern nach Geschäftsverbindungen durch in Aussicht stellen günstig erscheinender Abschlussbedingungen sieht.[29]

Freier Wettbewerb kann sich nur entfalten, wenn gewisse Grundvoraussetzungen erfüllt sind. Den Rahmen bildet eine marktwirtschaftliche Wirtschaftsordnung, in welcher Vertragsfreiheit und Privateigentum als Teile der privatautonomen Gestaltungshoheit vorgesehen sind.[30] Des Weiteren müssen sich Anbieter und Nachfrager in ihrer Rolle als Wettbewerber unabhängig voneinander und antagonistisch

27 S. für das Immaterialgüterrecht *Scotchmer*, Innovation and Incentives, 2004, S. 98 ff.; für das Wettbewerbsrecht *Bishop/Walker*, The Economics of EC Competition Law, 3. Aufl. 2010, S. 1 ff.

28 Hierzu und zum Vorgenannten *I. Schmidt*, Wettbewerbspolitik und Kartellrecht, 9. Aufl. 2012, S. 3. Dieser spricht explizit nicht von einer Definition, sondern von einer „ergänzungsbedürftigen Arbeitshypothese" und formuliert seinen Wettbewerbsbegriff in Anlehnung an den praktischen Wettbewerbsbegriff von *Borchardt/Fikentscher*, Wettbewerb, Wettbewerbsbeschränkungen, Marktbeherrschung, 1957, S. 15.

29 *Fikentscher*, Recht und wirtschaftliche Freiheit, Bd. 1, 1992, S. 102 f.; *ders.*, Recht und wirtschaftliche Freiheit, Bd. 2, 1993, S. 6, m.w.N.; zum Ganzen *Leistner*, Richtiger Vertrag und lauterer Wettbewerb, 2007, S. 68 ff., welcher Querbezüge zu den einzelnen Wettbewerbstheorien einfließen lässt. Zu diesen u. 1. Kapitel, § 2 E.

30 *Mestmäcker/Schweitzer*, Europäisches Wettbewerbsrecht, 2. Aufl. 2004, § 2 Rn. 73.

(also nicht kooperativ) verhalten. Sie müssen versuchen, sich gegenüber ihren jeweiligen Wettbewerbern besser zu stellen.[31]

B. Fehlende Definition im europäischen Wettbewerbsrecht

Eine positive Definition von Wettbewerb ist stets der Gefahr ausgesetzt, hinter der Vielfalt des realen Phänomens zurückzubleiben. Sowohl die Verträge als auch die Kommission sehen von einer positiven Definition des Wettbewerbsbegriffs ab.[32] Der Schutzbereich der Wettbewerbsregeln im Sinne der Art. 101 ff. AEUV wird dementsprechend negativ bestimmt und anhand von rechtlichen Verboten näher konkretisiert.[33] Die Begriffseingrenzung über eine Negativdefinition muss zwar als „wissenschaftliche Verlegenheitslösung"[34] angesehen werden. Die Vorteile einer solchen Herangehensweise, nämlich eine flexible und effektive Handhabe des Regelwerks durch die Wettbewerbsbehörden, sind jedoch offensichtlich. Die Wettbewerbsregeln können hierdurch auf neue und bisweilen unbekannte Konstellationen angewandt werden, ohne größere rechtsstaatliche Bedenken auszulösen.[35]

Die wettbewerbsrechtlichen Tatbestände in den Art. 101 ff. AEUV enthalten darüber hinaus eine Reihe unbestimmter Rechtsbegriffe, was den Anwendungsradius zusätzlich vergrößert.[36] Systematisch stellt die offene Ausgestaltung über Verbotsvorschriften eine der vielen Parallelen zu den europäischen Grundfreiheiten dar. Insofern sind die Vertragsbestimmungen über die Grundfreiheiten und die Wettbewerbsregeln, welche nunmehr seit dem Vertrag von Lissabon systematisch unter dem Binnenmarktziel im Sinne des Art. 3 Abs. 3 S. 1 EUV und 26 Abs. 1 AEUV verklammert sind, auch regulatorisch kohärent ausgestaltet.[37]

---

31 Näher *I. Schmidt*, Wettbewerbspolitik und Kartellrecht, 9. Aufl. 2012, S. 3 f.; *Bunte*, Kartellrecht, 2. Aufl. 2008, S. 5.

32 *Bunte*, in: Langen/Bunte, Bd. 2, 11. Aufl. 2010, Einf. zum EG-Kartellrecht Rn. 39.

33 *Bunte*, Kartellrecht, 2. Aufl. 2008, S. 4 f.

34 In Bezug auf den Dienstleistungsbegriff *Corsten/Gössinger*, Dienstleistungsmanagement, 5. Aufl. 2007, S. 21.

35 Zu Letzterem EuGH, Rs. 85/76, Slg. 1979, 461 (Rn. 128 ff., insb. 132 ff.) – Hoffmann-La Roche/Kommission.

36 Vgl. *Kling/Thomas*, Kartellrecht, 2007, S. 7.

37 Zu dieser Verklammerung, welche sich auch in der aktuellen Rechtsprechung niederschlägt, u. 2. Kapitel, § 1 B. II.

C. Ergebnis

Das Phänomen Wettbewerb ist dem Grunde nach keiner umfassenden und abschließenden positiven Definition zugänglich. Die dynamischen Vorgänge im wirtschaftlichen Güteraustausch sind schlichtweg zu vielfältig. Auf neue oder sich verändernde marktrelevante Strukturen (z. B. das Internet oder die Vernetzung der Finanzmärkte) sowie die Modifikation des rechtlichen Rahmens reagieren die Marktteilnehmer und damit der Wettbewerb unmittelbar. Ein solch dynamischer Prozess verlangt gerade danach, dass die Regelungen zu seinem Schutze selbst generalklauselartig offen ausgestaltet sind, denn Wettbewerb kann nicht vorweggenommen oder geplant werden, ebenso wenig wie sein Schutzbereich. Anderenfalls bestünde die Gefahr, dass ersichtlich unerwünschte Verhaltenspraktiken auftreten, ohne dass die Wettbewerbsbehörden auf sie effektiv reagieren könnten.[38] Rechtspolitisch ist diese Regelungstechnik daher nicht zu beanstanden.

Der EuGH konstatierte bereits in der Entscheidung *Hoffmann-La Roche*[39], dass die Wettbewerbsvorschriften im Sinne der Art. 101 ff. AEUV nicht gegen rechtsstaatliche Grundsätze verstoßen.[40] Legt man dies zugrunde, verlagern sich die aus der Unbestimmtheit der negativen Wettbewerbsdefinition und den offenen Tatbestandsmerkmalen folgenden Probleme auf die konkrete Einzelfallanwendung. Die Kehrseite ist vor diesem Hintergrund die enorme Rechtsunsicherheit, wenn die Kommission Unternehmen mit Wettbewerbsbedenken konfrontiert. Verschärft wird diese Lage dadurch, dass der Gerichtshof der EU der Kommission für die Anwendung der Art. 101 ff. AEUV gerichtsfeste Beurteilungs- und Ermessensspielräume zugesteht.[41] Letztendlich schlägt die

---

38 Ein Beispiel aus den Anfängen des europäischen Wettbewerbsrechts ist die Fusionskontrolle, welche bis zu ihrer sekundärrechtlichen Kodifizierung praktisch über das Verbot in Art. 86 EWG (Art. 102 AEUV) durchgesetzt wurde, vgl. *Drexl*, Wettbewerbsverfassung, in: von Bogdandy/Bast, Europäisches Verfassungsrecht, 2. Aufl. 2009, S. 905 (906 f.) unter Hinweis auf EuGH, Rs. 6/72, Slg. 1973, 215 – Continental Can/Kommission.

39 EuGH, Rs. 85/76, Slg. 1979, 461 – Hoffmann-La Roche/Kommission.

40 EuGH, Rs. 85/76, Slg. 1979, 461 (Rn. 128 ff., insb. 132 ff.) – Hoffmann-La Roche/Kommission.

41 S. hierzu EuGH, verb. Rs. 56/64 u. 58/64, Slg. 1966, 321 (396) – Consten u. Grundig/Kommission; Rs. 71/74, Slg. 1975, 563 (Rn. 43) – Frubo/Kommission; Rs. C-12/03 P, Slg. 2005, I-987 (Rn. 39) – Tetra Laval/Kommission; Rs. C-525/04 P, Slg. 2007, I-9947 (Rn. 56 f.) – Spanien; Rs. C-389/10, Urt. v. 8.12.2011 (Rn. 118 f.) – KME/Kommission; EuG, Rs. T-201/04, Slg. 2007, II-3601 (Rn. 649) – Microsoft/Kommission.

Vielfalt des Phänomens „Wettbewerb“ auf die Auslegung und Anwendung der Wettbewerbsregeln durch und wird in gleichem Maße zu einem Unsicherheitsfaktor für betroffene Unternehmen.

§ 2 Wettbewerb in der Wirtschaftsordnung

Wettbewerb ist für eine auf Privatautonomie beruhende marktwirtschaftliche Wirtschaftsordnung eine unverzichtbare Institution.[42] Die Gesellschaftsmitglieder treten im Wettbewerbsprozess als Anbieter und Nachfrager von Gütern auf. In der ökonomischen Terminologie sind sie Marktteilnehmer. Sie tauschen je nach ihren Bedürfnissen und Präferenzen untereinander Güter und Zahlungsmittel, um eine für sie größtmögliche Befriedigung ihrer Bedürfnisse zu erreichen. Dabei kommt es sowohl auf Anbieter- als auch auf Nachfragerseite zum Konkurrenzkampf um das attraktivste Angebot für die Gegenseite, etwa in Bezug auf Qualität, Preis, Service und sonstige Tauschbedingungen. Die Marktteilnehmer treffen in diesem Prozess vielfältige Entscheidungen, welche unmittelbar das wirtschaftliche und soziale Erscheinungsbild einer Gesellschaft prägen, etwa indem Unternehmen in die Forschung und Entwicklung investieren, um sich einen Wettbewerbsvorsprung gegenüber der Konkurrenz zu verschaffen.[43] Dies kommt auch der Allgemeinheit zugute, da auf diesem Wege z. B. neue Medikamente oder Methoden der Energiegewinnung entwickelt werden.

A. Wirtschaftswissenschaftlicher Forschungsansatz

Das Wettbewerbsrecht dient dem Schutz von gesellschaftlich erwünschten und der Sanktionierung von gesellschaftlich unerwünschten Verhaltensweisen im Wirtschaftsverkehr. Bestimmte Verhaltensweisen können sich jedoch je nach gewählter ökonomischer Perspektive einmal als erwünscht und einmal als unerwünscht erweisen. Aus den unterschiedlichen wettbewerbstheoretischen Ansätzen folgen schließlich unterschiedliche Implikationen für die Auslegung und

---

42 Unter Privatautonomie versteht man, dass Menschen ihre Rechtsverhältnisse selbstbestimmt über die Vertrags-, Eigentums-, Testier- und Vereinigungsfreiheit gestalten können. Zum Ganzen *G. P. Calliess*, Die Zukunft der Privatautonomie, in: Jud/Bachner/Bollenberger/Halbwachs/Kalss/Meissel/Ofner/Rabl, Jahrbuch Junger Zivilrechtswissenschaftler, 2001, S. 85 ff. (89 ff.).

43 Hierzu und zum Vorgenannten unter Aufzählung der einzelnen ökonomischen und gesellschaftlichen Funktionen des Wettbewerbs mit näheren Erläuterungen *Bunte*, Kartellrecht, 2. Aufl. 2008, S. 7 f.

Anwendung der Wettbewerbsvorschriften im Einzelfall.[44] So kann die Preispolitik eines Unternehmens nur als missbräuchlich im Sinne des Art. 102 AEUV eingestuft werden, wenn es sich um Monopol- oder Kampfpreise handelt. Hierfür ist jedoch der gewählte Berechnungsansatz entscheidend und auch, wann überhaupt eine wettbewerbsrelevante Marktmachtkonzentration vorliegen soll. Die ökonomisch fundierte theoretische Grundlage des Wettbewerbsschutzes ist daher prägend für das rechtliche Schutzkonzept. Deshalb erfolgt eine kurze Einführung in die wirtschaftswissenschaftliche Methodologie, bevor die einzelnen Wettbewerbstheorien vorgestellt werden.

I. Grundlegender Untersuchungsansatz der Wirtschaftswissenschaften

Die Wirtschaftswissenschaften beschäftigen sich ganz allgemein damit, wie menschliche Bedürfnisse in einer Gesellschaft mit den endlich vorhandenen Ressourcen am besten befriedigt werden können.[45] Das gesellschaftliche Wohl soll letztendlich maximiert werden.[46] Dreh- und Angelpunkt der traditionellen mikroökonomischen Theorie ist mithin, den sozialen Zustand[47] ausfindig zu machen, welcher dieser Zielsetzung am ehesten gerecht wird.[48] Methodologisch sind verschiedene Herangehensweisen zu unterscheiden, über welche im Folgenden ein kurzer, nicht abschließender Überblick gewährt werden soll.

II. Positive und normative Ökonomik

Ebenso wie allgemein erkenntnistheoretisch zwischen positiven und normativen Aussagen unterschieden wird, teilt sich die Ökonomik in einen positiven und einen normativen Strang. Unter Ökonomik versteht man dabei die Herangehensweise im wirtschaftswissenschaftlichen Erkenntnisprozess, im

44 Hierzu u. 1. Kapitel, § 2 E.

45 *Vanberg*, Die Ökonomik ist keine zweite Physik, in: Goldschmidt/Wohlgemuth, Victor J. Vanberg: Wettbewerb und Regelordnung, 2008, 289 (296) m.w.N.; s. auch *Felderer/Homburg*, Makroökonomik und neue Makroökonomik, 9. Aufl. 2005, S. 7.

46 *Peukert*, Güterzuordnung als Rechtsprinzip, 2008, S. 95; *Schäfer/Ott*, Lehrbuch der ökonomischen Analyse des Zivilrechts, 5. Aufl. 2012, S. 1 ff., im Hinblick auf die ökonomische Analyse des Rechts, welche Rechtsnormen in ihren Auswirkungen auf das Gemeinwohl untersucht. Hierzu auch u. 1 Kapitel, § 3 A.

47 Unter diesem versteht man die vollständige Beschreibung der Lage einer Gesellschaft und aller ihrer Individuen, s. *Schäfer/Ott*, Lehrbuch der ökonomischen Analyse des Zivilrechts, 5. Aufl. 2012, S. 13.

48 *Schäfer/Ott*, Lehrbuch der ökonomischen Analyse des Zivilrechts, 5. Aufl. 2012, S. 38 ff.

Unterschied zur Ökonomie (d.h. Wirtschaft), welche den Untersuchungsgegenstand der Wirtschaftswissenschaften darstellt.[49]

1. *Positive Ökonomik*

Die positive Ökonomik beschäftigt sich mit der Analyse des Ist-Zustandes, wie etwa des Preiswettbewerbs auf einem Markt oder dem Verhalten verschiedener Marktteilnehmer.[50] Es sollen möglichst viele Erkenntnisse über alle wirtschaftlich relevanten Faktoren gesammelt werden. Dafür werden von der positiven Ökonomik a priori keine vorgefertigten (politischen) Ziele ins Auge gefasst oder grundlegende Werturteile getroffen.[51]

Idealerweise mündet die Analyse des Ist-Zustandes in allgemein ableitbaren Erfahrungssätzen und Theorien, welche eine möglichst genaue ökonomische Prognose zulassen.[52] Hierauf aufbauend können Modelle entwickelt und auf einzelne Märkte oder Verhaltensweisen der Marktteilnehmer angewendet werden.[53] Ein solches Vorgehen bedarf jedoch häufig vereinfachender Grundannahmen, da die Komplexität und Vielfalt der realen Wirtschaftsprozesse keiner Modellierung zugänglich sind. Auf dieser Ebene kommt auch die positive Ökonomik nicht ohne normative Elemente aus.[54] So gehen viele ökonomische Analysen davon aus, dass alle Marktteilnehmer dem Bild des homo oeconomicus entsprechend handeln und rationale Nutzenmaximierer sind (auch REM-Hypothese genannt).[55] Diese Annahme vereinfacht die Prognose menschlichen Verhaltens und macht es als Faktor berechenbar. Um ökonomische Modelle und Theorien zu verbessern, müssen die modellhaften Vereinfachungen jedoch stets hinterfragt werden, insbesondere, wenn empirische Untersuchungen ein Modell

---

49 Zum Ganzen *Kleinewefers*, Einführung in die Wohlfahrtsökonomie, 2008, S. 24 ff. m.w.N.

50 *Peukert*, Güterzuordnung als Rechtsprinzip, 2008, S. 98 f.

51 Zum Ganzen *Wurmnest*, Marktmacht und Verdrängungsmissbrauch, 2. Aufl. 2012, S. 110 f.

52 Zur Aufteilung der Situationsanalyse in Diagnose und Prognose *Kleinewefers*, Einführung in die Wohlfahrtsökonomie, 2008, S. 18.

53 *Budzinski*, Modern Industrial Economics: Open Problems and Possible Limits, in: Drexl/Kerber/Podszun, Competition Policy and the Economic Approach, 2011, S. 111 (114 f.).

54 Vgl. *Kleinewefers*, Einführung in die Wohlfahrtsökonomie, 2008, S. 25 f.

55 Hierzu *Schäfer/Ott*, Lehrbuch der ökonomischen Analyse des Zivilrechts, 5. Aufl. 2012, S. 95 ff.

widerlegen.[56] Die Methodik wird also der Realität angepasst und bleibt mithin wertungsneutral.[57] Ein solches Vorgehen wird indes nicht von jedem methodologischen Ansatz eingefordert.[58]

2. *Normative Ökonomik*

Die normative Ökonomik fixiert im Gegensatz zur positiven Ökonomik einen erwünschten Soll-Zustand und versucht daraufhin, „den Graben zwischen Sein und Sollen zu überwinden"[59]. Die Frage, wie dieser erwünschte Zustand am besten erreicht werden kann, bildet hier das zuvor definierte Ziel.[60] Die Ziele können sehr konkret sein, wie z. B. die Neuverschuldungsgrenze von 3% des BIP für die Mitglieder der europäischen Währungsunion,[61] aber auch sehr abstrakt, wie die Freiheit des Wettbewerbs als wirtschaftspolitisches Leitmotiv.[62]

Ausgangspunkt der Zielgenese ist die modellhafte und zunächst zielneutrale Untersuchung eines konkreten Sachverhalts. Wenn bei dieser Analyse ein konkreter Zustand als gesellschaftlich wünschenswert beurteilt wird, kann dies nach normativ ökonomischen Maßstäben dazu führen, dass die Modellannahmen selbst politisch angestrebt werden.[63] Nähert sich die Realität den

---

56 Voraussetzung hierfür ist, dass hinreichend genaue Evaluationsmöglichkeiten bestehen. Die Ökonomik ist jedoch „keine zweite Physik" (*Vanberg*, Die Ökonomik ist keine zweite Physik, in: Goldschmidt/Wohlgemuth, Victor J. Vanberg: Wettbewerb und Regelordnung, 2008, 289 ff.) und regelmäßig wird die empirische Evidenz nicht hinreichend sein. Vgl. auch zu Art. 102 AEUV die Empfehlungen der Kommission in ihren Best Practices zur ökonomischen Beweisführung bei der Anwendung von Art. 101 f. AEUV, Rn. 13; allg. zum Wettbewerbsrecht *Röller*, Economic Analysis and Competition Policy Enforcement in Europe, in: van Bergeijk/Kloosterhuis, Modelling European Mergers, 2005, S. 13 (19).

57 Ausf. *Kleinewefers*, Einführung in die Wohlfahrtsökonomie, 2008, S. 26 f.

58 Zum Ganzen unter Hinweis darauf, dass z. T. die Grenzen von Theorie und Ideologie im Wissenschaftsbetrieb verwischt werden, *Ramb/Suchanek/Lin-Hi/Thommen*, Stichwort: Methodologie, in: Gabler, Wirtschaftslexikon, 2013.

59 *Peukert*, Güterzuordnung als Rechtsprinzip, 2008, S. 123.

60 *Peukert*, Güterzuordnung als Rechtsprinzip, 2008, S. 98 ff. Vgl. auch zum Verhältnis von positiver und normativer Ökonomik in der ökonomischen Analyse des Rechts *Kirchner*, Die ökonomische Theorie, in: Riesenhuber, Europäische Methodenlehre, 2. Aufl. 2010, § 5 Rn. 8 f.

61 S. Protokoll (Nr. 12) über das Verfahren bei einem übermäßigen Defizit, ABl. 2012 C 326, S. 309.

62 Vgl. ausf. u. 1. Kapitel, § 2 E. II.

63 Kritisch in Bezug auf den neoklassischen Grundansatz und die Chicago School of Antitrust äußert sich *Leistner*, Richtiger Vertrag und lauterer Wettbewerb, 2007, S. 28 ff., insb. 34 f.

Modellannahmen an, ist der anhand der Modellannahmen im Vorfeld analysierte Zustand eher zu erreichen. Hierdurch lädt sich die zunächst neutrale Vorgehensweise normativ auf.[64]

Um dies zu veranschaulichen, bietet sich der Blick auf eine Grundannahme der neoklassischen Theorie[65] an: Diese Theorie geht davon aus, dass alle Marktteilnehmer ihre Entscheidungen im Wettbewerb vollkommen informiert treffen. In der Realität haben die Hersteller eines Produkts jedoch regelmäßig einen Wissensvorsprung im Hinblick auf den Nutzen und die Beschaffenheit des angebotenen Guts. Um dies auszugleichen, werden ihnen bestimmte Informationspflichten auferlegt, wie z. B. im Lebensmittelbereich die Angabe des Haltbarkeitsdatums. Ebenso fördern Verbote, etwa für irreführende Werbung (in Deutschland von § 5 UWG[66] erfasst), die Markttransparenz und ersparen dem Verbraucher Suchkosten.[67] Die Informiertheit der Verbraucher ist hier die normative Prämisse, anhand welcher der Rechtsrahmen gestaltet wird.

III. Schlussfolgerung

Die positive und die normative Ökonomik stehen trotz der unterschiedlichen Herangehensweisen in keinem grundlegenden Konflikt. Die positive Ökonomik vermag normativ gefasste ökonomische Ziele zu hinterfragen und stellt letztendlich „ein wirksames Instrument der Ideologiekritik"[68] dar.[69] Zudem können positiv ökonomisch gewonnene Erkenntnisse darauf hinweisen, dass aus wirtschaftspolitischen Gründen normativ ein bestimmtes Ziel ins Auge gefasst werden sollte. Eine auf diesem Wege gebildete normative Theorie, die z. B. als Grundlage für eine gesetzliche Regelungen dienen mag, kann wiederum positiv

---

64 Zum Ganzen sehr instruktiv *Kleinewefers*, Einführung in die Wohlfahrtsökonomie, 2008, S. 26 f.

65 Zur neoklassischen ökonomischen Theorie sogl. u. 1. Kapitel, § 2 C. I. 2.

66 Beachte: Die aktuellen §§ 5 und 5a UWG gehen maßgeblich auf die RL 2005/29/EG über unlautere Geschäftspraktiken im binnenmarktinternen Geschäftsverkehr zwischen Unternehmen und Verbrauchern und zur Änderung der RL 84/450/EWG, der RL 97/7/EG, 98/27/EG und 2002/65/EG sowie der VO (EG) Nr. 2006/2004, ABl. 2005 L 149, S. 22 ff., zurück.

67 *Leistner*, Richtiger Vertrag und lauterer Wettbewerb, 2007, S. 101.

68 *Kirchgässner*, Homo Oeconomicus, 3. Aufl. 2008, S. 240.

69 Zum Ganzen in Bezug auf die von *Albers* als „Brückenprinzipien" bezeichneten Grundsätze *Kirchgässner*, Homo Oeconomicus, 3. Aufl. 2008, S. 239 f.

ökonomisch überprüft und induktiv verfeinert werden, um die jeweilige gesetzliche Regelung zu verbessern.[70]

Unabhängig davon müssen normative wirtschaftspolitische Vorgaben nicht nur anhand positiver ökonomischer Erkenntnisse auf ihre Konsistenz hin untersucht, sondern letztendlich auch an den (normativen) ethischen Grundwerten einer Gesellschaft gemessen werden. Beide Ebenen stehen nicht zwingend in Widerspruch zueinander. So dient die normative Festlegung auf die Freiheit der Marktteilnehmer im Dienste des Wettbewerbs als Institution zugleich der Verwirklichung individueller Freiheitsrechte. Die ethischen Grundwerte und ökonomischen Ziele sowie ihr jeweiliges Gewicht sollten sich jedoch aus der Gesellschaftsordnung ableiten lassen. Bei Konflikten zwischen unterschiedlichen Grundwerten und Zielen ist eine Gewichtung und Abwägung unumgänglich.

B. Sozialwahltheorie und Wohlfahrtsökonomik

Greifbare Ansatzpunkte zur Optimierung der gesellschaftlichen Wohlfahrt[71] in einer freien Markt- bzw. Verkehrswirtschaft bieten alle markt- und wettbewerbsrelevanten Rahmenbedingungen des Wirtschaftens. Die stärkere Berücksichtigung des Verbraucherwohls, welches die Kommission derzeit im Rahmen des more economic approach in den Vordergrund stellt, ist nur eine von vielen Stellschrauben.

---

70 *Röller/Friederiszick*, Ökonomische Analyse in der EU Wettbewerbspolitik. Ein erstes Résumé, 2007, S. 5 f., beschreiben das wechselseitige Verhältnis von Theorie und Empirie als die zwei wesentlichen Säulen einer robusten ökonomischen Theorie, unter Hinweis auf ein Zitat von *Heckman* aus seiner Vorlesung anlässlich der Verleihung des Nobelpreises, abgedruckt in *Heckman*, Micro Data, Heterogeneity, and the Evaluation of Public Policy: Nobel Lecture, Journal of Political Economy 109 (2001), 673 ff.; *Christiansen*, Der „More Economic Approach" in der EU-Fusionskontrolle, 2010, S. 21, beschreibt diese Vorgehensweise als sich stetig verfeinernden Kreislauf von Regel- und Institutionenbildung (Ebene 1), Einzelfallanwendung (Ebene 2) und ex post Evaluation (Ebene 3).

71 Verkürzt ist dies die Versorgung einer Gesellschaft mit knappen Gütern und Ressourcen entsprechend der Präferenzen der Gesellschaftsmitglieder (effiziente Ressourcenallokation), s. *Lilb/Tybg*, Stichwort: Wohlfahrtsökonomik, in: Gabler, Wirtschaftslexikon, 2013.

I. Sozialwahltheorie

Grundlegend für die Analyse der gesellschaftlichen Wohlfahrt ist die Sozialwahl der Gesellschaftsmitglieder, die darüber entscheidet, welchen sozialen Zustand[72] die Mitglieder einer Gesellschaft anstreben. Die sog. Sozialwahltheorie dient vor diesem Hintergrund dazu, konsensfähige Entscheidungen für oder gegen einzelne Regelungen zu identifizieren, ohne dass tatsächlich eine Wahl durchgeführt werden müsste. Ausgangsfrage ist, welcher Regeländerung die Gesellschaftsmitglieder hypothetisch zustimmen würden, wenn tatsächlich über sie entschieden würde. Falls eine bestimmte Regeländerung als konsensfähig eingestuft wird, könnte sie auch Inhalt eines Gesellschaftsvertrags im *Hobbes*'schen Sinne werden.[73] Eine Sozialwahl ist daher eine (hypothetische) kollektive Entscheidung aller Gesellschaftsmitglieder darüber, wie ihre Gesellschaft beschaffen sein soll. Gesetzliche Regelungen in demokratischen Verfassungen sind ein Musterbeispiel für solche Gesellschaftsverträge.[74] Der EuGH verwendete bereits für den EWG-Vertrag die Bezeichnung „Verfassungsurkunde der Gemeinschaft"[75]. Bei einem weiten Verfassungsverständnis, welches auf die Staatsqualität im engeren Sinne verzichtet, lassen sich die Verträge durchaus als „Verfassung" charakterisieren.[76] Die wettbewerbspolitische Ausrichtung der Union und die Durchsetzung der Wettbewerbsregeln müssen sich daher aus den Verträgen ergeben.[77]

---

72 Unter diesem versteht man die vollständige Beschreibung der Lage einer Gesellschaft und aller ihrer Individuen, *Schäfer/Ott*, Lehrbuch der ökonomischen Analyse des Zivilrechts, 5. Aufl. 2012, S. 13.

73 Diesen frühen vertragstheoretischen Ansatz entwickelte *Hobbes* in seinem bekannten Werk Leviathan von 1651. Er sah die Triebfeder für den Zusammenschluss eines Kollektivs von Menschen unter das Regime eines Gesellschaftsvertrages vor allem in der Angst des Einzelnen vor der Willkür seiner Mitmenschen in ihrem gegenläufigen, natürlichen Streben nach Selbsterhaltung und Lustgewinn begründet. Auf das negative Menschenbild bezieht sich sein berühmter Ausspruch „homo homini lupus". Zum Ganzen und noch zu weiteren vertragstheoretischen Ansätzen von *Locke*, *Rousseau* und *Kant* näher *Fritsch*, Ökonomische Ansätze zur Legitimation kollektiven Handelns, 1983, S. 74 ff.

74 *Kirchgässner*, Ökonomische Theorie der Verfassung, Discussion Paper No. 2004 - 17, S. 2.

75 EuGH, Rs. 294/83, Slg. 1986, 1339 (Rn. 23) – Parti écologiste Les Verts/Europäisches Parlament.

76 *Streinz*, FPR 2010, 481 (482); *Häberle*, Die europäische Verfassung: Wandel von der Markt- zur Werteordnung, in: Tsatsos, Die Unionsgrundordnung, 2010, 221 (222); *Mayer*, ZaöRV 2007, 1141 (1189) m.w.N.

77 S.u. 2. Kapitel.

II. *Wohlfahrtsökonomik*

Die Präferenzen der Gesellschaftsmitglieder bei einer (hypothetischen) Sozialwahl lassen sich anhand von Effizienzkriterien abbilden.[78] Diese Kriterien sind zunächst nicht ausschließlich auf die wirtschaftswissenschaftliche Grundfrage der effizienten Bedürfnisbefriedigung unter Knappheitsbedingungen beschränkt. Die Wohlfahrtsökonomik richtete die Sozialwahl jedoch speziell auf die Lösung dieses Problems. Aus den utilitaristischen Wurzeln[79] der Wohlfahrtsökonomik folgt, dass die gesellschaftlichen Präferenzen in der Maximierung von Nutzen (im Utilitarismus: Glück) liegen.[80] Die Sozialwahl wird also an der Nutzenmaximierung ausgerichtet, welche hiernach den zentralen gesellschaftlichen Konsens darstellt.

Was unter Nutzen zu verstehen ist, bleibt wiederum zunächst offen. Um die Handhabe einfach zu gestalten und der mathematischen Berechenbarkeit zuzuführen, bietet sich eine möglichst genaue Konkretisierung an. Dies geschieht in der Wohlfahrtsökonomik mit der Gleichsetzung von Nutzen und jedem geldwerten Vorteil. Der thematischen Ausrichtung dieses einführenden Kapitels und der Verständlichkeit geschuldet, soll diese problematische Gleichsetzung im weiteren Verlauf nicht hinterfragt werden.[81] Im Folgenden werden daher die Effizienzkriterien zuvorderst in ihrer Bedeutung für die auf die Maximierung des geldwerten Vorteils gerichtete Wohlfahrtsökonomik dargestellt.

1. Pareto-Kriterium

Ein Instrument zur Untersuchung der Legitimität einzelner kollektiver Entscheidungen ist das *Pareto*-Kriterium. Demnach soll ein Zustand x einem Zustand y überlegen sein, wenn jedes Gesellschaftsmitglied den Zustand x entweder bevorzugt oder ihm indifferent gegenübersteht.[82] Unter *Pareto*-Optimum versteht man in der Folge einen Zustand, bei welchem kein Individuum besser gestellt werden kann, ohne ein anderes Individuum schlechter zu stellen. Es folgt damit

78 Ausf. *Schäfer/Ott*, Lehrbuch der ökonomischen Analyse des Zivilrechts, 5. Aufl. 2012, S. 13 ff.

79 Im Utilitarismus nach *Bentham* sind alle Handlungen normativ richtig, die das Glück aller Gesellschaftsmitglieder erhöhen. Hierzu *Mathis*, Effizienz statt Gerechtigkeit?, 3. Aufl. 2009, S. 127.

80 *Künzler*, Effizienz oder Wettbewerbsfreiheit?, 2008, S. 66.

81 Vgl. allerdings exemplarisch zu den Folgen mangelnder monetärer Nachfragerelevanz u. 1. Kapitel, § 3 B. I. 3. c).

82 *Samuelson/Nordhaus*, Volkswirtschaftslehre, 4. Aufl. 2010, S. 249.

dem Einstimmigkeitsprinzip.[83] Wenn keine weiteren politischen Entscheidungen mehr denkbar sind, welche das *Pareto*-Kriterium erfüllen, liegt gewendet auf die Wohlfahrtsökonomie ein Effizienzoptimum vor.[84]

Die Wertigkeit eines sozialen Zustands für einzelne Gesellschaftsmitglieder wird in diesem Zusammenhang indes nicht mit einbezogen, was ein Kritikpunkt an der *Pareto*-Effizienz ist. So kann ein Zustand x von nahezu allen Gesellschaftsmitgliedern als besonders vorzugswürdig gegenüber einem Zustand y angesehen werden. Dennoch bliebe es bei lediglich einer (hypothetischen) Gegenstimme eines einzelnen Gesellschaftsmitgliedes beim Zustand x.[85] Zudem wird der Ausgangszustand einer Gesellschaft schlichtweg nicht berücksichtigt, der in der Realität nie für alle Gesellschaftsmitglieder gleich ist. Das Einstimmigkeitsprinzip als Legitimationshürde begünstigt daher, dass der Status quo blinden Auges für die Verteilungsgerechtigkeit erhalten bleibt.[86] So würde ein Monopolist, sofern er ein rationaler Nutzenmaximierer ist,[87] niemals dafür stimmen, seine Monopolmacht zugunsten des freien Wettbewerbs aufzugeben.[88]

Insbesondere für sanktionsbewährte Regelungen gilt, dass diese dem *Pareto*-Kriterium nicht zugänglich sind. Wenn einzelne Gesellschaftsmitgliedern darum wissen, dass sie zum potenziellen Kreis der Delinquenten gehören, würden sie einer Regeländerung schlichtweg nicht zustimmen.[89] Für das sanktionsbewährte Wettbewerbsrecht fehlt es daher größtenteils an einem sinnvollen Anwendungsbereich für das *Pareto*-Kriterium.[90]

---

83 S. *Eidenmüller*, Effizienz als Rechtsprinzip, 3. Aufl. 2005, S. 41; *Künzler*, Effizienz oder Wettbewerbsfreiheit?, 2008, S. 26 f.

84 *Samuelson/Nordhaus*, Volkswirtschaftslehre, 4. Aufl. 2010, S. 249.

85 Zum Ganzen *Künzler*, Effizienz oder Wettbewerbsfreiheit?, 2008, S. 27 m.w.N. aus der Lit.

86 *Mathis*, Effizienz statt Gerechtigkeit?, 3. Aufl. 2009, S. 52; *Kleinewefers*, Einführung in die Wohlfahrtsökonomie, 2008, S. 53.

87 Näher zum homo oeconomicus und dem rationalen Verhaltensmodell *Bechtold*, Die Grenzen zwingenden Vertragsrechts, 2010, S. 20.

88 *Künzler*, Effizienz oder Wettbewerbsfreiheit?, 2008, S. 27 f.

89 *Kleinewefers*, Einführung in die Wohlfahrtsökonomie, 2008, S. 20, 45, sieht allenfalls einen Anwendungsbereich für die mittel- bis langfristige Festlegung von Rahmenbedingungen.

90 *Künzler*, Effizienz oder Wettbewerbsfreiheit?, 2008, S. 29.

2. Kaldor-Hicks-Kompensationskriterium

Am praktischen Defizit der vom *Pareto*-Kriterium geforderten Einstimmigkeit bei jeder Einzelentscheidung setzt das *Kaldor-Hicks*-Kompensationskriterium[91] an.[92] Es ist die Grundlage der ökonomischen Kosten-Nutzen Rechnung,[93] anhand welcher sowohl Immaterialgüterrechte als auch die Wettbewerbsregeln analysiert werden können.[94]

Ein Zustand x soll demnach einem Zustand y vorgezogen werden, wenn alle vom Zustand x Begünstigten diejenigen, die Nachteile durch die Zustandsänderung erleiden, vollständig aus ihrem Gewinn entschädigen könnten und immer noch besser als vorher stünden.[95] Dann steigt der Nutzen aller Gesellschaftsmitglieder in seiner Gesamtsumme und ein sozialer Zustand nähert sich im Sinne der Wohlfahrtsökonomik einem effizienten Zustand an.

Hierfür ist es allerdings ausreichend, dass eine Entschädigungsleistung möglich wäre. Das *Kaldor-Hicks*-Kriterium fordert nicht ein, dass die Kompensation tatsächlich geleistet wird, da auch ohne eine derartige Umverteilung eine saldierte Mehrung des Gemeinwohls gegeben ist.[96] Daher bietet dieses Kriterium ebenso wie das nach *Pareto* keine Antwort auf Konflikte hinsichtlich der Verteilungsgerechtigkeit.[97] Unter der theoretischen Annahme, dass jeder einmal auf der Gewinner- und auf der Verliererseite steht und sich daher im Laufe der Zeit eine Generalkompensation einstellt, wird dies jedoch zum Teil als weniger

---

91 Im Folgenden *Kaldor-Hicks*-Kriterium.

92 S. für eine Darstellung des in der praktischen Anwendung sehr ähnlichen, aber auf Vermögen und nicht auf Nutzen fußenden Kriteriums der Reichtumsmaximierung *Künzler*, Effizienz oder Wettbewerbsfreiheit?, 2008, S. 30.

93 Vgl. *Mathis*, Effizienz statt Gerechtigkeit?, 3. Aufl. 2009, S. 63.

94 In Bezug auf das Immaterialgüterrecht *Heinemann*, Immaterialgüterschutz in der Wettbewerbsordnung, 2002, S. 17 ff.; für die Wettbewerbsregeln *Künzler*, Effizienz oder Wettbewerbsfreiheit?, 2008, S. 31.

95 *Mathis*, Effizienz statt Gerechtigkeit?, 3. Aufl. 2009, S. 56.

96 Wird den Benachteiligten die Entschädigung tatsächlich gewährt, ist neben dem *Kaldor-Hicks*-Kriterium auch das *Pareto*-Kriterium erfüllt. Entscheidungen im Sinne des *Kaldor-Hicks*-Kriteriums werden daher auch als potenzielle Verbesserung im Sinne des *Pareto*-Kriteriums bezeichnet, *Schäfer/Ott*, Lehrbuch der ökonomischen Analyse des Zivilrechts, 5. Aufl. 2012, S. 20, Fn. 11.

97 Dies gilt im Übrigen auch für das von *Scitovsky* entwickelte Kriterium, welches eine logische Inkonsistenz des *Kaldor-Hicks*-Kriteriums ausklammert. Lediglich das Effizienzkriterium von *Little* berücksichtigt die Verteilungsgerechtigkeit, ist jedoch quasi nicht operabel aufgrund der ordinalen Nutzenmessung, s. zum Ganzen *Kleinewefers*, Einführung in die Wohlfahrtsökonomie, 2008, S. 20, 46.

problematisch angesehen.[98] Abgesehen hiervon wäre es ja auch denkbar, die Gesellschaftsmitglieder, die häufiger auf der Seite der Benachteiligten stehen, tatsächlich über eine Umverteilung zu entschädigen.[99] Offen bleibt jedoch, wie die systematisch Benachteiligten identifiziert und im Einzelnen entschädigt werden könnten.

III. Schlussfolgerung

Das *Pareto*-Kriterium ist ein Meilenstein der ökonomischen Theorie, da der Nutzen eines sozialen Zustands für ein Individuum nicht zahlenmäßig festgelegt werden muss. Dies erfolgt ordinal, also lediglich durch eine Einteilung in „besser", „schlechter" oder „indifferent", was die Bewertung eines Zustands oder einer Regeländerung durch die Gesellschaftsmitglieder erheblich einfacher antizipierbar und auch vergleichbar macht.[100] Damit werden die Probleme des kardinalen und des interpersonellen Nutzenvergleichs umschifft,[101] auf welchen der Utilitarismus als lange vorherrschende ökonomische Strömung beruht.[102]

---

98 Hierzu und zur ähnlichen Gleichwahrscheinlichkeitsannahme, welche daran anknüpft, dass die Gesellschaftsmitglieder insgesamt oft gar nicht wissen, wer von einer Regel benachteiligt wird, so dass sie bei ihrer Sozialwahl vernünftigerweise unabhängig von diesen Erwägungen entscheiden sollten, *Schäfer/Ott*, Lehrbuch der ökonomischen Analyse des Zivilrechts, 5. Aufl. 2012, S. 23 f.

99 S. *Schäfer/Ott*, Lehrbuch der ökonomischen Analyse des Zivilrechts, 5. Aufl. 2012, S. 24.

100 Hierzu *Schäfer/Ott*, Lehrbuch der ökonomischen Analyse des Zivilrechts, 5. Aufl. 2012, S. 13 ff., 28 f.

101 Näher *Schäfer/Ott*, Lehrbuch der ökonomischen Analyse des Zivilrechts, 5. Aufl. 2012, S. 28: Für den kardinalen Nutzenvergleich müsste ein Mensch zahlenmäßig bewerten können, wie er sich fühlt (z. B. auf einer Skala bis 100). Der interpersonelle Nutzenvergleich würde in einem weiteren Schritt voraussetzen, dass die (subjektiven) Werte verschiedener Menschen objektiv vergleichbar sind, um hierauf gestützt Änderungen eines sozialen Zustands zu legitimieren.

102 Diese von *Bentham* Ende des 18. Jahrhunderts entwickelte Gerechtigkeitstheorie, welche zur Bestimmung des Gemeinwohls auf die Summe des Wohls aller Gesellschaftsmitglieder abstellt, war lange Zeit nur wenig umstritten, *Schäfer/Ott*, Lehrbuch der ökonomischen Analyse des Zivilrechts, 5. Aufl. 2012, S. 27, 29. Die neoklassische Theorie (näher u. 1. Kapitel, § 2 C. I. 2.) ist vom Grundansatz her eng mit dem Utilitarismus verbunden, *Kirchner*, Die ökonomische Theorie, in: Riesenhuber, Europäische Methodenlehre, 2. Aufl. 2010, § 5 Rn. 46; kritisch in Bezug auf *Bentham* und den Utilitarismus äußert sich *Mestmäcker*, Die Interdependenz von Recht und Ökonomie in der Wettbewerbspolitik, in: Monopolkommission, Zukunftsperspektiven der Wettbewerbspolitik, 2005, 19 (26).

Dieser methodische Vorteil ist aber gleichzeitig mit Nachteilen verbunden. Ein Optimum muss noch lange kein Maximum (d. h. der bestmögliche gesellschaftliche Zustand entsprechend den Präferenzen) sein und es ist sogar denkbar, dass nicht optimale Zustände dem Maximum näher kommen als optimale Zustände.[103] Ferner sind je nach Grundannahmen und Ausgangslage der Gesellschaftsmitglieder unzählbar viele optimale Zustände denkbar.[104]

Das Einstimmigkeitsprinzip macht das *Pareto*-Kriterium für die Praxis ohnehin weitgehend uninteressant und begünstigt stets die Aufrechterhaltung des Status quo.[105] Bereits bestehende Verteilungsasymmetrien werden hierdurch gefestigt,[106] seien sie aus ethischen Gründen auch noch so unerträglich. Für das *Kaldor-Hicks*-Kriterium gilt, dass Verteilungsasymmetrien sogar eher noch verstärkt werden.[107] Haltbar wäre dieses Kriterium, wenn alle Gesellschaftsmitglieder mal auf der Gewinner- und mal auf der Verliererseite stünden, so dass sich eine Generalkompensation tatsächlich einstellen würde. Diese Möglichkeit ist allerdings nicht hinreichend belegt.[108] Eine Alternative wäre es, tatsächlich im Einzelfall den Verlierern einer Regeländerung eine Kompensation zu gewähren. Dann wäre sogar das *Pareto*-Kriterium erfüllt,[109] denn die zunächst Benachteiligten würden bei voller Entschädigung einer Veränderung ökonomisch zumindest indifferent gegenüberstehen. Darüber hinaus würden die bereits durch die Änderung unmittelbar begünstigten Gesellschaftsmitglieder nach Abzug der geleisteten Kompensation immer noch besser stehen als vorher.

Die persönliche Zumutbarkeit solcher Nutzentransfers zugunsten der Verliererseite bleibt jedoch bei der Betrachtung außen vor. Mit der stetigen Benachteiligung einzelner Gesellschaftsmitglieder geht eine Ausgrenzung bei der aktiven Gestaltung der Gesellschafswirklichkeit einher. Die Frage, ob dies überhaupt monetär aufgewogen werden kann, bleibt unbeantwortet. Unabhängig hiervon müssten die von einer Regeländerung betroffenen Personen beziffern können,

103 Näher hierzu *Kleinewefers*, Einführung in die Wohlfahrtsökonomie, 2008, S. 20, 43 f.

104 Hierzu und zum Vorgenannten *Mathis*, Effizienz statt Gerechtigkeit?, 3. Aufl. 2009, S. 52; *Kleinewefers*, Einführung in die Wohlfahrtsökonomie, 2008, S. 20, 43, 66.

105 *Mathis*, Effizienz statt Gerechtigkeit?, 3. Aufl. 2009, S. 52.

106 *Künzler*, Effizienz oder Wettbewerbsfreiheit?, 2008, S. 27 f.

107 vgl. auch *Schäfer/Ott*, Lehrbuch der ökonomischen Analyse des Zivilrechts, 5. Aufl. 2012, S. 25, welcher dies in Auseinandersetzung mit *Eidenmüller*, Effizienz als Rechtsprinzip, 2. Aufl. 1998, bestreitet.

108 Hierzu a. A. *Schäfer/Ott*, Lehrbuch der ökonomischen Analyse des Zivilrechts, 5. Aufl. 2012, S. 25, unter Darstellung der Gegenansicht.

109 S. *Mathis*, Effizienz statt Gerechtigkeit?, 3. Aufl. 2009, S. 203.

wie viel es ihnen wert wäre, dass eine Veränderung eintritt oder nicht. Die Vorteile der ordinalen Bestimmung von Nutzen über die Effizienzkriterien würden zunichte gemacht.[110] Ein Blick über den wohlfahrtsökonomischen Tellerrand wirft weitere Fragen auf, welche nicht anhand der ökonomischen Methodik beantwortet werden können. Die vorgelagerte Definition der Präferenzen der Gesellschaftsmitglieder gibt nämlich für das Gesellschaftsbild vor, was als optimaler sozialer Zustand angesehen wird.[111] Soll also die Nutzenmaximierung im Vordergrund stehen, die Verteilungsgerechtigkeit oder andere Aspekte, wie etwa die Freiheit, sich individuell entfalten zu können? Eine Antwort auf diese Frage enthält die verfassungsmäßige Werteordnung einer Gesellschaft, die nicht unbedingt der ökonomischen Zweckmäßigkeit verpflichtet ist.

C. Einzelaspekte ökonomischer Effizienz

Die Effizienzkriterien sind trotz der vielen Kritikpunkte ein wichtiges Hilfsmittel, um gesellschaftliche Präferenzen zu operationalisieren. Sie ermöglichen es, die Nutzenoptimierung zu konkretisieren und erleichtern so die Abwägung mit

---

110 *Mathis*, Effizienz statt Gerechtigkeit?, 3. Aufl. 2009, S. 62; *Künzler*, Effizienz oder Wettbewerbsfreiheit?, 2008, S. 31; *Posner* wollte dieses Problem über eine Art Auktion lösen. Diejenigen, die hypothetisch am meisten dafür zahlen würden, dass eine Zustandsänderung eintritt oder nicht, sollten letztendlich auch bestimmen dürfen, da sie hypothetisch aus der Differenz zwischen ihrem Gebot und dem unterlegenen Gebot die unterlegene Seite entschädigen könnten. Die Grundausstattung der Gesellschaftsmitglieder bleibt wiederum unberücksichtigt und die am besten ausgestatteten Gesellschaftsmitglieder könnten für sich vorteilhafte Regeln systematisch durchsetzen, hierzu *Mathis*, Effizienz statt Gerechtigkeit?, 3. Aufl. 2009, S. 195 ff. Unter Rückbezug auf die Sozialwahltheorie wird das Stimmgewicht bei einer solchen Sozialwahl durch das Auktionssystem in Geld gemessen und nicht nach dem Prinzip one person-one vote. Insofern wäre das Auktionssystem verfassungsrechtlich für politische Entscheidungen nicht haltbar und entspräche nicht dem Minderheitenschutz, wie er sich im GG, aber auch in den europäischen Verträgen wiederfindet. Zu *Posners* Verteidigung sei erwähnt, dass er die Effizienzausrichtung lediglich für das Zivilrecht einforderte und zudem letztendlich nach mehreren Modifikationen seiner sog. Reichtumsmaximierungstheorie wohl selbst zu dem Schluss kam, dass sie wenig tauglich ist. Zum Ganzen *Mathis*, Effizienz statt Gerechtigkeit?, 3. Aufl. 2009, S. 208 ff.

111 *Kleinewefers*, Einführung in die Wohlfahrtsökonomie, 2008, S. 20 f., anhand eines Vergleichs zweier Gesellschaften, von denen die eine lediglich am Sozialprodukt pro Kopf die gesellschaftliche Wohlfahrt misst und die andere darüber hinaus die Verteilungsgerechtigkeit mit einbezieht.

anderen gesellschaftlichen Präferenzen, etwa der Verteilungsgerechtigkeit oder der Handlungsfreiheit. Zu diesem Zweck muss, nachdem im vorangegangenen Abschnitt die grundlegenden Methoden der Nutzenoptimierung beschrieben wurden, der Effizienzbegriff mit Inhalt gefüllt werden.

I. (Statische) Allokationseffizienz

Eine hervorgehobene Rolle bei der Nutzenoptimierung kommt der Allokation von Ressourcen und Gütern zu. In diesem Sinne sollten alle knappen Ressourcen und Güter denjenigen Gesellschaftsmitgliedern zur Verfügung gestellt werden, die sie am sinnvollsten nutzen und weiterverarbeiten können.[112]

Denkbar wäre es, die Ressourcenallokation staatlicher Lenkung zu unterwerfen. Es darf jedoch mit guten Gründen bezweifelt werden, dass die unglaublich große Menge an Informationen und Faktoren, die für eine effiziente Allokation berücksichtigt werden müssten, zentral verarbeitet werden können. In einer freien Verkehrswirtschaft geschieht die Ressourcenallokation dezentral über den Marktmechanismus. Im Wettbewerb auf Anbieter- und Nachfragerseite um den günstigsten Geschäftsabschluss spiegeln sich die Präferenzen der Marktteilnehmer wider. Bei sich auf diesem Wege stetig vollziehenden Transaktionen gelangen die Ressourcen und Güter über das Markt- und Wettbewerbsgeschehen der Theorie nach im Endeffekt zu demjenigen, der ihnen den größten Wert beimisst und es liegt *Pareto*-Effizienz vor. Die folgende Darstellung erläutert in der gebotenen Kürze die Neoklassik, die als Grundpfeiler des ökonomischen Mainstream gilt,[113] sowie zuvor die klassische ökonomische Theorie, auf welcher die neoklassische Theorie zumindest partiell aufbaut.[114]

---

112 Ausf. *Schäfer/Ott*, Lehrbuch der ökonomischen Analyse des Zivilrechts, 5. Aufl. 2012, S. 13 ff., 15 ff., anhand einer Darstellung der einzelnen Bestandteile der Allokationseffizienz, nämlich der Produktion und ihrer Strukturen sowie der Konsumtion. Ebenfalls die Produktionseffizienz als Teil der Allokationseffizienz einordnend *Kleinewefers*, Einführung in die Wohlfahrtsökonomie, 2008, S. 29; *Schmidtchen*, ORDO 57 (2006), 165 (169). Die Produktionseffizienz wird teilweise auch eigens und nicht integriert in die Allokationseffizienz dargestellt, wie etwa von *Schwalbe/Zimmer*, Kartellrecht und Ökonomie, 2. Aufl. 2011, S. 8 f. Jedenfalls sind Effizienzanalysen der Konsumtion, Produktion und Produktionsstrukturen allesamt statischer Natur, a.a.O. S. 9, wohingegen innovationsrelevante Aspekte unter die dynamische Effizienz fallen.

113 *Wurmnest*, Marktmacht und Verdrängungsmissbrauch, 2. Aufl. 2012, S. 116.

114 Gerade der neoklassische Ansatz ist im Laufe der Zeit und im Zuge der sog. Post Chicago School modifiziert worden, hierzu sogl. u. 1. Kapitel, § 2 E. III.

1. *Klassische ökonomische Theorie*

Die auf *Smith* zurückgehende klassische ökonomische Theorie legte den Grundstein der modernen Preistheorie. Deren Gegenstand ist die Interdependenz (d.h. die wechselseitige Abhängigkeit) von Preisen, Produktion, Angebot und Nachfrage.[115] *Smith* schwebte über die preistheoretischen Aspekte hinaus ein umfassendes Gesellschaftskonzept vor, auf welches im Folgenden aufgrund des thematischen Zuschnitts nicht näher eingegangen werden soll.[116]

Nach der klassischen Theorie unterscheidet man zwischen dem natürlichen Preis und dem Marktpreis von Gütern. Der natürliche Preis spiegelt die Produktionskosten zuzüglich eines Gewinns des Veräußerers wider und soll gleichzeitig den tatsächlichen Wert eines Guts abbilden. Der Marktpreis hingegen bildet sich allein dadurch heraus, dass Angebot und Nachfrage auf einem Markt zusammentreffen und es zum Austausch von Gütern gegen Geld kommt. Auf diesem Wege bildet sich der Marktpreis induktiv aus fortlaufenden Transaktionen in Abhängigkeit von Angebot und Nachfrage über den Marktmechanismus.[117]

Der klassischen Theorie zufolge nähern sich auf einem von Wettbewerb und Vertragsfreiheit beherrschten Markt der Marktpreis und der natürliche Preis aneinander an.[118] Kommen beide Preise zur Deckung, entsprechen gleichzeitig die (Grenz-)Kosten der Produzenten dem (Grenz-)Nutzen der Konsumenten.[119] Vom Eigeninteresse gesteuert tauschen die Marktteilnehmer nur so ihre Güter, dass sie nach einer Transaktion besser stehen als vorher. In gleicher Weise handeln aber auch die jeweiligen Tauschpartner. Wenn beide Seiten genaue Präferenzen haben, über den für sie aus dem Tauschgut folgenden Nutzen informiert sind und frei von Zwang handeln, profitieren sie gleichermaßen. Die kontinuierlich ablaufenden Transaktionen mehren auf diesem Wege nicht nur den individuellen Nutzen, sondern kumuliert betrachtet auch den der gesamten Gesellschaft. Dies drückt die von *Smith* verwendete Metapher von der „unsichtbaren Hand“[120] des Marktes aus. Diese greift über den Marktmechanismus vom nutzenmaximierenden Einzelnen auf das Allgemeinwohl über und steigert es.

---

115 Ausf. zur Bedeutung von *Smith* als Begründer der klassischen Volkswirtschaftslehre *Leistner*, Richtiger Vertrag und lauterer Wettbewerb, 2007, S. 16 ff.

116 S. *Wurmnest*, Marktmacht und Verdrängungsmissbrauch, 2. Aufl. 2012, S. 112, unter Hinweis auf die Verknüpfung von Ökonomie, Ethik und Recht bei *Smith*.

117 *Leistner*, Richtiger Vertrag und lauterer Wettbewerb, 2007, S. 19.

118 *Leistner*, in: Gloy/Loschelder/Erdmann, Handbuch des Wettbewerbsrechts, 4. Aufl. 2010, § 4 Rn. 2.

119 *Klump*, Wirtschaftspolitik, 2. Aufl. 2011, S. 58.

120 *Smith*, Der Wohlstand der Nationen, Buch IV, 1789, S. 370 f.

Um sich möglichst gut zu stellen, wird ein jeder nur das herstellen, was er gut herstellen kann. Die übrigen für den Lebensunterhalt notwendigen Güter können dadurch erlangt werden, dass die eigene Überproduktion verkauft oder getauscht wird. Jeder Marktteilnehmer setzt seine Arbeitskraft also nur für die effiziente Produktion von Gütern ein und deckt den übrigen Lebensbedarf durch Transaktionen. Damit steigert der Marktmechanismus auch die Produktionseffizienz und führt zu einem Zustand der Arbeitsteilung.[121] Die optimale Produktionsmenge wird dabei durch den Markt und die Nachfrage gesteuert. Dies verhindert Verschwendung in Form von Überproduktion und beugt auch Unterproduktion vor. Im Idealfall liegt Allokationseffizienz vor und zugleich eine optimale Verwendung und Zuordnung der Ressourcen und der Arbeitskraft.

Die Handlungsfreiheit der Marktteilnehmer spielt hierfür eine entscheidende Rolle.[122] Erzwungene oder uninformierte Tauschgeschäfte entsprechen nicht den objektiven Präferenzen der Tauschparteien und verzerren Angebot und Nachfrage. Im Gesamtbild der Tauschprozesse entfernt sich daher der Marktpreis vom natürlichen Preis, welcher das Spiegelbild der objektiven Präferenzen der Marktteilnehmer und damit des gesellschaftlichen Nutzens ist. Der Schutz der Wettbewerbsfreiheit über einen ordnungspolitischen Rahmen ist daher unverzichtbar. *Smith* identifizierte in diesem Zusammenhang bereits die schädliche Wirkung von Kartellen, da Absprachen oder abgestimmtes Verhalten schlichtweg verhindern, dass das beste Angebot zustande kommt und sich der natürliche Preis für ein Gut herausbildet.[123]

2. *Neoklassische ökonomische Theorie*

Die neoklassische ökonomische Theorie basiert auf der Motivation, das klassische Gedankengut mathematisch exakt berechenbar zu machen. Der Punkt, an welchem der natürliche Preis mit dem Marktpreis übereinstimmt und Allokationseffizienz vorliegt, wird in der neoklassischen Terminologie als Gleichgewichtspunkt oder auch Marktgleichgewicht bezeichnet.[124] *Arrow* und *Debreu*

121 So *Mathis*, Effizienz statt Gerechtigkeit?, 3. Aufl. 2009, S. 116.

122 *Zimmer*, WuW 2007, 1198 (1198).

123 Zum Ganzen *Leistner*, in: Gloy/Loschelder/Erdmann, Handbuch des Wettbewerbsrechts, 4. Aufl. 2010, § 4 Rn. 2.

124 *Samuelson/Nordhaus*, Volkswirtschaftslehre, 4. Aufl. 2010, S. 249; *Kleinewefers*, Einführung in die Wohlfahrtsökonomie, 2008, S. 116.

gelang mit ihrem ersten Wohlfahrtstheorem der mathematische Nachweis, dass am Gleichgewichtspunkt tatsächlich ein *Pareto*-Optimum vorliegt.[125]

Das grundlegende Problem besteht darin, dass Markt und Wettbewerb in der Realität so komplex sind, dass nie alle relevanten Parameter in ihrer tatsächlichen Ausprägung bei der mathematischen Analyse berücksichtigt werden können. Um Marktgeschehen und Wettbewerb mathematisch greifbar zu machen, bedurfte es daher einer Reihe vereinfachender Grundannahmen (die sog. neoklassischen Axiome[126]), die jedoch im Laufe der Zeit durch die ökonomische Forschung immer stärker verfeinert und angepasst wurden. Einer der zentralen Kritikpunkte ist die statische Perspektive der neoklassischen Preisanalyse, welche lediglich eine Momentaufnahme des Marktgeschehens ohne Berücksichtigung möglicher zukünftiger Entwicklungen abbildet. Da alle dynamischen Vorgänge (wechselnde Konsumentenpräferenzen, Innovationen, sich verändernde Güter und Produktionsprozesse sowie Markteintritte und -austritte) nicht berücksichtigt werden, spricht man auch von statischer Effizienz. Die ursprünglich verwendeten neoklassischen Grundannahmen bilden in ihrer Gesamtheit das statische Gleichgewichtsmodell der vollkommenen Konkurrenz.[127]

Die Modellannahmen erheben indes nicht den Anspruch absoluter Realitätsnähe, sondern sind ein Zugeständnis an die mathematische Berechenbarkeit. Immerhin sollen sie aber ein hinreichend genaues Bild realer Vorgänge skizzieren.[128] Unter Verwendung der neoklassischen Axiome können verschiedene

---

125 *Schäfer/Ott*, Lehrbuch der ökonomischen Analyse des Zivilrechts, 5. Aufl. 2012, S. 17; s. auch *Kleinewefers*, Einführung in die Wohlfahrtsökonomie, 2008, S. 102 f.

126 Hierzu gehören völlige Markttransparenz, fehlende Marktzutrittsschranken, unendliche Reaktionsgeschwindigkeit der stets nutzenmaximierenden und rational handelnden sowie umfassend informierten Marktteilnehmer, ebenso schnelle Anpassung der Preise, unendlich viele Marktakteure und hierdurch freie Preisbildung (auch frei von staatlichen Eingriffen), vollkommene Teilbarkeit und Beweglichkeit der Güter und Produktionsfaktoren sowie keine nicht vom Markt eingepreisten externen Effekte. Ferner werden die Verbraucherpräferenzen, das Einkommen der Nachfrager und der Preis anderer Güter als konstant vorausgesetzt. Diese Perspektive ist statisch, zum Ganzen *I. Schmidt*, Wettbewerbspolitik und Kartellrecht, 9. Aufl. 2012, S. 7 ff.; *Kleinewefers*, Einführung in die Wohlfahrtsökonomie, 2008, S. 116; *Leistner*, Richtiger Vertrag und lauterer Wettbewerb, 2007, S. 26.

127 *I. Schmidt*, Wettbewerbspolitik und Kartellrecht, 9. Aufl. 2012, S. 7; *Kleinewefers*, Einführung in die Wohlfahrtsökonomie, 2008, S. 102 f.; *Leistner*, Richtiger Vertrag und lauterer Wettbewerb, 2007, S. 26, unter Verweis auf die erstmalige Ausformulierung dieses Modells von *Knight*, Risk, Uncertainty and Profit, 1921, S. 51 ff.

128 *Wurmnest*, Marktmacht und Verdrängungsmissbrauch, 2. Aufl. 2012, S. 116.

Märkte und die Auswirkungen verschiedener Konkurrenzsituationen (Monopol, Oligopol, Polypol) auf die Preisbildung untersucht und verglichen werden, woraus die wettbewerbstheoretische Bedeutung der neoklassischen Theorie folgt.[129]

3. *Implikationen für den Wettbewerbsschutz*

Die von der klassischen ökonomischen Theorie unterstrichene Bedeutung der individuellen Handlungsfreiheit der einzelnen Marktteilnehmer, die kumuliert als Wettbewerbsfreiheit zu bezeichnen ist, begründet die Notwendigkeit eines institutionellen Ordnungsrahmens für den Schutz des Wettbewerbs. Dieser wird durch Kartelle und missbräuchliche Verhaltensweisen marktmächtiger Unternehmen gefährdet. Die uneingeschränkte Ausübung von Freiheitsrechten durch einzelne Marktteilnehmer tendiert letztendlich dazu, die Freiheit aller Marktteilnehmer zu gefährden und aufzuheben (sog. Freiheitsparadox[130]). Bestehende Machtasymmetrien drohen sich zu verfestigen. Ein Beispiel hierfür sind missbräuchliche Kampfpreise marktbeherrschender Unternehmen. Bei diesen führt der Marktbeherrscher zunächst Preise für seine Produkte ein, die so niedrig sind, dass mit Verlust verkauft wird. Wenn die wirtschaftlich weniger starken Konkurrenzunternehmen versuchen den Kampfpreis ebenfalls zu unterbieten, werden sie im Laufe der Zeit in die Insolvenz getrieben. Sind die Konkurrenten einmal vom Markt gedrängt, führt dies im Extremfall zu einer Monopolstellung. Der Monopolist kann daraufhin als einziger verbliebener Anbieter hohe Monopolpreise verlangen und die Nachfrager sind gezwungen, das jeweilige Gut von diesem abzunehmen. Falls andere Unternehmen einen Markteintritt wagen, könnte der Monopolist erneut niedrige Kampfpreise einführen, um die neuen Wettbewerber wiederum vom Markt zu drängen. In solche wenig bis gar nicht bestreitbaren Märkte wäre ein Eintritt anderer Unternehmen daher von Anfang an mit enormen Risiken behaftet, so dass er in der Regel erst gar nicht in Angriff genommen wird. Dies indiziert wettbewerbsrechtlichen Regulierungsbedarf, weswegen solche missbräuchlichen Kampfpreise auch zum typischen Anwendungsbereich des Art. 102 AEUV gehören.

---

129 Zu den Grundmodellen verschiedener Wettbewerbsformen *Wurmnest*, Marktmacht und Verdrängungsmissbrauch, 2. Aufl. 2012, S. 120 ff.; beachte: Aus der Orientierung an den neoklassischen Preisanalysen folgt nicht, dass auch eine interventionistische Wirtschaftspolitik eingefordert werden muss, wie die Kontroverse zwischen Harvard School und Chicago School of Antitrust zeigt, s.u. 1. Kapitel, § 2 E. I.

130 S. *Drexl*, Die wirtschaftliche Selbstbestimmung des Verbrauchers, 1998, S. 110, welcher darauf hinweist, dass dieser Begriff von *Popper* schon bei *Plato* nachgewiesen worden sei.

4. Bewertung

Während der klassische Ansatz aus ökonomischen Motiven den Schutz der Handlungsfreiheit der Marktteilnehmer einfordert und in diesem Sinne bereits normativ geprägt ist, handelt es sich bei der neoklassischen Theorie zunächst um ein neutrales Modell zur (mathematischen) Analyse. Wenn für die vereinfachenden Modellprämissen (z. B. vollkommene Markttransparenz oder das Bild des homo oeconomicus) jedoch politisch eingefordert würde, sie in die Realität zu übertragen und das menschliche Verhalten durch Regeländerungen in diese Richtung zu lenken, lädt auch dieses Modell sich normativ auf.

Die Modellannahmen und Ergebnisse neoklassischer Analysen lassen allerdings nur bedingt Rückschlüsse auf den realen Wettbewerbsprozess zu. Sie leiden unter den vereinfachenden Modellannahmen und sollten daher normativ als wettbewerbspolitisches Ziel kein übermäßiges Gewicht erhalten. Dies gründet in den teilweise unbekannten Faktoren, die das reale Marktgeschehen beeinflussen.[131] Es gilt also die Modellannahmen im Sinne der positiven Ökonomik kontinuierlich zu überprüfen und gegebenenfalls zu modifizieren.[132] Die einseitige Ausrichtung der Neoklassik auf den Preiswettbewerb ist insofern bedenkenswert und vernachlässigt weitere relevante Parameter wie Qualität, Service, Innovation und Produktvielfalt. Es fehlt an der dynamischen Perspektive, welche für die Analyse der dynamisch ablaufenden Wettbewerbsprozesse vonnöten wäre.[133]

Die Begründung der neoklassischen Theorie über die Effizienzkriterien vermag zudem in vielen Belangen nicht zu überzeugen. Der optimale soziale Zustand wird lediglich preistheoretisch im Hinblick auf die gesellschaftliche Präferenz analysiert, ein Maximum an geldwertem Nutzen zu generieren. Die Ausrichtung an den Effizienzkriterien bietet darüber hinausgehend keine Lösung in Bezug auf die Verteilungsgerechtigkeit. Wann ein Zustand effizient ist, wird maßgeblich durch die Ausgangsverteilung der Güter auf die Gesellschaftsmitglieder bestimmt. Ebenso beeinflussen Macht- und Informationsasymmetrien das Ergebnis. Der Marktprozess führt dazu, dass überlegene Marktteilnehmer (selbst wenn beide Seiten von einem Tausch profitieren) systematisch vom allgemeinen

131 Zum Ganzen *Leistner*, Richtiger Vertrag und lauterer Wettbewerb, 2007, S. 15.

132 S. z. B. zur Rolle psychologischer Forschungsergebnisse für die REM-Hypothese *Leistner*, Richtiger Vertrag und lauterer Wettbewerb, 2007, S. 15.

133 Kritisch im Hinblick auf den more economic approach im europäischen Wettbewerbsrecht *Behrens*, WuW 2011, 807.

Effizienzgewinn den größeren Anteil einstreichen. Die Effizienzoptimierung tendiert also zu einer asymmetrischen Verteilung der Allgemeinwohlsteigerung.[134]

Unabhängig von diesen Kritikpunkten müsste sich die Ausrichtung an der Allokationseffizienz übergeordnet auch aus der verfassungsmäßigen Werteordnung und den Grundrechten ergeben,[135] welche die Präferenzen einer Gesellschaft abbilden und nicht zwingend der Nutzenmaximierung verpflichtet sind. Die tatsächliche Verständigung auf eine Verfassung ist der normative gesellschaftliche Konsens einer realen Sozialwahl und nicht lediglich ein hypothetischer, modellhaft errechneter Konsens über eine bestimmte Ressourcenallokation. Die Möglichkeit der Selbstverwirklichung über die Handlungsfreiheit (verstanden als „Chancengleichheit"[136]), die Verteilungsgerechtigkeit und auch ein normativ bestimmtes Mindestmaß an gesellschaftlicher und politischer Partizipation sind in Einklang mit dem Wohlfahrtsgedanken anzustreben. Diese Parameter können eine aktive Durchsetzung einfordern, um materiell gleiche Voraussetzungen für die Selbstverwirklichung zu schaffen.[137] Übertragen auf die Wohlfahrtsmaximierung vermögen daher Freiheits- und Gleichheitsaspekte ohne Weiteres auch ineffiziente politische Entscheidungen zu rechtfertigen.

II. Dynamische Effizienz

Wie bereits hervorgehoben, beschäftigt sich die neoklassisch geprägte statische Effizienzanalyse lediglich mit der Allokation bereits vorhandener Güter.[138] Statisch meint dabei, dass die Analyse nur eine Momentaufnahme des Marktes darstellt, ohne zukünftige Ereignisse mit einzubeziehen. Es bleiben also andere Parameter (z. B. sich verschiebende Verbraucherpräferenzen oder der Innovationsprozess) außen vor. Wettbewerb ist jedoch gerade von der dynamischen Marktentwicklung geleitet und wird entscheidend von ihr geprägt. Diese

---

134 Zum Ganzen *Nicklisch/Petersen*, Vertragstheorie, in: Towfigh/Petersen, Ökonomische Methoden im Recht, 2010, S. 119 f.

135 *Leistner*, Richtiger Vertrag und lauterer Wettbewerb, 2007, S. 15; auf die verfassungsrechtlichen Wertentscheidungen in Bezug auf den freien Wettbewerb hinweisend *Di Fabio*, ZWeR 2007, 266 (275 f.).

136 *Sen*, Die Idee der Gerechtigkeit, 2010, S. 322 ff., welcher die Chancengleichheit allerdings nicht absolut für alle gesellschaftlichen Umstände einfordert.

137 S. *Kesselring*, Entwicklungshilfe und Entwicklungspolitik aus ethischer Perspektive, in: Ihne/Wilhelm, Einführung in die Entwicklungspolitik, 2006, S. 323 (341), anhand der Idee von der Chancengleichheit bei *Sen*. Ein Beispiel aus dem Grundgesetz ist die Gleichstellung von Mann und Frau im Sinne des Art. 3 Abs. 2 GG.

138 Vgl. *Schwalbe/Zimmer*, Kartellrecht und Ökonomie, 2. Aufl. 2011, S. 4 ff.

Dynamik verändert auch den Rahmen, in welchem sich der Allokationsprozess abspielt, was bei rein statischer Betrachtung der Effizienz unbeachtet bleibt.

Ändert sich z. B. durch den technischen Fortschritt die Produktionseffizienz für die Herstellung eines bestimmten Guts (sog. Prozessinnovation), wirkt sich dies unmittelbar auf die Allokation der Produktionsmittel aus. Ein Unternehmen kann dann produktionsrelevante Ressourcen besser Nutzen als die Konkurrenz und durch die gesunkenen Produktionskosten einen größeren Gewinn generieren. Damit wird es in der Lage sein, die Produktionskapazitäten zu erhöhen und die benötigten Ressourcen in größerer Menge nachzufragen, was deren Anschaffungspreis tendenziell senkt. Umgekehrt kann der Produzent aus dem Mehrgewinn pro Produkteinheit im Bieterkampf um die benötigte Ressource einen höheren Preis zahlen, da sie für ihn einen größeren Wert besitzt als für die ineffizient herstellenden Konkurrenten. Darüber hinaus kann der effiziente Produzent, der eine signifikant größere Menge Ressourcen nachfragt, aus dieser Nachfragemacht heraus Druck auf die Ressourcenanbieter ausüben und sie an sich binden. Auf diesem Wege beeinflussen Prozessinnovationen dynamisch die Ressourcenallokation. Im Extremfall wäre ein Nachfragemonopol denkbar. Der Allokationsprozess ändert sich ebenfalls, wenn ein neues Produkt entsteht (sog. Produktinnovation), da Ressourcen auf die Herstellung des neuen Produkts verlagert werden und zudem die Nachfrageseite möglicherweise auf andere Produkte verzichtet (sog. Substitutionseffekt).[139] In diesem Fall verschieben sich die Verbraucherpräferenzen hin zu dem neuen Produkt und beeinflussen zugleich den Ressourceneinsatz. Abgesehen hiervon verlagern sich die Präferenzen der Konsumenten unabhängig von neuen Produkten dynamisch, etwa durch veränderte Umwelteinflüsse oder vielfältige soziale Entwicklungen.

III. Schlussfolgerung

Die dynamische Effizienz erklärt den auf die Anbieterseite wirkenden Innovationsdruck, welchen die statische Effizienz nicht abbilden kann. Produkt- und Prozessinnovationen ermöglichen es Unternehmen, Produkte oder Dienstleistungen zu niedrigeren Preisen als die Konkurrenz anzubieten oder sogar eine vorher unbefriedigte bzw. noch nicht vorhandene Nachfrage zu bedienen. Die für Forschung und Entwicklung eingesetzten Ressourcen generieren jedoch nicht zwingend einen Mehrwert bzw. der Mehrwert ist in der Forschungsphase noch ungewiss. Ein forschendes Unternehmen widerspräche aus rein statischer

139 S. auch u. 3. Kapitel, § 2 A. III. 1., zur Marktabgrenzung bei Art. 102 AEUV über den sog. SSNIP-Test, welcher auf dem Substitutionseffekt beruht.

Sicht dem Bild des Nutzenmaximierers, welcher unter gegebenen Marktbedingungen seine Entscheidungen trifft. Erweitert man die Perspektive jedoch und bezieht dynamische Effekte mit ein, ergibt sich ein anderes Bild: Investitionen in Forschung und Entwicklung, welche in verwertbaren Produkten oder Prozessinnovationen münden, sind aus dieser Perspektive effizient, sofern deren Wert die Anfangsinvestitionen amortisiert.[140]

Die dynamische Effizienz ist zwar notwendigerweise mit in die Effizienzanalyse einzubeziehen, sie ist jedoch nur schwer greifbar. Der Ausgang von Forschungsvorhaben ist häufig ungewiss und stellt sich bei Erfolglosigkeit ex post als ineffiziente Ressourcenallokation dar. Genaue Aussagen darüber, wie erfolgreich bestimmte Forschungsvorhaben sind, scheinen nahezu unmöglich. Aus dem gleichen Grund sind die Folgen regulatorischer Eingriffe in das Innovationsgeschehen, etwa eine Schutzbereichsmodifikation des Patent- oder des Urheberrechts, nur schwer absehbar. Gleiches gilt auch für wettbewerbsrechtliche Eingriffe wie die Zwangslizenzierung über Art. 102 AEUV. Es fehlt insgesamt an einer exakten dynamischen Theorie für die Analyse des Marktgeschehens,[141] ebenso wie für die Ausgestaltung und Durchsetzung des Wettbewerbsschutzes.

D. Zwischenfazit

Ein Rekurs auf die grundlegenden Effizienzkriterien ist in der Diskussion um die richtige Wettbewerbspolitik, welche normativer Maßgaben bedarf, stets vorhanden.[142] Die Nutzenmaximierung ist jedoch nicht das primäre gesellschaftliche Leitbild. Vielmehr gibt die Verfassung einer Gesellschaft tatsächlich Auskunft über ihre Präferenzen, seien sie auch aus ökonomischer Sicht nicht rational im Sinne der Nutzenmaximierung. Diese Grundordnung ist letztendlich die Quelle höchster Legitimation und ökonomische Ziele sind nur in dem verfassungsmäßig vorgesehenen Gewicht für politische Entscheidungen relevant. Gleiches muss für die Auslegung und Anwendung von Rechtvorschriften gelten.[143] Rechtsstaatliche Legitimation folgt nicht aus ökonomischer Zweckmäßigkeit, wie die Kritik am *Kaldor-Hicks*-Kriterium verdeutlicht. Selbst wenn die von einer Änderung

140 *Schwalbe/Zimmer*, Kartellrecht und Ökonomie, 2. Aufl. 2011, S. 9 f.

141 So *I. Schmidt*, Kernpunkte des Referates zum More Economic Approach, 2007, S. 2, 6.

142 S. etwa *Wurmnest*, Marktmacht und Verdrängungsmissbrauch, 2. Aufl. 2012, S. 117, 129 f.

143 *Zimmer*, WuW 2007, 1198 (1208); *Albert*, Patente in der Fusionskontrolle, 2011, S. 22 m.w.N.

eines sozialen Zustands Benachteiligten tatsächlich für ihren Nachteil entschädigt würden, darf bezweifelt werden, dass ein „Verlust an individueller wirtschaftlicher Freiheitsausübung“[144] durch Transferleistungen in Geld aufgewogen werden kann.[145] Legt man dies zugrunde, tritt noch ein weiterer Aspekt in den Vordergrund. In den Worten von *Sen* ist die Chancengleichheit aller Menschen in der Selbstverwirklichung zentraler Bestandteil der Menschenwürde,[146] was mit einer einseitigen politischen Ausrichtung an den Effizienzkriterien nicht vereinbar ist. Für die Anwendung des Wettbewerbsrechts stellt sich daher die Frage, wie das Spannungsfeld zwischen wohlfahrtsökonomischer Effizienz und allgemeiner Handlungsfreiheit auszuloten ist.

E. Wettbewerbstheorien

Das wettbewerbstheoretische Meinungsspektrum lässt sich grob in zwei Kategorien einteilen. Vorweg sei darauf hingewiesen, dass hier lediglich eine instruktive Darstellung erfolgen kann, welche den Grundansatz der einzelnen Konzepte aufzeigen soll. Dies ist in Bezug auf den thematischen Zuschnitt der Arbeit zu verkraften, da sich der europäische Wettbewerbsschutz ohnehin nur mit gewissen Abstrichen theoretisch einordnen lässt. Zugleich können daher Argumentationsstränge aus allen hinreichend etablierten ökonomischen Theorien abgeleitet und eingebracht werden, wenn wettbewerbsrelevante Sachverhalte auf Unionsebene untersucht werden. Dies gilt sowohl für die Kommission als auch für die von Ermittlungsverfahren betroffenen Unternehmen.[147]

Grundlegend ist zwischen ergebnisbezogenen und ergebnisoffenen Wettbewerbskonzepten zu unterscheiden.[148] Allerdings folgt daraus noch keine Aussage über die Funktionen, die Wettbewerb den einzelnen Modellen folgend erfüllen soll. Ebenso lassen sich keine Rückschlüsse darauf ziehen, ob eine Theorie eher eine interventionistische oder vom Geist des laissez faire geprägte Wettbewerbspolitik stützt.

---

144 *Leistner*, Richtiger Vertrag und lauterer Wettbewerb, 2007, S. 33.

145 S. das prägnante Beispiel bei *Kleinewefers*, Einführung in die Wohlfahrtsökonomie, 2008, S. 170, welcher darauf hinweist, dass die meisten Arbeitnehmer sich nach einer Entlassung selbst bei 100%igem Lohnausgleich nicht „gleich gut fühlen“ würden.

146 *Sen*, Die Idee der Gerechtigkeit, 2010.

147 Näher u. 2. Kapitel, § 1 C. IV.

148 In „ergebnisorientierte“ und „ergebnisbezogene“ Ansätze einteilend *Zimmer*, WuW 2007, 1198 (1198 ff.); eine Einteilung unter die Oberbegriffe „wohlfahrtsökonomischer Ansatz“ und „systemtheoretischer Ansatz“ nimmt *Künzler*, Effizienz oder Wettbewerbsfreiheit?, 2008, S. 36 m.w.N., vor.

I. Ergebnisbezogene Ansätze

Die ergebnisbezogenen bzw. wohlfahrtsökonomischen Ansätze sehen im Wettbewerb lediglich ein Instrument, mit welchem normativ vorgefasste Ziele erreicht werden können.[149] Häufig dienen die ökonomische Wohlfahrt und die gesamtwirtschaftliche Leistungsfähigkeit als normativ übergeordnetes Leitbild. Die konkreten wettbewerbspolitischen Vorgaben gehen bei diesen im Ziel vereinten Ansätzen trotz alledem auseinander.[150] So fordern einige ergebnisbezogene Ansätze die systematische Untätigkeit des Staates ein, während andere gerade staatliche Eingriffe in das Marktgeschehen befürworten, um den Wettbewerb dem Idealbild entsprechend zu formen.

1. Strömungen rund um die Harvard School

Die wohlfahrtsökonomischen Wettbewerbstheorien lösen sich auf unterschiedliche Weise vom neoklassischen Modell. So gehen die Wettbewerbstheorien rund um die Harvard School vom unvollständigen, wirksamen oder funktionierenden Wettbewerb[151] als Leitbild aus. Grundannahme ist, dass nie alle Bedingungen des vollkommenen Wettbewerbs im Sinne der Neoklassik zur gleichen Zeit erfüllt sein werden und daher auch das Effizienzoptimum am Gleichgewichtspunkt unerreichbar bleibt.[152] Deswegen seien, in Abweichung zum neoklassischen Leitbild der vollkommenen Konkurrenz, gewisse Marktunvollkommenheiten als sog. second best solution vorzugswürdig.[153] Marktunvollkommenheiten sind hiernach teilweise erwünscht und können sogar wettbewerbsförderlich sein (sog. Gegengiftthese[154]), jedenfalls können sie ohnehin nicht beseitigt werden.[155] Auch temporäre Marktkonzentrationen seien hinzunehmen, da gerade der Anreiz, sich eine Pionierstellung im Markt zu erarbeiten, den Wettbewerb insgesamt fördert. Wettbewerb ist ein dynamischer Vorgang, der von Vorstoß- und

---

149 *Künzler*, Effizienz oder Wettbewerbsfreiheit?, 2008, S. 41 m.w.N. aus der Lit.

150 Diese liegen zum Teil sehr weit auseinander, *Leistner*, in: Gloy/Loschelder/Erdmann, Handbuch des Wettbewerbsrechts, 4. Aufl. 2010, § 4 Rn. 5.

151 Zu den verschiedenen Modellen ausf. *Künzler*, Effizienz oder Wettbewerbsfreiheit?, 2008, S. 40 ff.

152 Vgl. hierzu *Samuelson/Nordhaus*, Volkswirtschaftslehre, 4. Aufl. 2010, S. 253 ff.

153 Zum Ganzen *Kleinewefers*, Einführung in die Wohlfahrtsökonomie, 2008, S. 167, welcher dies als „piece-meal approach" bezeichnet.

154 Zu Preismeldesystemen in diesem Zusammenhang *I. Schmidt*, Wettbewerbspolitik und Kartellrecht, 9. Aufl. 2012, S. 12 f.

155 *I. Schmidt*, Wettbewerbspolitik und Kartellrecht, 9. Aufl. 2012, S. 15.

Verfolgungsphasen geprägt ist und von vorstoßenden Wettbewerbshandlungen und den Reaktionen der Konkurrenz auf diese lebt.[156]

Ob Wettbewerb funktioniert, wird daran gemessen, ob er effiziente Marktergebnisse generiert. Die Entstehungsweise dieser Ergebnisse ist zweitrangig.[157] Bei der ökonomischen Analyse greifen Vertreter der Harvard School auf das Marktstruktur-Marktverhalten-Marktergebnis Paradigma zurück, welches einen kausalen Zusammenhang aller drei Parameter annimmt.[158] Wettbewerb soll hiernach vor allem durch die Regulierung der Marktstruktur in die gewünschte Form gebracht werden. Die herrschende Meinung innerhalb der Harvard School sieht ein sog. weites Oligopol, bei welchem wenige relativ starke Anbieter einer Vielzahl von Nachfragern gegenüberstehen,[159] als Ideal an.[160] Das von *Kantzenbach* formulierte Konzept der optimalen Wettbewerbsintensität ist ebenfalls marktergebnisorientiert und zielt auf die Verwirklichung von fünf dynamischen und statischen Wettbewerbsfunktionen ab.[161] Das Marktstruktur-Marktverhalten-Marktergebnis Paradigma ist empirisch allerdings starken Zweifeln ausgesetzt,[162] welche durch spieltheoretische und andere moderne ökonomische Ansätze genährt wurden. Im Zuge der Entwicklung der modernen Industrieökonomik ist es daher weitgehend aufgegeben worden.[163]

2. *Chicago School of Antitrust*

Starke Kritik an den von der Harvard School geprägten Theorien und der damit verbundenen interventionistischen Wettbewerbspolitik äußerten Vertreter der Chicago School of Antitrust. Zwar steht hier ebenfalls (allokative und

---

156 *I. Schmidt*, Wettbewerbspolitik und Kartellrecht, 9. Aufl. 2012, S. 13 f.; *Wurmnest*, Marktmacht und Verdrängungsmissbrauch, 2. Aufl. 2012, S. 135 f., beide unter Hinweis auf den prägenden Einfluss *Schumpeters*.

157 *Galle*, Ein wirtschaftlicher Ansatz im Kartellrecht, 2010, S. 19.

158 Zum Ganzen *Künzler*, Effizienz oder Wettbewerbsfreiheit?, 2008, S. 41.

159 Hierzu *Kampmann/Walter*, Mikroökonomie, 2010, S. 182 in Bezug auf *Kantzenbach*.

160 *Leistner*, in: Gloy/Loschelder/Erdmann, Handbuch des Wettbewerbsrechts, 4. Aufl. 2010, § 4 Rn. 6.

161 Zum Modell von *Kantzenbach* s. *Leistner*, Richtiger Vertrag und lauterer Wettbewerb, 2007, S. 44 ff.

162 Näher *Zimmer*, WuW 2007, 1198 (1200).

163 *Wurmnest*, Marktmacht und Verdrängungsmissbrauch, 2. Aufl. 2012, S. 162 ff.; *Knieps*, Wettbewerbsökonomie, 3. Aufl. 2008, S. 61; *Leistner*, in: Gloy/Loschelder/Erdmann, Handbuch des Wettbewerbsrechts, 4. Aufl. 2010, § 4 Rn. 5, sieht dieses Paradigma ebenfalls eher als widerlegt an.

produktive[164]) ökonomische Effizienz im Vordergrund und Wettbewerb ist nur Mittel zum Zweck im Sinne der neoklassischen Preistheorie.[165] Staatliche Eingriffe in den Wettbewerb werden jedoch weitgehend abgelehnt, da ansonsten die Selbstregulierungskräfte des Marktes ausgehebelt würden.[166] Die Statik des neoklassischen Modells wird von der Chicago School of Antitrust mit einer dynamischen Perspektive versehen, indem davon ausgegangen wird, dass im stetig ablaufenden Wettbewerbsprozess alle ineffizienten Unternehmen früher oder später vom Markt verdrängt werden. Wettbewerb führe also zu einer sozialdarwinistischen Selektion, die über kurz oder lang von selbst eine effiziente Marktstruktur herausbildet. Dies funktioniert allerdings nur unter der Annahme, dass keine Marktzutrittsschranken bestehen.[167] Der Theorie nach sind also stets Markteintritte von neuen Wettbewerbern denkbar. Selbst auf Monopolmärkten herrscht in diesem Modell daher permanenter Wettbewerbsdruck und es gibt keine unbestreitbaren Märkte. Dies entspricht nicht den realen Gegebenheiten und ist den gleichen Kritikpunkten ausgesetzt, die an den neoklassischen Axiomen geäußert werden. Zudem setzt dieses Modell einen stets nutzenmaximierenden, allwissenden Konsumenten als „eigentliche(n) Beherrscher der Märkte“[168] voraus, ohne dass Informationsasymmetrien zugunsten der häufig überlegenen Anbieterseite berücksichtigt würden.[169]

Hieraus folgt die kritische Haltung gegenüber staatlichen Eingriffen, weswegen auch sich herausbildende Marktmachtkonzentrationen und Monopolisierungsstrategien als wenig problematisch eingestuft werden.[170] So steigern Fusionen

---

164 Vertreter der Chicago School of Antitrust betonen besonders die Größenvorteile von Unternehmen (economics of scale), die eine effiziente Produktion erlauben, woraus eine liberale Haltung bei der Fusionskontrolle folgt. Zum Ganzen *Knieps*, Wettbewerbsökonomie, 3. Aufl. 2008, S. 73 f.; *Mestmäcker/Schweitzer*, Europäisches Wettbewerbsrecht, 2. Aufl. 2004, § 2 Rn. 88 f.; *Drexl*, Die wirtschaftliche Selbstbestimmung des Verbrauchers, 1998, S. 104 ff., 133 ff.

165 *I. Schmidt*, Wettbewerbspolitik und Kartellrecht, 9. Aufl. 2012, S. 24.

166 *Mestmäcker/Schweitzer*, Europäisches Wettbewerbsrecht, 2. Aufl. 2004, § 2 Rn. 89.

167 Hierzu und zum Vorgenannten *Leistner*, Richtiger Vertrag und lauterer Wettbewerb, 2007, S. 29, 43.

168 *Leistner*, Richtiger Vertrag und lauterer Wettbewerb, 2007, S. 41; vgl. auch zum homo oeconomicus *Bechtold*, Die Grenzen zwingenden Vertragsrechts, 2010, S. 20 ff.

169 *Leistner*, Richtiger Vertrag und lauterer Wettbewerb, 2007, S. 43; *ders.*, in: Gloy/Loschelder/Erdmann, Handbuch des Wettbewerbsrechts, 4. Aufl. 2010, § 4 Rn. 5.

170 Diese haben sich anscheinend in den USA in den 1980er Jahren, in welchen die Chicago School of Antitrust einen zentralen Einfluss auf die dortige Wettbewerbspolitik ausübte, tatsächlich herausgebildet. Vgl. (die nicht alle Industriesektoren

diesem Bild entsprechend aufgrund der Größenvorteile die Produktionseffizienz von Unternehmen (sog. economies of scale[171]). Die marktverschließende Wirkung bestimmter Verhaltensweisen tritt bei der wettbewerbspolitischen Bewertung in den Hintergrund. Vertikale Absprachen zwischen Unternehmen werden ebenfalls als unbedenklich eingestuft und Marktverschließungs- oder Marktverdrängungseffekte vernachlässigt.[172] Das dynamische Element der Auslese ineffizienter Unternehmen durch den Wettbewerb kaschiert jedoch nicht, dass dem neoklassischen Ausgangsmodell folgend mit unrealistischen Annahmen gearbeitet wird.[173]

Die Chicago School of Antitrust geht davon aus, dass besonders starke Marktakteure sich ihre Marktposition durch Effizienz verdient haben, selbst wenn sie als Einzige auf dem Markt übrig bleiben.[174] Wettbewerbspolitische Eingriffe schädigen demzufolge den automatisch durch die Auslese des Wettbewerbs perpetuierten Prozess der Effizienzsteigerung.[175] Eingriffe sollen nur gerechtfertigt sein, wenn ihre Effizienz ökonomisch nachweisbar ist, wobei an die Beweisführung vor dem Hintergrund des nahezu blinden Vertrauens auf die Selbstregulierungskräfte des Marktes enorme Ansprüche gestellt werden.[176] Ökonomische Effizienz wird grundlegend anhand der Kosten-Nutzen Rechnung im Sinne des *Kaldor-Hicks*-Kriteriums bestimmt und Wettbewerb ist demnach nur ein Instrument zur Wohlfahrtssteigerung.[177] Die Chicago School of Antitrust muss sich daher auch der am *Kaldor-Hicks*-Kriterium geübten Kritik stellen.[178]

---

umfassende) Untersuchung anhand des *Herfindahl-Hirschman*-Index für Fusionen, dargestellt bei *Hüschelrath*, Competition Policy Analysis: An Integrated Approach, 2009, S. 29 f.; zum Ganzen s. auch *Zimmer*, WuW 2007, 1198 (1200) m.w.N. aus der Lit.

171 Die positiven Auswirkungen der economies of scale gelten eher als widerlegt, näher *Leistner*, in: Gloy/Loschelder/Erdmann, Handbuch des Wettbewerbsrechts, 4. Aufl. 2010, § 4 Rn. 5.

172 *Knieps*, Wettbewerbsökonomie, 3. Aufl. 2008, S. 7; *I. Schmidt*, Wettbewerbspolitik und Kartellrecht, 9. Aufl. 2012, S. 26.

173 *Leistner*, Richtiger Vertrag und lauterer Wettbewerb, 2007, S. 29 f., 36 f.

174 *Knieps*, Wettbewerbsökonomie, 3. Aufl. 2008, S. 73.

175 *Leistner*, Richtiger Vertrag und lauterer Wettbewerb, 2007, S. 30.

176 Vgl. *Wurmnest*, Marktmacht und Verdrängungsmissbrauch, 2. Aufl. 2012, S. 132 f.; *Leistner*, Richtiger Vertrag und lauterer Wettbewerb, 2007, S. 31.

177 Näher *Wurmnest*, Marktmacht und Verdrängungsmissbrauch, 2. Aufl. 2012, S. 131.

178 *Mestmäcker/Schweitzer*, Europäisches Wettbewerbsrecht, 2. Aufl. 2004, § 2 Rn. 89.

II. *Ergebnisoffene Ansätze*

Ergebnisoffene bzw. systemtheoretische Ansätze sehen im freien Wettbewerb das übergeordnete wettbewerbspolitische Ziel. Die Freiheit der Marktteilnehmer im Wettbewerb wird als ökonomisch zweckmäßig angesehen, ohne dass bereits ethische oder verfassungsrechtliche Erwägungen eine Rolle spielen würden.

1. *Harmoniethese und funktionierende Marktprozesse*

In kritischer Auseinandersetzung mit *Kantzenbachs* ergebnisbezogener Theorie von der optimalen Wettbewerbsintensität arbeitete *Hoppmann* sein systemtheoretisches Wettbewerbskonzept heraus.[179] Für *Hoppmann* ist die Wahlfreiheit der Anbieter und Nachfrager auf einem Markt entscheidend und sie muss vor jeglichem beschränkenden Marktverhalten geschützt werden. Zwischen der allgemeinen Wettbewerbsfreiheit und der individuellen Handlungsfreiheit im Wettbewerb sowie den hieraus resultierenden Vorteilen für die einzelnen Marktteilnehmer bestehen demnach keine Widersprüche (sog. Harmoniethese). Wenn ein jeder frei von staatlichen und privaten Beschränkungen seine eigenen Interessen verfolgen kann, erfüllt der Wettbewerb zugleich seinen Zweck für das Allgemeinwohl, analog zur „unsichtbaren Hand“[180] bei *Smith*.[181] Der Staat steht insofern in der Pflicht, den allgemeinen Ordnungsrahmen für die Marktteilnehmer rechtlich vorzugeben und in dessen Grenzen dem freien Kräftespiel der Marktteilnehmer seinen Lauf zu lassen.[182] Wettbewerb in diesem Sinne ist ein Koordinationsmechanismus, welcher über den freien und dezentralen Tausch von Ressourcen und Gütern eine effiziente Zuordnung herstellt.[183]

Das Marktgeschehen basiert auf drei simultan ablaufenden Prozessen, welche für die dezentrale Güterzuordnung störungsfrei ablaufen müssen. Der Austauschprozess findet im Vertikalverhältnis zwischen Anbietern und Nachfragern statt, welche sich für einen Geschäftsabschluss jeweils frei ihre Partner aussuchen können. Die anderen beiden Prozesse spielen sich im Vorfeld jeweils auf der Anbieter- und Abnehmerseite im Horizontalverhältnis als Parallelprozesse

179 Zur *Kantzenbach/Hoppmann*-Kontroverse ausf. *Leistner*, Richtiger Vertrag und lauterer Wettbewerb, 2007, S. 44 ff.

180 Hierzu s. *Smith*, Der Wohlstand der Nationen, Buch IV, S. 370 f.

181 Zum Ganzen *Leistner*, Richtiger Vertrag und lauterer Wettbewerb, 2007, S. 47 f.

182 Insofern ergeben sich gewisse Überschneidungen mit der Chicago School of Antitrust, so *Leistner*, Richtiger Vertrag und lauterer Wettbewerb, 2007, S. 48.

183 *A. Schmidt*, ORDO 59 (2008), 209 (220).

ab.[184] Die Anbieter konkurrieren untereinander um die Nachfrager, indem sie sich gegenseitig anhand des günstigsten Geschäftsabschlusses unterbieten. Die Nachfrager überbieten sich solange parallel, bis ihre Schmerzgrenze für eine Transaktion erreicht ist. Treffen Angebot und Nachfrage derart aufeinander, dass ihre Bedingungen übereinstimmen, kommt es zum Geschäftsabschluss. Aus ungestört ablaufenden Parallelprozessen folgt der Wettbewerbsdruck, für die Marktgegenseite jeweils die attraktivsten Konditionen anzubieten. Diese gehen theoretisch nicht über das hinaus, was der jeweilige Marktteilnehmer für sich als noch gewinnbringend einstuft. Für Anbieter bedeutet dies, dass sie sich ständig über Wettbewerbsparameter wie Preis, Menge, Innovation, Service und Qualität als die bessere Wahl für einen Geschäftsabschluss darstellen müssen.[185] Anbieter und Abnehmer sind gleichermaßen in ihrem Wettbewerbsverhalten, also im Werben um die Marktgegenseite, frei. Der Schutz dieser Freiheit vor externen Einflüssen jeglicher Art ist Dreh- und Angelpunkt marktprozessorientierter Theorien. Ist diese Freiheit nicht gewährleistet, besteht die Gefahr, dass der Wettbewerbsdruck sich verringert und die Austauschprozesse zwischen den Marktteilnehmern drohen, verfälscht zu werden.[186]

Um den natürlichen Preis eines Guts im Sinne von *Smith* (bzw. in neoklassischer Terminologie den Gleichgewichtspreis) zu erreichen, müssen also alle drei Prozesse ungestört ablaufen.[187] Das Wettbewerbsrecht soll die Marktprozesse schützen, damit die Marktteilnehmer im Rahmen eines autonom gefassten Plans frei am Wettbewerb um den besten Geschäftsabschluss teilnehmen können.[188] Nach den ergebnisoffenen Ansätzen ist es jedoch nicht möglich, einzelne Marktprozesse zielgenau politisch vorzugeben und in gewünschte Bahnen zu lenken, sei es durch systematische staatliche Untätigkeit oder durch Interventionismus. Dies ist der zentrale Unterschied zu den neoklassisch geprägten ergebnisbezogenen Wettbewerbstheorien.

2. *Wettbewerb als Entdeckungsverfahren*

Das marktprozessorientierte Bild vom Wettbewerb bei *Hoppmann* ist maßgeblich durch die Arbeiten *von Hayeks* beeinflusst worden.[189] Dieser sah im Wettbewerb

---

184 *Wurmnest*, Marktmacht und Verdrängungsmissbrauch, 2. Aufl. 2012, S. 147 f., unter Verweis auf *Hoppmann*.

185 Vgl. auch o. 1. Kapitel, § 1, zur Definition von Wettbewerb nach *Fikentscher*.

186 *A. Schmidt*, ORDO 59 (2008), 209 (220).

187 *Mestmäcker/Schweitzer*, Europäisches Wettbewerbsrecht, 2. Aufl. 2004, § 2 Rn. 77.

188 *Mestmäcker/Schweitzer*, Europäisches Wettbewerbsrecht, 2. Aufl. 2004, § 2 Rn. 74.

189 *Leistner*, Richtiger Vertrag und lauterer Wettbewerb, 2007, S. 44 f.

eine spontane Ordnung, die sich evolutorisch und dynamisch aus der Handlungsfreiheit der Marktteilnehmer herausbildet, in Anlehnung an die „unsichtbare Hand"[190] bei *Smith.* Das wettbewerbspolitische Ziel ist daher, die Handlungsfreiheit der Marktteilnehmer zu gewährleisten.[191]

Von Hayek ging davon aus, dass das Marktwissen um alle relevanten Eigenschaften von Gütern auf einem Markt auf die einzelnen Wirtschaftsteilnehmer verteilt ist.[192] Stetig ablaufende Tauschprozesse bilden den Preis von Gütern heraus und bündeln somit eine Vielzahl von Faktoren zu einer einzigen (Wert-) Information. Der Preis „übermittelt durch ein einziges Symbol die relevanten Informationen"[193]. Das subjektive auf die einzelnen Marktakteure verteilte Wissen um den Nutzen eines Guts wird im freien Wettbewerb zu objektivem Marktwissen, weswegen der Wettbewerb als „Entdeckungsverfahren"[194] bezeichnet wird. Der Preis macht damit das fragmentierte Wissen über den Nutzen eines Guts für die Allgemeinheit zugänglich.[195] Der freie Wettbewerb stellt auf diesem Wege dezentral Markttransparenz her, welche das neoklassische Modell als gegeben ansieht. An diesem Punkt offenbart sich eine enge Verbindung zur Neuen Institutionenökonomik. Deren Ziel ist es, durch die Anpassung der marktwirtschaftlichen Institutionen Informations- und Transaktionskosten zu verringern und damit das objektive Marktwissen über Ressourcen und Güter im Dienste freier Tauschprozesse zu mehren.[196]

3. *Ordoliberalismus*

Der Ordoliberalismus basiert ebenfalls auf dem Grundgedanken, dass die individuelle Handlungsfreiheit das Fundament des Wettbewerbs bildet. Diese kann aber nicht uneingeschränkt gelten, da die unbeschränkte individuelle Freiheitsausübung die Freiheit aller Marktteilnehmer gefährdet. Die Handlungsfreiheit muss wegen ihrer Tendenz sich selbst aufzulösen dort enden, wo die

---

190 *Smith*, Der Wohlstand der Nationen, Buch IV, S. 370 f.

191 *Leistner*, in: Gloy/Loschelder/Erdmann, Handbuch des Wettbewerbsrechts, 4. Aufl. 2010, § 4 Rn. 8; *Zimmer*, WuW 2007, 1198 (1198).

192 *Seiler*, Verbraucherschutz auf elektronischen Märkten, 2006, S. 202.

193 *Zimmer*, WuW 2007, 1198 (1199), unter Hinweis auf die Dankrede *von Hayeks* bei der Verleihung des Nobelpreises im Jahre 1974; *Seiler*, Verbraucherschutz auf elektronischen Märkten, 2006, S. 202 m.w.N.

194 *Von Hayek*, Der Wettbewerb als Entdeckungsverfahren, 1968.

195 Hierzu *Mestmäcker/Schweitzer*, Europäisches Wettbewerbsrecht, 2. Aufl. 2004, § 2 Rn. 29, unter Bezugnahme auf *von Hayek.*

196 *Seiler*, Verbraucherschutz auf elektronischen Märkten, 2006, S. 202 f.

Freiheitssphäre anderer Marktteilnehmer berührt wird. Der freiheitsschützende staatliche Ordnungsrahmen und dessen Durchsetzung sind daher für den Ordoliberalismus entscheidend.[197]

Weitergehend entwickelte *Eucken* in diesem Zusammenhang die Interdependenz der Prinzipien und Ordnungen, welche die Verfassungs-, Rechts- und Gesellschaftsordnung und alle für eine Gesellschaft relevanten Ordnungssysteme als voneinander abhängig und sich gegenseitig bedingend beschreibt.[198] Die Wettbewerbsordnung ist lediglich ein Teil des gesamten Ordnungssystems, weswegen ethische und verfassungsmäßige Wertungen, insbesondere in Gestalt der Grundrechte, sie „materialisieren"[199] und so auf sie durchschlagen.[200] Die wirtschaftliche Handlungsfreiheit ist in diesem Sinne eine Folge der persönlichen Freiheit und der Menschenwürde.[201]

Die Wettbewerbsfreiheit wird vor dem Hintergrund der Interdependenz der Ordnungen zum Schutze der persönlichen Freiheit instrumentalisiert. Sie dient insofern dem Schutz der Rechtsordnung und ihrer Werte. Andererseits wird die Wettbewerbsfreiheit zugleich geschützt, um positive Auswirkungen auf das Allgemeinwohl zu erreichen. Soweit hieraus von einigen Vertretern des Ordoliberalismus das Marktstrukturleitbild der vollständigen Konkurrenz abgeleitet wird, gilt jedoch die bereits am Marktstruktur-Marktverhalten-Marktergebnis Paradigma geäußerte Kritik.[202]

III. Schlussfolgerung

Das Verhältnis zwischen ergebnisbezogenen und ergebnisoffenen Wettbewerbskonzepten ist im Zuge neuer mikroökonomischer Forschungsansätze, die in die Modelle integriert werden und deren Komplexität steigern, nicht mehr so stark

197 Hierzu und zum Vorgenannten *Drexl*, Wettbewerbsverfassung, in: von Bogdandy/Bast, Europäisches Verfassungsrecht, 2. Aufl. 2009, S. 905 (906 f.); *Leistner*, Richtiger Vertrag und lauterer Wettbewerb, 2007, S. 56.

198 *Eucken*, ORDO 2 (1949), 1 (84 ff.).

199 *Mestmäcker*, Die Interdependenz von Recht und Ökonomie in der Wettbewerbspolitik, in: Monopolkommission, Zukunftsperspektiven der Wettbewerbspolitik, 2005, 19 (21).

200 Vgl. auch *Di Fabio*, ZWeR 2007, 266 (275 f.).

201 *Leistner*, Richtiger Vertrag und lauterer Wettbewerb, 2007, S. 56; *Drexl*, Die wirtschaftliche Selbstbestimmung des Verbrauchers, 1998, S. 104 ff., 113.

202 *Leistner*, Richtiger Vertrag und lauterer Wettbewerb, 2007, S. 57 ff., insb. 59.

von Gegensätzen geprägt.[203] Diese Ansätze ermöglichen es, untermauert durch die experimentelle Ökonomik,[204] die Wirkungszusammenhänge zwischen Marktstruktur, Marktverhalten und Marktergebnissen differenzierter darzustellen. So führte die aus unterschiedlichen Richtungen kommende Kritik (z. B. durch Erkenntnisse der Spieltheorie[205], der Neuen Institutionenökonomik, der Transaktionskostenökonomik und der Informationsökonomik) unter dem Oberbegriff der Post Chicago School weg von der schematischen Betrachtung der Chicago School of Antitrust. Marktunvollkommenheiten und dynamische Aspekte werden in diesem Sinne zumindest teilweise mit einbezogen.[206] Nichtsdestotrotz basiert die Post Chicago School weiterhin auf wohlfahrtsökonomischen Marktergebnisanalysen.[207] Auch die Harvard School löste sich von ihrem strengen Marktstruktur-Marktverhalten-Marktergebnis Paradigma und berücksichtigt die erheblich komplexeren Wechselwirkungen verschiedener Einflussfaktoren.[208] Von hervorgehobener Bedeutung sind zudem verhaltensökonomische Erkenntnisse, die das Bild vom rationalen Nutzenmaximierer hinterfragen.[209]

In jüngerer Zeit wurde versucht, solche Verfeinerungen in die industrieökonomischen Modelle zu integrieren.[210] Eine empirisch nachvollziehbare, tatsächlich dynamische und nicht lediglich komparativ-statische Theorie ist indes nicht in Sicht.[211] Komparativ-statisch meint hierbei, dass verschiedene Szenarien

---

203 *Leistner*, in: Gloy/Loschelder/Erdmann, Handbuch des Wettbewerbsrechts, 4. Aufl. 2010, § 4 Rn. 11.

204 *Ewald*, ZWeR 2011, 15 (26).

205 Zu deren Bedeutung für die neuere Wettbewerbspolitik *Budzinski*, Modern Industrial Economics: Open Problems and Possible Limits, in: Drexl/Kerber/Podszun, Competition Policy and the Economic Approach, 2011, S. 111 (112 f.).

206 Zum Ganzen *Heinemann*, Immaterialgüterschutz in der Wettbewerbsordnung, 2002, S. 76 ff.

207 *Galle*, Ein wirtschaftlicher Ansatz im Kartellrecht, 2010, S. 21.

208 *Leistner*, in: Gloy/Loschelder/Erdmann, Handbuch des Wettbewerbsrechts, 4. Aufl. 2010, § 4 Rn. 13.

209 Dazu *Englert*, Verhaltensökonomie, in: Towfigh/Petersen, Ökonomische Methoden im Recht, 2010, S. 165 ff.; zur „REM-Hypothese als Theoriekern der Ökonomie" und widersprechender neuerer Forschungserkenntnisse zur beschränkten Rationalität sowie zu Verhaltensanomalien ausf. *Schäfer/Ott*, Lehrbuch der ökonomischen Analyse des Zivilrechts, 5. Aufl. 2012, S. 95 ff.

210 *Leistner*, in: Gloy/Loschelder/Erdmann, Handbuch des Wettbewerbsrechts, 4. Aufl. 2010, § 4 Rn. 15.

211 So *I. Schmidt*, Kernpunkte des Referates zum More Economic Approach, 2007, S. 2; *Wurmnest*, Marktmacht und Verdrängungsmissbrauch, 2. Aufl. 2012, S. 160.

untersucht werden, etwa ob ein bestimmter Preis eines marktbeherrschenden Unternehmens in unterschiedlichen Marktsituationen missbräuchlich im Sinne des Art. 102 AEUV ist oder nicht.[212] Der Vergleich mehrerer statischer Marktsituation führt indes auch zu keiner echten Dynamisierung der quantitativen ökonomischen Analyse.

Nicht unerwähnt soll jedoch bleiben, dass Forschungsansätze aus der modernen Industrie-, Institutionen- und Verhaltensökonomik sowie der experimentellen Ökonomik die Analysequalität durchaus verbessert haben.[213] In der europäischen Wettbewerbskontrolle, die grundsätzlich ordoliberal geprägt ist,[214] finden sowohl ergebnisoffene als auch ergebnisbezogene Ansätze auf den verschiedenen Ebenen der Wettbewerbstatbestände Beachtung. Die Theorienvielfalt führt allerdings auch zu Unwägbarkeiten, da sich die verschiedenen ökonomischen Analysen im Einzelfall stark widersprechen können.[215] Für die Rechtssicherheit im Hinblick darauf, welche ökonomischen Erwägungen die Wettbewerbsbehörden berücksichtigen und welche nicht, ist damit noch nicht viel gewonnen.

F. Ergebnis

Die wohlfahrtsökonomischen Wettbewerbstheorien erheben das Effizienzziel zu ihrem Leitbild. Wettbewerbsschutz ist allenfalls „Mittel zum Zweck"[216], wohinter andere Gesichtspunkte zurückzutreten müssen. Ein solches ökonomisches Diktat lässt die Wertungen der verfassungsmäßigen Grundordnung zunächst außen vor.[217] Darüber hinaus wird die dynamische Entwicklung von Markt und Wettbewerb nicht ausreichend berücksichtigt und die Treffgenauigkeit quantitativer

---

212 Näher *Strohm*, International unterschiedliche Eingreifkriterien im Wettbewerbsrecht und ökonomische Konsequenzen, 2006, S. 12.

213 Ausf. hierzu *Wurmnest*, Marktmacht und Verdrängungsmissbrauch, 2. Aufl. 2012, S. 162 ff., 197.

214 *Strohm*, International unterschiedliche Eingreifkriterien im Wettbewerbsrecht und ökonomische Konsequenzen, 2006, S. 3 f.

215 *Budzinski*, Modern Industrial Economics: Open Problems and Possible Limits, in: Drexl/Kerber/Podszun, Competition Policy and the Economic Approach, 2011, S. 111 (113).

216 So drückt sich *Albers*, Der „*More Economic Approach*" bei Verdrängungsmissbräuchen, 2006, S. 2 in Bezug auf den more economic approach im europäischen Wettbewerbsrecht aus.

217 Vgl. hierzu die Kritik bei *Drexl*, Die wirtschaftliche Selbstbestimmung des Verbrauchers, 1998, S. 176 f.

Effizienzanalysen ist zum Teil ungenügend. Wenn aus wohlfahrtsökonomischen Modellen politische Handlungsanweisungen abgeleitet werden sollen, bleiben sowohl die Gesamtinterdependenz als auch die Relativität der Analyseergebnisse ausgeblendet.[218] Daher sollten normativ aufgeladene wohlfahrtsökonomische Zweckmäßigkeitserwägungen im Wettbewerbsrecht allenfalls in einem engen Rahmen oder nachrangig berücksichtigt werden.

Vor diesem Hintergrund ist ein systemtheoretisch geprägter, ergebnisoffener Grundansatz vorzuziehen. Dieser berücksichtigt, dass Wettbewerb in seiner Dynamik und Vielschichtigkeit nicht in Gänze mathematisch erfasst werden kann. Der Schutz der Wettbewerbsprozesse und der Wettbewerbsstruktur mündet hiernach in Wettbewerbsdruck, von welchem vermutet wird, dass er positive Auswirkungen für das Allgemeinwohl hat.[219] Überspitzt formuliert täuschen die ergebnisbezogenen Theorien Messbarkeit vor, von welcher die ergebnisoffenen Ansätze erst gar nicht ausgehen. Letztere vertrauen auf die positiven Auswirkungen der individuellen wirtschaftlichen Handlungsfreiheit auf den Wettbewerb.

Wenn Ergebnisse ökonomischer Untersuchungen jedoch Gefährdungslagen für die Wettbewerbsfreiheit tatsächlich nahelegen, kann dies ein Indiz dafür sein, den wettbewerbsrechtlichen Ordnungsrahmen oder die Rechtsanwendung anzupassen. Ein ergebnisoffener wettbewerbstheoretischer Ansatz fordert nicht, bei der Beweisführung auf das gesamte Repertoire ökonomischer Analysen zu verzichten. Es wird vielmehr dringend benötigt, etwa um Marktmacht zu ermitteln oder Beeinträchtigungen der Wettbewerbsprozesse zu analysieren.[220] Letztendlich bleibt es bei einer rechtlich geprägten Abwägung unter Zuhilfenahme ökonomischer Argumente. Das Recht ist dementsprechend kein Hilfsmittel zur ökonomischen Wohlfahrtssteigerung, sondern die Ökonomik ein Hilfsmittel zur Schaffung und Durchsetzung des rechtlichen Ordnungsrahmens und nicht zuletzt zur Verwirklichung grundrechtlich verbürgter Freiheit.

Wettbewerbspolitisch sind stets die Umstände des Einzelfalls zu berücksichtigen. Einige Wirtschaftszweige kommen nicht ohne staatliche Eingriffe oder Subventionen aus, da der freie Wettbewerb offensichtlich zu keinem zufriedenstellenden Ergebnis führt.[221] Beispiele für derartiges Marktversagen finden sich

---

218 *Kleinewefers*, Einführung in die Wohlfahrtsökonomie, 2008, S. 29.

219 *I. Schmidt*, Kernpunkte des Referates zum More Economic Approach, 2007, S. 2.

220 Zur Rolle der Industrieökonomik *Zimmer*, WuW 2007, 1198 (1206 ff.).

221 Hierzu in Bezug auf den flächendeckenden Breitbandausbau: Mitteilung der Kommission, Leitlinien der EU für die Anwendung der Vorschriften über staatliche Beihilfen im Zusammenhang mit dem schnellen Breitbandausbau, ABl. 2013 C 25, S. 1 (Rn. 37).

vor allem in Bereichen, in denen hohe Anfangsinvestitionen und eine erst langfristig eintretende Überschreitung der Gewinnschwelle der Regelfall sind. Dies galt etwa für die Anfangsjahre des Eisenbahnverkehrs oder die Erforschung der zivilen Nutzung der Atomkraft. Ein aktuelles Beispiel ist der flächendeckende Breitbandausbau als Teil der Digitalen Agenda Europas, welcher staatliche Beihilfen gemäß Art. 107 AEUV zu rechtfertigen vermag.[222]

Marktversagen kann aus den verschiedensten Gründen eintreten, staatliche Eingriffe sollten jedoch möglichst zurückhaltend erfolgen und die Bemühungen privater Investoren lediglich ergänzen und nicht ersetzen.[223] Sozialpolitische Aspekte können ebenfalls relevant für regulierende Eingriffe sein, wie im Glücksspielbereich. Freier Wettbewerb würde hier hohe soziale Kosten, z. B. aufgrund von Spielsucht und Umfeldkriminalität, hervorrufen.

Ein allgemeingültiges ökonomisches Wettbewerbskonzept für alle Marktsituationen und Branchen lässt sich also nicht ausmachen. Letztendlich spricht dies gegen einen zu hohen Stellenwert rein ökonomischer Wettbewerbsziele und rückt den freiheitsrechtlichen Aspekt des Wettbewerbsschutzes in den Vordergrund. Wirtschafts- und Wettbewerbsordnung werden normativ von der Verfassung ausgefüllt und nur in deren Rahmen ist es möglich, wettbewerbspolitische Ziele vorzugeben.[224] Wirtschaftliche Zusammenhänge sind schließlich nicht mit mathematischer Genauigkeit, wie sie in der naturwissenschaftlichen Forschung anzutreffen ist, ergründbar.[225] Die Wettbewerbsfreiheit als Institution verwirklicht sich durch die individuelle Handlungsfreiheit aller Marktteilnehmer und die Handlungsfreiheit des Einzelnen sollte dort enden, wo sie

---

222 Mitteilung der Kommission, Leitlinien der EU für die Anwendung der Vorschriften über staatliche Beihilfen im Zusammenhang mit dem schnellen Breitbandausbau, ABl. 2013 C 25, S. 1 (Rn. 32 ff.).

223 Zu den Reformen der EU-Beihilfenkontrolle im Hinblick auf die Kreditvergabe für KMU, den Umweltschutz, den Ausbau der Erneuerbaren Energiegewinnung, die Forschungsförderung sowie in Bezug auf Investitionsanreize für strukturschwache Regionen, Pressemitteilung der EU v. 8.5.2012, IP/12/458, http://europa.eu/rapid/press-release_IP-12-458_de.htm.

224 Zu dieser auf dem ordoliberalen Gedankengut fußenden Perspektive ausf. *Leistner*, Richtiger Vertrag und lauterer Wettbewerb, 2007, S. 65 ff.

225 Kritisch zum Leitgedanken der neoklassischen Ökonomik, nämlich das Markt- und Wettbewerbsgeschehen berechenbar zu machen, *Vanberg*, Die Ökonomik ist keine zweite Physik, in: Goldschmidt/Wohlgemuth, Victor J. Vanberg: Wettbewerb und Regelordnung, 2008, 289 (289 ff., 312).

andere Gesellschaftsmitglieder über Gebühr einschränkt.[226] In diesem Schutzkonzept verwirklicht sich freier Wettbewerb als verfassungsrechtlich verbürgte wirtschaftliche Handlungsfreiheit. Zentral für dieses Leitbild ist die „materielle Vertragsfreiheit“[227], verstanden als die Möglichkeit aller Marktteilnehmer, möglichst frei von Zwang und gut informiert Verträge abzuschließen.[228]

Für die Missbrauchsaufsicht nach Art. 102 AEUV ist die missbräuchliche Ausübung von Zwang durch ein marktbeherrschendes Unternehmen der maßgebliche Anknüpfungspunkt. Die Grundausrichtung der europäischen Wettbewerbsverfassung lässt dabei zumindest eine ordoliberale Tradition erkennen.[229] Marktbeherrschende Unternehmen unterliegen nur in geringem Maße dem Wettbewerbsdruck, wie ihn funktionierende Marktprozesse generieren. Aus diesem Grund ist es ihnen möglich, sich auf Kosten der anderen Marktteilnehmer über die Zwänge des freien Wettbewerbs, nämlich in Konkurrenz zueinander mit dem besten Angebot zum Geschäftsabschluss zu kommen, hinwegzusetzen, wie z. B. bei Monopolpreisen. Die von solchem missbräuchlichen Verhalten betroffenen Marktteilnehmer unterliegen dann nicht nur den (erwünschten) Zwängen des freien Wettbewerbs, sondern den (unerwünschten) Zwängen, die zentral von einzelnen Marktteilnehmern ausgeübt werden.[230]

§ 3 Verfügungsrechte in der Wirtschaftsordnung

Eine tauschbasierte Markt- bzw. Verkehrswirtschaft setzt Verfügungsrechte an Gütern und Ressourcen voraus, mit deren Zuordnung zu einzelnen Individuen oder Gruppen sich die property rights-Lehre[231] (auch: Lehre von den Verfügungs-[232] bzw. Handlungsrechten[233]) befasst. Der Begriff der Verfügungsrechte ist weiter als der juristische Eigentumsbegriff gefasst, wie er etwa in Art. 14 GG

---

226 So *Leistner*, in: Gloy/Loschelder/Erdmann, Handbuch des Wettbewerbsrechts, 4. Aufl. 2010, § 6 Rn. 4 unter Verweis auf *Eucken* ORDO 2 (1949), 1 (84).

227 *Leistner*, Richtiger Vertrag und lauterer Wettbewerb, 2007, S. 277.

228 Näher *Leistner*, Richtiger Vertrag und lauterer Wettbewerb, 2007, S. 277.

229 *Strohm*, International unterschiedliche Eingreifkriterien im Wettbewerbsrecht und ökonomische Konsequenzen, 2006, S. 3 f., unter besonderem Hinweis auf Art. 102 AEUV und EuGH, Rs. 85/76, Slg. 1979, 461 (Rn. 91) – Hoffmann-La Roche/Kommission.

230 S. EuGH, Rs. 27/76, Slg. 1978, 207 (Rn. 63/66) – United Brands.

231 *Peukert*, Güterzuordnung als Rechtsprinzip, 2008, S. 100.

232 *Heinemann*, Immaterialgüterschutz in der Wettbewerbsordnung, 2002, S. 21.

233 S. *Schäfer/Ott*, Lehrbuch der ökonomischen Analyse des Zivilrechts, 5. Aufl. 2012, S. 69.

oder Art. 17 EGRC zum Ausdruck kommt. So lassen bei einem weiten Verständnis auch schuldrechtliche Verträge (relative) Verfügungsrechte entstehen.[234] Die property rights-Lehre befasst sich hauptsächlich mit der Primärzuordnung von Rechten durch gesellschaftliche bzw. staatliche Institutionen. Hiervon zu unterscheiden ist die sich zwischen den Gesellschaftsmitgliedern vollziehende Sekundärzuordnung über marktwirtschaftliche Tauschgeschäfte.

Die ökonomischen Folgewirkungen der Primärzuordnung und deren Durchsetzbarkeit werden im Folgenden institutionenökonomisch betrachtet.[235] Grundhypothese der property rights-Lehre ist, dass eine bestimmte rechtliche Ausgestaltung einen vorhersagbaren Effekt auf die Effizienz einer Marktwirtschaft hat.[236] Dabei handelt es sich um ein typisches Anwendungsgebiet der ökonomischen Analyse des Rechts, welche auf den fundamentalen Aufsatz „The Problem of Social Cost"[237] von *Coase* zurückgeht.[238] Die deduktiv anhand eines Beispiels erläuterte Grundaussage dieses Werks besteht darin, dass die Ausgestaltung von Haftungsregeln und die Zuweisung von Verantwortlichkeiten für gewisse Risiken das Verhalten der Marktteilnehmer entscheidend beeinflussen. Gewendet auf die property rights-Lehre passen die Marktteilnehmer ihr Verhalten an die Primärzuordnung und die Möglichkeiten der Sekundärzuordnung an. Die Zwangslizenzierung von Immaterialgüterrechten gemäß Art. 102 AEUV greift dem Grunde nach ex post in die Primärzuordnung ein und weicht diese auf, weswegen nicht nur rechtlicher, sondern auch ökonomischer Begründungszwang entsteht.

A. Grundlagen

Verfügungsrechte sind individuelle sanktionsbewährte Rechte Einzelner an Ressourcen, Gütern und Handlungsmöglichkeiten, die gegenüber Dritten geltend

234 *Meessen*, ZVglRWiss 111 (2012), 273 (280 f.); die Reichweite der property rights-Lehre ist selbst umstritten und z. T. werden relative Verfügungsrechte gar nicht als Untersuchungsgegenstand aufgefasst, s. auch *Schäfer/Ott*, Lehrbuch der ökonomischen Analyse des Zivilrechts, 5. Aufl. 2012, S. 71.

235 Näher anhand eines Beispiels *Schmidtchen*, Funktionen und Schutz von „Property Rights", Discussion Paper 9804, 1998, S. 8, unter Hinweis auf die Kosten von Schutz und Durchsetzung durch einen in den Worten *Buchanans* „protektiven Staat".

236 *Heinemann*, Immaterialgüterschutz in der Wettbewerbsordnung, 2002, S. 21, mit besonderem Hinweis auf die Transaktionskosten.

237 *Coase*, The Problem of Social Cost, Journal of Law and Economics 3 (1960), S. 1 ff.

238 Zur Bedeutung dieses Ansatzes für die Neue Institutionenökonomik *Leistner*, Richtiger Vertrag und lauterer Wettbewerb, 2007, S. 113.

gemacht und durchgesetzt werden können. Der Betrachtungsgegenstand beschränkt sich nicht auf private Rechte, sondern erfasst auch Nutzungsrechte an Gemeinschaftsgütern oder an überhaupt nicht zugewiesenen Gütern.[239] Neben den über die Rechtsordnung abgesicherten Positionen werden zum Teil auch durch Sozialnormen anerkannte Verfügungsrechte mit in die Betrachtung einbezogen.[240]

I. Absolute und relative Verfügungsrechte

Man unterscheidet nach einem weiten Verständnis zwischen absoluten und relativen Verfügungsrechten sowie sonstigen Verhältnissen.[241] Für die Zwangslizenzierung über Art. 102 AEUV sind die relativen Verfügungsrechte, zu denen Ansprüche aus bestehenden Schuldverhältnissen gehören,[242] nicht unmittelbar von Belang. Gleiches gilt für die aus Sozialnormen abgeleiteten sonstigen Verhältnisse, sofern man diese überhaupt als Betrachtungsgegenstand der property rights-Lehre ansieht. Aus diesem Grund bleiben letztgenannte Aspekte in der folgenden Darstellung außen vor.

Absolute Verfügungsrechte sind solche Rechte, die gegenüber jedermann geltend gemacht werden können. Nach einem extensiven Verständnis gehören hierzu alle von der Privatautonomie umfassten Rechte.[243] Insbesondere den rechtswissenschaftlich geprägten Meinungsführern aus der Wissenschaft geht dies regelmäßig zu weit und sie qualifizieren individuelle Freiheitsrechte (z. B. die Vertragsfreiheit) nicht als Verfügungsrechte, da diese Rechte nicht übertragen werden können.[244] Am Beispiel der Vertragsfreiheit zeigt sich, dass jedenfalls die gängige Untersuchungsperspektive der property rights-Lehre nicht gewinnbringend auf Freiheitsrechte angewendet werden kann. So kann ihre Ausgestaltung nicht anhand der üblichen Kriterien (Universalität, Ausschließlichkeit,

239 *Peukert*, Güterzuordnung als Rechtsprinzip, 2008, S. 101 m.w.N.

240 *Richter/Furubotn*, Neue Institutionenökonomik, 4. Aufl. 2010, S. 95.

241 Str., sehr weit fassend *Richter/Furubotn*, Neue Institutionenökonomik, 4. Aufl. 2010, S. 87 ff., 95 f., 145 ff.; in absolute und relative Verfügungsrechte unterteilend *Messen*, ZVglRWiss 111 (2012), 273 (280 f.); *Heinemann*, Immaterialgüterschutz in der Wettbewerbsordnung, 2002, S. 21; sich nur auf absolute Verfügungsrechte beziehend *Ellger*, Bereicherung durch Eingriff, 2002, S. 290 ff.

242 *Richter/Furubotn*, Neue Institutionenökonomik, 4. Aufl. 2010, S. 99.

243 *Richter/Furubotn*, Neue Institutionenökonomik, 4. Aufl. 2010, S. 96 ff.; *Ellger*, Bereicherung durch Eingriff, 2002, S. 291.

244 *Ellger*, Bereicherung durch Eingriff, 2002, S. 290.

Übertragbarkeit) analysiert werden.[245] Auch die Unterscheidung in die verschiedenen Schutzarten (property rule, liability rule, open access)[246] ist nicht sinnvoll auf die Vertragsfreiheit anwendbar. Sie ist daher ebenso wie andere Freiheitsrechte als eigene, wesensverschiedene Institution einer Verkehrswirtschaft anzusehen.

II. Marktwirtschaftliche Bedeutung

Die Verleihung von Verfügungsrechten ist für alle tauschbasierten Wirtschaftsordnungen unabdingbar, ebenso wie die Vertragsfreiheit.[247] Wenn Verfügungsrechte derjenigen Person zugesprochen werden, die sich eine Ressource erschließt oder ein bestimmtes Gut herstellt, setzen sie grundlegende Anreize für die Wertschöpfung.[248] Die Gesellschaftsmitglieder werden dazu ermuntert, über den eigenen Grundbedarf hinaus ein bestimmtes Gut zu generieren.[249] Dieser Überschuss kann getauscht werden, um sich andere für den Grundbedarf nötige Güter zu verschaffen, die man selbst nicht oder jedenfalls nur schlecht (d.h. ineffizient) produzieren kann. In diesem Punkt offenbart sich der Zusammenhang zwischen Wettbewerb und Verfügungsrechten. Aus den Verfügungsrechten folgt nämlich im Zusammenspiel mit den Marktprozessen über den Wettbewerb

---

245 Zu diesen Merkmalen *Posner*, Economic Analysis of Law, 1973, S. 29; auf präzise Zuordnung, Rechtssicherheit, Exklusivität und Übertragbarkeit abstellend *Wegehenkel/Walterscheid*, ORDO 59 (2008), 313 (319); *Voigt*, Institutionenökonomik, 2. Aufl. 2009, S. 54, bezieht sich auf Nutzung, Fruchtziehung, Veränderung und Übertragung von Ressourcen und Gütern, ebenso wie *Schäfer/Ott*, Lehrbuch der ökonomischen Analyse des Zivilrechts, 5. Aufl. 2012, S. 589.

246 Hierzu sogl. u. 1. Kapitel, § 3 A. IV.

247 *Wielsch*, Zugangsregeln, 2008, S. 2; *Peukert*, Güterzuordnung als Rechtsprinzip, 2008, S. 101 m.w.N.

248 *Richter/Furubotn*, Neue Institutionenökonomik, 4. Aufl. 2010, S. 89 f. Eine unzureichende Spezifikation kann jedoch auch (Fehl-)Anreize setzen, eine Ressource über Gebühr auszubeuten („Allmendetragödie"), so dass „Erträge privatisiert, Kosten hingegen sozialisiert werden", *Löhr*, Fragen der Freiheit 272 (2005), S. 1 (2). Zudem sind übersteigerte Anreize nicht durchweg vorteilhaft, wie etwa die negativen Effekte von Patentwettläufen zeigen, hierzu *Engel*, Geistiges Eigentum als Anreiz zur Innovation – Grenzen des Arguments, 2007, S. 25 ff. m.w.N., anhand einer spieltheoretischen Darstellung.

249 Dies ist zunächst ethisch wertungsfrei. Die Grundausstattung in einer Gesellschaft kann allerdings eine problematische Verteilung aufweisen, weswegen es durchaus kritikwürdig ist, dass alle Früchte eigener Anstrengungen dem zugeordnet werden, der die Anstrengungen unternommen hat, *Schelling*, ORDO 60 (2009), 495 (517).

eine zielgerichtete Arbeitsteilung dahingehend, dass jeder möglichst nur die Güter herstellt, die er auch effizient herstellen kann.[250] Verfügungsrechte sind daher ein unentbehrlicher Bestandteil einer auf Allokationseffizienz ausgerichteten freien Marktwirtschaft. Für den Innovationsprozess spielt der Anreiz, eigene Ideen oder eigenes Wissen verwerten zu können, eine tragende Rolle, was durch die Zuordnung von Verfügungsrechten an Immaterialgütern gewährleistet werden soll.[251]

III. Primär- und Sekundärzuordnung

Die Rolle der individuellen Handlungsfreiheit im Markt- und Wettbewerbsgeschehen besteht im Sinne der Verfügungsrechtelehre also darin, bei den einzelnen Marktteilnehmern Anreize zu setzen, Ressourcen und Güter zu generieren und auf dem Markt in Konkurrenz miteinander zum Austausch zu bringen.[252] Zuvor müssen den Gesellschaftsmitgliedern über die Primärzuordnung jedoch die Güter und Ressourcen zugewiesen werden, über die sie im Tausch verfügen.[253] Nach dieser Primärzuordnung von Verfügungsrechten folgt eine dem *Coase*-Theorem entsprechende „sekundäre Zuordnung von transferierbaren Handlungsrechten“ über den Marktmechanismus, sofern dies nicht an zu hohen Transaktionskosten scheitert.[254] Die Verleihung von Verfügungsrechten an Gütern und Ressourcen macht diese also erst marktfähig und integriert sie in das Markt- und Wettbewerbsgeschehen.

---

250 Einführend anhand der individualistischen Eigentumstheorie und des sozialistischen Gegenentwurfs *Richter/Furubotn*, Neue Institutionenökonomik, 4. Aufl. 2010, S. 88 ff.; s. auch *Peukert*, Güterzuordnung als Rechtsprinzip, 2008, S. 101 f.

251 Dazu u. 1. Kapitel, § 3, B. I. 3.

252 *Richter/Furubotn*, Neue Institutionenökonomik, 4. Aufl. 2010, S. 148, unter dezidiertem Hinweis auf die Allokationsfunktion.

253 *Ellger*, Bereicherung durch Eingriff, 2002, S. 290.

254 Zudem ist der Schutzumfang von Verfügungsrechten nicht immer offensichtlich und die Durchsetzung teilweise schwierig, zum Ganzen *Albert*, Patente in der Fusionskontrolle, 2011, S. 13 Fn. 50; beachte: *Coase* wollte mit seinem Theorem und der Beweisführung, dass Effizienz bei ausgeräumten Transaktionskosten erreicht werden kann, keinem axiomatischen Modell im Sinne der Neoklassik zur Seite stehen. Er wollte gerade aufzeigen, welche Bedeutung Transaktionskosten, wie sie in der Realität nie zur Gänze beseitigt werden können, für die Marktprozesse haben, so *Richter/Furubotn*, Neue Institutionenökonomik, 4. Aufl. 2010, S. 116 unter Hinweis auf *Coase*, The Firm, the Marktet, and the Law, 1988, S. 15, und der dort geäußerten Enttäuschung über dieses Missverständnis.

IV. *Abstufungen der Verfügungsrechte*

Verfügungsrechte können unterschiedlich stark sein. Die Entscheidung, welches Bündel an Rechten verliehen werden soll, fällt dabei für einzelne Ressourcen und Güter sehr unterschiedlich aus.[255] Die stärkste Konzentration von Verfügungsrechten besteht, wenn dem Inhaber ausschließliche Rechte zuerkannt werden und er einen gegenüber jedermann geltenden Abwehranspruch erhält (property rule). Das andere Extrem besteht darin, gar keine Verfügungsrechte zuzuordnen (open access). Man unterscheidet zwischen verschiedenen Abstufungen, die aus Sicht der property rule Ausdünnungen (attenuation) genannt werden.[256] Eine solche besteht z. B. darin, dem Rechteinhaber kein Ausschließlichkeitsrecht zu verleihen, sondern lediglich einen Anspruch auf wirtschaftliche Kompensation für die Nutzung seiner Güter und Ressourcen durch Dritte (liability rule).[257] Ferner können Verfügungsrechte einer ganzen Gruppe von Gesellschaftsmitgliedern verliehen werden, welche untereinander keinerlei Ansprüche gegeneinander haben (commons). Eine weitere Ausdünnung besteht darin, bestimmte Positionen für unverfügbar zu erklären (inalienability), wobei es sich genau genommen dann nicht mehr um Verfügungsrechte handelt.[258] Da sich alle für den Wirtschaftsprozess relevanten Institutionen gegenseitig beeinflussen, bedingen auch die Ausgestaltung von Verfügungsrechten an bestimmten Gütern und deren Durchsetzbarkeit grundlegend die Wertschöpfung und das Wettbewerbsgeschehen.

B. Verfügungsrechte an Immaterialgütern

Rechte an geistigem Eigentum bzw. Immaterialgüterrechte ordnen ihren Inhabern Verfügungsrechte an geistigen Leistungen zu.[259] Solche Güter sind nicht-körperlich und haben eine gewisse Idee bzw. ein besonderes Wissen oder eine Information zum Inhalt.[260] Sie können durch Perzeption und geistige Anstrengungskraft

---

255 *Peukert*, Güterzuordnung als Rechtsprinzip, 2008, S. 102 ff.

256 Zum Ganzen *Ellger*, Bereicherung durch Eingriff, 2002, S. 284.

257 *Schäfer/Ott*, Lehrbuch der ökonomischen Analyse des Zivilrechts, 5. Aufl. 2012, S. 592.

258 Zum Ganzen *Peukert*, Güterzuordnung als Rechtsprinzip, 2008, S. 103.

259 *Götting*, GRUR 2006, 353 (353); vgl. auch die Erläuterungen in WIPO, Intellectual Property Handbook, 2. Aufl. 2008, S. 3.

260 *Schmidtchen*, Zur Beziehung zwischen dem Recht geistigen Eigentums und dem Wettbewerbsrecht, in: Lange/Klippel/Ohly, Geistiges Eigentum und Wettbewerb, 2009, S. 27 (27).

erfasst werden. Angelehnt an den zweigliedrigen Ansatz der WIPO, befasst sich die folgende Darstellung stellvertretend für das gewerbliche Eigentum (industrial property[261]) mit dem Patentrecht sowie mit dem Urheberrecht (copyright, bzw. author's right[262]). Solche Verfügungsrechte fördern den Innovationsprozess und erfüllen damit allgemeinwohlbezogene Funktionen.[263]

I. „Ob" des Schutzes

Die Frage, ob Immaterialgüter über Verfügungsrechte geschützt werden sollten, wird durch die besonderen Eigenschaften dieser Güter beeinflusst, wofür aus ökonomischer Perspektive Kosten und Nutzen gegenüberzustellen sind.[264]

1. Besondere Eigenschaften von Immaterialgütern

Im Gegensatz zu materiellen Gütern ist die Nutzung von Immaterialgütern durch Nicht-Rivalität und Nicht-Ausschließbarkeit gekennzeichnet.[265] Nicht-Rivalität beschreibt den Umstand, dass ein Immaterialgut nicht verbrauchbar ist,[266] so dass jeder es ohne Abnutzungserscheinungen verwenden kann. Damit ist die Nutzung bereits geschaffener Immaterialgüter nicht durch Knappheit beschränkt.[267] Diese betrifft allenfalls das (materielle) Trägermedium eines Immaterialguts,[268] wie für ein Musikstück z. B. die CD. Das Knappheitsproblem folgt erst zukunftsgerichtet, da neue Immaterialgüter geschaffen werden müssen

261 WIPO, Understanding Industrial Property, S. 4 f.

262 WIPO, Understanding Copyright and Related Rights, S. 6 f.

263 Patent- und Urheberrechte gehören zu den Immaterialgütern, welche als solche nutzenstiftend sind. Mittelbar nutzenstiftend sind in Abgrenzung hierzu geschäftliche Kennzeichen wie etwa Marken, die bei der folgenden Darstellung unberücksichtigt bleiben. Zu dieser Einteilung *Peukert*, Güterzuordnung als Rechtsprinzip, 2008, S. 110 ff.

264 *Knieps*, Wettbewerbsökonomie, 3. Aufl. 2008, S. 252 ff.; *Heinemann*, Immaterialgüterschutz in der Wettbewerbsordnung, 2002, S. 22.

265 *Ohly*, Geistiges Eigentum und Gemeinfreiheit: Forschungsperspektiven, in: ders./Klippel, Geistiges Eigentum und Gemeinfreiheit, 2007, S. 1 (3); *Lévêque/Ménière*, The Economics of Patents and Copyright, 2004, S. 4 f.

266 *Peukert*, Güterzuordnung als Rechtsprinzip, 2008, S. 109, auch im Hinblick auf das Knappheitsphänomen.

267 *Wielsch*, Zugangsregeln, 2008, S. 16.

268 Auf niedrige Reproduktionskosten in Bezug auf das Trägermedium von Informationen verweisend *Frank*, Der Schutz von Unternehmensgeheimnissen im Öffentlichen Recht, 2009, S. 131.

und es entsprechender Anreize bedarf.[269] Die Nicht-Ausschließbarkeit beschreibt die fehlende Möglichkeit, andere faktisch von der Nutzung eines Immaterialguts abzuhalten.[270] Sofern jemand fähig ist, sich ein immaterielles Gut durch geistige Anstrengungskraft anzueignen, kann er es nutzen.[271] Damit ist der Zugriff auf bereits geschaffene Immaterialgüter dem Grunde nach nicht beschränkbar.[272]

2. *Externe Effekte der besonderen Eigenschaften als grundlegendes Dilemma*

Externe Effekte sind alle Neben- und Fernwirkungen, die von Gütern und deren Nutzung ausgehen und sich nicht im Marktwert niederschlagen, so dass sie kein Element der Preisbildung sind.[273] Damit fließen sie trotz ihrer positiven oder negativen Wirkungen für Einzelne oder die Allgemeinheit nicht in den Entscheidungsprozess der Marktteilnehmer ein. Eine Annahme des neoklassischen Grundmodells besteht darin, dass solche externen Effekte nicht bestehen. Die wohlfahrtsökonomische Effizienzanalyse lässt sie insofern typischerweise unberücksichtigt.[274]

a) Negative externe Effekte

Einem Schöpfer oder Erfinder ist es wegen der genannten besonderen Eigenschaften grundsätzlich nicht möglich, andere an der Nutzung seines Werkes oder seiner

269 *Mestmäcker/Schweitzer*, Europäisches Wettbewerbsrecht, 2. Aufl. 2004, § 28 Rn. 10.

270 *Scheuer*, Technologietransfer im Kartellrecht, 2008, S. 6.

271 Limitierend wirken insofern faktische Hindernisse, wie die Nachvollziehbarkeit einer Information. Dieser Wirkung wird auf einigen Märkten sogar eine wichtigere Rolle als dem normativ gewährten Schutz zugesprochen, *Barnett*, University of Pennsylvania Law Review 157 (2009), 1691 (1737 f.). Zudem können faktische Hindernisse geschaffen werden (etwa technische Schutzmechanismen), die ihrerseits Entwicklungsressourcen kosten und auch die Funktionalität beeinflussen können.

272 Zum Ganzen *Ohly*, Geistiges Eigentum und Gemeinfreiheit: Forschungsperspektiven, in: ders./Klippel, Geistiges Eigentum und Gemeinfreiheit, 2007, S. 1 (3); *Lévêque/Ménière*, The Economics of Patents and Copyright, 2004, S. 4 f.; *Régibeau/Rockett*, The Relationship Between Intellectual Property Law and Competition Law, 2004, S. 7 f.

273 Ein Beispiel für eine negative Externalität ist die Umweltverschmutzung, die durch die Benutzung eines PKW entsteht. Zu den Ansätzen auf Unionsebene, solche Effekte zu internalisieren, *Frenz*, Europarecht 6, 2011, Rn. 4560 ff. Ein Beispiel für eine positive Externalität ist der Deichbau eines am Meer gelegenen Grundstückseigentümers, von dessen Schutz auch die übrigen hinter dem Grundstück liegenden Häuser profitieren; weitere Beispiele finden sich bei *Peukert*, Güterzuordnung als Rechtsprinzip, 2008, S. 108.

274 Dazu o. 1. Kapitel, § 2 E. I.

technischen Erfindung zu hindern. Unter rein ökonomischen Gesichtspunkten würde also kein Marktteilnehmer in Ermangelung von Zugriffsbeschränkungen bereit sein, eine Gegenleistung für ein Immaterialgut zu erbringen.[275] Trittbrettfahrer (sog. free rider) könnten ohne eigene Investitionen einfach das geschaffene Wissen nutzen.[276] Unternehmen müssten daher fürchten, dass sie ihre Investitionen in Forschung und Entwicklung nicht über den Markt amortisieren können. Es kommt der Theorie nach zu Marktversagen und Unterproduktion von Immaterialgütern, da der tatsächliche (d.h. auch der gesellschaftliche) Wert des Guts sich nicht im Marktpreis niederschlägt. Je ressourcenintensiver eine bestimmte Innovation ist und je einfacher sie nachvollzogen werden kann, desto geringer ist die Wahrscheinlichkeit, dass sie unter marktwirtschaftlichen Aspekten in Angriff genommen wird. Dies führt zu Wohlfahrtsverlusten, da nützliche Innovationen tendenziell ausbleiben, selbst wenn eine Nachfrage besteht. Es liegt dementsprechend ein negativer externer Effekt vor.

b) Positive externe Effekte

Die besonderen Eigenschaften von Immaterialgütern haben indes ökonomisch durchaus auch Vorteile. Ohne Abnutzung und Verbrauch besteht zunächst kein Knappheitsproblem und es fallen keine Reproduktionskosten an.[277] Allenfalls wenn es eines materiellen Trägermediums (z.B. CD oder DVD) bedarf, erzeugt dies weitere (Grenz-)Kosten[278], die regelmäßig sehr niedrig sind. Ein jeder kann theoretisch ohne eigene Ressourcen aufzuwenden alle bereits geschaffenen Immaterialgüter nutzen und auf bestehendem Wissen aufbauend Folgeinnovationen anstreben (sog. Wissensdiffusion). Dies fördert die dynamische Effizienz und erzeugt positive Effekte für Forschung und Entwicklung.[279]

---

275 *Régibeau/Rockett*, The Relationship Between Intellectual Property Law and Competition Law, 2004, S. 8; kritisch unter Verweis auf empirische und verhaltenspsychologische Erkenntnisse in Zusammenhang mit altruistischen Motiven *Leistner/Hansen*, GRUR 2008, 479 (484).

276 *Wielsch*, Zugangsregeln, 2008, S. 14; *Drexl*, Immaterialgüterrechte zwischen Innovationsförderung durch Monopole und Wettbewerbsbeschränkungen, in: FIW, Innovation und Wettbewerb, 2009, S. 21 (22).

277 *Wielsch*, Zugangsregeln, 2008, S. 16.

278 Die Grenzkosten sind die zusätzlichen Kosten je Produkteinheit, s. *Piekenbrock*, Stichwort: Grenzkosten, in: Gabler, Wirtschaftslexikon, 2013.

279 *Schweitzer*, Controlling the Unilateral Exercise of Intellectual Property Rights, in: Govaere/Ullrich, Intellectual Property, Market Power and the Public Interest, 2008, S. 59 (90).

Allein auf statische Allokationseffizienz abstellend, müsste im Sinne der Wissensdiffusion ein uneingeschränktes Zugriffsrecht für alle bereits geschaffenen Immaterialgüter bestehen.[280] Dies würde den Nachahmerwettbewerb fördern und den Wettbewerbsdruck in Bezug auf die Produktionseffizienz, Qualität- und Serviceleistungen steigern. Zudem würde sich der Innovationsdruck erhöhen, da innovative Produkte regelmäßig mit einem Wettbewerbsvorsprung einhergehen, bis Wettbewerber ebenfalls zur Herstellung fähig sind. Der offene Preiswettbewerb zwischen allen Anbietern eines bereits eingeführten innovativen Produkts ohne Rücksicht auf ausschließliche Schutzrechte oder Lizenzgebühren würde zudem eine Annäherung an den Gleichgewichtspreis im neoklassischen Sinne begünstigen, sofern man dies normativ überhaupt anstrebt.[281]

c) Fazit

Die positiven und negativen externen Effekte offenbaren das grundlegende Dilemma des Immaterialgüterschutzes: Je stärker der Schutz ist, desto stärker ist der Anreiz, Immaterialgüter zu schaffen und Produktionsmittel hierauf zu verwenden.[282] Dies fördert den Innovationsprozess und die Kreation von Wissen. In gleichem Maße wird dieser Prozess indes gehemmt, indem andere von der Nutzung für eigene Folgeinnovationen ausgeschlossen werden.[283] Zu beachten ist, dass dieser Zusammenhang allenfalls schematisch gilt. So kann die kollektiv erfolgende innovative Tätigkeit in einem offenen System, in welchem uneingeschränkter Zugriff auf alle immateriellen Güter besteht, ebenfalls auf immaterialgüterrechtliche Schutzmechanismen angewiesen sein.[284] Zudem entstehen Kosten rund um die Rechteverleihung, wie etwa durch das Patentanmeldeverfahren oder die Rechtsdurchsetzung vor Gericht.[285]

---

280 *Régibeau/Rockett*, The Relationship Between Intellectual Property Law and Competition Law, 2004, S. 4.

281 Vgl. den Hinweis bei *Richter/Furubotn*, Neue Institutionenökonomik, 4. Aufl. 2010, S. 109, darauf, dass Externalitäten einer effizienten Allokation im Sinne des *Pareto*-Kriteriums im Wege stehen.

282 *Von Weizsäcker*, Kyklos 34 (1981), 345 (348 f.).

283 Zu diesem Dilemma *Foray*, Economics of Knowledge, 2004, S. 116 ff.; *Beater*, Nachahmen im Wettbewerb, 1995, S. 344 ff.

284 Unter Verweis auf die open source- und open access-Bewegung *Leistner/Hansen*, GRUR 2008, 479 (485).

285 *Wielsch*, Zugangsregeln, 2008, S. 24, zum Patentanmeldeverfahren; ausf. zu den Kosten der Rechtsdurchsetzung *Hilty/Jaeger/Kitz*, Geistiges Eigentum: Herausforderung Durchsetzung, 2008.

3. *Internalisierung der externen Effekte*

Zwischen Entscheidungen der Marktteilnehmer und ihren Folgewirkungen besteht eine Interdependenz. Wenn externe Effekte tatsächlich dazu führen, dass Entscheidungen der Marktteilnehmer (z. B. für Investitionen in Forschung und Entwicklung) nicht über den Markt kompensiert werden, versagt in ökonomischer Hinsicht der Ordnungsrahmen. Institutionen wie Markt und Wettbewerb oder andere Mechanismen wie Sozialnormen wirken dann nicht selbstregulierend und es kommt zu Marktversagen. Ein solches liegt vor, „wenn das freie Spiel der Marktkräfte ohne Eingreifen kein für die Gesellschaft zufriedenstellendes Ergebnis hervorbringt“[286]. Externalitäten decken damit zugleich ein staatliches Regelungsbedürfnis auf.[287] Gelingt es, die externen Effekte in den Entscheidungsprozess der Marktteilnehmer einfließen zu lassen, spricht man von einer Internalisierung. In Bezug auf Immaterialgüter ist dies mit der Verleihung von Verfügungsrechten geschehen. Rein ökonomische Erwägungen setzen hierbei jedoch voraus, dass ein Marktversagen tatsächlich diagnostiziert werden kann.

a) Alternative Schutzmechanismen

Die Alternativen zur Verleihung von Verfügungsrechten sind breit gestreut. So könnten sich verstärkt privatvertragliche Strukturen herausbilden, ebenso wie bessere technische Schutzmechanismen.[288] Zudem kann faktischer Schutz bestehen, da die Nutzung einer Idee regelmäßig technisches Know-how erfordert, welches benötigt wird, um eine Erfindung nachzuvollziehen und in einem Produkt umzusetzen. Solche Mechanismen machen eine staatliche Regulierung mehr oder weniger entbehrlich.[289] Unabhängig hiervon ist nicht jede innovative Tätigkeit ökonomisch motiviert und kann auch auf altruistische Motive zurückzuführen sein, wie Erkenntnisse der behavioral economics zeigen.[290] Wenn kein

---

286 Mitteilung der Kommission, Leitlinien der EU für die Anwendung der Vorschriften über staatliche Beihilfen im Zusammenhang mit dem schnellen Breitbandausbau, ABl. 2013 C 25, S. 1 (Rn. 37).

287 *Meessen*, ZVglRWiss 111 (2012), 273 (285), bringt dies in folgender Aussage treffend auf den Punkt: „Marktversagen, das nicht durch rechtzeitige Regulierung behoben wird, schlägt jedoch in Staatsversagen um.“

288 Bzgl. des Urheberrechts *Leistner/Hansen*, GRUR 2008, 479 (485).

289 *Wielsch*, Zugangsregeln, 2008, S. 15.

290 *Zimmer*, WuW 2007, 1198 (1209, Fn. 54) m.w.N. aus der Lit., u. a. zur ausführlichen Abhandlung von *Ockenfels*, Fairness, Reziprozität und Eigennutz, 1999; s. auch *Vanberg*, Rationalität, Regelbefolgung und Emotionen, in: Goldschmidt/Wohlgemuth, Victor J. Vanberg: Wettbewerb und Regelordnung, 2008, 241 (246 ff.).

wirtschaftliches sondern ein ideelles Interesse Anreize setzt, kommt es nicht zu monetär begründetem Marktversagen.[291]

Technische und faktische Schutzmechanismen spielen keine unerhebliche Rolle und entfalten zum Teil stärkeren Schutz als Verfügungsrechte, denn der Patentschutz läuft nach 20 Jahren aus. Bei Patentanmeldungen muss die Funktionsweise einer Erfindung offengelegt werden, so dass nach Ablauf der Schutzfrist jeder Zugriff auf das patentierte Wissen hat und es umsetzen kann. Wenn technische oder faktische Schutzmechanismen sich als unüberwindbar herausstellen, erzeugen sie daher einen zeitlich unbegrenzten Ideenschutz. Dies unterbindet die positiven und negativen externen Effekte von Immaterialgütern komplett.

b) Rolle des Wettbewerbs

Ob von Marktversagen auszugehen ist, hängt von den Marktbedingungen ab. Genügend Wettbewerbsdruck setzt eigene Innovationsanreize, sofern sich die Forschungs- und Entwicklungskosten amortisieren lassen, bis Konkurrenten mit Imitaten in den Markt eintreten. Ferner genießen die Unternehmen, die ein neues Produkt einführen, ein gesteigertes Ansehen gegenüber der imitierenden Konkurrenz. Aus dem „vorstoßenden und nachahmenden"[292] Wettbewerb folgen daher eigene Innovationsanreize. Zusammen mit der Wissensdiffusion verstärkt dies die positiven Auswirkungen für den Innovationsprozess und die Produktwahl der Konsumenten kanalisiert die Forschungs- und Entwicklungsarbeit der Unternehmen in die Bereiche mit starker Nachfrage.[293]

c) Marktversagen durch Risiko und mangelnde Nachfragerelevanz

Zugleich lenkt Wettbewerbsdruck die innovative Tätigkeit hauptsächlich in produkt- und verwertungsnahe Dimensionen. Mithin werden nicht alle Bereiche, in denen Forschung und Entwicklung dem Allgemeinwohl dienen würden, auch bedient. Ein Beispiel ist die Grundlagenforschung, bei welcher die Produktreife noch nicht absehbar ist. Aber auch bei allzu riskanten und kostenintensiven Vorhaben besteht die Gefahr, dass sie überhaupt nicht in Angriff genommen werden.

Eine andere Art von Marktversagen folgt aus fehlender Nachfragemacht. Gesellschaftsmitglieder mit wenigen oder gar keinen Ressourcen erzeugen schlichtweg

---

291 *Bechtold*, GRUR Int. 2008, 484 (486) m.w.N. aus der Lit., in Bezug auf den Bereich der open source-Software; zur Kritik am Immaterialgüterschutz und der Anreiztheorie *Boldrin/Levine*, Against Intellectual Monopoly, 2008.

292 *Mecke*, Stichwort: Wettbewerbstheorie, in: Gabler, Wirtschaftslexikon, 2013.

293 *Wielsch*, Zugangsregeln, 2008, S. 20.

keinen ökonomisch relevanten Wettbewerbsdruck und sind für die Anbieterseite uninteressant.[294] Obwohl möglicherweise ein überlebensnotwendiges und dringendes Bedürfnis dieser Gruppe an bestimmten Innovationen besteht, werden sie nicht vom Markt generiert. In neoklassischer Terminologie bestünde sogar eigentlich kein Marktversagen, da bei fehlenden Tauschmitteln der potenziellen Nachfrager bereits kein Markt vorhanden ist, obwohl die menschlichen Bedürfnisse zweifelsohne bestehen. Überspitzt formuliert haben die Gesellschaftsmitglieder als die (Produkt-)Wähler im Marktprozess keine Stimme (Finanzmittel) und werden von der gesamten (Produkt-)Wahl ausgeschlossen. Ihre Präferenzen verwirklichen sich in diesem Prozess nicht und es besteht ein faktischer Zensus zu Lasten der mittellosen Gesellschaftsmitglieder. Mit guten Gründen darf dies als eine der größten Herausforderungen für das marktwirtschaftliche System in Zeiten der Globalisierung angesehen werden.

d) Fazit

Die Internalisierung der externen Effekte von Immaterialgütern über Verfügungsrechte ist keine allgemeine Innovationsvoraussetzung. Sie basiert vielmehr auf einer normativen Grundentscheidung.[295] Diese ist von der empirisch nicht nachweisbaren Annahme getragen, dass absolute Verfügungsrechte und monetäre Kompensation als Essenz des Anreizgedankens einem freien und unbeschränkten Zugriff auf alles bereits geschaffene Wissen überlegen sind. In ihrer Absolutheit hat diese These allerdings keinen Bestand, so dass die ökonomische Begründung für die Internalisierung über Verfügungsrechte ebenfalls differenzierend bewertet werden muss. Nichtwirtschaftliche Anreize wie gesellschaftliche Anerkennung oder Altruismus,[296] alternative Schutzmechanismen und innovationsfördernder Wettbewerbsdruck relativieren das Marktversagen. Hinterfragt man die Hypothese, dass alle Gesellschaftsmitglieder stets nutzenmaximierend handeln,[297] bleibt in einigen Bereichen ohnehin nicht viel vom ökonomischen Anreizgedanken übrig.[298] Ein Beispiel hierfür ist die Wissensdatenbank Wikipedia, welche sich über Spenden finanziert und deren Einträge von den Nutzern kostenlos eingestellt und verbessert werden.

---

294 Vgl. *Samuelson/Nordhaus*, Volkswirtschaftslehre, 4. Aufl. 2010, S. 255.

295 S. in Zusammenhang mit dem Urheberrecht *Leistner/Hansen*, GRUR 2008, 479 (484).

296 *Zimmer*, WuW 2007, 1198 (1209, Fn. 54) m.w.N. aus der Lit.

297 Kritisch unter Verweis auf den „Herdentrieb“ *Meessen*, ZVglRWiss 111 (2012), 273 (276) m.w.N. aus der Lit.

298 Für das Urheberrecht eher als empirisch und verhaltenspsychologisch widerlegt ansehend *Leistner/Hansen*, GRUR 2008, 479 (484) m.w.N.

Zumeist wird kein absolutes Marktversagen durch die Internalisierung behoben, sondern es werden bestehende Anreize wirtschaftlich verstärkt und institutionell gelenkt. Dabei ist der Effekt branchen- und produktspezifisch unterschiedlich groß, woran die Verleihung von Schutzrechten ausgerichtet werden könnte. Dies ist jedoch vornehmlich für das „Wie“ der Internalisierung und nicht das „Ob“ ausschlaggebend. Bemerkenswert ist insofern, dass der rechtliche Schutz sich als eine Art Mindestschutz gegenüber alternativen Schutzmechanismen darstellt. Unternehmen, die davon ausgehen können, dass sie eine technische Idee auf unbestimmte Zeit geheim halten können, werden in der Regel hierfür kein Patent anmelden. Im Rahmen der Patentanmeldung müssten sie nämlich ihre Innovation offenlegen und nach Ablauf der Schutzzeit könnte sie ein jeder frei nutzen.

4. Integration in den Marktprozess vs. staatlich gelenkte Innovationspolitik

Zur Internalisierung externer Effekte können verschiedene Instrumente eingesetzt werden. Neben den in dieser Abhandlung im Vordergrund stehenden Verfügungsrechten wäre es denkbar, allein auf eine zentrale staatliche Lenkung mittels Subventionen für positive externe Effekte und Sanktionen für negative externe Effekte zu vertrauen. Demgegenüber erscheint die Zuordnung und Ausgestaltung von Verfügungsrechten jedoch marktwirtschaftlich betrachtet durchaus eleganter. Verfügungsrechte integrieren Immaterialgüter in den Marktprozess, welcher im Idealfall dezentral ohne weitere staatliche Lenkung auskommt. Eine zentrale staatliche Lenkung bedürfte der Prognose darüber, welche Innovationen in welchem Maße sinnvoll sind. Es müsste zentral über die Mittelverteilung entschieden werden, etwa anhand von Projektskizzen oder über Ausschreibungsverfahren. Dies kann im Einzelfall sinnvoll sein, vermag jedoch im Allgemeinen nicht die Vorzüge der dezentralen Innovationssteuerung über die Produktnachfrage im Wettbewerb aufzuwiegen. Der Innovationsprozess müsste hierfür in seiner Gesamtheit vorhersehbar und planbar sein, was systemtheoretisch fundiert mehr als zweifelhaft ist.[299]

Die freiheitsrechtliche Bedeutung des Wettbewerbs verstärkt diese Sichtweise. Subventionen müssten aus Umverteilungen gespeist werden, die mit staatlichen Eingriffen einhergehen und daher rechtfertigungsbedürftig sind. Ausnahmen hiervon sind denkbar, etwa, wenn wichtige gesellschaftliche Bedürfnisse aufgrund

299 Allg. *Wielsch*, Zugangsregeln, 2008, S. 2, mit dem Verweis in Fn. 3 auf ein Zitat *von Hayeks*, dass „die spontane Ordnung des Marktes mehr Wissen nutzt als irgendeine Person oder Organisation haben kann“.

fehlender Nachfragermacht nicht befriedigt werden, was jedoch keine Effizienzfrage im engeren Sinne ist, sondern weitreichender eine Gerechtigkeitsfrage.

Unabhängig von den Vorzügen einer dezentralen Steuerung des Innovationsprozesses über den Markt, entstünde bei direkter staatlicher Lenkung ein bedenkliches direktes Abhängigkeitsverhältnis zwischen Privatwirtschaft und Staat. Das dezentral ablaufende Markt- und Wettbewerbsgeschehen dezentralisiert nämlich zugleich den potenziellen Einfluss einzelner Marktteilnehmer auf die Politik und umgekehrt.[300]

5. *Bewertung*

Die Vorteile der Internalisierung der externen Effekte von Immaterialgütern durch Verfügungsrechte gelten nicht absolut, da nicht in jedem Fall ein Marktversagen festgestellt werden kann. Häufig ist der Wettbewerbsdruck auf einem Markt ausreichend oder das Marktversagen wird durch alternative Anreize mehr oder weniger stark relativiert. Zudem leiden die Innovationsanreize nicht, wenn tatsächliche Zugriffshindernisse oder Geheimhaltungsmöglichkeiten bestehen oder ohne allzu großen Aufwand geschaffen werden können.

Wenn es allerdings tatsächlich zu Marktversagen wegen fehlender Schutzmöglichkeiten kommt, erfüllen Verfügungsrechte ihren originären ökonomischen Sinn. Dieser besteht für Immaterialgüterrechte zuvorderst darin, über eine rechtliche Anreizstruktur Wettbewerbsdruck in Innovationsdruck zu kondensieren.[301] Insbesondere für die Grundlagenforschung sowie für sehr kostenintensive und riskante Forschungsprojekte sind Verfügungsrechte zur Anreizverstärkung unentbehrlich. Besteht das Marktversagen darüber hinaus, kann es durchaus sinnvoll sein, auch eine direkte staatliche Lenkung über Subventionen und Kooperationen vorzunehmen.[302] Verfügungsrechte an Immaterialgütern erfüllen zumindest ihren normativen Zweck, nämlich (mehr oder weniger) starke Anreize für innovative Tätigkeiten zu setzen und die geschaffenen Immaterialgüter marktfähig zu machen. Der Effekt ist indes aus verschiedensten Gründen, etwa wegen der Beschaffenheit einer Innovation oder ihrer Nachvollziehbarkeit, stark schwankend.[303] Die Grundentscheidung für den Immaterialgüterschutz über

---

300 Explizit die Entmachtungsfunktion des Wettbewerbs gegenüber dem Staat betonend *Bunte*, Kartellrecht, 2. Aufl. 2008, S. 15.

301 S. die Grafik bei *von Weizsäcker*, Kyklos 34 (1981), 345 (349).

302 Im Hinblick auf die Grundlagenforschung *Wielsch*, Zugangsregeln, 2008, S. 14.

303 S. *Bechtold*, GRUR Int. 2008, 484 (486), der auf alternative Anreizsysteme und auch den Schutz durch soziale Normen hinweist; *Lévêque/Ménière*, The Economics of Patents and Copyright, 2004, S. 41 f.

Verfügungsrechte stellt dies jedoch nicht in Frage, obwohl der empirische Nachweis für deren Vorteilhaftigkeit nur schwer zu führen ist.[304] Lediglich der Absolutheitsanspruch gegenüber anderen Bestandteilen des Ordnungsrahmens, wie etwa dem Wettbewerbsrecht, soll diesem Grundansatz aberkannt werden. Dies geschieht in vollem Bewusstsein der Tatsache, dass die entstehenden Rechtsunsicherheiten durch die Aufweichung und Flexibilisierung der Eigentumsordnung ihrerseits den Anreizgedanken konterkarieren. Solche Unsicherheiten entstehen indes auch, wenn über Umfang und Reichweite einzelner Schutzrechte vor Gericht gestritten wird. Gerade bei komplexen technischen Produkten (z. B. Smartphones) führen die unzähligen relevanten Patente in der Praxis ohnehin häufig zu langwierigen und unübersichtlichen Rechtsstreitigkeiten.

II. „Wie" des Schutzes

Für die Frage nach dem „Wie" der Internalisierung der externen Effekte von Immaterialgütern gilt ebenso wie für das „Ob", dass Kosten und Nutzen der Regulierung abzuwägen sind. Hierfür müssen im Einzelfall Art, Umfang und Dauer des rechtlichen Schutzes auf den Prüfstand gestellt werden. Für die Zwangslizenzierung gemäß Art. 102 AEUV sind insbesondere Art und Umfang relevant, worauf sich die folgende Darstellung beschränkt.

1. Art des Schutzes

a) Grundansatz

Verfügungsrechte an Immaterialgütern folgen grundsätzlich der property rule, welche dem Rechteinhaber ein zeitlich begrenztes Ausschließlichkeitsrecht zuordnet. Der Rechteinhaber kann also ein Abwehrrecht gegenüber Dritten geltend machen und diese von der Nutzung ausschließen. Er kann seine Verfügungsrechte aber auch übertragen oder anderen die Nutzung gegen Lizenzgebühren einräumen. Zudem kann er das immaterielle Gut bewusst ungenutzt lassen.[305]

b) property rule vs. liability rule

Aus verschiedenen Gründen kann es sinnvoll sein, die property rule durch eine liability rule aufzuweichen. Dann steht dem Rechteinhaber kein exklusives Nutzungsrecht, sondern lediglich ein Recht auf wirtschaftliche Kompensation zu.

---

304 So *Heinemann*, Immaterialgüterschutz in der Wettbewerbsordnung, 2002, S. 13 m.w.N.

305 *Richter/Furubotn*, Neue Institutionenökonomik, 4. Aufl. 2010, S. 142; *Zech*, ZWeR 2011, 312 (313 f.).

Eine strenge property rule scheint verfehlt, insbesondere wenn eine Vielzahl von Immaterialgüterrechten, die für ein komplexes technisches Produkt verwendet werden müssen, auf verschiedene Rechteinhaber verteilt sind. Allein die Anzahl der Schutzrechte erhöht deren strategischen Wert. Die Rechteinhaber können sich gegenseitig über Unterlassungsansprüche derart blockieren, dass ein Produkt im Endeffekt gar nicht hergestellt und vertrieben werden darf.[306] Der strategische Wert von Abwehrrechten überdehnt hier den Anreizgedanken, der es dem Rechteinhaber lediglich ermöglichen soll, seine Entwicklungskosten zu amortisieren und einen angemessenen Gewinn zu generieren.[307] Dies kann auch die liability rule leisten, sofern die Entschädigung ausreichend hoch ist. Der übersteigerte wettbewerbsstrategische Wert von Schutzrechten geht auf Kosten der Wissensdiffusion, ohne in jedem Fall vom Anreizgedanken gedeckt zu sein.[308]

c) Fazit

Die property rule für Immaterialgüterrechte entspricht der ordnungspolitischen Grundentscheidung für eine freie Marktwirtschaft, in welcher Verfügungsrechte und Privatautonomie Transaktionen ermöglichen und dem dezentralen Steuerungsmechanismus des Marktes zuführen. Die negativen Auswirkungen auf Folgeinnovationen werden dabei bewusst in Kauf genommen.[309] Darüber hinaus wird der Imitationswettbewerb und damit der Preis-, Qualitäts- und Servicewettbewerb geschwächt.[310] Die Vorzüge der property rule gelten nicht unumstößlich. Bei systematischem Versagen des Ordnungsrahmens erscheint es sinnvoll, die property rule aufzuweichen und Ausnahmen zuzulassen. In einzelnen Bereichen können die Vorzüge der liability rule gegenüber der property rule sogar derart hohes Gewicht haben, dass die liability rule nicht nur Ausnahme, sondern Regel sein sollte.[311] Die branchenspezifischen Besonderheiten einzelner Produktmärkte stehen bei solchen differenzierenden Betrachtungen von Verfügungsrechten zumeist im Vordergrund.

---

306 Zum Ganzen *Wielsch*, Zugangsregeln, 2008, S. 26 f.

307 *Wielsch*, Zugangsregeln, 2008, S. 17.

308 S.u. 3. Kapitel, § 3 C. I. 3., zur Rechtssache *Microsoft (II)*.

309 Vgl. hierzu *Fischmann*, GRUR Int. 2010, 185 (188); *Wielsch*, Zugangsregeln, 2008, S. 17 f.

310 *Zech*, ZWeR 2011, 312 (315).

311 So unter Hinweis auf mögliche psychologische, technische und rechtspraktische Gründe in Zusammenhang mit dem Urheberrechtschutz im Internet *Leistner/Hansen*, GRUR 2008, 479 (487 f.).

Ein praktisches Beispiel hierfür ist das Dekompilierungsrecht in Art. 6 ComputerprogrammRL[312]. Dieses erlaubt Dritten (ohne Zustimmung des Schutzrechtsinhabers), Interoperabilitätsinformationen aus Programmen mittels reverse engineering[313] für die eigene Nutzung zu extrahieren. Diese Informationen dürfen jedoch nur dazu verwendet werden, Interoperabilität zwischen Softwareprodukten herzustellen. Aus Perspektive der property rights-Lehre greift dann die property rule nicht mehr. Dabei wird dem Rechteinhaber nicht zugemutet, sein Wissen aktiv preiszugeben, sondern lediglich, dass Dritte dieses unter eigenen Anstrengungen offenlegen und in gewissem Maße nutzen dürfen.

Ein weiteres Instrument, welches die property rule ex post zur liability rule umwandelt, ist die Zwangslizenzierung von Immaterialgüterrechten. Sie kann rechtlich explizit vorgesehen sein, wie in Art. 17 EAGV, aber auch vom Schutzzweck anderer Bestandteile des Ordnungsrahmens, wie den Wettbewerbsregeln und konkret Art. 102 AEUV, eingefordert werden.

2. *Umfang des Schutzes*

Der Schutzumfang (bzw. die Reichweite oder der sachliche Schutzbereich) legt fest, wann ein Immaterialgüterrecht verletzt ist und wie weitreichend seine Nutzung dem Rechteinhaber zugeordnet wird. Dies entscheidet maßgeblich über den wirtschaftlichen Wert und die Innovationsanreize, umgekehrt aber auch über die Nutzungsmöglichkeiten Dritter, wenn sie Folgeinnovationen in Angriff nehmen oder Imitationswettbewerb betreiben wollen.[314]

Falls der Schutzbereich eines Patents so eng gefasst ist, dass eine minimale technische Änderung bereits nicht mehr unter dieses fällt, liefe die Internalisierung ins Leere und die Möglichkeit der freien Nutzung bestünde weiterhin. Im Marktgeschehen würde dem Patent kein Wert beigemessen.[315] Auf der anderen

---

312 RL 2009/24/EG vom 23.4.2009 über den Rechtsschutz von Computerprogrammen, ABl. 2009 L 111, S. 16 ff., im Folgenden: ComputerprogrammRL. Diese hebt die RL 91/250/EWG des Rates vom 14.5.1991 über den Rechtsschutz von Computerprogrammen, ABl. 1991 L 122, S. 42 ff., gem. Art. 10 RL 2009/24/EG auf.

313 Es handelt sich hierbei um die „Rückübersetzung der Maschinensprache in programmiernähere (für den Menschen leichter lesbare) Codeformen“, *Schweyer*, Die rechtliche Bewertung des Reverse Engineering in Deutschland und den USA, 2012, S. 5 f. Dies hilft im Softwarebereich, die Kommunikation zwischen unterschiedlichen Programmen zu verbessern und fördert damit die Interoperabilität und Kompatibilität von Produkten verschiedener Hersteller.

314 *Lévêque/Ménière*, The Economics of Patents and Copyright, 2004, S. 103 ff.

315 *Osterrieth*, Patentrecht, 4. Aufl. 2010, 4. Teil, Rn. 428.

Seite kann ein zu weitreichender Schutz Innovationsanstrengungen Dritter in überschießender Weise ausschließen oder durch enorme Lizenzgebühren ersticken.[316] Sofern eine weitgehend eigenständige technische Leistung trotz ihres eigenen Gehalts in den Schutzbereich eines bereits bestehenden Patents fällt, besteht kein Anreiz zur Umsetzung der Idee. Der sachliche Schutzbereich des Patents ist dann möglicherweise zu weit gefasst. Dies motiviert die Marktteilnehmer jedoch auf der anderen Seite umso stärker dazu, eigene grundlegende Innovationen hervorzubringen, die gänzlich ohne Berührungspunkt zu anderen Erfindungen auskommen.[317]

Die Bestimmung des Schutzumfangs kann im Einzelfall äußerst komplex sein.[318] Ein gutes Beispiel hierfür ist Art. 69 EPÜ. In Art. 1 des Protokolls über die Auslegung des Art. 69 EPÜ findet sich, interessanterweise regelungstechnisch durchaus vergleichbar mit den wettbewerbsschützenden Vorschriften in Art. 101 ff. AEUV, eine negativ gefasste Anweisung, wie der Schutzbereich von europäischen Patenten auszulegen ist. Entscheidend ist, wie weit der Rechteinhaber über den genauen Wortlaut eines angemeldeten Patents hinaus Schutz vor äquivalenten technischen Abwandlungen der Erfindung beanspruchen kann (Äquivalenzlehre),[319] was sich auch in Art. 2 des Protokolls über die Anwendung des Art. 69 EPÜ wiederfindet.[320]

3. *Bewertung*

Art, Umfang und Dauer des immaterialgüterrechtlichen Schutzes müssen einen Ausgleich zwischen der angemessenen Belohnung des Erfinders und dem freien Zugriff auf Innovationen im Dienste der Wissensdiffusion und damit

316 *Heinemann*, Immaterialgüterschutz in der Wettbewerbsordnung, 2002, S. 18; *Wielsch*, Zugangsregeln, 2008, S. 25.

317 Beachte: Eine patentierte Technologie führt nicht zwingend zu einem Monopol auf einem bestimmten Markt, *Lévêque/Ménière*, The Economics of Patents and Copyright, 2004, S. 9 f. Verfügungsrechte und Marktstellung auf dem relevanten Markt sind zwei separate Parameter, weswegen es auch missverständlich ist, in Zusammenhang mit Immaterialgüterrechten von „Monopolen" zu sprechen. Je größer jedoch der Schutzbereich eines Patents, desto weitreichender fallen technische Substitute in dessen Schutzbereich, wodurch sich zugleich die Marktrelevanz vergrößert, a.a.O. S. 31 unter Hinweis auf *Merges/Nelson*, On the Complex Economics of Patent Scope, Columbia Law Review 90 (1990), 839 ff., welche u.a. das sehr weitgefasste Patent *Edisons* an Glühbirnen darstellen.

318 Vgl. etwa *Brinkhof*, GRUR Int. 1991, 435 (437).

319 Dazu näher *Osterrieth*, Patentrecht, 4. Aufl. 2010, 4. Teil, Rn. 451 ff.

320 *Fabry*, GRUR 2008, 7 (9).

des technischen Fortschritts gewährleisten. Es gibt keine Hinweise darauf, dass eine einheitliche Schutzausgestaltung des Patent- oder des Urheberrechts („one size fits all“[321]) im Hinblick auf verschiedene Branchen, Märkte und tatsächliche Innovationsbedingungen sinnvoll ist. Eine an formelle Voraussetzungen geknüpfte Verleihung von Schutzrechten scheint aus rein ökonomischer Perspektive zunächst wenig vorteilhaft.[322] Es besteht vor diesem Hintergrund ein heterogenes Regulierungsbedürfnis. Diesem könnte mit einem ausdifferenzierten und flexiblen Verfügungsrechtesystem, je nach Art des immateriellen Guts sowie Branche und Bedeutung für das Wettbewerbsgeschehen, begegnet werden. Der Mangel an hinreichend belastbaren Modellen zeigt sich hier jedoch ebenso wie bei den Wettbewerbstheorien und es mag bezweifelt werden, dass sinnvolle Abstufungen des Schutzes derart ausdifferenziert möglich sind. Einheitlich ausgestaltete Schutzrechte bieten vor diesem Hintergrund auch einige Vorteile. Sie erleichtern es Unternehmen, den Schutz innovativer Produkte zu antizipieren und bieten einen „sicheren Hafen“ für die eigene Verwertungsplanung. Die gewonnene Rechtssicherheit wirkt sich auch ökonomisch positiv aus, da Unternehmen ihre Investitionsentscheidungen zumindest rechtlich transparent einschätzen können. Dies erscheint gerade vor dem Hintergrund, dass am Anfang von Forschungs- und Entwicklungstätigkeiten zumeist ein großes Maß an Ungewissheit über deren Ausgang besteht, ökonomisch durchaus sinnvoll.

In gleichem Maße wäre das „Wie“ des rechtlichen Schutzes bei einem zu stark ausdifferenzierten Ansatz ex ante schwer festzulegen. Das unternehmerische Risiko erhöht sich, je ungewisser diese Einschätzungen ausfallen. Im Extremfall können sie dazu führen, dass ein Forschungsprojekt gänzlich unterbleibt. Spiegelbildlich bestehen Unsicherheiten auf Seiten der Exekutive, wenn sie Schutzrechte verleiht oder auf Seiten der Judikative, wenn sie über Streitigkeiten in diesem Zusammenhang entscheidet. Ein ausdifferenziertes und flexibles System mit vielen Wertungsspielräumen erzeugt daher eigene soziale Kosten, welche bei einem rechtlich formalen Schutzansatz nur bedingt auftreten. Der optimale Ausgleich zwischen zweckmäßiger Flexibilität und

---

321 Hierzu *Ohly*, Geistiges Eigentum und Gemeinfreiheit: Forschungsperspektiven, in: ders./Klippel, Geistiges Eigentum und Gemeinfreiheit, 2007, S. 1 (7 ff.).

322 *Drexl*, Immaterialgüterrechte zwischen Innovationsförderung durch Monopole und Wettbewerbsbeschränkungen, in: FIW, Innovation und Wettbewerb, 2009, S. 21 (21): „Diese Forderungen klingen wie das Läuten der Todesglocken für das Immaterialgüterrecht in seiner heutigen Form“.

Rechtssicherheit ist daher das Ziel, das ökonomische Rüstwerkzeug für eine absolut gültige Theorie indes fehlt.[323]

III. *Abgleich mit den klassischen Regulierungsansätzen*

1. *Patentrecht*

Patentschutz wird klassischerweise über die vier sog. Patenrechtstheorien gerechtfertigt. Sie bildeten sich in der Patentdebatte in der zweiten Hälfte des 19. Jahrhunderts heraus und sind seitdem wesentliche dogmatische Grundpfeiler des Patentschutzes, an welchen sich Kritiker und Verfechter gleichermaßen orientieren.[324] Die einzelnen Theorienstränge sind die Naturrechts- oder Eigentumstheorie, die Belohnungstheorie, die Ansporntheorie und die Offenbarungs- oder auch Vertragstheorie.[325]

Für die Generierung zukünftiger Innovationen sind vor allem die Offenbarungs- und die Ansporntheorie entscheidend.[326] Erfindungen und das relevante technische Wissen müssen im Zuge des Patentierungsverfahrens offengelegt werden.[327] Nachdem der Patentschutz ausgelaufen ist, kann ein jeder legal auf die offengelegten Informationen zugreifen und diese für Folgeinnovationen nutzen. Dann können Wettbewerber des Schutzrechtsinhabers in den Endproduktmarkt eintreten und den Wettbewerb zugunsten der Verbraucher beleben. Ein Beispiel ist der Pharmasektor, in welchem es eine Vielzahl von Generikaherstellern gibt, die ausschließlich Medikamente herstellen, deren Schutz bereits abgelaufen ist. Wie das berühmte von *Machlup* formulierte non liquet deutlich macht, sind verlässliche Aussagen über die tatsächlichen Auswirkungen des Patentschutzes jedoch nahezu unmöglich. Hiernach wäre es unverantwortlich, ein Patentsystem einzuführen, wenn es noch keines geben würde. Genauso unverantwortlich wäre jedoch dessen Abschaffung, ist es einmal eingeführt.[328]

---

323 *Lévêque/Ménière*, The Economics of Patents and Copyright, 2004, S. 100 ff.

324 S. grundlegend zur historischen Entwicklung *Machlup*, GRUR Ausl. 1961, 373 ff. Zu den vier Patentrechtstheorien a.a.O. (376 ff.).

325 Hierzu *Kraßer*, Patentrecht, 6. Aufl. 2009, S. 36 f., mit Verweis auf *Machlup*, An Economic Review of the Patent System, 1958, S. 19 ff.

326 Nach *Kraßer*, Patentrecht, 6. Aufl. 2009, S. 37, zielen die Eigentums- und die Belohnungstheorie auf den Schutz von Individualinteressen ab, wohingegen die beiden anderen Begründungsstränge das Allgemeinwohl betreffen. Dabei sind die Belohnungs- und die Ansporntheorie ohnehin zwei Seiten derselben Medaille.

327 *Kraßer*, Patentrecht, 6. Aufl. 2009, S. 37.

328 *Machlup*, An Economic Review of the Patent System, 1958, S. 80; vgl. zum Ganzen *Heinemann*, Immaterialgüterschutz in der Wettbewerbsordnung, 2002, S. 12 f.;

2. *Urheberrecht*

Das Urheberrecht entfaltet seine Wirkungen traditionell zuvorderst für den kulturellen Schaffensbereich. Im Laufe der Zeit weitete sich der Geltungsbereich stetig aus und erstreckt sich heutzutage auch auf viele technische Sachverhalte, wie z.B. die ComputerprogrammRL zeigt. Hinzutreten die mit der Einführung des Internets entstandenen Herausforderungen für den Urheberrechtsschutz und die Frage, ob seine tradierten Merkmale in diesem Kontext überhaupt sinnvoll greifen.[329]

Der Schutzgedanke ist im Vergleich zum Patentrecht etwas stärker auf die persönliche und geistige Beziehung des Schöpfers zu seinem Werk gerichtet, wie er sich dort in der Naturrechts- bzw. Eigentumstheorie widerspiegelt. Der Schutz der wirtschaftlichen Interessen steht deswegen jedoch nicht im Hintergrund und soll, ähnlich der patentrechtlichen Ansporn- und Belohnungstheorie, dem Fortschritt zuträglich sein. Das Urheberrecht hat sich in einigen Bereichen so entwickelt, dass der kommerzielle Nutzen in den Vordergrund gerückt ist, was den ideellen und persönlichkeitsrechtlichen Einschlag partiell abschwächt. Dies gilt jedoch allenfalls für industriell geprägte Sparten. Auf der anderen Seite haben sich gerade mit der Verbreitung des Internets einige Bereiche aufgetan, in denen Schöpfer aus nichtwirtschaftlichen Gründen zur Schaffung eines Werks motiviert sind. Ein Beispiel ist die Entwicklung der Wissensplattform Wikipedia sowie generell die stetig wachsende open source- und creative commons-Bewegung.[330]

3. *Bewertung*

Die Frage nach dem „Ob" des Schutzes geistiger Leistungen stellt sich nur begrenzt, sehr wohl aber die Frage nach dem „Wie".[331] Ob *Machlups* über 50 Jahre alte These heutzutage noch Gültigkeit beansprucht oder der Patentschutz sich mittlerweile als zweckmäßig für den Innovationsprozess herausgestellt hat, wird kontrovers diskutiert.[332] Für den Urheberrechtsschutz lassen sich ebenfalls keine eindeutigen Indizien ausmachen. Insofern kann zumindest auf Erkenntnisse der

---

Barnett, Yale Law Journal 119 (2009), 384 (386); zurückgeführt wird dieser Gedanke *Machlups* auf *Penrose*, The Economics of the International Patent System, 1951; dazu *Boldrin/Levine*, Against Intellectual Property, 2008, S. 243 Note 1.

329 *Dreier/Leistner*, GRUR 2013, 881 ff.

330 Zum Ganzen ausf. *Dreier*, in: ders./Schulze, UrhG, 4. Aufl. 2013, § 69c UrhG, Rn. 38 ff.

331 *Machlup*, An Economic Review of the Patent System, 1958, S. 80.

332 Hierzu *Heinemann*, Immaterialgüterschutz in der Wettbewerbsordnung, 2002, S. 13 m.w.N. aus der Lit; s. auch *Barnett*, Yale Law Journal 119 (2009), 384 (386).

Neuen Institutionenökonomik hingewiesen werden, welche zeigen, dass auch ineffiziente Ordnungen sich lange halten, wenn sie in eine Vielzahl von komplexen Institutionen eingebettet sind.[333] Aus diesem Grund bedeutet der voranschreitende Innovationsprozess bei gegebenem Schutz von Immaterialgütern über Verfügungsrechte nicht, dass diese Systementscheidung einer solchen überlegen ist, die auf Schutzrechte verzichtet. In einem marktwirtschaftlichen System folgt die Verleihung von Verfügungsrechten für geistige Leistungen jedoch konsequent der Maßgabe, dass ohne sie eine Integration in das Markt- und Wettbewerbsgeschehen nicht möglich wäre.

C. Ergebnis

Die Gegenüberstellung der Vor- und Nachteile von Verfügungsrechten an Immaterialgütern gestaltet sich schwierig, da die tatsächlichen Effekte ökonomisch nicht quantifizierbar sind. Es fehlt schlichtweg an belastbaren empirischen Studien, um Kosten und Nutzen genau zu bestimmen. Insofern sind normative Vorgaben, wie gesetzliche Regelungen konkret ausgestaltet werden sollten, auf qualitative Mustervorhersagen angewiesen. Die ökonomische Analyse, wie sich Ausschließlichkeitsrechte an Immaterialgütern auf Innovationsanreize auswirken, bleibt demnach nur bedingt aussagekräftig.[334] Beschränkt man die Betrachtung auf einzelne Phänomene, wie etwa den Urheberrechtsschutz im Internet, den Pharmasektor oder den Softwarebereich, ist die Evaluation schon eher möglich. Auf diesem Wege können einzelne Prämissen des Verfügungsrechteansatzes pars pro toto hinterfragt werden. Ein Beispiel ist die open source-Bewegung im Softwarebereich, welche nicht mit dem Menschenbild des homo oeconomicus und der (monetär begründeten) Anreiztheorie erklärt werden kann.

Die fehlende ökonomische Prognostizierbarkeit des Innovationsprozesses spricht darüber hinaus gegen eine vornehmlich staatlich gelenkte Innovationspolitik. Dieser Prozess ist derart unvorhersehbar und von einer Eigendynamik geprägt, dass die Nachteile axiomatischer Effizienzanalysen noch stärker als bei materiellen Gütern ins Gewicht fallen.[335] Deswegen ist es trotz der theoretischen

333 Prägnant *Schlösser*, Ökonomik und Menschenbild, in: Loerwald/Wiesweg/Zoerner, Ökonomik und Gesellschaft, FS Krol, 2008, S. 131 (137). Dies trifft einen wesentlichen Aspekt von *Machlups* non liquet.

334 Es ist jedenfalls str., ob dieser empirisch nachgewiesen ist. Eher als widerlegt ansehend *Wielsch*, Zugangsregeln, 2008, S. 20 unter Verweis auf *Ullrich*, GRUR Int. 1996, 555 (566) m.w.N.

335 Zu den noch stärker wiegenden Unzulänglichkeiten neoklassisch geprägter ergebnisbezogener Analysen in diesem Zusammenhang *Drexl*, Immaterialgüterrechte

Mängel naheliegend, Verfügungsrechte an Immaterialgütern zu verleihen und sie damit in den Markt und das Wettbewerbsgeschehen zu integrieren, auch wenn die Auswirkungen ambivalent sind.[336] Es bleibt die Feststellung, dass der Immaterialgüterschutz über ausschließliche Verfügungsrechte ökonomisch nicht unantastbar ist, was auch im Hinblick auf die Anwendung des Wettbewerbsrechts gilt.

§ 4 Immaterialgüter in der Wettbewerbsordnung

Wie rechtliche Probleme an der Schnittstelle von Immaterialgüter- und Wettbewerbsordnung zu lösen sind, ist seit längerer Zeit ein populäres Thema im wissenschaftlichen Diskurs.[337] Maßgeblich sind sowohl ökonomische Erwägungen als auch die Rückbindung an die verfassungsmäßigen Rechte der Marktteilnehmer. Der Einfluss der Rechtsordnung wird in der folgenden Darstellung zunächst außen vor gelassen und erst im späteren Verlauf am Maßstab der europäischen Verträge näher analysiert.[338]

A. Entwicklungslinien

I. Konfliktthese

Die seit längerer Zeit überholte Konfliktthese konstatiert für das Wettbewerbs- und das Immaterialgüterrecht eine gegenläufige Zielsetzung. Das Immaterialgüterrecht gewähre demnach Ausschließlichkeitsrechte, die in der Terminologie der Konfliktthese als „rechtliches" oder „gesetzliches" Monopol bezeichnet werden und für den Schutzzeitraum eine Ausnahme vom freien Wettbewerb zulassen.[339] Die Wortwahl erscheint indes überzogen, da der Einfluss von Immaterialgütern auf die Marktstellung äußerst unterschiedlich ausfällt und diese nur in den

---

zwischen Innovationsförderung durch Monopole und Wettbewerbsbeschränkung, in: FIW, Innovation und Wettbewerb, 2009, 21 (24).

336 *Ellger*, Bereicherung durch Eingriff, 2002, S. 447.

337 *Heinemann*, Immaterialgüterschutz in der Wettbewerbsordnung, 2002, S. 24 m.w.N.

338 Dazu u. 2. Kapitel.

339 Zum historischen Kontext und den Wurzeln dieser Fehlannahme *Mestmäcker/Schweitzer*, Europäisches Wettbewerbsrecht, 2. Aufl. 2004, § 28 Rn. 16 ff.; *Kleißl*, Lizenzkartellrecht in der amerikanischen und europäischen Rechtsordnung, 2008, S. 49; *Heinemann*, Immaterialgüterschutz in der Wettbewerbsordnung, 2002, S. 442 m.w.N.; *Wielsch*, Zugangsregeln, 2008, S. 118, anhand einer Darstellung der historischen Entwicklung in Deutschland und den USA.

seltensten Fällen einen Produktmarkt monopolisieren.[340] Eine marktbeherrschende Stellung hängt immer von einer Gesamtbewertung aller Umstände ab, die von Fall zu Fall unterschiedliches Gewicht haben können.[341] Der Produktmarkt ist regelmäßig weiter als der Schutzbereich und ein Monopol liegt erst vor, wenn aufgrund des Immaterialgüterschutzes überhaupt kein Substitutionswettbewerb besteht oder denkbar ist.[342] Immaterialgüterrechte sollen grundsätzlich keine Marktexklusivität herstellen, anderenfalls würde auf ein entsprechendes Regulierungsinstrument zurückgegriffen.[343] Den Substitutionswettbewerb regen Immaterialgüterrechte entsprechend der Anreiztheorie sogar an, indem Konkurrenten den Wettbewerbsvorsprung eines Rechteinhabers durch eigene innovative Substitute wieder wettzumachen versuchen.[344] Durch Immaterialgüterrechte begünstigte Marktmachtkonzentrationen und Marktzutrittsbarrieren scheiden damit umgekehrt aber nicht aus.[345] In solchen Fällen sind Zielkonflikte bis zu einem gewissen Grad denkbar.[346]

II. Harmoniethese

Die Harmoniethese setzt an den gemeinsamen ökonomischen Regelungszielen der Wettbewerbs- und der Immaterialgüterordnung an und stellt darauf ab, dass beide letztendlich auf die Optimierung der gesellschaftlichen Wohlfahrt gerichtet sind.[347] Freier Wettbewerb steuert dezentral über den Marktmechanismus

---

340 So *Heinemann*, Immaterialgüterschutz in der Wettbewerbsordnung, 2002, S. 442 m.w.N.

341 EuGH, Rs. 27/76, Slg. 1978, 207 (Rn. 63/66) - United Brands.

342 *Hötte*, Die kartellrechtliche Zwangslizenz im Patentrecht, 2011, S. 36.

343 Ein solches (ex nunc) zugesprochenes Marktexklusivitätsrecht findet sich etwa in Art. 8 VO (EG) Nr. 141/2000 vom 16.12.1999 über Arzneimittel für seltene Leiden, ABl. 2000 L 18, S. 1. Diese Regelung betrifft allerdings die nationalen Medikamentenzulassungsverfahren und keine immaterialgüterrechtliche Schutzzeit, auch wenn Sinn und Zweck stärkere Innovationsanreize sind. Grund für diesen Umweg über das Zulassungsverfahren dürfte Art. 345 AEUV sein. Zu dieser Regelung allg. *Kamann/Gey*, PharmR 2011, 368 (371), unter Verweis auf EuG, Rs. T-264/07, Slg. 2010, II-4469 (Rn. 98) - CSL Behring/Kommission.

344 S. hierzu *Drexl*, GRUR Int. 2004, 716 (721).

345 *Hötte*, Die kartellrechtliche Zwangslizenz im Patentrecht, 2011, S. 35; *Drexl*, Immaterialgüterrechte zwischen Innovationsförderung durch Monopole und Wettbewerbsbeschränkungen, in: FIW, Innovation und Wettbewerb, 2009, S. 21 (22).

346 *Heinemann*, Immaterialgüterschutz in der Wettbewerbsordnung, 2002, S. 25.

347 Dazu näher *Kleißl*, Lizenzkartellrecht in der amerikanischen und europäischen Rechtsordnung, 2008, S. 50.

die Allokation von Ressourcen. Zugleich erzeugt er Wettbewerbsdruck, welcher die Unternehmen dazu antreibt, mit neuartigen Produkten um die Gunst der Verbraucher zu werben oder Prozessinnovationen zu generieren, um so Produkte preiswerter anbieten zu können. Immaterialgüter setzen ebenfalls Innovationsanreize für Schöpfer und Erfinder, indem sie die Verwertbarkeit rechtlich sicherstellen. Gleichzeitig lenken sie damit Ressourcen auf Forschung und Entwicklung und führen zu einer (dynamisch) effizienten Allokation.

III. Komplementärthese

Die wohlfahrtsökonomische Effizienz ist nach der Komplementärthese gleichermaßen das Leitziel von Wettbewerbs- und Immaterialgüterordnung.[348] Somit besteht Zielkompatibilität.[349] Eine reibungslose Harmonie beider Ordnungssysteme anzunehmen, würde in diesem Sinne indes zu weit gehen,[350] da die ökonomischen Auswirkungen von Immaterialgüterrechten ambivalent sind.[351] Damit bleibt das Wettbewerbsrecht ohne Einschränkungen in immaterialgüterrechtlichen Fallkonstellationen anwendbar.[352] Immaterialgüterrechte beschränken als grundlegende normative Wertentscheidung zugunsten des Anreizgedankens den freien (Imitations-)Wettbewerb und begünstigen damit den Marktmachtzuwachs des Rechteinhabers.[353] Nachgelagert wird der Wettbewerbsschutz relevant,

---

348 *Wielsch*, Zugangsregeln, 2008, S. 120, zu den Grundlagen dieser Idee unter Verweis auf *Bowman*, Patent and Antitrust Law: A Legal and Economical Appraisal, 1973. *Bowman* arbeitete heraus, dass beide Ordnungssysteme unterschiedlich funktionieren und nicht immer harmonisieren, so dass dieser als Vorreiter der Komplementärthese anzusehen ist. Zu *Bowmans* grundlegendem Werk s. auch *Heinemann*, Immaterialgüterschutz in der Wettbewerbsordnung, 2002, S. 57.

349 So allg. auch die h. M., *Heinemann*, Immaterialgüterschutz in der Wettbewerbsordnung, 2002, S. 26; *Zech*, ZWeR 2011, 312 (316); *Schmidtchen*, Die Beziehung zwischen dem Wettbewerbsrecht und dem Recht des geistigen Eigentums, in: Oberender, Wettbewerb und geistiges Eigentum, 2007, S. 9 (10); a.a.O. auch *Ohly*, Geistiges Eigentum und Wettbewerbsrecht, S. 47 (48 f.); *Drexl*, IIC 2004, 788 (791 ff.).

350 Grundlegend *Bowman*, Patent and Antitrust Law: A Legal and Economical Appraisal, 1973, S. 1; heute h. M., s. nur *Zech*, ZWeR 2011, 312 (315), und *Kleißl*, Lizenzkartellrecht in der amerikanischen und europäischen Rechtsordnung, 2008, S. 51 ff., jeweils m.w.N.

351 Hierzu o. 1. Kapitel, § 3 B. I. 2.

352 Für den Pharmasektor vgl. Mitteilung der Kommission, Zusammenfassung des Berichts über die Untersuchung des Arzneimittelsektors, KOM (2009) 351 endg., S. 20.

353 So *Drexl*, Immaterialgüterrechte zwischen Innovationsförderung durch Monopole und Wettbewerbsbeschränkungen, in: FIW, Innovation und Wettbewerb, 2009, S. 21 (22); *Zech*, ZWeR 2011, 312 (315).

wenn zu dieser Marktmacht wettbewerbswidrige Verhaltensweisen hinzutreten und damit grundsätzlich erst nach der Zuordnung der Schutzrechte. In diesem Stadium steht der Schutz des wirksamen Wettbewerbs im Vordergrund. Liegt ein Verstoß gegen die Wettbewerbsregeln vor, kann ex post in die Eigentumsordnung eingegriffen und diese aufgeweicht werden. Nichts anderes geschieht bei einer Zwangslizenz über Art. 102 AEUV zu angemessenen Lizenzgebühren, bei welcher die property rule durch die liability rule ersetzt wird.[354]

IV. Komplementärverhältnis und Marktmachtmissbrauch

Die Komplementarität erfordert keine inhaltliche Zäsur und eine rein am Wettbewerbsschutz ausgerichtete Korrektur von Marktmacht über das Wettbewerbsrecht wäre verfehlt.[355] Allerdings sollte die Behebung der negativen Auswirkungen für den Wettbewerb tonangebend sein und im Zweifel die immaterialgüterrechtlichen Wertungen überlagern, wenn ein Verstoß gegen die Wettbewerbsregeln festgestellt wurde. Es mag zwar stimmen, dass bei der ex ante erfolgten gesetzgeberischen Entscheidung für ausschließliche Immaterialgüterrechte bereits eine Abwägung zwischen den Interessen der Rechteinhaber und der Wettbewerbsfreiheit durchgeführt wurde, weswegen auch umgekehrt auf wettbewerbsrechtlicher Ebene die immaterialgüterrechtlichen Wertungen zu beachten sind.[356] Dabei gilt es jedoch zu bedenken, dass die Immaterialgüterrechtsordnung nicht nach der Marktstellung der Rechteinhaber differenziert und unabhängig von dieser ein einheitliches Schutzrecht verliehen wird. Es handelt sich um einen sog. one size fits all-Ansatz für das jeweilige Immaterialgut. Ex ante bleibt die Berücksichtigung von Marktmacht also außen vor. Auf der ex post Ebene im Anwendungsbereich des Wettbewerbsrechts tritt diese als maßgeblicher Faktor hinzu und relativiert die Grunderwägungen des Immaterialgüterschutzes. Es gilt im Anwendungsbereich der Wettbewerbsregeln, speziell des Art. 102 AEUV, wirksamen Wettbewerb zu gewährleisten. Auf diese Ebene transferierte immaterialgüterrechtliche Argumente vermögen dies nicht in Frage stellen, zumal Immaterialgüter ein Teil der Wettbewerbsordnung sind und nicht umgekehrt. Die Wertungen des Immaterialgüterschutzes können zwar soweit möglich beachtet werden. Dies sollte aber nicht einseitig auf Kosten des Wettbewerbsschutzes geschehen.

---

354 Grundlegend o. 1. Kapitel, § 3 B. II.

355 *Wielsch*, Zugangsregeln, 2008, S. 128 f.

356 So *Wielsch*, Zugangsregeln, 2008, S. 128.

Ansatzpunkt der Wettbewerbskontrolle über Art. 102 AEUV bleibt der Missbrauch von Marktmacht. Diese ist im Kontext des immaterialgüterrechtlichen Schutzzwecks zu beurteilen, ganz im Sinne des von der Kommission verfolgten effects based approach. Rein formal verliehene Immaterialgüterrechte ermöglichen eine solche flexible Handhabe nicht. Beide Regelungsbereiche greifen insofern auf unterschiedliche Mittel zurück und kommen ohne beiderseitige Zugeständnisse nicht aus. Marktmacht ist hinzunehmen, wenn sie vom Anreizgedanken des Immaterialgüterrechts gedeckt ist. Umgekehrt tritt dies in den Hintergrund, wenn es zu missbräuchlichen Verhaltensweisen kommt.

Ein Indiz hierfür liegt nach der Entscheidungspraxis der Kommission vor, wenn eine Verhaltensweise sich marktverschließend auswirkt.[357] Falls in mehreren vergleichbaren Einzelfällen immaterialgüterrechtlich ausgelöste Wettbewerbsprobleme identifiziert werden, etwa weil ein zu weitgehender Schutzbereich festgelegt wurde, sollte eher die Ausgestaltung der Schutzrechte selbst überdacht werden. Insofern folgen aus der Komplementärthese auch Rückschlüsse von der Ebene des Wettbewerbsrechts auf die immaterialgüterrechtliche Gesetzgebung, ganz im Sinne der positiven Ökonomik und der stetigen Verfeinerung bestehender Ordnungssysteme. In diesem Kontext identifiziert die Anwendung des Wettbewerbsrechts gesetzgeberischen Handlungsbedarf. Die Entscheidungszeit in Wettbewerbsverfahren ist zu lang und der Begründungsaufwand zu groß, als dass das Wettbewerbsrecht ex post systematisch das Immaterialgüterrecht korrigieren könnte, abgesehen von Erwägungen in Bezug auf die Aufgabenverschränkung zwischen Exekutive und Legislative. Das Einschreiten des demokratisch legitimierten Gesetzgebers ist einer durch die Exekutive erfolgenden systematischen Korrektur der bestehenden Regeln grundsätzlich vorzuziehen.

V. Schlussfolgerung

Gegen die Konfliktthese muss angeführt werden, dass wettbewerbs- und immaterialgüterrechtliche Kategorien vermengt werden.[358] Immaterialgüterrechte betreffen die Zuordnung verschiedener Handlungsmöglichkeiten zu einem Rechtssubjekt, ohne dass der wettbewerbsrechtlich relevante Markt berücksichtigt wird. Der Begriff „Monopol" ist daher irreführend.[359] Es geht grundsätzlich

357 Durchsetzungsprioritäten (2009), Rn. 19 ff.

358 *Kraßer*, Patentrecht, 6. Aufl. 2009, S. 47.

359 Vgl. hierzu EuGH, verb. Rs. C-241 u. 242/91 P, Slg. 1995, I-743 (Rn. 46) – RTE u. ITP/Kommission („Magill"), im Gegensatz zu den insofern wenig überzeugenden Schlussanträgen des *GA Gulmann*, verb. Rs. C-241 u. 242/91 P, Slg. 1995, I-743

um die Zuordnung von Rechten, nicht von Märkten, auch wenn Verfügungsrechte sich auf die Marktverhältnisse auswirken. In die Beurteilung, ob eine marktbeherrschende Stellung vorliegt, sind die Schutzrechte insofern einzubeziehen.[360]

Vor dem Hintergrund sich überschneidender Regulierungsziele zwischen Wettbewerbs- und Immaterialgüterrecht sollten potenziell wettbewerbswidrige Verhaltensweisen im Lichte immaterialgüterrechtlicher Wertungen betrachtet werden. Die Harmoniethese vernachlässigt solche Konflikte und kann durch die Entwicklungen in jüngster Zeit als widerlegt angesehen werden. Paradigmatisch ist nicht zuletzt der *Microsoft*-Fall. Immaterialgüterrechte können unzweifelhaft wettbewerbswidrig missbraucht werden.[361]

Der Verweis auf den Wettbewerbsschutz darf aber aufgrund der Komplementarität nicht zu einer inhaltlichen Zäsur und einem rein wettbewerbsrechtlichen Ansatz führen. Konfligieren beide Ordnungssysteme, müssen sie in praktischer Konkordanz zueinander verwirklicht werden, wobei jedoch der Wettbewerbsschutz bei festgestellten marktverschließenden Auswirkungen die zentrale Rolle spielen sollte. Dies kann durch punktuelle Aufweichungen der property rule über eine Zwangslizenzierung geschehen.[362] Idealerweise kommt es nur ausnahmsweise zu ex post Eingriffen der Wettbewerbskontrolle. Falls ein systematisch vorhandener Korrekturbedarf identifiziert werden kann, sollte die gesetzgeberische Ausgestaltung der Schutzrechte angepasst werden. Vor dem Hintergrund des raumgreifenden Immaterialgüterschutzes ist diese These nicht nur von heuristischem Wert.[363] Problematisch ist allerdings, dass eine ex post erfolgende Korrektur über das Wettbewerbsrecht erhebliche Rechtsunsicherheit mit sich bringt, abgesehen von den langwierigen und komplexen Ermittlungen in solchen Fällen.

(Rn. 11) – RTE u. ITP/Kommission („Magill"); aus dem Schrifttum ausf. zum Patentrecht *Kraßer*, Patentrecht, 6. Aufl. 2009, S. 47.

360 *Heinemann*, in: Immenga/Mestmäcker, Wettbewerbsrecht, Bd. 1 EU/Teil 1, 5. Aufl. 2012, VII. Abschnitt, B. Rn. 43.

361 Instruktiv *Heinemann*, Immaterialgüterschutz in der Wettbewerbsordnung, 2002, S. 26 f.

362 Unter dem Vorbehalt, dass private Organisationsformen (z. B. Patent-Pools oder Verwertungsgesellschaften) selbstregulativ keinen ausreichenden Zugang zu Immaterialgütern herzustellen vermögen, *Wielsch*, Zugangsregeln, 2008, S. 29.

363 Kritisch *Drexl*, Immaterialgüterrechte zwischen Innovationsförderung durch Monopole und Wettbewerbsbeschränkungen, in: FIW, Innovation und Wettbewerb, 2009, S. 21 (23 f.).

B. Ausblick auf die Auslegung und Anwendung von Art. 102 AEUV

Vor diesem Hintergrund verwundert es nicht, dass weder die Kommission noch der Gerichtshof der EU trotz des erkennbaren roten Fadens unumstößliche Merkmale herausgearbeitet haben, wie Art. 102 AEUV auf Immaterialgüterrechte anzuwenden ist. Die Kommission ist daher in Bezug auf neu auftretende wettbewerbsrelevante Gefährdungslagen weitgehend ungebunden, allerdings auf Kosten der Rechtssicherheit. Es bleibt bei den allgemeinen Grundsätzen des Wettbewerbsrechts, wonach alle Umstände des Einzelfalls einbezogen werden müssen.[364] Die vorangehenden Wertungen und Ziele des Immaterialgüterrechts fließen mit in die wettbewerbsrechtliche Bewertung ein, zumindest sofern sich die Betroffenen darauf berufen, dass die Kommission sie unzureichend gewürdigt hat. Der Vorteil des Wettbewerbsrechts liegt darin, nicht an die ex ante dem Alles-oder-nichts Prinzip folgende Verleihung von Immaterialgüterrechten gebunden zu sein.

§ 5 Zusammenfassung

Die Grundentscheidung für eine freie Markt- bzw. Verkehrswirtschaft prägt die Wettbewerbs- und Eigentumsordnung. Immaterialgüter werden durch Verfügungsrechte zu einem marktfähigen, handelbarem Gut und auf diesem Wege dem Wettbewerbsgeschehen zugeführt.[365] Diese Rechte setzen durch die Internalisierung negativer externer Effekte Anreize für Forschung und Entwicklung, allerdings auf Kosten positiver externer Effekte wie der Wissensdiffusion. Diese schematische Einteilung ist jedoch nicht allgemeingültig und kann im Einzelfall je nach Art des Schutzrechts oder auch branchenspezifisch abweichen.

Interessanterweise ist die Zwangslizenz bereits in der historischen Patentschutzdebatte als erforderliches Korrekturmittel hervorgehoben worden, um notfalls zugunsten des freien Wettbewerbs die normative Entscheidung für exklusive Immaterialgüterrechte aufzuweichen.[366] Der Immaterialgüterschutz schränkt den Imitationswettbewerb zugunsten des Innovationswettbewerbs ohnehin lediglich zeitlich und inhaltlich begrenzt ein.[367] Verfügungsrechte beschränken den Wettbewerb auf einer Ebene, um ihn auf einer anderen

364 Vgl. EuGH, Rs. 27/76, Slg. 1978, 207 (Rn. 63/66) – United Brands.

365 *Peukert*, Güterzuordnung als Rechtsprinzip, 2008, S. 111.

366 S. *Machlup*, GRUR Ausl. 1961, 373 (375) m.w.N.

367 *Zech*, ZWeR 2011, 312 (315).

Ebene zu stärken, wodurch Wettbewerbsdruck kanalisiert wird.[368] Im Marktgeschehen folgt eine kontinuierliche Selektion und Evaluation von innovativen Produkten durch die Nachfragerseite, welche ihre Kaufkraft aufgrund sich stetig verschiebender Präferenzen verlagert.[369] Diese Präferenzen schlagen sich in konzentrierter Form in dem Wertsymbol des Marktpreises nieder.[370] Der Marktmechanismus gibt also dem Innovationswettbewerb seine Richtung vor.[371] Dafür ist aber von zentraler Bedeutung, dass die Marktgegebenheiten wirksamen Wettbewerb zulassen und dieser es ermöglicht, die Verbraucherpräferenzen abzubilden.[372] Auch der Wettbewerbsschutz dient in dieser Weise der Innovationsförderung,[373] indem er zur Allokation von Produktionsmitteln für Forschung und Entwicklung führt. Wettbewerbsschutz ist in diesem Sinne grundlegend für dynamische Effizienz. Zusammen mit der Möglichkeit, immaterialgüterrechtlichen Schutz zu erlangen, verdichtet der wirksame Wettbewerb durch Wettbewerbsdruck bestehende Innovationsanreize zu einem Innovationszwang. Unternehmen müssen im Ausleseprozess des Wettbewerbs bestehen, entweder durch neuartige, qualitativ bessere oder günstigere Produkte. Insgesamt liegt die Eingliederung von Immaterialgütern in das Markt- und Wettbewerbsgeschehen auf einer Linie mit der Grundentscheidung für ein marktwirtschaftliches System.

Die Auswirkungen von Verfügungsrechten an Immaterialgütern auf den Wettbewerb sind indes im Anwendungsbereich der Wettbewerbskontrolle einzelfallbezogen zu hinterfragen.[374] Es gilt, die unterschiedlichen betroffenen Interessen im Sinne der praktischen Konkordanz miteinander in Einklang zu bringen und hierfür die normativen Elemente aus der verfassungsmäßigen Werteordnung herzuleiten. Normativ ökonomische Maßgaben sollten dabei explizit herausgestellt werden, um nicht den Anschein allgemeingültiger ökonomischer

---

368 Instruktiv für die Einschränkung der einen Ebene zugunsten der anderen Ebene ist das prominente Mehrebenenmodell, welches auf *von Weizsäcker*, Kyklos 34 (1981), 345 ff., zurückgeht. Hierzu *Heinemann*, Immaterialgüterschutz in der Wettbewerbsordnung, 2002, S. 14 f.; *Wielsch*, Zugangsregeln, 2008, S. 21 ff.

369 *Wielsch*, Zugangsregeln, 2008, S. 20.

370 Dazu o. 1. Kapitel, § 2 E. II. 2.

371 *Wielsch*, Zugangsregeln, 2008, S. 16.

372 *I. Schmidt*, Kernpunkte des Referates zum More Economic Approach, 2007, S. 2.

373 *Zech*, ZWeR 2011, 312 (315).

374 S. *Drexl*, Immaterialgüterrechte zwischen Innovationsförderung durch Monopole und Wettbewerbsbeschränkungen, in: FIW, Innovation und Wettbewerb, 2009, S. 21 (29), in Bezug auf den Fall *Microsoft*.

Tatsachen zu erzeugen.[375] Beim Wettbewerb in seiner dynamisch evolutorischen Funktionsweise handelt es sich mit den Worten *von Hayeks* um ein „komplexes Phänomen“[376], welches allenfalls anhand der Beobachtung seiner realen Abläufe beschrieben werden kann. Aus diesem Grund ist von einem systemtheoretisch geprägten, dynamischen und ergebnisoffenen Wettbewerbsleitbild auszugehen.[377] Zugleich scheiden damit Effizienzanalysen als absoluter wettbewerbspolitischer Fixpunkt aus.[378] „Die Ökonomik ist keine zweite Physik“[379] und insbesondere den neoklassisch geprägten Wettbewerbstheorien fehlt es an einer echten dynamischen Perspektive.[380] Vorzugswürdig ist insofern, sich auf den Schutz der Handlungsfreiheit der Marktteilnehmer zu konzentrieren und hierüber funktionierende Wettbewerbsprozesse zu gewährleisten.[381] Ein rein wohlfahrtsökonomischen Zielen folgender Wettbewerbsschutz, welcher zugleich die rechtliche Bewertung vorzeichnet, ist abzulehnen.[382]

Gleichzeitig ist das von der Verfassung und den Grundrechten geprägte Verständnis vom freien Wettbewerb bei der Auslegung und Anwendung der Wettbewerbsregeln zu berücksichtigen. Obwohl das Wettbewerbsrecht stark von wirtschaftlichen Erwägungen getragen ist, besteht dessen Anwendung nicht nur aus ökonomischen Sachfragen. Bei unmittelbar belastenden Entscheidungen von Wettbewerbsbehörden sollte es zu einer umfassenden Abwägung der kollidierenden Freiheitssphären am Maßstab der Rechtsordnung kommen. Die

375 *Kleinewefers*, Einführung in die Wohlfahrtsökonomie, 2008, S. 28 f.

376 Grundlegend hierzu *von Hayek*, Die Theorie komplexer Phänomene, in: ders., Die Anmaßung von Wissen, S. 281 ff.

377 Vgl. EuGH, Rs. 6-72, Slg. 1973, 215 (Rn. 26, 29) – Continental Can/Kommission.

378 *Peukert*, Güterzuordnung als Rechtsprinzip, 2008, S. 126 m.w.N.

379 So der Titel der Abhandlung von *Vanberg*, Die Ökonomik ist keine zweite Physik, in: Goldschmidt/Wohlgemuth, Victor J. Vanberg: Wettbewerb und Regelordnung, 2008, 289 ff.

380 *Vanberg*, Die Ökonomik ist keine zweite Physik, in: Goldschmidt/Wohlgemuth, Victor J. Vanberg: Wettbewerb und Regelordnung, 2008, 289 (312).

381 Auf die ordoliberalen Wurzeln des deutschen Kartellrechts verweisend *Zimmer*, WuW 2007, 1198 (1198 f.), mit einem Hinweis auf *Eucken*, Grundsätze der Wirtschaftspolitik, 5. Aufl. 1952, S. 178; eine ordoliberale Tradition weisen auch die europäischen Wettbewerbsregeln auf, diese wird jedoch im Zuge des more economic approach als schwindend angesehen, *G. Monti*, EC Competition Law, 2007, S. 25. Ebenfalls auf die Handlungsfreiheit der Marktteilnehmer und besonders die materielle Vertragsfreiheit abstellend *Leistner*, Richtiger Vertrag und lauterer Wettbewerb, 2007, S. 277 f.

382 *Leistner*, Richtiger Vertrag und lauterer Wettbewerb, 2007, S. 277.

übergeordnete Werteordnung kann letztendlich auch ökonomisch ineffiziente Entscheidungen einfordern, wenn sie sich normativ herleiten lassen. Ein Beispiel ist ein Mindestmaß an Verteilungsgerechtigkeit.[383] Einer ökonomisch fundierten Beweisführung ist damit jedoch keine Absage erteilt. Wie sich zeigen wird ist sie vielmehr unentbehrlich, um Marktmacht zu identifizieren und missbräuchliche Verhaltensweisen einzuordnen.[384]

383 *Peukert*, Güterzuordnung als Rechtsprinzip, 2008, S. 126 m.w.N.

384 Ausf. hierzu u. 3. Kapitel, § 2 A. und B.

2. Kapitel: Europäische Wettbewerbsverfassung

Die Verträge bilden die verfassungsmäßige europäische Werteordnung[385] und prägen die Auslegung und Anwendung[386] der Wettbewerbsregeln. Die Kommission ist in ihren Entscheidungen als Wettbewerbsbehörde hieran ebenso gebunden wie der Gerichtshof der EU. Dessen Rechtskontrolle ist gemäß Art. 19 Abs. 1 S. 2 EUV auf die „Wahrung des Rechts" gerichtet.[387] Bei der Anwendung der Wettbewerbsregeln sind jedoch häufig einzelfallbezogene wirtschaftliche Sachfragen entscheidend, für deren Beantwortung der Kommission enorme Entscheidungsspielräume zugestanden werden. Der Gerichtshof der EU prüft daher die Anwendungsebene nur äußerst zurückhaltend und beschränkt sich auf offensichtliche Fehler (sog. judicial self restraint).[388]

---

385 Der EuGH nannte bereits den EWG-Vertrag „Verfassungsurkunde der Gemeinschaft", EuGH, Rs. 294/83, Slg. 1986, 1339 (Rn. 23) – Parti écologiste Les Verts/Europäisches Parlament. Trotz der fehlenden Staatsqualität sind die Verträge durchaus unter Zugrundelegung eines weiten Verständnisses als Verfassung zu bezeichnen, s. etwa *Streinz*, FPR 2010, 481 (482); *Mayer*, ZaöRV 2007, 1141 (1189) m.w.N.; ausf. zur Verfassungsqualität und den Verträgen als umfassende Werteordnung *Häberle*, Die europäische Verfassung: Wandel von der Markt- zur Werteordnung, in: Tsatsos, Die Unionsgrundordnung, 2010, 221 (222 ff.).

386 Die Auslegungsebene betrifft die Konkretisierung einzelner Tatbestandsmerkmale, losgelöst vom Einzelfall, während die Anwendung der Verträge die einzelfallbezogene Subsumtion der ausgelegten Tatbestandsmerkmale anhand des Parteivorbringens darstellt. Beachte: Diese zwei Ebenen verwischen regelmäßig in Vorabentscheidungsverfahren gem. Art. 267 AEUV, in welchen lediglich die Auslegung des Unionsrechts Verfahrensgegenstand ist. Diese ist jedoch gerade in Wettbewerbsverfahren häufig derart auf die Vorlagefragen zugeschnitten, dass den nationalen Gerichten nur ein begrenzter Entscheidungsspielraum auf Anwendungsebene verbleibt.

387 EuGH, Rs. 294/83, Slg. 1986, 1339 (Rn. 23) – Parti écologiste Les Verts/Europäisches Parlament. Die verfassungsrechtliche Seite und die grundrechtlich geschützten individuellen Rechte bleiben derweil in der wettbewerbsrechtlichen Diskussion häufig außen vor, s. *Dreher*, WuW 2008, 23 (24) unter Hinweis auf *Di Fabio*, ZWeR 2007, 266 ff., sowie *Rittner/Dreher*, Europäisches und deutsches Wirtschaftsrecht, 3. Aufl. 2008, § 2 Rn. 65. Vgl. auch in Bezug auf die Zwangslizenzierung von Immaterialgüterrechten und die Beeinträchtigung der Eigentumsfreiheit hierdurch *Bartl*, Immaterialgüterrechtliche Marktzutrittsschranken im System des Art. 82 EG, 2005, S. 292 ff.; *Schwarze*, EuZW 2002, 75 ff.

388 St. Rspr., EuGH, Rs. 56/64 u. 58/64, Slg. 1966, 321 (396) – Consten u. Grundig/Kommission; Rs. 71/74, Slg. 1975, 563 (Rn. 43) – Frubo/Kommission; Rs. 42/84,

Vorgelagert ist jedoch entscheidend, welche Maßgaben die Verträge im Hinblick auf den Wettbewerbsschutz treffen und in welchem Verhältnis dieser zu anderen Regelungsbereichen des Unionsrechts steht. Hier offenbart sich der für die vorliegende Untersuchung maßgebliche Bezug zum Marktmachtmissbrauch gemäß Art. 102 AEUV. Dieses Verbot dient dem Wettbewerbsschutz und damit dem in Art. 3 Abs. 3 EUV i.V.m. dem Protokoll (Nr. 27) über den Binnenmarkt und den Wettbewerb[389] niedergelegten Binnenmarktziel. Nach Art. 51 EUV ist dieses Protokoll als Bestandteil der Verträge anzusehen. Die Binnenmarktverwirklichung ist allerdings nur eines von vielen Unionszielen im Sinne des Art. 3 EUV, welcher zusammen mit Art. 2 EUV den Werte- und Zielkatalog der Union bildet. In ökonomischer Terminologie handelt es sich um die Präferenzordnung der europäischen Gesellschaft,[390] für welche sich die Frage stellt, inwiefern sie auf den Wettbewerbsschutz ausstrahlt und ihn beeinflusst. Primärrechtlich bestehen mit den Querschnittsklauseln in Art. 7 ff. AEUV mögliche Anknüpfungspunkte für bereichsübergreifende Wertungen. Noch stärker gilt dies für die ebenfalls dem Binnenmarktziel untergeordneten Grundfreiheiten. Nicht zuletzt bindet Art. 6 EUV die Union an die Grundrechte und bietet seit dem Vertrag von Lissabon einen Anknüpfungspunkt für eine stärker individualrechtlich geprägte Rechtskontrolle in Wettbewerbssachen.[391]

Ein weiterer aktueller Problemkreis, welcher in der folgenden Darstellung außen vor bleiben soll, ist das Verhältnis zwischen EGRC und EMRK. Mit Spannung darf erwartet werden, welche Folgen sich aus einem möglichen Beitritt der EU zur EMRK ergeben, der primärrechtlich in Art. 6 Abs. 2 EUV festgelegt ist.[392] Inwiefern hieraus eine strengere Kontrolle des EGMR im Hinblick auf Unionsrechtsakte und damit auch Wettbewerbsentscheidungen

---

Slg. 1985, 2545 (Rn. 34) – Remia u. a./Kommission; EuG, Rs. T-201/04, Slg. 2007, II-3601 (Rn. 649, 665) – Microsoft/Kommission; vgl. näher in Bezug auf Art. 101 AEUV *Frenz/Ehlenz*, EuR 2010, 490 (493 ff.).

389 ABl. 2012 C 326, S. 309, im Folgenden: Protokoll (Nr. 27).

390 Zur Legitimation von Gesellschaftsordnungen s. bereits o. 1. Kapitel, § 2 B.

391 Beachte: Unionsziele und ihre Verwirklichung begründen keine subjektiv-öffentlichen Rechte,EuGH, Rs. 126/86, Slg. 1987, 3697 (Rn. 11) – Giménez Zaera; Rs. C-336/96, Slg. 1998, I-2793 (Rn. 16) – Gilly; s. auch in Bezug auf die Wettbewerbsfreiheit u. 2. Kapitel, § 2 B. III. Etwas anderes gilt für die Unionsgrundrechte, EuGH, Rs. C-389/10, Urt. v. 8.12.2011 (Rn. 118 ff.) – KME/Kommission; Rs. C-283/11, Urt. v. 22.1.2013 (Rn. 30 ff.) – Sky Österreich; s. auch die Prüfung von *GA Sharpston*, EuGH, Rs. C-58/12 P, Schlussanträge v. 30.5.2013 (Rn. 34 ff.) – Groupe Gascogne/Kommission.

392 Hierzu *Reich*, EuZW 2010, 641.

der Kommission folgt, ist nicht abzusehen. Bisweilen herrscht eine Vermutung konventionsgerechten Verhaltens der Union, welche mit dem Beitritt zur EMRK obsolet werden könnte.[393]

§ 1 Wettbewerb und Binnenmarktziel

Unternehmen ist es nach den Art. 101 ff. AEUV verboten, sich kollusiv wettbewerbsbeschränkend zu verhalten (Art. 101 AEUV) oder eine marktbeherrschende Stellung zu missbrauchen (Art. 102 AEUV). Ferner bietet die Fusionskontrollverordnung[394] Schutz vor wettbewerbsschädlichen Marktmachtkonzentrationen durch Unternehmenszusammenschlüsse, welche die Kommission untersagen oder unter Auflagen genehmigen kann.[395] Zusätzlich ist ein Verbot staatlicher Beihilfen in den europäischen Wettbewerbsregeln verankert (Art. 107 AEUV). Komplementär schützen die Grundfreiheiten vor Wettbewerbsbeeinträchtigungen der Mitgliedstaaten.[396] Damit besteht ein umfassendes Schutzsystem im Dienste des wirksamen Wettbewerbs,[397] welches an die Verwirklichung des Binnenmarktziels im Sinne des Art. 3 Abs. 3 S. 1 EUV gekoppelt ist.

A. Anwendungsbereich des europäischen Wettbewerbsrechts

Die Art. 101 ff. AEUV sind unmittelbar geltendes Unionsrecht, weswegen sie in allen Mitgliedstaaten direkt anwendbar sind.[398] Die europäischen und die

---

393 In diese Richtung deutet der ehemalige Richter am EGMR *Ress*, EuZW 2010, 841.

394 VO (EG) Nr. 139/2004 über die Kontrolle von Unternehmenszusammenschlüssen („EG-Fusionskontrollverordnung"), ABl. 2004 L 24, S. 1, im Folgenden: FKVO (EG) Nr. 139/2004 bzw. Fusionskontrollverordnung.

395 *Lübbig*, in: Loewenheim/Meessen/Riesenkampff, Kartellrecht, 2. Aufl. 2009, EU-Recht (Art. 81 bis 86), 6. Teil, Art. 82 EGV Rn. 1.

396 *Wurmnest*, Marktmacht und Verdrängungsmissbrauch, 2. Aufl. 2012, S. 86.

397 Explizit auf den wirksamen Wettbewerb in Zusammenhang mit dem Marktzutritt von grenzüberschreitenden Dienstleistern hinweisend EuGH, Rs. C-565/08, Slg. 2011, I-2101 (Rn. 51) – Italien/Kommission m.w.N. aus der Rspr.; zum Wettbewerbsschutz über die Art. 101 ff. AEUV grundlegend Rs. 6-72, Slg. 1973, 215 (Rn. 26) – Continental Can/Kommission; aktuell Rs. C-8/08, Slg. 2009, I-4529 (Rn. 38) – T-Mobile Netherlands u. a.; verb. Rs. C-501 u. a. /06 P, Slg. 2009, I-9291 (Rn. 63 f.) – GlaxoSmithKline Services u. a./Kommission; EuG, Rs. T-201/04, Slg. 2007, II-3601 (Rn. 664) – Microsoft/Kommission.

398 EuGH, Rs. C-453/99, Slg. 2001, I-6297 (Rn. 22 f.) – Courage m.w.N. aus der Rspr.

nationalen Wettbewerbsregeln kommen dabei nach dem Urteil *Walt Wilhelm*[399] parallel zur Anwendung.[400]

Um in den Anwendungsbereich der Art. 101 f. AEUV zu gelangen, müssen sich die wettbewerbswidrigen Verhaltensweisen eines oder mehrerer Unternehmen auf dem Binnenmarkt oder auf einem wesentlichen Teil desselben zutragen und Auswirkungen auf den Handel zwischen den Mitgliedstaaten haben.[401] Damit ist der Anwendungsbereich des Wettbewerbsrechts durch die verwendeten Begrifflichkeiten in Art. 101 f. AEUV weit gezogen und erfasst auch Unternehmen aus Drittstaaten, ohne dass eine Regelung wie § 130 Abs. 2 GWB notwendig wäre.[402]

B. Schutz des Wettbewerbs vor Verfälschungen

Die europäische Wettbewerbsverfassung ist grundlegend darauf gerichtet, das Binnenmarktziel zu fördern, indem der Wettbewerb vor Verfälschungen geschützt wird. Dies folgt nunmehr explizit aus dem Protokoll (Nr. 27). Vor dem Vertrag von Lissabon befand sich dieser Passus nahezu identisch in Art. 3 Abs. 1 lit. g) EGV. Wettbewerb und Binnenmarkt waren primärrechtlich gleichrangige Unionsziele mit einer formell eigenständigen Bedeutung. Die folgende Darstellung legt einen Schwerpunkt auf den Marktmachtmissbrauch gemäß Art. 102 AEUV und seine Querbezüge zum Binnenmarktziel, sie soll sich allerdings auch anderen Anknüpfungspunkten in den Verträgen nicht verschließen.

I. Marktwirtschaftliche Systementscheidung und Wettbewerbsschutz

Die Verträge enthalten in Art. 3 Abs. 3 EUV die grundlegende Systementscheidung zugunsten einer wettbewerbsfähigen sozialen Marktwirtschaft. Bereits im Vertrag von Rom wurde eine freiheitlich marktwirtschaftliche Ordnung

---

399 EuGH, Rs. 14-68, Slg. 1969, 1 (Rn. 11) – Walt Wilhelm u. a.

400 Zum Verhältnis zwischen Art. 101 ff. AEUV und den nationalen Wettbewerbsregeln s. Art. 3 VO (EG) Nr. 1/2003. Im Einzelnen *Bunte*, in: Langen/Bunte, Bd. 2, 11. Aufl. 2010, Einf. in das EG-Kartellrecht, Rn. 75 ff., auch zur Frage eines möglichen Vorrangverhältnisses zugunsten der europäischen Wettbewerbsregeln; im Rahmen des Art. 102 AEUV besteht kein grundsätzlicher Vorrang vor den nationalen Regelungen und es kommen stets die strengeren Vorschriften zum Zuge, a.a.O. Rn. 81, so dass Art. 102 AEUV eine Art Mindeststandard festlegt.

401 *Meessen*, in: Loewenheim/Meessen/Riesenkampff, Kartellrecht, 2. Aufl. 2009, EU-Recht (Art. 81 bis 86), 1. Teil, Rn. 67 ff.

402 *Meessen*, in: Loewenheim/Meessen/Riesenkampff, Kartellrecht, 2. Aufl. 2009, EU-Recht (Art. 81 bis 86), 1. Teil, Rn. 5.

festgelegt,[403] welche als konstitutive Elemente Markt, Wettbewerb, Eigentum und Vertragsfreiheit voraussetzt.[404] Bisweilen schwer einzuschätzen ist die mit dem Vertrag von Lissabon eingeführte Festlegung auf eine *soziale* Marktwirtschaft. Die formell gestärkte soziale Zielrichtung könnte auf die genannten marktwirtschaftlichen Institutionen ausstrahlen,[405] ebenso wie der angewachsene Werte- und Zielkatalog in Art. 2 f. EUV. Die grundlegende Systementscheidung für offene Märkte stellt dies jedoch nicht in Frage.[406]

1. Schutz des Wettbewerbs als Institution

Das europäische Wettbewerbskonzept lässt sich keiner ökonomischen Theorie eindeutig zuordnen, jedoch folgen aus der wettbewerbspolitischen Systementscheidung normative Vorgaben für den Wettbewerbsschutz. Historisch betrachtet besteht zumindest eine ordoliberale, auf die Sicherung der Freiheit der Marktteilnehmer gerichtete Tradition.[407] Die Wettbewerbsregeln schützen in diesem Sinne den Wettbewerb als freiheitsschützende und freiheitsverwirklichende Institution.[408]

403 *Hatje*, Wirtschaftsverfassung im Binnenmarkt, in: von Bogdandy/Bast, Europäisches Verfassungsrecht, 2. Aufl. 2009, S. 801 (809 ff.).

404 Näher *Hatje*, Wirtschaftsverfassung im Binnenmarkt, in: von Bogdandy/Bast, Europäisches Verfassungsrecht, 2. Aufl. 2009, S. 801 (811 ff.).

405 Kritisch *Basedow*, EuZW 2008, 225.

406 *Frenz*, Europarecht 6, 2011, Rn. 3582; zur Lage vor dem Vertrag von Lissabon *Rittner/Dreher*, Europäisches und deutsches Wirtschaftsrecht, 3. Aufl. 2008, § 2 Rn. 35 ff. m.w.N.

407 *Dittert*, EuR 2012, 570 (579 f.); *Bunte*, in: Langen/Bunte, Bd. 2, 11. Aufl. 2010, Einf. zum EG-Kartellrecht, Rn. 34; *Strohm*, International unterschiedliche Eingreifkriterien im Wettbewerbsrecht und ökonomische Konsequenzen, 2006, S. 10; zuweilen werden die Auswirkungen der ordoliberalen Tradition auf die europäischen Wettbewerbsregeln durch den more economic approach auf dem Rückzug angesehen, so *G. Monti*, EC Competition Law, 2007, S. 25; s. auch *Riesenkampff*, Vom Wettbewerbsschutz zum Verbraucherschutz?, in: Bechtold/Jickeli/Rohe, Recht, Ordnung und Wettbewerb, FS Möschel, 2011, 489 (489 ff.).

408 S. *GA Kokott*, EuGH, Rs. C-8/08, Slg. 2009, I-4529 (Rn. 58) – T-Mobile Netherlands u. a.; *dies.*, Rs. C-95/04 P, Slg. 2007, I-2336 (Rn. 68) – British Airways/Kommission; *Zimmer*, WuW 2008, 1198 (1202), spricht insofern vom „ergebnisoffenen" Wettbewerb.

a) Ansatz der Rechtsprechung: Schutz des wirksamen Wettbewerbs

In ständiger Rechtsprechung dienen die Wettbewerbsregeln dem Schutz von Wettbewerbsstrukturen[409] und Wettbewerbsprozessen[410]. Diese Aspekte sind insofern miteinander verwoben, als dass funktionierende Wettbewerbsprozesse die Wettbewerbsstruktur prägen und umgekehrt, auch wenn dies nicht in der Strenge des Marktstruktur-Marktverhalten-Marktergebnis Paradigmas der Harvard School gelten mag.[411] Der EuGH spricht vom „wirksamen Wettbewerb (*workable competition*)“[412], der geschützt werden müsse und welcher ein maßgeblicher Integrationsfaktor für den Binnenmarkt sei. Die wirtschaftliche Handlungsfreiheit der Marktteilnehmer und ihr Schutz vor staatlicher und privater Einflussnahme ist konstitutiv. Hierauf beruft sich auch die Rechtsprechung zu Art. 102 AEUV.[413]

b) Chancengleichheit als Voraussetzung wirksamen Wettbewerbs

Der so verstandene wirksame Wettbewerb als freiheitssichernde Institution konkretisiert sich in dem Erfordernis der Chancengleichheit der Marktteilnehmer im Konkurrenzkampf.[414] Dies meint nicht, dass alle Anbieter und Abnehmer gleichgestellt werden müssen, etwa durch staatliche Ressourcenumverteilung oder Machtangleichung.[415] Auch die soziale Ausrichtung der Marktwirtschaft über Art. 3 Abs. 3 S. 2 EUV fordert dies nicht ein. Unterschiede zwischen einzelnen Marktteilnehmern entstehen vielmehr im wettbewerbsmäßigen

---

409 Grundlegend EuGH, Rs. 6-72, Slg. 1973, 215 (Rn. 26) – Continental Can/Kommission; aus jüngerer Zeit Rs. C-8/08, Slg. 2009, I-4529 (Rn. 38) – T-Mobile Netherlands u. a.; verb. Rs. C-501 u. a./06 P, Slg. 2009, I-9291 (Rn. 63 f.) – GlaxoSmithKline Services u. a./Kommission; EuG, Rs. T-201/04, Slg. 2007, II-3601 (Rn. 664) – Microsoft/ Kommission.

410 EuGH, verb. Rs. C-89 u. a./85, Slg. 1993, I-1307 (Rn. 63) – Ahlström Osakeyhtiö u. a./ Kommission, hierzu und zum Vorgenannten *Zimmer*, WuW 2007, 1198 (1202).

411 Hierzu bereits o. 1. Kapitel, § 2 E. I. 1.

412 Grundlegend EuGH, Rs. 26/76, Slg. 1977, 1875 (Rn. 20) – Metro/Kommission. Diese Formulierung kann allerdings nicht so verstanden werden, dass hiermit das wettbewerbstheoretische Konzept des wirksamen bzw. funktionsfähigen Wettbewerbs gemeint wäre, s. *Wurmnest*, Marktmacht und Verdrängungsmissbrauch, 2. Aufl. 2012, S. 88 m.w.N.

413 Vgl. EuGH, Rs. 27/76, Slg. 1978, 207 (Rn. 184/194) – United Brands/Kommission; s. auch KOME, 13.5.2009, COMP/37.990 (Zsfg.), ABl. 2009 C 227, S. 13 (Rn. 33) – Intel.

414 Zur Bedeutung der Chancengleichheit für den wirksamen Wettbewerb EuGH, Rs. C-49/07, Slg. 2008, I-4863 (Rn. 51) – MOTOE.

415 Zur Chancengleichheit und ihrer Herleitung aus dem Gedanken der Wettbewerbsfreiheit *Frenz*, Europarecht 2, 2006, Rn. 20 ff.

Konkurrenzkampf. Funktionierender Wettbewerb beschwört dabei keinen grundlegenden Zielkonflikt zu den sozialen Unionszielen herauf, sondern hilft regelmäßig, diese zu erreichen.

Die Chancengleichheit bezieht sich auf die Möglichkeit, freie Entscheidungen im Wettbewerb zu treffen. Ohne von einzelnen marktbeherrschenden Unternehmen wettbewerbswidrig, etwa durch Monopolpreise für benötigte Ressourcen auf Vorleistungsebene, beeinflusst zu werden, soll sich der Konkurrenzkampf der Marktteilnehmer allein anhand der wechselseitig angebotenen Leistungen entscheiden. Für Art. 102 AEUV zeigen dies die Durchsetzungsprioritäten (2009).[416] Darüber hinaus bietet die Chancengleichheit einen Anhaltspunkt dafür, die Wettbewerbskontrolle nicht einseitig am Schutz einer Marktteilnehmerseite zu orientieren (namentlich der Verbraucher), wofür sich die Kommission, begleitet von kritischen Stimmen aus der Literatur, in jüngerer Zeit jedoch zunehmend stark gemacht hat.[417]

2. Schutz der Marktteilnehmer über Art. 102 AEUV?

Leitet man aus der konstitutiven Bedeutung der wirtschaftlichen Handlungsfreiheit aller Marktteilnehmer das wettbewerbsrechtliche Schutzkonzept ab, wirft dies die Frage auf, ob die Marktteilnehmer selbst das Schutzobjekt der Wettbewerbsregeln sind oder sein sollten.

a) Verbraucher

Die Verbraucher (bzw. Abnehmer von Leistungen) sind unmittelbar vor Ausbeutungsmissbrauch[418] durch marktbeherrschende Unternehmen geschützt. Dies zeigen die Regelbeispiele in Art. 102 Abs. 2 AEUV, welche ausdrücklich solche

---

416 Durchsetzungsprioritäten (2009), Rn. 6 f., in Bezug auf die Anbieterseite. Allerdings ist der Konkurrenzkampf auf Abnehmerseite, welcher ebenfalls missbräuchlich beeinflusst werden kann, in gleichem Maße relevant.

417 Näher *Drexl*, Ronald Dworkin, ökonomische Effizienz und das Kartellrecht, in: FIW, Wettbewerbspolitik und Kartellrecht in der Marktwirtschaft, 2010, S. 175 (188 ff.). Unter besonderem Hinweis darauf, dass die Freiheit sich in der Chancengleichheit verwirklicht, a.a.O. (190) m.w.N.; anders hingegen die Kommission, welche das Verbraucherwohl zum übergeordneten Fernziel zu erheben scheint, Durchsetzungsprioritäten (2009), Rn. 5 f.

418 Ein Ausbeutungsmissbrauch liegt vor, wenn ein marktbeherrschendes Unternehmen der Marktgegenseite (entweder als Abnehmer von Ressourcen oder Anbieter von Waren oder Dienstleistungen) aufgrund seiner Marktstellung wettbewerbswidrige Konditionen abverlangt. Es handelt sich um einen Missbrauch im Vertikalverhältnis, welcher anhand eines Vergleichs von Leistung und Gegenleistung analysiert wird. S. EuGH, Rs. 26–75, Slg. 1975, 1367 (Rn. 11/12) – General Motors Continental/Kommission.

Konstellationen erfassen.[419] Etwas weniger eindeutig ist der Schutz der Verbraucher vor Behinderungsmissbrauch[420]. Interessant ist insofern Art. 102 Abs. 2 lit. b) AEUV, welcher explizit den Schutz der Verbraucher vor Behinderungsmissbrauch nennt, ohne dass sie unmittelbar das Opfer der missbräuchlichen Verhaltensweise sein müssten. Es handelt sich also um den funktionellen Schutz der Wettbewerbsprozesse auf Anbieterseite, um Schaden von den Verbrauchern abzuwenden. Die Kommission und der Gerichtshof der EU sehen, losgelöst von den Regelbeispielen oder der Differenzierung in verschiedene Missbrauchsarten, die Art. 101 ff. AEUV insgesamt zuvorderst auf den Schutz der Verbraucher gerichtet.[421] Indem Wettbewerber von marktbeherrschenden Unternehmen vor Behinderungsmissbräuchen bewahrt werden,[422] kommt die Verbraucherseite in den Genuss der positiven Auswirkungen des Preis-, Innovations-, Qualitäts- und Servicewettbewerbs.[423] Dieser mit Eigenwert aufgeladene Verbraucherwohlbezug

---

419 *Fuchs/Möschel*, in: Immenga/Mestmäcker, Wettbewerbsrecht, Bd. 1 EU/Teil 1, 5. Aufl. 2012, III. Abschnitt, Art. 102 AEUV Rn. 132, unter Hinweis darauf, dass es sich abgesehen von Art. 102 Abs. 2 lit. a) AEUV bei allen Regelbeispielen um Mischformen des Ausbeutungs- und des Behinderungsmissbrauchs handelt. Ebenso zutreffend wird darauf verwiesen, dass den Regelbeispielen keine besonders große praktische Bedeutung zukommt.

420 Ein Behinderungsmissbrauch liegt vor, wenn ein marktbeherrschendes Unternehmen aufgrund seiner Marktstellung das Marktverhalten seiner Wettbewerber unmittelbar oder mittelbar beeinflussen kann oder die Marktstruktur derart verändert, dass die Wettbewerber drohen, wettbewerbswidrig vom Markt ausgeschlossen zu werden. Es handelt sich um einen horizontalen Missbrauch, welcher in abgeschwächter Form nicht zur Marktverdrängung führen muss, sondern auch die Disziplinierung der Wettbewerber zur Folge haben kann. Die Abgrenzung, ob ein Verhalten in diesem Sinne missbräuchlich ist, bestimmt sich danach, ob die Verhaltensweise einer solchen des „Leistungswettbewerbs" entspricht, hierzu EuGH, Rs. 85/76, Slg. 1979, 461 (Rn. 91) – Hoffmann-La Roche/Kommission. Die Abgrenzung kann sich im Einzelfall als äußerst schwierig erweisen.

421 S. *Bulst*, in: Langen/Bunte, Bd. 2, 11. Aufl. 2010, Art. 82 EGV Rn. 11 i.V.m. Rn. 9 unter Hinweis auf die st. Rspr.; EuGH, Rs. C-202/07 P, Slg. 2009, I-2369 (Rn. 105) – France Télécom/Kommission; Rs. C-95/04 P, Slg. 2007, I-2331 (Rn. 106) – British Airways/Kommission; EuG, Rs. T-201/04, Slg. 2007, II-3601 (Rn. 664) – Microsoft/Kommission; Rs. T-228/97, Slg. 1999, II-2969 (Rn. 232) – Irish Sugar/Kommission; zurückgehend auf EuGH, Rs. 6-72, Slg. 1973, 215 (Rn. 26) – Continental Can/Kommission; s. auch zur Ansicht der Kommission Durchsetzungsprioritäten (2009), Rn. 5.

422 Vgl. KOME, 13.5.2009, COMP/37.990 (Zsfg.), ABl. 2009 C 227, S. 13 (Rn. 33) – Intel.

423 *Italianer*, Competition Policy for Consumers' and Citizens' Welfare, European Competition and Consumer Day, Dublin 2013, S. 2.

tritt neben den rein funktionellen Schutz funktionierender Wettbewerbsprozesse. Letzterer ist kein Resultat eines wohlfahrtsökonomischen Fundaments, sondern folgt aus der systemtheoretischen Ausrichtung der europäischen Wettbewerbsverfassung. Das Verbraucherwohl als mittelbares Fernziel der Wettbewerbskontrolle und der Schutz der Verbraucher über den systemtheoretisch verankerten Schutz funktionierender Marktprozesse lassen sich insofern konzeptionell gut miteinander vereinbaren. Allenfalls für Konstellationen, in denen die uneingeschränkte Wettbewerbsfreiheit nicht die erwünschten Fernwirkungen hat, können andere Wertungen ausschlaggebend sein. Ein Beispiel ist die Internalisierung externer Effekte durch Immaterialgüterrechte. Diese beschränken den (Imitations-)Wettbewerb zugunsten stärkerer Innovationsanreize, wodurch gleichzeitig die Wahlfreiheit der Verbraucher zwischen verschiedenen Anbietern temporär eingeschränkt wird.[424]

b) Wettbewerber

Die Wettbewerber marktbeherrschender Unternehmen werden dem Ansatz der Kommission und der Rechtsprechung folgend nicht um ihrer selbst willen geschützt, sondern allein in ihrer funktionellen Rolle als Träger des (Rest-) Wettbewerbs.[425] Die Marktstellung einzelner Wettbewerber bestimmt die Marktstruktur und in der Folge auch den Ablauf von Wettbewerbsprozessen. In einigen Gerichtsentscheidungen finden sich zwar durchaus offene Formulierungen, welche Platz für einen mit Eigenwert aufgeladenen Wettbewerberschutz ließen.[426] In diesen Fällen kam es jedoch nicht konkret auf eine solche Schutzdimension an, sondern auf die marktverschließenden Auswirkungen

---

424 S.o. 1. Kapitel, § 3 B. 3.

425 EuGH, verb. Rs. C-501 u. a./06 P, Slg. 2009, I-9291 (Rn. 62 ff.) – GlaxoSmithKline Services u. a./Kommission zu Art. 81 EGV (Art. 101 AEUV); zu Art. 82 EGV (Art. 102 AEUV) s. Rs. C-280/08 P, Slg. 2010, I-9555 (Rn. 176 ff., 253) – Deutsche Telekom/Kommission; BKartA, Wettbewerbsschutz und Verbraucherinteressen im Lichte neuerer ökonomischer Methoden, 2004, S. 21; explizit im Hinblick auf einen Behinderungsmissbrauch die Schäden für die Verbraucher durch Einschränkung ihrer Wahlfreiheit und gesenkte Innovationsanreize herausstellend KOME, 13.5.2009, COMP/37.990 (Zsfg.), ABl. 2009 C 227, S. 13 (Rn. 33) – Intel.

426 Die Wettbewerbsregeln „sollen verhindern, dass der Wettbewerb entgegen dem öffentlichen Interesse und zum Schaden der einzelnen Unternehmen und der Verbraucher verfälscht wird, und sollen damit zum wirtschaftlichen Wohl in der Gemeinschaft beitragen", EuGH, Rs. C-52/09, Slg. 2011, I-527 (Rn. 22) – Konkurrensverket unter Verweis auf Rs. C-94/00, Slg. 2002, I-9011 (Rn. 42) – Roquette Frères; Rs. 374/87, Slg. 1989, 3283 (Rn. 19) – Orkem/Kommission; verb. Rs. 46/87 u. 227/88, Slg. 1989,

zu Lasten der Verbraucher.[427] Die Kommission und die Rechtsprechung setzen die Behinderung von Wettbewerbern eines marktbeherrschenden Unternehmens lediglich in den Zusammenhang, dass sie „zu Lasten der Interessen der Verbraucher"[428] gehen muss.

Daran ändert auch der Ansatz der Kommission nichts, wonach Verhaltensweisen in der Regel missbräuchlich sind, wenn sie Wettbewerber, die ebenso effizient wie das marktbeherrschende Unternehmen sind, vom Markt drängen könnten (sog. as efficient competitor test[429]). Diese Herangehensweise dient lediglich dazu, die Vedrängungs- bzw. Behinderungswirkung eines mutmaßlich missbräuchlichen Verhaltens nachzuweisen. Sie zielt also wiederum darauf ab, funktionierende Marktprozesse auf Anbieterseite zu gewährleisten.[430] Der Nachweis der wettbewerbswidrigen Wirkung, verstanden als verbraucherschädliche Angebotsbeschränkung und nicht primär als Wettbewerberbeschränkung, ist entscheidend.[431]

Wirksamer Wettbewerb beinhaltet die Möglichkeit als Folge eines harten Konkurrenzkampfes vom Markt gedrängt zu werden.[432] Dies erzeugt die für einen dynamisch ablaufenden Wettbewerb konstitutive Anreizwirkung, was gegen den Wettbewerberschutz als Fernziel spricht. Es wäre verfehlt, in Zweifelsfällen stets eine überschießende Durchsetzung der Wettbewerbsregeln auf Kosten marktbeherrschender Unternehmen zu befürworten.[433]

Die Wettbewerber eines marktbeherrschenden Unternehmens können jedoch gemäß Art. 7 Abs. 2 VO (EG) Nr. 1/2003 Beschwerde bei der Kommission einlegen und erhalten so ein Mindestmaß an Rechtsschutz vor missbräuchlichen Verhaltensweisen. Hierfür reicht ein berechtigtes Interesse aus, woran keine allzu großen Anforderungen gestellt werden. Die Kommission kann allerdings im Rahmen

---

2859 (Rn. 25) – Hoechst/Kommission; zurückgehend auf Rs. 136/79, Slg. 1980, 2033 (Rn. 20) – National Panasonic (UK)/Kommission.

427 EuGH, Rs. C-280/08 P, Slg. 2010, I-9555 (253) – Deutsche Telekom/Kommission; s. auch Rs. C-52/09, Slg. 2011, I-527 (Rn. 60 ff.) – Konkurrensverket.

428 EuGH, Rs. C-280/08 P, Slg. 2010, I-9555 (Rn. 253) – Deutsche Telekom/Kommission.

429 Hierzu s. Durchsetzungsprioritäten (2009), Rn. 23.

430 Vgl. zum Ganzen EuGH, Rs. C-52/09, Slg. 2011, I-527 (Rn. 61) – Konkurrensverket.

431 EuGH, Rs. C-280/08 P, Slg. 2010, I-9555 (Rn. 252 f.) – Deutsche Telekom/Kommission; Rs. C-52/09, Slg. 2011, I-527 (Rn. 62) – Konkurrensverket.

432 Durchsetzungsprioritäten (2009), Rn. 6.

433 Näher u. 2. Kapitel, § 1 C. VI.; vgl. auch DG Competition Management Plan 2011, S. 18, http://ec.europa.eu/atwork/synthesis/amp/doc/comp_mp.pdf.

ihres Aufgreifermessens entscheiden, mangels Gemeinschaftsinteresse[434] nicht tätig zu werden und einen Sachverhalt unaufgeklärt zu lassen.[435] Hierfür bestehen erhebliche Ermessensspielräume und die Kommission entscheidet weitgehend gerichtsfest, welche Fälle sie prioritär behandelt.[436] Aus dem Bezug zum Gemeinschaftsinteresse lässt sich wiederum die Ausrichtung auf den Wettbewerbsschutz, verstanden als Institutionenschutz, ableiten. Die Beschwerdeführer haben lediglich einen Anspruch darauf, dass die Kommission ihr Aufgreifermessen nicht fehlerhaft ausübt.[437] Es dürfte für Drittbetroffene in diesem Zusammenhang sehr schwer sein, Ermessensfehler nachzuweisen. Das Aufgreifermessen dient der effektiven Durchsetzung der Wettbewerbsregeln und Konzentration auf die für die Verbraucher schädlichsten Verhaltensweisen. Die Intensität der Freiheitsbeschränkung von Wettbewerbern erhält hierbei kein eigenes Gewicht.

3. *Bewertung*

Der Schutz des wirksamen Wettbewerbs ist in erster Linie auf den Schutz von Wettbewerbsstrukturen und Wettbewerbsprozessen gerichtet und somit auf den Erhalt des Wettbewerbs als Institution. Etwas anderes gilt für den (in der Praxis wenig relevanten) Ausbeutungsmissbrauch, bei welchem die jeweilige Marktgegenseite unmittelbar über Art. 102 AEUV geschützt ist.

Im Horizontalverhältnis (d. h. beim Behinderungsmissbrauch) sind die Wettbewerber nicht unmittelbar voreinander geschützt. Der Schutz ihrer Handlungsfreiheit dient vornehmlich dazu, funktionierende Wettbewerbsprozesse zu gewährleisten. Als Fernziel des so verstandenen Wettbewerbsschutzes verweisen die Kommission und der Gerichtshof der EU auf das Verbraucherwohl, welches der ergebnisoffene Wettbewerb fördere. Der as efficient competitor test als

---

434 Richtigerweise müsste es nach dem Vertrag von Lissabon Unionsinteresse heißen, da sich die Terminologie jedoch bisweilen in diesem Bereich nicht geändert hat, wird im Folgenden weiterhin der Begriff des Gemeinschaftsinteresses verwendet.

435 Vgl. hierzu Bekanntmachung der Kommission über die Behandlung von Beschwerden durch die Kommission gem. Art. 81 und 82 EGV, ABl. 2004 C 101, S. 65 (Rn. 28, 41 ff.); zum Aufgreifermessen s. auch u. 2. Kapitel, § 1 C. II. 1. b).

436 S. EuGH, Rs. C-119/97 P, Slg. 1999, I-1341 (Rn. 88 ff.) – Ufex/Kommission; Durchsetzungsprioritäten (2009), Rn. 3; *Jung*, in: Grabitz/Hilf/Nettesheim, Recht der EU, 43. EL 2011, Art. 102 AEUV Rn. 21. Zu den erheblichen Spielräumen und dem grundsätzlich geltenden Opportunitätsprinzip im Rahmen des Art. 7 VO (EG) Nr. 1/2003 näher m.w.N. aus der Rspr. *Sura*, in: Langen/Bunte, Bd. 2, 11. Aufl. 2010, Art. 7 VO (EG) Nr. 1/2003, Rn. 25 ff.

437 EuGH, Rs. C-119/97 P, Slg. 1999, I-1341 (Rn. 91) – Ufex/Kommission.

ökonomisch fundiertes Beweismittel zielt ebenfalls nicht auf den Schutz der Wettbewerber ab, sondern lediglich auf die Analyse der marktverschließenden Wirkung einer Verhaltensweise.

Ein aktiver Konkurrentenschutz wäre ein zweischneidiges Schwert, denn er senkt den Wettbewerbsdruck. Der Wettbewerb als dynamischer und evolutorischer Ausleseprozess würde gestört und eines Teils seiner Anreizfunktion beraubt. Umgekehrt ist es zum Teil unumgänglich, Konkurrenten eines Marktbeherrschers mittelbar zu schützen, um genügend Wettbewerbsdruck für einen funktionierenden Wettbewerb zu erzeugen. Auf die Konkurrenten als „Träger des (Rest-)Wettbewerbs“[438] strahlt damit notwendigerweise der Schutz des Wettbewerbs als Institution aus.[439] Auf der anderen Seite könnte auch der Eingriff in die Handlungsfreiheit der Wettbewerber durch marktbeherrschende Unternehmen unmittelbar berücksichtigt werden. Die wirtschaftliche Handlungsfreiheit genießt verfassungsmäßigen Eigenwert und kommt schließlich nicht nur den Verbrauchern zugute, sondern auch den Wettbewerbern marktbeherrschender Unternehmen.[440]

In Bezug auf den Behinderungsmissbrauch gemäß Art. 102 AEUV wird zuweilen die Gefahr ausgemacht, dass nicht zuvorderst der Wettbewerb, sondern die Wettbewerber geschützt würden.[441] Wie aufgezeigt, ist dies jedoch regelmäßig kein Gegensatz.[442] Es gilt, funktionierende Marktprozesse zu gewährleisten, wovon notwendigerweise auch alle Wettbewerber eines marktbeherrschenden Unternehmens profitieren.[443] Die Wettbewerbsregeln begründen auf diesem Wege allerdings keine individuellen Rechte der Wettbewerber.[444] Diese Erkenntnis wirft die Frage auf, weshalb das Wohl der Verbraucher von der Kommission als Ziel mit Eigenwert verfolgt wird, wie nicht zuletzt die Effizienzeinrede[445] bei

---

438 *Bulst*, in: Langen/Bunte, Bd. 2, 11. Aufl. 2010, Art. 82 EGV Rn. 10.

439 EuGH, Rs. C-481/01 P (R), Slg. 2002, I-3401 (Rn. 84) – NDC Health/Kommission u. IMS Health.

440 Zur Bedeutung der Grundrechte ausf. u. 2. Kapitel, § 2.

441 *Drexl*, Wettbewerbsverfassung, in: von Bogdandy/Bast, Europäisches Verfassungsrecht, 2. Aufl. 2009, S. 905 (926).

442 *Dreher/Adam*, ZWeR 2006, 259 (277).

443 *Immenga*, ZWeR 2006, 346 (351).

444 Allg. für die Unionsziele EuGH, Rs. 126/86, Slg. 1987, 3697 (Rn. 11) – Giménez Zaera; Rs. C-336/96, Slg. 1998, I-2793 (Rn. 16) – Gilly; in Bezug auf die Art. 101 ff. AEUV *Nowak*, EuR 2009 Beiheft 1, 129 (149).

445 Diese auch Effizienzrechtfertigung genannte Verteidigungsmöglichkeit erlaubt es, ein an sich missbräuchliches Verhalten im Sinne des Art. 102 AEUV damit zu rechtfertigen, dass hierdurch eine Effizienzsteigerungen herbeigeführt wird und die

Art. 102 AEUV zeigt. Die in der Praxis ohnehin wenig relevanten Regelbeispiele in Art. 102 AEUV bieten keine Anhaltspunkte hierfür. In Art. 102 Abs. 2 lit. b) AEUV ist das Verbraucherwohl zwar ausdrücklich genannt, allerdings als mittelbares Schutzobjekt und lediglich als Regelbeispiel. Man könnte den Umkehrschluss ziehen, dass das Verbraucherwohl als Schutzobjekt bewusst nicht in die Generalklausel in Art. 102 AEUV aufgenommen wurde und ihm deswegen außerhalb des Regelbeispiels kein übergeordneter Eigenwert zugesprochen werden sollte.

II. Wettbewerb und Binnenmarktkonzept

Zurückgehend auf die Entscheidung *Metro I*[446] dienen die Wettbewerbsregeln allen Unionszielen. Im Vordergrund steht dabei das Ziel, einen einheitlichen bzw. gemeinsamen Markt zu schaffen.[447] Hiermit ist nichts anderes als der Binnenmarkt als Raum ohne Binnengrenzen im Sinne des Art. 26 Abs. 2 AEUV gemeint. Die Formulierung „Binnenmarkt“ hat nunmehr seit dem Vertrag von Lissabon aus Gründen der Vereinheitlichung den „Gemeinsamen Markt“ vollständig verdrängt.[448] Zu den Zeiten der *Metro I*-Entscheidung zeugten die Verträge noch viel stärker von einer wirtschaftspolitischen Ausrichtung. Der aktuelle Werte- und Zielkatalog in Art. 2 f. EUV zeichnet insofern ein anderes Bild und rückt die Union als eine umfassende Werteunion in den Mittelpunkt. Vor diesem Hintergrund ist fraglich, ob die ältere Rechtsprechung vorbehaltlos auf die heutige Werte- und Zielordnung übertragen werden kann. Die seit dem Vertrag von Lissabon explizit herausgestellte Verklammerung des Wettbewerbsschutzes mit den Grundfreiheiten unter dem Binnenmarktziel bietet jedenfalls einen möglichen Anhaltspunkt hierfür. Beeinträchtigungen der Grundfreiheiten können unter Rückgriff auf eine gefestigte Rechtsprechung auch aus vielen nichtwirtschaftlichen zwingenden Gründen des Allgemeininteresses gerechtfertigt werden,[449]

Verbraucher hiervon profitieren. Hierzu z. B. EuG, Rs. T-209/10, Urt. v. 27.3.2012 (Rn. 41) – Post Danmark m.w.N. Zur Kritik ausf. u. 2. Kapitel, § 1 C. II. 4.

446 EuGH, Rs. 26/76, Slg. 1977, 1875 – Metro/Kommission.

447 EuGH, Rs. 26/76, Slg. 1977, 1875 (Rn. 20) – Metro/Kommission; s. auch Rs. 15/81, Slg. 1982, 1409 (Rn. 33) – Gaston Schul Douane Expediteur.

448 Vgl. etwa Art. 82 EGV und Art. 102 AEUV. Ausf. dazu, dass diese Unterscheidung auch vor dem Vertrag von Lissabon praktisch keine eigene Bedeutung entfaltete (sog. Synonymitätstheorie), *Nowak*, EuR 2009 Beiheft 1, 129 (132 ff., insb. 141) m.w.N. aus der Lit.

449 Z. B. der soziale Schutz der Arbeitnehmer als gerechtfertigte Beschränkung der Arbeitnehmerfreizügigkeit im Sinne des Art. 45 AEUV, s. EuGH, Rs. C-202/11, Urt. v. 16.4.2013 (Rn. 28) – Anton Las m.w.N. aus der Rspr.

was möglicherweise einen Anknüpfungspunkt für die Rechtfertigung von wettbewerbswidrigen Verhaltensweisen bietet.

1. Kohärente Ausrichtung von Wettbewerbsregeln und Grundfreiheiten

Die Integrationsfunktion der Wettbewerbsregeln für den Binnenmarkt wurde in den wettbewerbsrechtlichen Entscheidungen nach allen Vertragsänderungen bestätigt, wie aktuell für die Fassung nach dem Vertrag von Lissabon etwa in der Entscheidung *Konkurrensverket.*[450] Dies geschah, ohne dass der stetig angewachsene Werte- und Zielkatalog die schwerpunktmäßige Ausrichtung des Binnenmarktziels in Frage gestellt hätte.[451] Die Entwicklung hin zu einem nahezu universellen Wertebestand der Union findet ihren Höhepunkt in der aktuellen Fassung der Verträge nach Lissabon, woraus bereits ein „Paradigmenwechsel in der Teleologie der Union“[452] abgeleitet wurde.

a) Doppelfunktion des Wettbewerbsschutzes

Der Schutz des freien Wettbewerbs dient dementsprechend neben dem funktionellen Ziel, wirksamen Wettbewerb zu gewährleisten, als Integrationsinstrument für den Binnenmarkt.[453] Dieser muss konkordant zu den übrigen Unionszielen verwirklicht werden, nicht zuletzt aufgrund von Art. 7 AEUV. In Zusammenschau mit Art. 2 f. EUV erweitert sich damit der Wirkungsradius auch nichtwirtschaftlicher Unionsziele. Eine noch engere Bindung des Wettbewerbsschutzes besteht zu den Grundfreiheiten.

b) Wechselseitige Bedingtheit von Wettbewerbsregeln und Grundfreiheiten

Ein aktuelles Beispiel für die enge Verbindung von Wettbewerbsregeln und Grundfreiheiten unter dem Binnenmarktziel bietet die Entscheidung *FIFA/Kommission*[454] des EuG. In diesem wurde eine Beschränkung der Dienstleistungsfreiheit gemäß Art. 56 AEUV durch einen Mitgliedstaat aus zwingenden

---

450 In Bezug auf Art. 102 AEUV explizit den Binnenmarktbezug der Wettbewerbsregeln herausstellend EuGH, Rs. C-52/09, Slg. 2011, I-527 (Rn. 20 ff.) – Konkurrensverket.

451 *Wurmnest*, Marktmacht und Verdrängungsmissbrauch, 2. Aufl. 2012, S. 91 ff.; vgl. auch *Drexl*, Wettbewerbsverfassung, in: von Bogdandy/Bast, Europäisches Verfassungsrecht, 2. Aufl. 2009, S. 905 (956).

452 *Terhechte*, in: Grabitz/Hilf/Nettesheim, Recht der EU, 41. EL 2010, Art. 3 EUV Rn. 24; zur Entwicklung bereits im Rahmen der Verträge von Amsterdam und Maastricht *Basedow*, EuZW 2008, 225.

453 *Heinemann*, Immaterialgüterschutz in der Wettbewerbsordnung, 2002, S. 288 f.

454 EuG, Rs. T-68/08, Slg. 2011, II-349 – FIFA/Kommission.

Gründen des Allgemeininteresses als gerechtfertigt angesehen, unter anderem aufgrund des Rechts auf freie Meinungsäußerung im Sinne des Art. 10 Abs. 1 EMRK.[455] Ein Verstoß gegen die Wettbewerbsregeln musste in der Folge von der Kommission gar nicht näher in Erwägung gezogen und geprüft werden, da bereits eine gerechtfertigte Ausnahme von der Dienstleistungsfreiheit vorlag. Die mittelbare Beschränkung des Wettbewerbs war damit ebenfalls gerechtfertigt.[456] Die zwingenden Gründe des Allgemeininteresses schlugen insofern auf die Prüfung der Wettbewerbsregeln durch und gaben ihr das Ergebnis vor.

Einen umgekehrten Fall entschied der EuGH im Urteil *Football Association Premier League*[457]. Hier verstieß ein Mitgliedstaat ebenfalls gegen die Dienstleistungsfreiheit, allerdings ohne dass dies aus zwingenden Gründen des Allgemeinwohls gerechtfertigt gewesen wäre.[458] Daher waren auch Wettbewerbsbeschränkungen auf Grundlage des Art. 101 Abs. 1 AEUV nicht bereits tatbestandlich ausgeschlossen, wie dies in der Entscheidung *FIFA/Kommission* der Fall war. Bei dieser Folge machten die Richter aber nicht halt. Sie versagten darüber hinaus den beteiligten Unternehmen unter dem Hinweis auf dieselben Argumente, die bei Prüfung der zwingenden Gründe des Allgemeininteresses bereits einbezogen und abgelehnt wurden, eine Freistellung über die Legalausnahme in Art. 101 Abs. 3 AEUV.[459] Das Ergebnis der Rechtfertigungsprüfung bei Art. 56 AEUV schlug also wiederum auf das Ergebnis der Prüfung der Rechtfertigung des Wettbewerbsverstoßes durch.

c) Fazit

Die Verklammerung von Grundfreiheiten und Wettbewerbsschutz unter dem Unionsziel der Binnenmarktverwirklichung lässt keine Wertungswidersprüche beider Sachbereiche zu, wenn beide Regelwerke parallel zu Anwendung kommen.[460] Explizit herausgestellt hat dies *GA Kokott* in ihren Schlussanträgen

455 EuG, Rs. T-68/08, Slg. 2011, II-349 (Rn. 48, 51 ff., 142 f.) – FIFA/Kommission.

456 Explizit so herausgestellt in EuG, Rs. T-68/08, Slg. 2011, II-349 (Rn. 173) – FIFA/Kommission.

457 EuGH, verb. Rs. C-403/08 u. 429/08, Slg. 2011, I-9083 – Football Association Premier League u. a.

458 EuGH, verb. Rs. C-403/08 u. 429/08, Slg. 2011, I-9083 (Rn. 125, 132) – Football Association Premier League u. a.

459 EuGH, verb. Rs. C-403/08 u. 429/08, Slg. 2011, I-9083 (Rn. 145) – Football Association Premier League u. a.

460 Vgl. auch die Rspr. zu Art. 106 Abs. 1 AEUV, auf dessen Grundlage Verstöße gegen Grundfreiheiten festgestellt werden können, s. z. B. EuG, Rs. T-266/97, Slg. 1999, II-2329 (79 ff., insb. 108) – Vlaamse Televisie Maatschapij/Kommission.

zur Entscheidung *Football Association Premier League*.[461] Liegt eine gerechtfertigte Ausnahme von den Grundfreiheiten vor, die möglicherweise den Wettbewerb im Sinne der Art. 101 ff. AEUV beschränkt, wirkt diese Ausnahme auch für die Wettbewerbsregeln tatbestandsausschließend. Umgekehrt schlagen die gleichen Wertungen auf Art. 101 Abs. 3 AEUV durch, wenn mitgliedstaatliche Regelungen ungerechtfertigt gegen die Grundfreiheiten verstoßen. Die zwingenden Gründe des Allgemeininteresses, welche auch nichtwirtschaftliche Wertungen aus Bereichen wie dem Umweltschutz oder der sozialen Gerechtigkeit berücksichtigen,[462] wirken sich daher bereits mittelbar auf die Wettbewerbsregeln aus. Für rein wettbewerbsrechtliche Konstellationen ohne Bezug zu den Grundfreiheiten lässt sich eine solche Entwicklung allerdings noch nicht beobachten und es sprechen gewichtige Gründe dagegen, dies einzufordern.[463]

Von einem kohärenten Verhältnis zwischen Grundfreiheiten und Wettbewerbsregeln ist auch in Lizenzverweigerungsfällen auszugehen. So achtet die Union gemäß Art. 36 S. 1 AEUV den nationalen Schutz von Immaterialgütern, sofern sie den Markt und die Wettbewerbsordnung nicht grundlegend gefährden. Dies stellt Art. 36 S. 2 AEUV sicher.[464] Eine Einschränkung von Immaterialgüterrechten ist somit auch auf Ebene der Grundfreiheiten möglich und es bestehen keine Wertungswidersprüche im Hinblick auf die Zwangslizenzierung von Immaterialgüterrechten über die Wettbewerbsregeln und konkret Art. 102 AEUV.

2. *Folgen der Anbindung an das Binnenmarktziel*

Seit dem Vertrag von Lissabon ist der Schutz des Wettbewerbs vor Verfälschungen, zurückgehend auf die Initiative von *Sarkozy*,[465] nicht mehr unmittelbar in

461 *GA Kokott*, EuGH, verb. Rs. C-403/08 u. 429/08, Slg. 2011, I-9083 (Rn. 249) – Football Association Premier League u. a.; s. auch *dies.*, EuGH, Rs. C-169/08, Slg. 2009, I-10821 (Rn. 134 f.) – Presidente del Consiglio dei Ministri/Regione autonoma della Sardegna.

462 Vgl. etwa für die Ausnahmen von der Dienstleistungsfreiheit im Sinne des Art. 56 AEUV die Auflistung von *Seyr*, in: Lenz/Borchardt, EUV, 6. Aufl. 2013, Art. 56, 57 AEUV Rn. 22 ff.

463 Hierzu sogl. u. 2. Kapitel, § 1 B. II. 5.

464 EuG, Rs. T-69/89, Slg. 1991, II-485 (Rn. 67 ff.) – RTE/Kommission; Rs. T-76/89, Slg. 1991, II-575 (Rn. 52 ff.) – ITP/Kommission. Allerdings ließ die Rechtsmittelentscheidung offen, ob die inhaltliche Begründung, soweit sie auf den heutigen Art. 36 AEUV gestützt wurde, stichhaltig war, EuGH, verb. Rs. C-241 u. 242/91 P, Slg. 1995, I-743 (Rn. 58) – RTE u. ITP/Kommission („Magill").

465 *Streinz*, FPR 2010, 481 (483 f.); kritisch zum eher dirigistischen französischen Staatsverständnis *Drexl*, Wettbewerbsverfassung, in: von Bogdandy/Bast, Europäisches Verfassungsrecht, 2. Aufl. 2009, S. 905 (907); *Fikentscher*, GRUR Int. 2009, 635 (644 f.).

den Verträgen verankert. Im Zuge der umfangreichen Reformen wurde die frühere Zielbestimmung in das Protokoll (Nr. 27) verschoben und dem Binnenmarktziel zugeordnet. Es stellt sich die Frage, ob hiermit eine Abwertung des Wettbewerbsschutzes verbunden ist und ob die inhaltliche Anbindung an den Binnenmarkt eine noch stärkere Konvergenz zu den Grundfreiheiten erzeugt.

Ob die Bedeutung des freien und unverfälschten Wettbewerbs mit der Verschiebung in das Protokoll (Nr. 27) beschnitten werden sollte und aus der rein formellen auch eine materielle Abwertung folgt, ist nicht eindeutig zu beurteilen.[466] Aus der Normenhierarchie lässt sich dies nicht ableiten, da nach Art. 51 EUV die Protokolle als Vertragsbestandteile gelten.[467] Auf der anderen Seite kommt der Wettbewerbsschutz als eigenes primärrechtlich zu verwirklichendes Unionsziel nicht mehr zum Tragen, sondern ist lediglich in Zusammenhang mit der Binnenmarktverwirklichung zu beachten.

Dies könnte dazu führen, dass der Eigenwert des Wettbewerbs als Institution zur Debatte gestellt wird, um den Wettbewerbsschutz anderen Zwecken zugänglich zu machen.[468] Wie bereits festgestellt, befindet sich in den neugefassten Art. 2 f. EUV im Vergleich zu früheren Vertragsfassungen ein sehr viel breiterer Werte- und Zielkatalog.[469] Das Binnenmarktziel selbst steht im wirtschaftsbezogenen Art. 3 Abs. 3 UAbs. 1 EUV neben Zielen wie einem ausgewogenem Wirtschaftswachstum, Preisstabilität, einer sozialen Marktwirtschaft, Vollbeschäftigung, dem Umweltschutz und dem wissenschaftlichen und technischen Fortschritt. Es wäre insofern naheliegend, die Binnenmarktverwirklichung und damit auch den Wettbewerbsschutz stärker in den Kontext anderer Unionsziele zu setzen und eine umfassende Abwägbarkeit mit diesen zu befürworten.[470] Als weiterer Aspekt wird zum Teil angeführt, dass die Binnenmarktverwirklichung schon relativ weit fortgeschritten sei. Eine strikt auf die Marktöffnung abzielende

---

466 *Basedow*, EuZW 2008, 225, sieht hierin jedenfalls ein bedenkenswertes politisches Signal.

467 Vgl. auch den Hinweis bei *Basedow*, EuZW 2008, 225, dass Protokolle im Sinne der Wiener Konvention über das Recht der Verträge vom 23.5.1969 ebenfalls völkerrechtlich verbindlich sind.

468 So stellte *Sarkozy* die rhetorische Frage, welchen Fortschritt der „Wettbewerb als Ideologie, als Dogma" der Union denn gebracht habe. Kritisch im Hinblick auf diese Aussage und gegenüber Wettbewerbskommissar *Barroso*, welcher Wettbewerb nicht als gesellschaftliches Ziel ansehe, *Behrens*, EuZW 2008, 193.

469 Zu den sehr ähnlichen Regelungen im Entwurf des EU-Verfassungsvertrags *Frenz*, Europarecht 2, 2006, Rn. 8.

470 Auf diese Gefahr hinweisend *Drexl*, Wettbewerbsverfassung, in: von Bogdandy/Bast, Europäisches Verfassungsrecht, 2. Aufl. 2009, S. 905 (913).

Wettbewerbspolitik sei daher nicht mehr zeitgemäß.[471] Die Wettbewerbsfreiheit könnte also guten Gewissens zur Disposition gestellt werden und bei Abwägungsentscheidungen geringeres Gewicht erhalten, um andere Unionsziele zu verwirklichen. Verstärkt wird dieser Gedanke durch die Querschnittsklauseln in Art. 7 ff. AEUV.[472]

Dem muss jedoch entgegengehalten werden, dass hierdurch die Wettbewerbsprozesse verwässert werden. Der freie Wettbewerb kann nicht in dem Maße anderen Zielen geopfert werden, dass er in seinem funktionellen Ablauf gestört wird. Die Auswirkungen einer Neujustierung der Wettbewerbspolitik sind jedenfalls schwer prognostizierbar. Darüber hinaus ist eine solche Sichtweise nicht unproblematisch, da funktionierender Wettbewerb zugleich die individuelle wirtschaftliche Handlungsfreiheit absichert.

3. *Grundfreiheiten als Anknüpfung für subjektive Rechte aus Art. 102 AEUV?*

Die Verknüpfung des Wettbewerbsschutzes mit den Grundfreiheiten unter dem Binnenmarktziel könnte des Weiteren dazu führen, dass Wertungen zwischen beiden Bereichen stärker als bislang übertragen werden. Von besonderer Bedeutung ist, dass Grundfreiheiten subjektiv-öffentliche Rechte verbürgen, wenn ein Mitgliedstaat sie verletzt.[473] Dies fordert die praktische Wirksamkeit der Grundfreiheiten ein. Die wirtschaftliche Handlungsfreiheit der Marktteilnehmer liegt sowohl den Grundfreiheiten als auch den Wettbewerbsregeln zugrunde,[474] so dass der Rückschluss auf einen subjektiv-rechtlichen Gehalt der Wettbewerbsregeln nicht abwegig erscheint. Nichtsdestotrotz ist eine unmittelbar individuelle Rechte begründende Stoßrichtung über die Möglichkeit hinaus, bei der Kommission gemäß Art. 7 Abs. 2 VO (EG) Nr. 1/2003 Beschwerde einzulegen, in den europäischen Wettbewerbsregeln nicht angelegt.

---

471 Zu Recht kritisch *Terhechte*, in: Grabitz/Hilf/Nettesheim, Recht der EU, 41. EL 2010, Art. 3 EUV Rn. 42, da die Binnenmarktverwirklichung kein Ziel sei, das erreicht werden könne, sondern stetig geschützt und vorangetrieben werden müsse.

472 Zur gesamten Entwicklung anhand des EU-Verfassungsvertragsentwurfs, welcher ebenfalls einen breitgefächerten Werte- und Zielkatalog enthielt, *Frenz*, Europarecht 2, 2006, Rn. 8 ff., insb. Rn. 11 f.

473 *Frenz*, Europarecht 1, 2. Aufl. 2012, Rn. 83 ff.

474 S. *Bunte*, in: Langen/Bunte, Bd. 2, 11. Aufl. 2010, Einf. zum EG-Kartellrecht, Rn. 37; *Wurmnest*, Marktmacht und Verdrängungsmissbrauch, 2. Aufl. 2012, S. 88 f.

Die Grundfreiheiten müssen in ihrem Kontext als Abwehrrecht gegen (mitglieds-)staatliche Beeinträchtigungen des Binnenmarktes gesehen werden.[475] Die aus ihnen folgenden subjektiv-öffentlichen Rechte dienen im Sinne des effet utile der Verwirklichung des Binnenmarktziels. Würden die Wettbewerbsregeln subjektiv-öffentliche Rechte begründen, entstünde zugleich eine direkt vor dem Gerichtshof der EU einklagbare Schutzpflicht gegenüber der Kommission.[476] Dies fordert ein auf den Schutz des Wettbewerbs als Institution ausgerichtetes Konzept nicht grundsätzlich ein. Es gilt das Opportunitätsprinzip, da sich die Kommission ansonsten in einem ständigen Vollzugsdefizit befände. Der Adressatenkreis der Wettbewerbsregeln ist unüberschaubar. Selbst Unternehmen aus Drittstaaten sind den Art. 101 ff. AEUV unterworfen, wenn sie auf dem Binnenmarkt tätig werden. Die individuelle Interessen schützende Beschwerdemöglichkeit gemäß Art. 7 Abs. 2 VO (EG) Nr. 1/2003 als Kompromiss zum Individualschutz über ein subjektiv-öffentliches Recht auf Wettbewerbsfreiheit dient damit ebenfalls der praktischen Wirksamkeit der Wettbewerbsregeln. Eine effiziente Wettbewerbsaufsicht gewährleistet zugleich mittelbar ein hohes Maß an individuellem Freiheitsschutz. Allerdings sollte hierfür auch die Intensität der Freiheitsbeeinträchtigung mit in die Beurteilung der Kommission im Rahmen des Aufgreifermessens einfließen. Problematisch bleibt in diesem Zusammenhang, dass die Kommission ihr Aufgreifermessen zuvorderst am Verbraucherwohl ausrichtet.[477]

4. *Grundsatz einer offenen Marktwirtschaft mit freiem Wettbewerb*

Mit dem Vertrag von Lissabon wurde zudem der Grundsatz einer offenen Marktwirtschaft mit freiem Wettbewerb aus Art. 4 Abs. 1 und 2 EGV in Art. 119 Abs. 1 und 2 AEUV verlagert. Einen Bedeutungswandel in dem Sinne anzunehmen, dass dieser Grundsatz nunmehr lediglich für die Wirtschafts- und Währungspolitik im Sinne der Art. 119 ff. AEUV gilt, wäre dennoch voreilig.[478] Bereits Art. 4 EGV bezog sich speziell auf die Wirtschafts- und Währungspolitik und seine Zuordnung zum Allgemeinen Teil des EGV hatte eher symbolischen Charakter, so dass die Verschiebung mit dem Vertrag von Lissabon als regelungstechnische

---

475 Für die Warenverkehrsfreiheit grundlegend EuGH, Rs. 26–62, Slg. 1963, 3 (25) – van Gend & Loos.

476 In Zusammenschau mit der von Art. 16 EGRC verbürgten Wettbewerbsfreiheit wird eine individuelle Schutzrichtung indes diskutiert. Abl. u. 2. Kapitel, § 2 B. III.

477 Hierzu näher u. 2. Kapitel, § 1 C. II. 1. b).

478 EuGH, Rs. C-370/12, Urt. v. 27.11.2012 (Rn. 48) – Pringle.

Korrektur zu verstehen ist.[479] Art. 119 Abs. 1 AEUV enthält einen expliziten Rückbezug auf die Unionsziele in Art. 3 EUV und bindet damit die gesamte wirtschaftspolitische Ausrichtung der Union. Insofern besteht schon vom Wortlaut her wenig Spielraum für die These, Art. 119 AEUV entfalte nur für den Titel VIII des AEUV seine Wirkung. Die Verträge enthalten ein allgemeingültiges Verbot von marktinterventionistischem Verhalten. Dieses gilt für die Union selbst, die Mitgliedstaaten und alle privaten Wirtschaftsteilnehmer.[480]

5. *Bewertung*

Die Verschiebung des Schutzes vor Wettbewerbsverfälschungen in das Protokoll (Nr. 27) deutet aufgrund von Art. 51 EUV auf eine symbolische Änderung ohne weitere rechtliche Folgen hin.[481] Gleiches gilt für die Angliederung an das Binnenmarktziel im Sinne des Art. 3 Abs. 3 EUV.[482] Übergeordnet gibt das Binnenmarktziel dem Wettbewerbsschutz die Richtung vor, was eine kohärente Verwirklichung mit den Grundfreiheiten nahelegt. Trotz einiger Umstellungen ist die eigenständige Funktion des Wettbewerbsschutzes hierdurch jedoch nicht relativiert worden, wie auch die Durchsetzungsprioritäten (2009) in Rn. 1 zeigen, selbst wenn der Vertrag von Lissabon eine engere Bindung an das Binnenmarktziel herstellen sollte.[483] Wettbewerbspolitik und Binnenmarktverwirklichung konvergieren in ihren Zielen.[484] Dies gilt auch für gerechtfertigte Beeinträchtigungen dieser Ziele, wie die wechselseitigen Bezüge im gerichtlichen

479 *Nowak*, EuR 2009 Beiheft 1, 129 (149).

480 Ausf. zum Ganzen unter Darstellung der wirtschaftsverfassungsrechtlichen Systementscheidung *Nowak*, EuR 2009 Beiheft 1, 129 (149); zum weiterhin bestehenden Geltungsanspruch der wirtschaftsverfassungsrechtlichen Systemgarantien *Hatje*, Wirtschaftsverfassung im Binnenmarkt, in: von Bogdandy/Bast, Europäisches Verfassungsrecht, 2. Aufl. 2009, S. 801 (810 f.).

481 Explizit auf die rechtliche Unbeachtlichkeit der Verschiebung hinweisend *Nowak*, EuR 2009 Beiheft 1, 129 (139); *Streinz*, FPR 2010, 481 (483 f.).

482 Art. 2 und Art. 3 EGV wurden in der Rspr. stets zusammen angeführt, wenn auf die Gemeinschaftsziele (heute: Unionsziele) verwiesen wurde, s. z. B. EuGH, Rs. 6–72, Slg. 1973, 215 (Rn. 23 f.) – Continental Can/Kommission; Rs. 15/81, Slg. 1982, 1409 (Rn. 33) – Gaston Schul Douane Expediteur.

483 Hierauf verweist der Bericht der Kommission über die Wettbewerbspolitik 2010, KOM (2011), 328 endg., Rn. 18, http://eur-lex.europa.eu/LexUriServ/LexUriServ.do?uri=COM:2011:0328:FIN:DE:PDF.

484 Allg. Bericht der Kommission über die Wettbewerbspolitik 2010, KOM (2011), 328 endg., Rn. 18, http://eur-lex.europa.eu/LexUriServ/LexUriServ.do?uri=COM:2011:0328:FIN:DE:PDF.

Prüfungskonzept nach den Urteilen *FIFA/Kommission* und *Football Association Premier League* belegen. Sogar komplett staatlich regulierte Märkte sind daher rechtfertigungsfähig.[485] Die Spielräume der Mitgliedstaaten für Einschränkungen der Grundfreiheiten gründen jedoch maßgeblich in der Kompetenzverteilung zwischen den Mitgliedstaaten und der Union. Je schwächer die Zuständigkeit der Union in einzelnen Politikbereichen in den Art. 3 ff. AEUV ausgestaltet ist, desto eher dürfen die Grundfreiheiten unter Hinweis auf die besondere Bedeutung dieser Politikbereiche für die Mitgliedstaaten beschränkt werden.[486]

Der zentrale Unterschied zwischen Wettbewerbsregeln und Grundfreiheiten darf in diesem Gefüge nicht ausgeblendet werden: Die Wettbewerbsregeln schützen vor privaten Eingriffen in das Markt- und Wettbewerbsgeschehen, wohingegen die Grundfreiheiten vor mitgliedstaatlichen (protektionistischen) Eingriffen schützen. Für den Schutz vor privaten Eingriffen in den Wettbewerb hat die Union gemäß Art. 3 Abs. 1 lit. b) AEUV die ausschließliche Regelungskompetenz, während die Verwirklichung des Binnenmarktes über die Grundfreiheiten nach Art. 4 Abs. 2 lit. a) AEUV in den Bereich der geteilten Zuständigkeit fällt. Neben den unterschiedlichen Regelungsadressaten ist dies das zentrale Argument dafür, dass Argumentationsmuster nicht ohne Weiteres zwischen beiden Kompetenzfeldern ausgetauscht werden sollten, insbesondere was das Ausnahmensystem angeht. Die Urteile *FIFA/Kommission* und *Football Association Premier League* sind insofern nur bedingt von Bedeutung. In diesen wurde der Wettbewerb durch einen Mitgliedstaat aufgrund von zwingenden Gründen des Allgemeininteresses beschränkt und nicht von privater Seite. Zudem kamen Wettbewerbsregeln und Grundfreiheiten parallel zur Anwendung. Dass in solchen Fällen Wertungswidersprüche vermieden werden müssen, liegt auf der Hand. Dies heißt jedoch nicht, dass in rein wettbewerbsrechtlichen Konstellationen Rechtfertigungsgründe aus dem System der Grundfreiheiten zum Zuge kommen sollten. Unternehmen können daher nicht ohne Weiteres

485 Wettbewerb führt hier gerade zu unerwünschten Ergebnissen, nämlich zur Verstärkung von Angebot und Nachfrage im Glücksspielbereich, EuGH, Rs. C-203/08, Slg. 2010, I-4695 (Rn. 58) – Sporting Exchange („Betfair"). Die Eindämmung geschieht z. B. über Konzessionssysteme oder staatliche Monopole; zur Vereinbarkeit von Art. 86 i.V.m. Art. 82 EGV (Art. 106 i.V.m. Art. 102 AEUV) mit staatlichen Glücksspielmonopolen *Koenig*, EuZW 2007, 33; *Fremuth*, EuZW 2007, 565 ff.

486 Dazu *Frenz/Ehlenz*, EuR 2010, 490 (511, 513), unter Darstellung von EuGH, verb. Rs. C-171 u. 172/07, Slg. 2009, I-4171 – Apothekerkammer des Saarlandes u. a. („DocMorris") und Rs. C-42/07, Slg. 2009, I-7633 – Liga Portuguesa de Futebol Profissional u. Bwin International ("Bwin").

ins Feld führen, dass ihr wettbewerbsbeschränkendes Verhalten anderen Unionszielen wie etwa dem Umweltschutz oder der Sozialpolitik und damit dem Allgemeininteresse dient. Maßstab bleiben die Ausnahmetatbestände des Wettbewerbsrechts, wie z. B. Art. 101 Abs. 3 AEUV. Die Mitgliedstaaten sind im Anwendungsbereich der Grundfreiheiten mit den ungeschriebenen zwingenden Gründen des Allgemeininteresses um einiges freier in den Beschränkungsmöglichkeiten als marktbeherrschende Unternehmen. Diese Spielräume sind den komplexen politischen Gegebenheiten im Rahmen der europäischen Integration geschuldet und nicht vergleichbar mit der Rechtfertigung wettbewerbsbeschränkender Verhaltensweisen durch Unternehmen. Wettbewerbsfremde Argumente sind insofern im Rahmen der Art. 101 ff. AEUV, sofern sie nicht explizit vorgesehen sind, fehl am Platz – anders als bei Mitgliedstaaten, wenn sie sich auf binnenmarktfremde Ziele zur Beschränkungen der Grundfreiheiten berufen.

III. Schlussfolgerung

Der europäische Wettbewerbsschutz folgt weiterhin unter dem Oberbegriff des wirksamen Wettbewerbs einem grundlegend systemtheoretischen Konzept, welches auf den Schutz des Wettbewerbs als Institution gerichtet ist. Daran ändert die eher symbolische Abwertung des Wettbewerbsschutzes durch die Verschiebung in das Protokoll (Nr. 27) nichts. Die Anbindung an das Binnenmarktziel stellt formell lediglich stärker heraus, was der Wettbewerbsschutz auch schon vor dem Vertrag von Lissabon war, nämlich ein wirksames Integrationsinstrument im Dienste der Binnenmarktverwirklichung. Diese Funktion erfüllt er jedoch nur mittelbar, ebenso wie die Marktteilnehmer grundsätzlich nur mittelbar vom institutionellen Schutz profitieren. Die Einzelfallanwendung dürfte unbeeinflusst hiervon bleiben. Hiergegen sprechen auch nicht die Urteile *FIFA/Kommission* und *Football Association Premier League*, in welchen der wechselseitige Bezug von Grundfreiheiten und Wettbewerbsregeln explizit in der Einzelfallbeurteilung herausgestellt wurde. Die zunehmende Aufweichung des Binnenmarktziels im Rahmen der Grundfreiheiten, welche maßgeblich aus dem Kompetenzgefüge zwischen Union und Mitgliedstaaten resultiert, sollte dabei nicht auf den Wettbewerbsschutz durchschlagen. In diesem engen Sinne bliebe der Wettbewerbsschutz sogar näher an der wirtschaftspolitischen Verwirklichung des Binnenmarktes ausgerichtet als die Grundfreiheiten.

Neben dieser Feststellung taugt der Hinweis auf die schon nahezu vollzogene Verwirklichung des Binnenmarktes nicht für eine stärker auf andere Ziele ausgerichtete Wettbewerbspolitik.[487] Dies zeigen die Turbulenzen innerhalb der Währungsunion. Ein optimaler Währungsraum erfordert neben einer konvergenten Wirtschaftspolitik der Mitgliedstaaten einen integrierten Binnenmarkt und die Einhaltung der Wettbewerbsregeln.[488] Die Öffnung der Märkte im Sinne des Binnenmarktkonzepts und die Wettbewerbsfreiheit als konstitutive Elemente fördern regelmäßig auch die anderen Unionsziele,[489] wie Wirtschaftswachstum, Beschäftigung und den sozialen und technischen Fortschritt.[490] Zu diesen Zielen setzt sich das marktwirtschaftlich ausgerichtete Binnenmarktkonzept nicht in Widerspruch,[491] weswegen der an funktionierenden Wettbewerbsstrukturen und -prozessen ausgerichtete Schutz nicht zur Disposition gestellt werden sollte. Zu hoffen bleibt, dass die Festlegung auf eine *soziale* Marktwirtschaft sowie der angewachsene Werte- und Zielkatalog in Zukunft das Gewicht binnenmarktfremder Ziele auf Kosten des funktionellen Wettbewerbsschutzes nicht erhöhen.[492] Mit der Finanzkrise und den besorgniserregenden weiteren Entwicklungen wurden auch die Rufe nach einer aktiven Industriepolitik lauter. Hierzu bemerkte *M. Monti* im Hinblick auf die Union zutreffend, dass „der Binnenmarkt ihre erste und ihre beste Industriepolitik ist“[493]. Will die Union dem systemtheoretisch fundierten Wettbewerbsschutz treu bleiben, darf dieser nicht überfrachtet und verwässert werden, da ansonsten keine funktionierenden Wettbewerbsprozesse innerhalb des Binnenmarktes gewährleistet werden können.

---

487 Vgl. auch kritisch *Terhechte*, in: Grabitz/Hilf/Nettesheim, Recht der EU, 41. EL 2010, Art. 3 EUV Rn. 42. A.A. *Wurmnest*, Marktmacht und Verdrängungsmissbrauch, 2. Aufl. 2012, S. 87 m.w.N.

488 S. *M. Monti*, Eine neue Strategie für den Binnenmarkt, 2010, S. 123 ff., insb. 126.

489 Zur konstitutiven Bedeutung der Wettbewerbsregeln für den Binnenmarkt *Bunte*, in: Langen/Bunte, Bd. 2, 11. Aufl. 2010, Einf. in das EG-Kartellrecht, Rn. 37.

490 *Dreher/Lange*, Die europäische Wirtschaftsverfassung nach dem Vertrag von Lissabon, in: FIW, Wettbewerbspolitik und Kartellrecht in der Marktwirtschaft, 2010, S. 161 (170); *Frenz*, Europarecht 2, 2006, Rn. 15 ff.; allg. auf die häufig vorhandene Konvergenz von wirtschaftlicher Effizienz und nichtwirtschaftlichen Zielen, etwa im sozialen Bereich, hinweisend *Meessen*, ZVglRWiss 111 (2012), 273 (277).

491 Vgl. auch die Kritik zur rhetorischen Frage *Sarkozys*, was der Wettbewerb denn für Europa getan habe, *Behrens*, EuZW 2008, 193.

492 *Dreher/Lange*, Die europäische Wirtschaftsverfassung nach dem Vertrag von Lissabon, in: FIW, Wettbewerbspolitik und Kartellrecht in der Marktwirtschaft, 2010, S. 161 (168).

493 *M. Monti*, Eine neue Strategie für den Binnenmarkt, 2010, S. 104, allerdings offen für industriepolitische Maßnahmen; s. auch *Böge*, Diskussionsbeitrag, in: Monopolkommission, Zukunftsperspektiven der Wettbewerbspolitik, 2005, 90 (91 f.).

Primärrechtliche Ausnahmen vom Wettbewerbsprinzip finden sich bereits in den Wettbewerbsregeln und auch in den einzelnen Politikbereichen,[494] ebenso wie im Allgemeinen Teil in Art. 14 AEUV. Für die Querschnittsklauseln in Art. 7 ff. AEUV gilt, dass diese keine aktive Umsetzung einfordern, sondern lediglich ein Gebot der Rücksichtnahme bei der Verwirklichung aller Unionspolitiken enthalten. Hierfür bestehen erhebliche Ermessensspielräume.[495] Außerhalb des primärrechtlichen Gefüges von Ausnahmen sollten keine sachfremden Erwägungen in den Wettbewerbsschutz einfließen. Argumentationen und Wertungen aus den Grundfreiheiten können aufgrund der unterschiedlichen Adressaten sowie der Regelungssystematik nur zurückhaltend auf die Wettbewerbsregeln übertragen werden. Den von wettbewerbsrechtlichen Ermittlungen durch die Kommission betroffenen Unternehmen sollte daher erst recht der Weg zu solchen Rechtfertigungsmöglichkeiten verbaut bleiben, die nicht aus dem wettbewerbsrechtlichen Ordnungsrahmen folgen. Art. 101 Abs. 3 AEUV ist primär an das Verbraucherwohl geknüpft. Die Ausnahmen vom Verbot staatlicher Beihilfen in Art. 107 Abs. 2 und 3 AEUV beziehen hingegen umfangreich wettbewerbsfremde Ziele mit ein, etwa den Umweltschutz oder soziale Aspekte.[496] Dies verwundert nicht, sind doch die Mitgliedstaaten die Adressaten des Beihilfeverbots und Art. 107 Abs. 2 und 3 AEUV im Kontext der mitgliedstaatlichen politischen Verantwortung zu sehen. Dies erinnert an die zwingenden Gründe des Allgemeininteresses, mit welchen Mitgliedstaaten Beschränkungen der Grundfreiheiten rechtfertigen können. Ausnahmen von der Anwendung des Art. 102 AEUV sind primärrechtlich indes nicht vorgesehen. Sie folgen jedoch aus der Rechtsprechung und den Durchsetzungsprioritäten (2009), welche diese Rechtsprechung in kondensierter Form wiedergeben. Die fehlende primärrechtliche Verankerung stellt einen

494 *Frenz*, Europarecht 6, 2011, Rn. 3583, 4832 ff., in Bezug auf die Agrar-, Industrie-, Umwelt- und Sozialpolitik, ebenso wie hinsichtlich bestimmter Fördermöglichkeiten für den Ausbau der transeuropäischen Netze, zur Stärkung des wirtschaftlichen, sozialen und territorialen Zusammenhalts und der Forschung, technologischen Entwicklung und Raumfahrt; in Bezug auf die Agrar-, Verkehrs- und Atompolitik *Hatje*, Wirtschaftsverfassung im Binnenmarkt, in: von Bogdandy/Bast, Europäisches Verfassungsrecht, 2. Aufl. 2009, S. 801 (821).

495 *Ruffert*, in: Calliess/Ruffert, EUV/AEUV, 4. Aufl. 2011, Art. 7 AEUV Rn. 5; *Schorkopf*, in: Grabitz/Hilf/Nettesheim, Recht der EU, 41. EL 2010, Art. 7 AEUV Rn. 14, 17, 20.

496 S. *Dreher/Lange*, Die europäische Wirtschaftsverfassung nach dem Vertrag von Lissabon, in: FIW, Wettbewerbspolitik und Kartellrecht in der Marktwirtschaft, 2010, S. 161 (169); kritisch im Hinblick auf das weitgehend ungeklärte Verhältnis von Wettbewerbsschutz und Allgemeinwohl im Rahmen des Art. 107 Abs. 3 AEUV *Immenga*, EuZW 2011, 729 ff.

zentralen Kritikpunkt an der Möglichkeit für marktbeherrschende Unternehmen dar, missbräuchliches Verhalten zu rechtfertigen, insbesondere im Hinblick auf die Effizienzrechtfertigung.[497]

C. Ökonomisierung des Art. 102 AEUV

Die Kommission verfolgt seit nunmehr über zehn Jahren eine stärkere Ökonomisierung der Wettbewerbsregeln und ihrer Durchsetzung. Diese oft unter dem Begriff more economic approach[498] zusammengefasste Entwicklung findet mehrere denkbare Anknüpfungspunkte und erschließt sich daher nicht auf den ersten Blick.[499] Viel diskutiert wurde eine mögliche Zielverlagerung weg vom freiheitsrechtlich geprägten Schutz des wirksamen Wettbewerbs hin zum Schutz des Verbraucherwohls und der ökonomischen Effizienz. Daneben sprach sich die Kommission für ein stärkeres Gewicht von ökonomischen Analysen bei der Ermittlung und Bewertung konkreter Sachverhalte und bestimmter Fallgruppen aus. Den Rechtsanwendern, also neben der Kommission auch den Unternehmen als Regelungsadressaten, sollte damit ein transparenter und wissenschaftlich fundierter Analyserahmen an die Hand gegeben werden.[500]

---

497 Sehr kritisch auf die Effizienzeinrede und die hierfür fehlende Grundlage in den Verträgen hinweisend *Emmerich*, in: Dauses, Handbuch des EU-Wirtschaftsrechts, 27. EL 2010, H. I. § 3, Art. 102 AEUV Rn. 9; ebenfalls die Effizienzeinrede ablehnend *Dreher*, WuW 2008, 23 (24) m.w.N; *I. Schmidt*, Kernpunkte des Referates zum More Economic Approach, 2007, S. 2 f.

498 Vgl. Weißbuch über die Modernisierung der Vorschriften zur Anwendung der Art. 85 und 86 EGV (Art. 101 und 102 AEUV), ABl. 1999 C 132, S. 1 (Rn. 78) in Bezug auf Art. 85 EGV (Art. 101 AEUV); kritisch zur Verwendung des Begriffs more economic approach, der hauptsächlich in der deutschen Diskussion verwendet werde und bereits wertungsbehaftet sei, *Röller/Friederiszick*, Ökonomische Analyse in der EU Wettbewerbspolitik. Ein erstes Résumé, 2007, S. 2; *Ewald*, ZWeR 2011, 15 (22 ff.), schlägt insofern vor, wenn von der Sachverhaltsermittlung anhand ökonomischer Methoden die Rede ist, den Begriff der „forensischen Ökonomie" zu verwenden, um dieses Segment von wettbewerbspolitischen Wertungen abzugrenzen.

499 Vgl. die Aussage von *Emmerich*, in: Dauses, Handbuch des EU-Wirtschaftsrechts, 27. EL 2010, H. I. § 3, Art. 102 AEUV Rn. 8: „Die Kommission betreibt seit Ende der neunziger Jahre des vorigen Jahrhunderts eine Revision ihrer Wettbewerbspolitik, nicht zuletzt mit dem Ziel, in der Anwendung der Wettbewerbsregeln des Vertrages einen „more-economic-approach" (was immer das heißen mag) durchzusetzen."

500 *Drexl*, Wettbewerbsverfassung, in: von Bogdandy/Bast, Europäisches Verfassungsrecht, 2. Aufl. 2009, S. 905 (918 f.).

In der folgenden Darstellung liegt der Schwerpunkt auf Art. 102 AEUV. Die Missbrauchsaufsicht wurde mit den Durchsetzungsprioritäten (2009) einer stärker ökonomisierten Sachverhaltsermittlung bei der Wettbewerbskontrolle unterworfen. Vor dem thematischen Hintergrund dieser Forschungsarbeit beziehen sich die folgenden Ausführungen vornehmlich auf den Behinderungs- bzw. Verdrängungsmissbrauch im Sinne des Art. 102 AEUV.[501] Auf diesen beschränken sich auch die Durchsetzungsprioritäten (2009).[502]

I. Umsetzung

Die Wettbewerbsregeln wurden im Laufe der Zeit unterschiedlich stark für eine Ökonomisierung geöffnet. Die drei Entscheidungen *Airtours*[503], *Schneider*[504] und *Tetra Laval*[505] des EuG im Bereich der Fusionskontrolle stießen diese Entwicklung an,[506] da alle Kommissionsentscheidungen in diesen Fällen wegen nicht ausreichender wirtschaftlicher Analysen sowie Beurteilungsfehlern für nichtig erklärt wurden. In einem der ersten Schritte schuf die Kommission den Posten des Chefökonomen.[507] Die Ökonomisierung von Art. 101 AEUV ist geprägt von den Gruppenfreistellungsverordnungen und Leitlinien sowie dem Wandel des Art. 101 Abs. 3 AEUV zur Legalausnahme,[508] die Zusammenschlusskontrolle gemäß FKVO (EG) Nr. 139/2004 von der besonderen Rolle ökonomischer

---

501 S. Durchsetzungsprioritäten (2009), Rn. 2. Ausbeutungsmissbräuche sind demnach nicht erfasst und es bleibt ungewiss, ob für diese eine eigene Mitteilung erlassen wird, *Bulst*, in: Langen/Bunte, Bd. 2, 11. Aufl. 2010, Art. 82 EGV Rn. 17.

502 *Jung*, in: Grabitz/Hilf/Nettesheim, Recht der EU, 43. EL 2011, Art. 102 AEUV Rn. 16, unter Verweis auf die Durchsetzungsprioriäten (2009), Rn. 4, 7.

503 EuG, Rs. T-342/99, Slg. 2002, II-2585 – Airtours/Kommission.

504 EuG, Rs. T-310/01, Slg. 2002, II-4071 – Schneider Electric.

505 EuG, Rs. T-5/02, Slg. 2002, II-4381 – Tetra Laval/Kommission.

506 Bericht der Kommission über die Wettbewerbspolitik 2010, KOM (2011), 328 endg., Rn. 15, http://eur-lex.europa.eu/LexUriServ/LexUriServ.do?uri=COM:2011:0328:FIN:DE:PDF.

507 Bericht der Kommission über die Wettbewerbspolitik 2010, KOM (2011), 328 endg., Rn. 15, http://eur-lex.europa.eu/LexUriServ/LexUriServ.do?uri=COM:2011:0328:FIN:DE:PDF.

508 *Drexl*, Wettbewerbsverfassung, in: von Bogdandy/Bast, Europäisches Verfassungsrecht, 2. Aufl. 2009, S. 905 (919 ff.); *Jungheim*, Medienordnung und Wettbewerbsrecht im Zeitalter der Digitalisierung und Globalisierung, 2012, S. 258, zur kritischen Lit. in Bezug auf die Legalausnahme gem. Art. 101 Abs. 3 AEUV.

Prognosen sowie dem SIEC-Test.[509] Für die Beihilferegelungen der Art. 107 ff. AEUV ist mit dem Aktionsplan für staatliche Beihilfen (2005) und einer allgemeinen Gruppenfreistellungsverordnung die Ökonomisierung vorangetrieben worden.[510] In der Amtszeit von Kommissar *Almunia* stehen nun die Dienste von allgemeinem wirtschaftlichem Interesse auf dem Prüfstand.[511] Etwas zögerlicher konkretisierte sich die Ökonomisierung von Art. 102 AEUV, wobei dies wohl auf die heftigen Diskussionen im Vorfeld des Erlasses der Durchsetzungsprioritäten (2009) zurückzuführen ist.[512] Die Kommission beauftragte zunächst die Economic Advisory Group on Competition Policy (EAGCP) damit, ein Gutachten über die Ökonomisierung der Missbrauchsaufsicht zu erstellen. Auf dieses EAGCP-Gutachten (2005)[513] folgte das Diskussionspapier (2005)[514] der Kommission, welches sich mit dem EAGCP-Gutachten (2005) kontrovers auseinandersetzte und in den Durchsetzungsprioritäten (2009) mündete. Für Art. 101 und 102 AEUV sowie die Fusionskontrolle wurden zudem 2010 drei Konsultationspapiere (zwei Best Practices und ein Guidance Paper)[515] von der Kommission

509 *Wurmnest*, Marktmacht und Verdrängungsmissbrauch, 2. Aufl. 2012, S. 202; ausf. zur FKVO (EG) Nr. 139/2004 *Drexl*, Wettbewerbsverfassung, in: von Bogdandy/Bast, Europäisches Verfassungsrecht, 2. Aufl. 2009, S. 905 (923 ff.).

510 Hierzu *Jaeger*, EuZW 2010, 47 ff., a.a.O. (53) mit einem gemischten Urteil in Bezug auf die Umsetzung des Aktionsplans (SAAP) und zu den entstandenen Rechtsunsicherheiten; zu beachten ist, dass die Beihilferegelungen stärker noch als die übrigen Wettbewerbsregeln von nichtökonomischen Zielen geprägt sind, wie Art. 107 Abs. 2 und 3 AEUV oder auch die VO (EG) Nr. 800/2008 zur Erklärung der Vereinbarkeit bestimmter Gruppen von Beihilfen mit dem Gemeinsamen Markt in Anwendung der Art. 87 und 88 EGV (Art. 107 und 108 AEUV), ABl. 2008 L 214, S. 3 ff., zeigen. Hierzu näher *Bartosch*, NJW 2008, 3612 ff.

511 Dazu *Hirsbrunner/Litzenberger*, EuZW 2011, 742 ff.

512 Zum Verlauf der Diskussion näher *Wurmnest*, Marktmacht und Verdrängungsmissbrauch, 2. Aufl. 2012, S. 203 ff.

513 *Gual/Hellwig/Perrot/Polo/Rey/Schmidt/Stenbacka*, An Economic Approach to Art. 82, EAGCP-Gutachten, 2005, S. 111 ff.

514 DG Competition Discussion Paper on the Application of Art. 82 of the Treaty to Exclusionary Abuses, http://ec.europa.eu/competition/antitrust/art82/discpaper2005.pd, im Folgenden: Diskussionspapier (2005).

515 Best Practices on the Conduct of Proceedings Concerning Art. 101 and 102 TFEU, im Folgenden: Best Practices zur Durchsetzung von Verfahren bei Art. 101 f. AEUV; Best Practices for the Submission of Economic Evidence and Data Collection in Cases Concerning the Application of Art. 101 and 102 TFEU and in Merger Control, im Folgenden: Best Practices zur ökonomischen Beweisführung bei der Anwendung von Art. 101 f. AEUV und FKVO (EG) Nr. 139/2004; Guidance on Procedures of the

veröffentlicht, welche den Ablauf der Ermittlungsverfahren beschreiben, Erläuterungen für ökonomische Beweismittel bieten und die Rolle des Hearing Officers darstellen.

Der more economic approach wird in Abgrenzung zum form based approach auch effects based approach genannt.[516] Im Gegensatz zur formal rechtlich geprägten Auslegung und Anwendung anhand von per se-Verboten sollen die ökonomischen Auswirkungen verschiedener Verhaltensweisen auf Markt und Wettbewerb situationsbedingt berücksichtigt werden.[517] Ein Verstoß gegen Art. 102 AEUV soll entsprechend der Durchsetzungsprioritäten (2009) vorliegen, wenn eine Verhaltensweise zu einer wettbewerbswidrigen Marktverschließung zum Schaden der Verbraucher führt.[518] Die Entwicklungen befinden sich noch im Fluss und sind von einer anhaltend heftigen Debatte geprägt.[519] Kritische Stimmen in der Literatur weisen darauf hin, dass der more economic approach als Hebel für unbegrenzte Spielräume der Kommission zu Lasten marktbeherrschender Unternehmen dienen könnte.[520] Die gerichtsfesten Entscheidungsspielräume der Kommission in komplexen wirtschaftlichen Sachfragen lassen diese Gefahr auf den ersten Blick durchaus realistisch erscheinen.

II. Verbraucherwohl als unmittelbares Schutzziel?

Der more economic approach könnte so ausgelegt werden, dass er die wohlfahrtsökonomische Effizienz zum wettbewerbspolitischen Leitziel erhebt und unmittelbar auf die Maximierung des Verbraucherwohls gerichtet ist. Dies sah das Diskussionspapier (2005)[521] ursprünglich für die Reform des Art. 102 AEUV vor. Die folgende Darstellung setzt sich mit der Frage auseinander, ob die

---

Hearing Officers in Proceedings Relating to Articles 101 and 102 TFEU (ex- articles 81 and 82 EC), im Folgenden: Guidance Paper Hearing Officer.

Alle abrufbar unter: http://ec.europa.eu/competition/consultations/2010_best_practices.

516 *Drexl*, Wettbewerbsverfassung, in: von Bogdandy/Bast, Europäisches Verfassungsrecht, 2. Aufl. 2009, S. 905 (920).

517 *Gual/Hellwig/Perrot/Polo/Rey/Schmidt/Stenbacka*, An Economic Approach to Art. 82, EAGCP-Gutachten, S. 112; hierzu auch *Christiansen*, Der „More Economic Approach“ in der EU-Fusionskontrolle, 2010, S. 21.

518 Durchsetzungsprioritäten (2009), Rn. 19.

519 S. *Behrens*, WuW 2011, 807.

520 *Christiansen*, WuW 2005, 285 (290), bzgl. der Fusionskontrolle.

521 S. Diskussionspapier (2005), Rn. 4.

Wettbewerbskontrolle hierdurch gezwungen worden wäre, einen unmittelbaren Verbraucherschaden im Rahmen des Art. 102 AEUV nachzuweisen.[522]

1. Ebene des Verbotstatbestands

Wäre das Verbraucherwohl tatsächlich zum unmittelbaren Schutzziel erhoben worden, hätte konsequenterweise auch der Nachweis eines unmittelbaren Verbraucherschadens bei der Subsumtion der wettbewerbsrechtlichen Tatbestände verlangt werden können. Der EuGH entschied sich im Rechtsmittelverfahren *GlaxoSmithKline P*[523] ausdrücklich gegen eine solche Pflicht der Kommission.[524] Ihren Anfang nahm die Debatte über diese Nachweispflicht und die damit in Zusammenhang stehende Verschiebung des Schutzziels auf das Verbraucherwohl mit dem EAGCP-Gutachten (2005). Dieses ist stark wohlfahrtsökonomisch ausgerichtet und wurde in der Literatur zum Teil scharf kritisiert.[525]

a) Verlauf der Schutzzieldiskussion

Laut dem EAGCP-Gutachten (2005) sollte die Kommission für einen Verstoß gegen Art. 102 AEUV einen unmittelbaren Verbraucherschaden nachweisen.[526] Kritiker befürchteten, dass diese hohe Beweishürde die Kommission zur systematischen Untätigkeit gezwungen hätte.[527] Jedenfalls hätte eine Tendenz dazu bestanden, eher untätig zu bleiben und im Zweifelsfall eine überschießende

---

522 Vgl. kritisch im Hinblick auf die Durchsetzbarkeit zivilrechtlicher Schadensersatzansprüche bei einem solchen Erfordernis *Roth*, WRP 2013, 257 (264 f.).

523 EuGH, verb. Rs. C-501 u. a./06 P, Slg. 2009, I-9291 – GlaxoSmithKline Services u. a./Kommission.

524 EuGH, verb. Rs. C-501 u. a./06 P, Slg. 2009, I-9291 (Rn. 64) – GlaxoSmithKline Services u. a./Kommission, anders als die Vorinstanz, EuG, Rs. T-168/01, Slg. 2006, II-2969 (Rn. 118) – GlaxoSmithKline Services/Kommission; s. auch EuGH, Rs. C-202/07 P, Slg. 2009, I-2369 (Rn. 105) – France Télécom/Kommission.

525 *Drexl*, Wettbewerbsverfassung, in: von Bogdandy/Bast, Europäisches Verfassungsrecht, 2. Aufl. 2009, S. 905 (929), unter Hinweis auf die Annäherung an das US-Recht und Sec. 2 Sherman Act; zur Kritik an der als formalistisch empfundenen Wettbewerbskontrolle der Kommission, die ohne Rücksicht auf die Auswirkungen verschiedener Verhaltensweisen auf den Wettbewerb durchgeführt worden sei, vgl. *Jung*, in: Grabitz/Hilf/Nettesheim, Recht der EU, 43. EL 2011, Art. 102 AEUV Rn. 15 m.w.N. aus der Lit.

526 *Gual/Hellwig/Perrot/Polo/Rey/Schmidt/Stenbacka*, An Economic Approach to Art. 82, EAGCP-Gutachten, S. 112 f.

527 *I. Schmidt*, Kernpunkte des Referates zum More Economic Approach, 2007, S. 6.

Durchsetzung der Wettbewerbsregeln zu vermeiden.[528] Zudem hätte die Möglichkeit bestanden, Verhaltensweisen trotz marktverschließender Auswirkungen zu dulden,[529] sofern sie im Gegenzug das Verbraucherwohl steigern.

Die Kommission nahm im Diskussionspapier (2005) eine abweichende Position ein und wählte nicht die unmittelbaren Folgen für das Verbraucherwohl als Fixpunkt, sondern die marktverschließende Wirkung eines Verhaltens.[530] Dem liegt normativ zugrunde, dass die Marktverschließung negative Auswirkungen auf Wettbewerbsstrukturen und Wettbewerbsprozesse hat und daher mittelbar auf Kosten des Verbraucherwohls geht, ganz im Sinne der systemtheoretischen Wettbewerbstheorien.[531] Dies befindet sich auf einer Linie mit der ordoliberalen Tradition der europäischen Wettbewerbsverfassung.[532] Die in der Folge ergangenen Durchsetzungsprioritäten (2009) griffen diese Ausrichtung auf und fielen daher durch keinen grundlegend veränderten Analyserahmen für wettbewerbswidrige Verhaltensweisen oder die Bestimmung der marktbeherrschenden Stellung auf. Die Kommission geht weiterhin konform mit der Rechtsprechung von einem institutionenschützenden Konzept der Wettbewerbsregeln aus, ohne dass ein Schaden des Verbraucherwohls nachgewiesen werden müsste.[533]

b) Umweg über das Aufgreifermessen?

Nichtsdestotrotz will die Kommission die Auswirkungen von Wettbewerbsverstößen auf das Verbraucherwohl stärker berücksichtigen und wählt in den Durchsetzungsprioritäten (2009) einen Umweg über das Aufgreifermessen. Die Kommission will in Ausübung ihres Aufgreifermessens zuvorderst bei Verstößen tätig werden, „die den Verbrauchern am meisten Schaden“[534]. Direkt im Anschluss an diesen Passus betont sie jedoch, dass sie „in erster Linie den Wettbewerbsprozess im Binnenmarkt schützen will“[535]. Das Schutzziel des wirksamen

528 Vgl. zu den Arten von Entscheidungsfehlern u. 2. Kapitel, § 1 C. V.

529 Dies wurde mit der Effizienzeinrede in den Durchsetzungsprioritäten (2009), Rn. 30 f., in gewissem Maße auch umgesetzt.

530 Diskussionspapier (2005), Rn. 54, 56.

531 Zu diesen auch ergebnisoffen genannten Ansätzen o. 1. Kapitel, § 2 E. II.

532 Zur ordoliberalen Tradition der europäischen Wettbewerbsverfassung o. 1. Kapitel, § 2 F.

533 Durchsetzungsprioritäten (2009), Rn. 19 f.

534 Durchsetzungsprioritäten (2009), Rn. 5.

535 Durchsetzungsprioritäten (2009), Rn. 6.

Wettbewerbs bleibt über die verbraucherwohlbezogene Ausrichtung des Aufgreifermessens also dem Grunde nach unangetastet.[536]

Der Weg über das Aufgreifermessen bietet entscheidende Vorteile. So stehen der Kommission erhebliche Spielräume zu, wenn sie darüber entscheidet, ob sie überhaupt tätig werden will.[537] Der zentrale Anknüpfungspunkt ist, ob bei einem möglichen Verstoß gegen die Wettbewerbsregeln das Gemeinschaftsinteresse berührt wird. Insofern entscheidend sind die Relevanz für den Binnenmarkt, Umfang und Schwere des möglichen Verstoßes und die Wahrscheinlichkeit, einen Verstoß nachweisen zu können.[538] Da die Einzelfallumstände hier eine maßgebliche Rolle spielen, kann die Kommission frei zwischen verschiedenen Kriterien wählen und diese gewichten, um das Gemeinschaftsinteresse zu begründen oder abzulehnen.[539] Diese Entscheidung wird lediglich auf offensichtliche Fehler hin gerichtlich überprüft und die Richter ersetzen nicht die Erwägungen der Kommission.[540]

Das Aufgreifermessen ist eng mit der Frage verknüpft, wie die knappen Behördenressourcen effizient im Hinblick auf Wettbewerbsverstöße eingesetzt werden.[541] Auf die Auslegung des Art. 102 AEUV wirkt sich dies nicht aus und eine dogmatische Schutzzielverschiebung wird vermieden, ebenso wie in der Folge eine Konfrontation mit dem Gerichtshof der EU. Dieser hält schließlich gemäß Art. 19 Abs. 1 S. 2 AEUV das Auslegungsmonopol für das Unionsrecht, welches sich auch in Art. 259 Abs. 1, 263 Abs. 1, Art. 265 Abs. 1 AEUV und 267 Abs. 1 AEUV niederschlägt.[542]

---

536 Vgl. Durchsetzungsprioritäten (2009), Rn. 3.

537 Die Kommission verfügt bei der Beurteilung des Gemeinschaftsinteresses über einen weiten Ermessensspielraum. Auf diesem Wege kann sie ihre Verwaltungsressourcen den eigenen Prioritäten entsprechend einsetzen, s. EuG Rs. 125/78, Slg. 1992, II-2223 (Rn. 75 ff., insb. 77) – Automec/Kommission; vgl. auch VO (EG) Nr. 1/2003, 18. Erwägungsgrund; Durchsetzungsprioritäten (2009), Rn. 3.

538 S. EuG, Rs. T-296/09, Urt. v. 24.11.2011 (Rn. 104 ff.) – EFIM/Kommission.

539 EuG, Rs. T-296/09, Urt. v. 24.11.2011 (Rn. 105) – EFIM/Kommission.

540 Die Richter prüfen, „ob die streitige Entscheidung nicht auf unzutreffenden Tatsachenfeststellungen beruht und weder einen Rechtsfehler noch einen offensichtlichen Beurteilungsfehler oder einen Ermessensmissbrauch aufweist", EuG, Rs. T-296/09, Urt. v. 24.11.2011 (Rn. 40) – EFIM/Kommission m.w.N. aus der Rspr.

541 S. EuG, Rs. T-296/09, Urt. v. 24.11.2011 (Rn. 40) – EFIM/Kommission; EuG, Rs. T-427/08, Urt. v. 15.12.2010 (Rn. 27 f.) – CEHAR/Kommission.

542 Zur Entwicklung in der Rspr. *Bauer*, Der Europäische Gerichtshof als Verfassungsgericht?, 2008, S. 68 f.

c) Fazit

Mit einer Schutzzielverschiebung auf das Verbraucherwohl wären die Beweishürden nicht in jedem Fall wesentlich gestiegen, sofern neben quantitativen ökonomischen Analysen auch systemtheoretisch fundierte Mustervorhersagen akzeptiert worden wären. Hiervon ist auszugehen, da sich die Kommission auf ihre Entscheidungsspielräume in komplexen wirtschaftlichen Sachfragen stützen kann, unter Hinzuziehung der jeweils für ihre Sichtweise günstigen ökonomischen Argumente, Studien und Modelle. Der Rahmen der ökonomischen Analyse bestimmt die Regeldurchsetzung. So sind gerade in Zweifelsfällen regelmäßig voneinander abweichende ökonomische Schlussfolgerungen zu erwarten, bedingt durch die methodischen Unterschiede und Prämissen einzelner wissenschaftlicher Studien. Vor diesem Hintergrund leidet indes auch die Rechtssicherheit.[543] Die Durchsetzungsprioritäten (2009) ermöglichen eine solche Herangehensweise, da am Verbraucherwohl ausgerichtete wohlfahrtsökonomische Analysen nicht zwingend sind. Insofern wäre es verfehlt, von einer faktischen Schutzzielverschiebung hin zum Verbraucherwohl über das Aufgreifermessen auszugehen. Die Ausrichtung des Aufgreifermessens am Verbraucherwohl könnte jedoch das marktprozesstheoretische Gleichgewicht zwischen der Freiheit der Anbieter und der Freiheit der Nachfrager gefährden, wenn Beeinträchtigungen auf Anbieterseite systematisch vernachlässigt werden.[544]

2. Rechtfertigungsebene

Das Verbraucherwohl wird nicht unmittelbar auf Ebene der wettbewerbsrechtlichen Verbotstatbestände einbezogen, weswegen eine tatbestandsausschließende ökonomisch begründete rule of reason nicht in Sicht ist.[545] Effizienzvorteile zum Wohle der Verbraucher werden jedoch auf Rechtfertigungsebene berücksichtigt.[546]

---

543 *I. Schmidt*, Kernpunkte des Referates zum More Economic Approach, 2007, S. 5 f.; vgl. auch in Bezug auf Art. 101 Abs. 3 AEUV BKartA, Wettbewerbsschutz und Verbraucherinteressen im Lichte neuerer ökonomischer Methoden 2004, S. 18.

544 Zu den drei Marktprozessen, die allesamt störungsfrei ablaufen müssen, o. 1. Kapitel, § 2 E. II. 1.

545 So *Frenz*, Europarecht 2, 2006, Rn. 67 ff.

546 Zur Festlegung auf die Steigerung des Verbraucher- und nicht des Allgemeinwohls ausf. *Drexl*, Wettbewerbsverfassung, in: von Bogdandy/Bast, Europäisches Verfassungsrecht, 2. Aufl. 2009, S. 905 (941 ff.).

a) Ausformulierung in den Durchsetzungsprioritäten (2009)

In Rn. 28 ff. der Durchsetzungsprioritäten (2009) sind die für Art. 102 AEUV relevanten Rechtfertigungsmöglichkeiten benannt. Entweder muss die marktverschließende Wirkung eines Verhaltens erhebliche Effizienzvorteile versprechen oder auf objektiv notwendigen Gründen fußen.[547] Die Passagen in den Durchsetzungsprioritäten (2009) zu missbräuchlichen Rabattsystemen, Kampfpreisstrategien und zur missbräuchlichen Lieferverweigerung enthalten ebenfalls nähere Ausführungen.[548]

Die Effizienzrechtfertigung ist jedenfalls ausgeschlossen, wenn eine marktverschließende Verhaltensweise den Restwettbewerb auf einem Markt zum erliegen bringt.[549] Dann überwiegen die Effizienzvorteile des wirksamen Wettbewerbs und die fragwürdige Verhaltensweise wird von der Kommission stets untersagt. Sonst entfielen die positiven Auswirkungen des Wettbewerbsdrucks vollkommen,[550] welche die Kommission im Hinblick auf die dynamische Effizienz und den Innovationsprozess besonders betont.[551] Insgesamt zeugt die Effizienzrechtfertigung also dennoch von einem grundlegend systemtheoretischen Wettbewerbsverständnis, welches in Ausnahmefällen allerdings relativiert wird.

---

547 Auf die Rechtfertigungsmöglichkeit aus objektiv notwendigen Gründen soll in diesem Zusammenhang nicht näher eingegangen werden, für Beispiele und Nachweise aus der Rspr. s. *Bulst*, in: Langen/Bunte, Bd. 2, 11. Aufl. 2010, Art. 82 EGV Rn. 140 f.; die objektive Rechtfertigung ist für die Zwangslizenzierung von Immaterialgüterrechten über Art. 102 AEUV insofern speziell von Bedeutung, als dass sie hier zum standardmäßigen Prüfungsprogramm gehört und die Kommission bereits im Missbrauchstatbestand hierauf eingehen muss, s. EuGH, Rs. C-418/01, Slg. 2004, I-5039 (Rn. 38 f.) – IMS Health; verb. Rs. C-241 u. 242/91 P, Slg. 1995, I-743 (Rn. 55) – RTE u. ITP/Kommission („Magill"); EuG, Rs. T-201/04, Slg. 2007, I-3601 (Rn. 688 ff.) – Microsoft/Kommission.

548 Vgl. Durchsetzungsprioritäten (2009), Rn. 46, 62, 74, 89. Dabei lehnt die Kommission keine Argumentationsstränge grundlegend ab. A.a.O. (Rn. 46) wird z. B. speziell auf sinkende Transaktionskosten der Verbraucher, aber auch der Unternehmen, welche diesen Vorteil dann wieder an die Verbraucher weitergeben können, hingewiesen. A. A.O. (Rn. 74) wird den Unternehmen zur Rechtfertigung von Kampfpreisen gestattet, auf eigene Effizienzvorteile ihrer Marktexpansion einzugehen, was sehr stark an die von der Chicago School of Antitrust betonte economies of scale (d. h. Effizienzgewinne durch Größenvorteile) erinnert. Es besteht jedoch die allgemeine Maßgabe, dass die Verbraucher hiervon profitieren und dass nicht der Restwettbewerb ausgeschaltet wird.

549 Durchsetzungsprioritäten (2009), Rn. 30, 4. Spiegelstrich.

550 Dazu bereits o. 1. Kapitel, § 2 E. II.

551 Durchsetzungsprioritäten (2009), Rn. 30, 4. Spiegelstrich.

b) Bedeutung der Beweislast

Die Beweislast auf Rechtfertigungsebene trifft nach den Durchsetzungsprioritäten (2009) und konform mit der Rechtsprechung die betroffenen Unternehmen, ebenso wie im Rahmen des Art. 101 Abs. 3 AEUV.[552] Die Kommission wägt die marktverschließenden Wirkungen der strittigen Verhaltensweise mit den vorgetragenen Effizienzvorteilen ab und muss in diesem Rahmen auf alle vorgetragenen Argumente eingehen und diese entkräften.[553] Falls sie eine ernsthafte Prüfung unterlässt, führt dies trotz der weiten Entscheidungsspielräume in komplexen wirtschaftlichen Sachfragen zu einer rechtsfehlerhaften Entscheidung.[554] Diese Beweislastverteilung ist bei Art. 102 AEUV, welcher nicht wie Art. 101 AEUV primärrechtlich in einen Verletzungs- und einen Rechtfertigungstatbestand unterteilt ist, zumindest fragwürdig, allerdings von der aktuellen Rechtsprechung anerkannt.[555] Wenig erhellend ist insofern auch Art. 2 VO (EG) Nr. 1/2003, selbst im Hinblick auf den 5. Erwägungsgrund der VO (EG) Nr. 1/2003.[556]

c) Fazit

Die hohen Hürden für die Rechtfertigung eines Verstoßes gegen Art. 102 AEUV sind zu begrüßen, sofern man die Rechtfertigungsmöglichkeit nicht ohnehin

---

552 Durchsetzungsprioritäten (2009), Rn. 31; aus der Rspr. EuGH, Rs. C-95/04 P, Slg. 2007, I-2331 (Rn. 69, 84 ff.) – British Airways/Kommission; Rs. 322/81, Slg. 1983, 3461 (Rn. 73) – Michelin/Kommission; EuG, Rs. T-201/04, Slg. 2007, II-3601 (Rn. 688) – Microsoft/Kommission.

553 Durchsetzungsprioritäten (2009), Rn. 31; kritisch zu Effizienzerwägungen im Rahmen des Art. 102 AEUV *A. Schmidt/Voigt*, WuW 2006, 1097 (1105 f.).

554 Näher hierzu *Frenz/Ehlenz*, EuR 2010, 490 (495 f.), im Hinblick auf Art. 101 Abs. 3 AEUV und EuG, Rs. T-168/01, Slg. 2006, II-2969 (Rn. 263 ff.) – GlaxoSmithKline Services/Kommission.

555 EuG, Rs. T-201/04, Slg. 2007, II-3601 (Rn. 689) – Microsoft/Kommission; s. auch Durchsetzungsprioritäten (2009), Rn. 31; zu beachten ist allerdings, dass noch in EuGH, Rs. 6-72, Slg. 1973, 215 (Rn. 25) – Continental Can/Kommission davon die Rede war, dass die missbräuchliche Ausübung einer marktbeherrschenden Stellung im Sinne des Art. 102 AEUV nicht zu rechtfertigen sei.

556 Die Beweislastverteilung der Durchsetzungsprioritäten (2009) und Rspr. befürwortend *Bulst*, in: Langen/Bunte, Bd. 2, 11. Aufl. 2010, Art. 82 EGV Rn. 146, 153; diese Beweislastverteilung und generell eine Rechtfertigungsebene im Hinblick auf einen Vergleich zu Art. 101 AEUV und den Wortlaut von Art. 2 VO (EG) Nr. 1/2003 sowie deren 5. Erwägungsgrund abl. *G. Monti*, DG Competition Discussion Paper – Comment, 2005, S. 4; ebenfalls abl. *Emmerich*, in: Dauses, Handbuch des EU-Wirtschaftsrechts, 27. EL 2010, H. I. § 3, Art. 102 AEUV Rn. 9.

gänzlich ablehnt.[557] Die Beweislastverteilung und die Zuordnung der von den Unternehmen eingebrachten Effizienzargumente entweder auf Ebene des Verbots- oder des Rechtfertigungstatbestands spielen dabei keine besondere Rolle. Die Beweislast trifft zwar auch eine Aussage darüber, zu wessen Lasten ein non liquet geht,[558] mit guten Gründen kann jedoch bezweifelt werden, dass dies praktisch von Bedeutung ist. Der Kommission stehen bereits bei der Subsumtion auf Tatbestandsebene gerichtsfeste Entscheidungsspielräume zu.[559] Es ist daher schon auf dieser Ebene äußerst schwierig für betroffene Unternehmen, die Beweisführung der Kommission durch eigene Argumente ins Wanken zu bringen.[560] Gleichermaßen schwierig dürfte sich die Beweisführung der Unternehmen auf Rechtfertigungsebene gestalten. Die Kommission kann wiederum unter Rückgriff auf ihre weiten Entscheidungsspielräume die Argumente der betroffenen Unternehmen gerichtsfest entkräften.[561] Vor diesem Hintergrund verwundert es nicht, dass die Effizienzrechtfertigung bisweilen noch keine ausschlaggebende Rolle gespielt hat. Dies wirft die Frage auf, welchen Mehrwert sie überhaupt generiert.

3. *Konflikt zwischen Effizienzrechtfertigung und Schutzziel*

Das Verbot der missbräuchlichen Ausübung von Marktmacht gemäß Art. 102 AEUV ist auf den Schutz des Wettbewerbs als Institution gerichtet und die Wettbewerber eines marktbeherrschenden Unternehmens werden in ihrer Funktion als Träger des Wettbewerbs geschützt.[562] Die Effizienzverteidigung im Rahmen des Art. 102 AEUV ermöglicht es nun, diesen funktionellen Schutz unmittelbar zum (vermeintlichen) Wohle der Verbraucher aufzuweichen, wobei die Prüfung der Kommission obliegt.[563] Ein marktbeherrschendes Unternehmen könnte sich daher ausnahmsweise marktverschließend verhalten, etwa dadurch, dass es Konkurrenten diszipliniert oder gar vom Markt drängt, solange hierdurch nicht der

557 Insgesamt abl. u. 2. Kapitel, § 1 C. II. 4.

558 *Fritzsche*, Ermessen und institutionelles Gleichgewicht, 2008, S. 29.

559 Vgl. EuGH, Rs. C-389/10, Urt. v. 8.12.2011 (Rn. 121) – KME/Kommission.

560 Die Sichtweise der Kommission ist in Entscheidungen gem. Art. 102 AEUV letztendlich ausschlaggebend, näher u. 2. Kapitel, § 1 C. IV. 4.

561 Zu diesen Spielräumen vgl. EuGH, Rs. C-389/10, Urt. v. 8.12.2011 (Rn. 121) – KME/Kommission.

562 S. BKartA, Wettbewerbsschutz und Verbraucherinteressen im Lichte neuerer ökonomischer Methoden, 2004, S. 21.

563 Durchsetzungsprioritäten (2009), Rn. 31.

Restwettbewerb gänzlich beseitigt wird.[564] Es wird eine Freiheitsbeschränkung zugunsten von verbraucherwohlorientierter Effizienz in Kauf genommen.

4. *Bewertung*

Die Kommission sieht das Verbraucherwohl hauptsächlich als Fernziel der Wettbewerbsregeln an.[565] Dieses Fernziel soll über den Schutz des Wettbewerbs als Institution erreicht werden,[566] was laut EuGH den Schutz der Wettbewerbsstruktur und funktionierende Wettbewerbsprozesse umfasst.[567] Das Leitbild ist mithin ein ergebnisoffener und dynamischer Wettbewerb.[568] Eine obligatorische Bindung der Wettbewerbskontrolle an das Verbraucherwohl ist auch der Rechtsprechung nach dem Vertrag von Lissabon nicht zu entnehmen.[569] Der EuGH lehnte dies explizit in Bezug auf alle Wettbewerbsregeln in der Rechtssache *GlaxoSmithKline Services P* ab.[570] Die Durchsetzungsprioritäten (2009) enthalten rechtsprechungskonform genauso wenig eine solche Pflicht. Das Ziel, ökonomischen Erkenntnissen stärkeres Gewicht beizumessen, mündet daher in keiner Schutzzielverschiebung.[571] Der Kommission ist es indes unbenommen, mögliche unmittelbare Verbraucherschäden zu untersuchen, um ihr Einschreiten zu

---

564 Durchsetzungsprioritäten (2009), Rn. 30, 4. Spiegelstrich.

565 Zur gesamten Entwicklung: Bericht der Kommission über die Wettbewerbspolitik 2010, KOM (2011), 328 endg., Rn. 12 ff., http://eur-lex.europa.eu/LexUriServ/LexUriServ.do?uri=COM:2011:0328:FIN:DE:PDF.

566 Dieser ergibt sich auch nach dem Vertrag von Lissabon aus dem Primärrecht, so *Dreher/Lange*, Die europäische Wirtschaftsverfassung nach dem Vertrag von Lissabon, in: FIW, Wettbewerbspolitik und Kartellrecht in der Marktwirtschaft, 2010, S. 161 (171), unter Hinweis auf *Basedow*, EuZW 2008, 225, und *Müller-Graff*, ZHR 173 (2009), 443 (446).

567 Vgl. Durchsetzungsprioritäten (2009), Rn. 30, 4. Spiegelstrich.

568 *Drexl*, Wettbewerbsverfassung, in: von Bogdandy/Bast, Europäisches Verfassungsrecht, 2. Aufl. 2009, S. 905 (928).

569 Vgl. jüngst EuGH, Rs. C-52/09, Slg. 2011, I-527 (Rn. 27) – Konkurrensverket zur Rechtslage nach Lissabon (Art. 102 AEUV).

570 EuGH, verb. Rs. C-501 u. a./06 P, Slg. 2009, I-9291 (Rn. 62 ff.) – GlaxoSmithKline Services u. a./Kommission, unter Feststellung eines Rechtsfehlers des vorinstanzlichen EuG-Urteils; vgl. auch EuGH, Rs. C-95/04 P, Slg. 2007, I-2331 (Rn. 106) – British Airways/Kommission.

571 Vgl. die einleitenden Worte von *Kroes*, Preliminary Thoughts on Policy Review of Article 82, SPEECH/05/537, 2005: „Ladies and gentlemen, I would like to emphasize that it is not our intention to propose a radical shift in enforcement policy. We simply want to develop and explain theories of harm on the basis of a sound economic assessment for the most frequent types of abusive behaviour."

begründen. Die Aussage der Kommission, sich primär auf die für den Verbraucher schädlichsten Verhaltensweisen zu konzentrieren, stellt in diesem Sinne keine zusätzliche Beweishürde dar, sondern betrifft das Aufgreifermessen. Da das hierfür ausschlaggebende Gemeinschaftsinteresse nicht auf das Verbraucherwohl beschränkt ist, bindet sich die Kommission hierbei nicht an die Ermessensausübung allein in diesem Sinne.

Auf der anderen Seite könnte die Fixierung auf besonders verbraucherschädliche Verhaltensweisen und nicht solche, welche die Wettbewerbsfreiheit am stärksten beschränken, durchaus bedenklich sein.[572] Es besteht die Gefahr, dass die systematische Vernachlässigung freiheitsbeschränkender Praktiken gegenüber Wettbewerbern, für welche zunächst kein Verbraucherschaden diagnostiziert werden kann, langfristig die Wettbewerbsprozesse schädigt. Nach einem systemtheoretisch geprägten Verständnis sind auch langfristige negative Auswirkungen für das Verbraucherwohl in diesem Falle unausweichlich. Die marktverschließenden Auswirkungen und Gefahren für das Verbraucherwohl fallen insofern zusammen.

Wohlfahrtsökonomische Erwägungen finden zudem immer stärker auf Rechtfertigungsebene Beachtung. Effizienz und Verbraucherwohl dürfen nach diesem Konzept ausnahmsweise auf Kosten des freien Wettbewerbs berücksichtigt werden. Vor dem Hintergrund, dass für einen Verstoß gegen Art. 102 AEUV primärrechtlich keine Rechtfertigungsmöglichkeit vorgesehen ist, mag dies zunächst erstaunen.[573] So stellte der EuGH in der Entscheidung *Continental Can*[574] noch fest: „Wenn Artikel 86 (Art. 102 AEUV) nicht die gleiche ausdrückliche Bestimmung enthält, so erklärt sich das daraus, dass die dort für beherrschende Stellungen getroffene Regelung im Gegensatz zu Artikel 85 Absatz 3 (Art. 101 Abs. 3 AEUV) keine Ausnahmen vom Verbot kennt“[575]. Die Kommission geht in den Durchsetzungsprioritäten (2009) allerdings von Rechtfertigungsmöglichkeiten aus,[576] konform mit der jüngeren Rechtsprechung.[577] In Zusammenschau mit der *Continental Can*-Entscheidung ist die Kritik hieran mehr als berechtigt. Zudem fehlt es für die Effizienzrechtfertigung an hinreichend genauen

572 *Podszun*, ZWeR 2012, 48 (54).

573 *G. Monti*, DG Competition Discussion Paper - Comment, 2005, S. 4; *A. Schmidt/Voigt*, WuW 2006, 1097 (1103); *Emmerich*, in: Dauses, Handbuch des EU-Wirtschaftsrechts, 27. EL 2010, H. I. § 3, Art. 102 AEUV Rn. 9, auch m.w.N. zur Gegenmeinung.

574 EuGH, Rs. 6-72, Slg. 1973, 215 (Rn. 25) – Continental Can/Kommission.

575 EuGH, Rs. 6-72, Slg. 1973, 215 (Rn. 25) – Continental Can/Kommission.

576 Durchsetzungsprioritäten (2009), Rn. 28 ff.

577 EuGH, Rs. C-95/04 P, Slg. 2007, I-2331 (Rn. 85 f.) – British Airways/Kommission.

Analyseinstrumenten und es stellt sich die Frage, wann überhaupt der (Rest-) Wettbewerb gemäß Rn. 30, 4. Spiegelstrich der Durchsetzungsprioritäten (2009) noch wirksam ist und wann nicht. Ebenso müsste die Möglichkeit bestehen, die unmittelbaren Effizienzvorteile einer an sich missbräuchlichen Verhaltensweise den mittelbaren Effizienzvorteilen der Wettbewerbsfreiheit gegenüberzustellen. Die Gefahr langfristiger negativer Auswirkungen auf das Verbraucherwohl durch Marktverschluss kann dabei allenfalls ausgeblendet werden, sofern Faktoren wie Marktzutrittsbarrieren im Sinne der Chicago School of Antitrust systematisch vernachlässigt würden.[578] Dann bestünde jederzeit genügend Wettbewerbsdruck, da Markteintritte anderer Unternehmen stets möglich wären. Märkte ohne solche Marktzutrittsschranken finden sich in der Realität allerdings nicht. Vor allem im Technologiebereich ist oft ein hohes Maß an Know-how die Grundvoraussetzung, um wirksam am Wettbewerb teilzunehmen und in einen Markt einzutreten. Nach dem hier zugrunde gelegten Verständnis ist die Effizienzrechtfertigung bei Art. 102 AEUV auf Kosten des wirksamen Wettbewerbs daher abzulehnen, jedenfalls solange sie nicht primärrechtlich verankert wird. Argumente, die ein Unternehmen zur Verteidigung seines Verhaltens vorbringt, werden ohnehin auf Tatbestandsebene berücksichtigt.

III. Auslegungsebene

Eine wichtige Rolle spielen ökonomische Analysen bei der Sachverhaltsermittlung und Identifikation von grundlegenden Gefährdungslagen für den wirksamen Wettbewerb. Für den Missbrauchstatbestand gemäß Art. 102 AEUV ist die Marktabgrenzung seit je her ein klassisches Anwendungsgebiet, aber auch die damit verwobene Identifikation von Marktmacht. Im Zuge des more economic approach hat sich der Wirkungsradius der ökonomischen Beweisführung ausgedehnt und die Analyse mutmaßlich missbräuchlicher Verhaltensweisen in den letzten Jahren beeinflusst.[579] Ökonomische Analysen helfen, bestimmte Verhaltensweisen in ihren Auswirkungen auf den Wettbewerb einzuschätzen und sie in abstrakte Fallgruppen (sog. theories of harm) zu überführen. Dieser Schritt ist bereits wegweisend für die Anwendung im Einzelfall und definiert Merkmale, bei deren Vorliegen eine wettbewerbswidrige Wirkung vermutet wird. Auf der anderen Seite bleiben für die Einzelfallanalyse große Entscheidungsspielräume bestehen. Auslegungs- und Anwendungsebene können dabei nicht derart streng

---

578 Zur Chicago School of Antitrust o. 1. Kapitel, § 2 E. I. 2.

579 *Friederiszick*, Marktabgrenzung und Marktmacht, in: Schwarze, Recht und Ökonomie im Europäischen Wettbewerbsrecht, 2006, S. 29 (29).

getrennt werden, wie Art. 19 Abs. 1 S. 2 EUV nahelegt, und beeinflussen sich wechselseitig. Trifft die Kommission auf neuartige Fallgestaltungen, muss sie im Einzelfall ohne Absicherung durch eine gefestigte Rechtsprechung entscheiden. Wenn es in der Folge zu Gerichtsverfahren kommt und das Vorgehen der Kommission bestätigt wird, schlägt dies wiederum auf die Auslegung der Wettbewerbsregeln durch. Für die Auslegungsebene sind darüber hinaus Vorabentscheidungsverfahren relevant,[580] wobei die Vorlagefragen selbst regelmäßig schon so eng gefasst sind, dass nach deren Beantwortung für die Anwendung auf den Einzelfall durch die nationalen Gerichte nur noch wenig Spielraum verbleibt und deren Entscheidung weitgehend vorgezeichnet ist.[581]

Die Durchsetzungsprioritäten (2009) fassen die durch die Rechtsprechung bestätigten Missbrauchstatbestände zusammen und erläutern knapp deren ökonomischen Hintergrund.[582] Der Verbraucher soll vor einem möglichen Marktverschluss und den damit verbundenen Fernwirkungen (z. B. auf den Marktpreis, den Innovationsprozess oder das Angebot und die Qualität der Güter) bewahrt werden.[583] Die theories of harm begründen dabei kein absolutes per se-Verbot und lassen den betroffenen Unternehmen die Möglichkeit, ökonomisch fundierte Gegenbeweise einzubringen. Seit 2010 bieten hierfür die (provisorischen) Best Practices zur ökonomischen Beweisführung bei der Anwendung von Art. 101 und 102 AEUV sowie der FKVO (EG) Nr. 139/2004 nähere Anhaltspunkte.

1. Schutz vor marktverschließenden Auswirkungen

Die marktverschließenden Auswirkungen von Verhaltensweisen sind der zentrale Ansatzpunkt, um sie als missbräuchlich einzustufen. Eine solche Wirkung wird angenommen, wenn tatsächliche oder potenzielle Wettbewerber durch Verhaltensweisen eines marktbeherrschenden Unternehmens vom Markt gedrängt oder von diesem ferngehalten werden oder es ihnen unmöglich ist, Marktanteile

580 Beachte: In Vorabentscheidungsverfahren entscheidet der EuGH gem. Art. 267 AEUV lediglich über die Auslegung des Unionsrechts und nicht die konkrete Anwendung auf den Einzelfall, s. hierzu EuGH, Rs. 9/99, Slg. 2000, I-8207 (Rn. 15) – Echirolles Distribution m.w.N. aus der Rspr.

581 Vgl. EuGH, Rs. C-32/11, Urt. v. 14.3.2013 (Rn. 31 ff., insb. Rn. 51) – Allianz Hungária Biztosító.

582 *Kroes*, Preliminary Thoughts on Policy Review of Article 82, SPEECH/05/537, 2005; allg. *Drexl*, Wettbewerbsverfassung, in: von Bogdandy/Bast, Europäisches Verfassungsrecht, 2. Aufl. 2009, S. 905 (933).

583 Durchsetzungsprioritäten (2009), Rn. 11.

hinzuzugewinnen. Dann ist der (Rest-)Wettbewerb gefährdet.[584] Als abgemilderte Form von Verdrängungstaktiken ist es ausreichend, wenn marktbeherrschende Unternehmen ihre Wettbewerber planmäßig disziplinieren. Hierzu eignet sich jede Verhaltensweise, die Wettbewerbern zu verstehen gibt, dass sie sich auf keinen Konkurrenzkampf einlassen sollten, da sie anderenfalls vom Markt gedrängt werden könnten.[585] Der Vorteil einer solchen Disziplinierungstaktik ist, dass der Markt von den Wettbewerbsbehörden fälschlicherweise eher als funktionierend eingestuft wird, da die Wettbewerber auf dem Markt verbleiben und auch Gewinne generieren können. Es ist den disziplinierten Anbietern jedoch nicht möglich, ihre Marktanteile autonom zu steigern und die Stellung des marktbeherrschenden Unternehmens bleibt unangefochten.

2. *Marktbeherrschende Stellung auf dem relevanten Markt*

Der erste Schritt im Rahmen des Art. 102 AEUV besteht darin, die Marktmacht eines Unternehmens auf dem relevanten Markt zu identifizieren, bevor das mutmaßlich wettbewerbswidrige Verhalten analysiert wird.[586] Die Rechtsprechung weist marktbeherrschenden Unternehmen eine besondere Verantwortung für den Wettbewerb zu,[587] was zur Folge hat, dass ihr Aktionsradius im Wettbewerb enger ist als der anderer Unternehmen. Sie dürfen sich also nicht aller grundsätzlich von der wirtschaftlichen Handlungsfreiheit gedeckten Verhaltensweisen im Wettbewerbsgeschehen bedienen und müssen auf marktverschließende Auswirkungen achten. Dabei sind alle Umstände des Einzelfalls mit einzubeziehen.[588] Zwischen dem Grad der Marktbeherrschung und der Feststellung des Missbrauchs mag zwar kein unmittelbarer Zusammenhang bestehen.[589] Allerdings folgt aus der Stärke der marktbeherrschenden Stellung ein mittelbarer Zusammenhang: Je größer die Marktmacht eines Unternehmens ist, desto eher zeitigt

---

584 *Drexl*, Wettbewerbsverfassung, in: von Bogdandy/Bast, Europäisches Verfassungsrecht, 2. Aufl. 2009, S. 905 (928), zum Diskussionspapier (2005), Rn. 55.

585 Durchsetzungsprioritäten (2009), Rn. 69.

586 S. Durchsetzungsprioritäten (2009), Rn. 9 ff.

587 St. Rspr. EuGH, Rs. C-280/08 P, Slg. 2010, I-9555 (Rn. 83) – Deutsche Telekom/Kommission; Rs. C-202/07 P, Slg. 2009, I-2369 (Rn. 105) – France Télécom/Kommission; Rs. 322/81, Slg. 1983, 3461 (Rn. 57) – Michelin/Kommission; s. auch Durchsetzungsprioritäten (2009), Rn. 9 m.w.N. aus der Rspr.

588 Vgl. im Hinblick auf die besondere Verantwortung eines marktbeherrschenden Unternehmens, dessen Stellung aus einem ursprünglich gewährten staatlichen Monopol folgte, EuG, Rs. T-209/10, Urt. v. 27.3.2012 (Rn. 23) – Post Danmark.

589 EuGH, Rs. C-549/10, Urt. v. 19.4.2012 (Rn. 39) – Tomra Systems u.a/Kommission.

sein Verhalten im Wettbewerbsgeschehen eine marktverschließende Wirkung und desto eher wird sein Verhalten als missbräuchlich eingestuft.[590] Dies ist im Lichte des more economic approach verstanden als effects based approach die logische Konsequenz. Auf der anderen Seite ist es nach gefestigter Rechtsprechung nicht verboten, eine marktbeherrschende Position zu erlangen.[591] Ebenso wenig ist es verboten, aus dieser Stellung heraus Wettbewerber mit erlaubten Mitteln vom Markt zu drängen. Es kommt darauf an, ob das marktbeherrschende Unternehmen „zu anderen Mitteln als denjenigen des Leistungswettbewerbs greift“[592]. Dieser Rahmen zeigt, dass die europäische Wettbewerbsaufsicht zuvorderst verhaltens- und nicht strukturorientiert durchgesetzt wird und die Dreiteilung in relevanter Markt, beherrschende Stellung und missbräuchliche Verhaltensweise im Rahmen des Art. 102 AEUV nicht streng einzuhalten ist. Die Erfüllung einzelner Merkmale ist stets mehr oder weniger stark mit den übrigen Voraussetzungen verbunden.[593] Die Grenzen, ob eine Verhaltensweise missbräuchlich ist oder nicht, verschwimmen und es stehen regelmäßig Verhaltensweisen auf dem Prüfstand, die im freien Wettbewerbsgeschehen eigentlich von der Vertrags- und der Eigentumsfreiheit gedeckt sind.[594]

---

590 EuGH, Rs. C-549/10, Urt. v. 19.4.2012 (Rn. 39) – Tomra Systems u. a./Kommission, wobei diese Passage aus der Perspektive zu lesen ist, dass die beherrschende Stellung eines Unternehmens ein objektives Kriterium ist und nicht von der Betrachtung der Verhaltensweise abhängt. Der innere Zusammenhang zwischen der marktverschließenden Wirkung einer Verhaltensweise, welche auch aus der gem. Art. 102 AEUV festgestellten Marktmacht selbst folgt, wird hiermit gerade nicht verneint. Missverständlich und etwas unglücklich formuliert wirkt insofern die redaktionell editierte Aufstellung eigener Leitsätze dieses Urteils in EuZW 2012, 741 (741) – Tomra Systems u. a./Kommission und die dortige Formulierung: „Für die Beurteilung des Vorliegens eines Missbrauchs einer marktbeherrschenden Stellung ist der Grad der Marktmacht des beherrschenden Unternehmens unerheblich, dieser wirkt sich eher auf die Tragweite der Auswirkungen des Verhaltens des fraglichen Unternehmens aus“. Diese Formulierung stimmt nicht mit der Formulierung in EuGH, Rs. C-549/10, Urt. v. 19.4.2012 (Rn. 39) – Tomra Systems u. a./Kommission überein.

591 EuGH, Rs. C-18/93, Slg. 1994, I-1783 (Rn. 42) – Corsica Ferries Italia; *Jung*, in: Grabitz/Hilf/Nettesheim, Recht der EU, 43. EL 2011, Art. 102 AEUV Rn. 20 f. m.w.N. aus der Rspr.

592 EuGH, Rs. C-202/07 P, Slg. 2009, I-2369 (Rn. 106) – France Télécom/Kommission.

593 *Wurmnest*, Marktmacht und Verdrängungsmissbrauch, 2. Aufl. 2012, S. 265 ff.

594 Vgl. Durchsetzungsprioritäten (2009), Rn. 75.

Für die Marktabgrenzung spielen seit je her industrieökonomische Analysemethoden eine große Rolle, wie der sog. hypothetische Monopoltest[595] zeigt. Häufig liefert eine Befragung der Abnehmerseite bereits die wesentlichen Anhaltspunkte, insbesondere in Bezug auf die Substituierbarkeit von Produkten, aber auch (potenzielle) Wettbewerber und deren Marktverhalten sind einzubeziehen.[596] Zum Teil wird die gesonderte Marktabgrenzung sogar kritisiert und ganz abgelehnt.[597] Marktmacht auf dem relevanten Markt besteht in gefestigter Rechtsprechung dann, wenn es einem Unternehmen möglich ist, sich gegenüber seinen Wettbewerbern, Abnehmern und im Endeffekt den Verbrauchern unabhängig zu verhalten.[598] Ein marktmächtiges Unternehmen unterliegt dann nicht den Zwängen funktionierender Marktprozesse.[599] Es kann sich in seinen Wettbewerbsentscheidungen (z. B. über die Preispolitik oder das Serviceangebot) unabhängig von dem Marktverhalten der Wettbewerber,

595 Näher zum hypothetischen Monopoltest (auch SSNIP-Test: „small but significant non-transitory increase in price"), allerdings unter Hinweis auf die bestehende Bedeutung des Bedarfsmarktkonzepts, *Zimmer*, WuW 2007, 1198 (1206 f.); *Hildebrand*, WuW 2005, 513 (514 f.), unter Verweis auf *Ewald*, ZWeR 2004, 512 (517), welcher m.w.N. aus der Lit. diesen Test als „agreed world-wide standard for defining antitrust markets" bezeichnet; zusätzlich auf partialanalytische empirische Konzepte eingehend *Wurmnest*, Marktmacht und Verdrängungsmissbrauch, 2. Aufl. 2012, S. 278 ff., 288 ff. Näher zur Marktabgrenzung bei der Zwangslizenzierung von Immaterialgüterrechten über Art. 102 AEUV u. 3. Kapitel, § 2 A. III. 3.

596 *Friederiszick*, Marktabgrenzung und Marktmacht, in: Schwarze, Recht und Ökonomie im Europäischen Wettbewerbsrecht, 2006, S. 29 (31 f.).

597 Die Vorteile einer integrierten Prüfung herausstellend und eine strikte Trennung von Marktabgrenzung und Marktmachtbestimmung ablehnend *Friederiszick*, Marktabgrenzung und Marktmacht, in: Schwarze, Recht und Ökonomie im Europäischen Wettbewerbsrecht, 2006, S. 29 (29 f.); für *Schmidtchen*, WuW 2011, 923, ist die Marktabgrenzung der „klassische Fall der Tautologie", weswegen er eine ökonomisch fundierte Schätzung der Marktmacht befürwortet; die Marktabgrenzung als eigenen Prüfungspunkt bejahend *Wurmnest*, Marktmacht und Verdrängungsmissbrauch, 2. Aufl. 2012, S. 267, 293; Zum Vorgehen der Kommission s. Bekanntmachung der Kommission über die Definition des relevanten Marktes im Sinne des Wettbewerbsrechts der Gemeinschaft, ABl. 1997 C 372, S. 5, in welcher in Rn. 17 f. auch der SSNIP-Test näher beschrieben wird.

598 St. Rspr. EuGH, Rs. 27/76, Slg. 1978, 207 (Rn. 63/66) – United Brands; EuGH, Rs. 85/76, Slg. 1979, 461 (Rn. 38) – Hoffmann-La Roche/Kommission.

599 Auf die zentrale Rolle des Wettbewerbsdrucks weisen die Durchsetzungsprioritäten (2009) in Rn. 12 hin.

Zwischenabnehmer und Endverbraucher verhalten.[600] Ob solche Marktmacht hinreichend vom Wettbewerb neutralisiert wird ist eine Frage des Wettbewerbsdrucks, welcher von der Wettbewerbsstruktur abhängt. Die Marktstellung des beherrschenden Unternehmens in Relation zu den Wettbewerbern sowie Expansions- bzw. Markteintrittsmöglichkeiten der (potenziellen) Wettbewerber müssen hierfür analysiert werden. Die Marktmacht der Nachfrager ist ebenfalls entscheidend und wirkt sich auf die Machtstruktur auf Anbieterseite aus.[601] Dies sind die maßgeblichen Faktoren, nicht allein die Marktanteile des mutmaßlich beherrschenden Unternehmens,[602] selbst wenn sie ein wichtiges Indiz für Marktmacht sind.[603]

3. *Mutmaßlich missbräuchliche Verhaltensweisen*

Der Hauptteil der Durchsetzungsprioritäten (2009) fasst unterschiedliche Verhaltensweisen in Fallgruppen zusammen, die als wettbewerbsschädigend eingestuft werden.[604] Auf diesem Wege werden ökonomisch fundierte Erkenntnisse in einen rechtlichen Ordnungsrahmen eingebettet und auf eine formaljuristisch subsumierbare Ebene übergeleitet.

Diese Fallgruppen sind namentlich: Ausschließlichkeitsbindungen mit Abnehmern, Kopplungs- und Bündelungstaktiken, Kampfpreisstrategien sowie Lieferverweigerungen und Kosten-Preis-Scheren.[605] Die Umstände des Einzelfalls wie Dauer und Ausmaß des mutmaßlich wettbewerbswidrigen Verhaltens, die Stellung des marktbeherrschenden Unternehmens, der Wettbewerber und Abnehmer sowie alle sonstigen relevanten Aspekte fließen dabei in die Einzelfallbewertung mit ein.

600 S. Durchsetzungsprioritäten (2009), Rn. 10 m.w.N. aus der Rspr.

601 Durchsetzungsprioritäten (2009), Rn. 12 ff.

602 Zur Widerlegbarkeit der Vermutung, dass hohe Marktanteile mit einer beherrschenden Stellung einhergehen, EuGH, Rs. C-109/10 P, Urt. v. 25.10.2011 (Rn. 60 f.) – Solvay/Kommission.

603 *Hildebrandt*, WuW 2005, 513 (517); die Rolle der Marktdefinition und Marktanteile als Indikator von Marktmacht relativierend *Friederiszick*, Marktabgrenzung und Marktmacht, in: Schwarze, Recht und Ökonomie im Europäischen Wettbewerbsrecht, 2006, S. 29 (36 f.).

604 Näher zu den theories of harm *Röller/Friederiszick*, Ökonomische Analyse in der EU Wettbewerbspolitik. Ein erstes Résumé, 2007, S. 5, 8.

605 Durchsetzungsprioritäten (2009), Rn. 32 ff.

a) Preisbezogene Behinderungsmissbräuche

Paradigmatisch für die ökonomisierte Beweisführung ist der as efficient competitor test, welcher zur Unterstützung der formaljuristischen Analyse von Marktpreisen eingesetzt wird. Dieser soll es ermöglichen, preisbezogene Behinderungsmissbräuche zu identifizieren.[606] Trotz der Preisanalyse ist die Zielrichtung von einem systemtheoretischen Hintergedanken getrieben und soll helfen, marktverschließende Wirkungen bestimmter Preisstrategien zu erkennen.[607] Die Preisstrategie eines marktbeherrschenden Unternehmens ist demnach mutmaßlich missbräuchlich, wenn sie dazu geeignet ist, ebenso effiziente Wettbewerber (d.h. so effizient wie der Marktbeherrscher) vom Markt zu drängen oder auszuschließen.[608]

Im Falle von Kampfpreisen wendet die Kommission den sog. sacrifice test an, um den as efficient competitor test zu konkretisieren.[609] Vereinfacht dargestellt liegen Kampfpreise vor, wenn ein marktbeherrschendes Unternehmen seine Produkte nicht kostendeckend verkauft oder bewusst niedrigere Gewinne oder sogar (vermeidbare) Verluste in Kauf nimmt, um so den Wettbewerbern ihre Kunden abzunehmen und sie vom Markt zu drängen.[610] Allerdings kommt es nicht immer auf tatsächliche Verluste an, wie die Fälle zeigen, in denen marktbeherrschende Unternehmen die Gewinnmarge ihrer Konkurrenten durch missbräuchliche Verhaltensweisen beeinflussten.[611] Legt man das Bild eines rational

---

606 Vgl. Durchsetzungsprioritäten (2009) zu Rabatten, Kampfpreisen und der Kosten-Preis-Schere, Rn. 23, 41, 43, 44, 59, 60, 67, 80.

607 EuGH, Rs. C-52/09, Slg. 2011, I-527 (Rn. 41) – Konkurrensverket; vgl. auch Durchsetzungsprioritäten (2009), Rn. 23 ff., insb. 27.

608 Durchsetzungsprioritäten (2009), Rn. 23.

609 Durchsetzungsprioritäten (2009), Rn. 64 ff.

610 EuGH, Rs. C-52/09, Slg. 2011, I-527 (Rn. 43) – Konkurrensverket; Durchsetzungsprioritäten (2009), Rn. 26, 64 ff.; vgl. auch zu den unterschiedlichen denkbaren Stufen nicht generierten Gewinns auf Marktbeherrscherseite, welche unterschiedlich starke Vermutungswirkungen auslösen, EuG, Rs. T-340/03, Slg. 2007, II-107 (Rn. 195) – France Télécom/Kommission; BKartA, Wettbewerbsschutz und Verbraucherinteressen im Lichte neuerer ökonomischer Methoden, 2004, S. 22 f. Diese Analyse der Verkaufspreise geht in der Rspr. auf EuGH, Rs. C-62/86, Slg. 1991, I-3359 (Rn. 60) – AKZO Chemie/Kommission zurück und fußt auf der sog. *Areeda-Turner* Regel (s. *Areeda/Turner*, Harvard Law Review 88 (1975), 697 ff.). Unter den Ökonomen der Kommission wird diese Vorgehensweise nicht ganz unkritisch gesehen, wie etwa von *de la Mano/Durand*, A Three-Step Structured Rule of Reason to Assess Predation under Article 102, 2010, S. 7 ff.

611 EuGH, Rs. C-52/09, Slg. 2011, I-527 (Rn. 96 ff.) – Konkurrensverket.

nutzenmaximierenden Unternehmens als Maßstab zugrunde, dienen Kampfpreise aus wettbewerbsrechtlicher Sicht der Verdrängung oder Disziplinierung von Wettbewerbern.[612] Kurzfristig profitieren die Verbraucher von den niedrigen Kampfpreisen. Langfristig besteht jedoch die große Gefahr, dass der Marktbeherrscher seine Machtstellung gegenüber den Wettbewerbern enorm ausbaut oder diese sogar vom Markt drängt. Dann kann das marktbeherrschende Unternehmen die Preise erhöhen und Monopolgewinne generieren.[613] Etwas anderes gilt allenfalls für Märkte mit besonders niedrigen Zutrittsbarrieren, da hier potenzielle Markteintritte das marktbeherrschende Unternehmen disziplinieren können, falls es Monopolpreise verlangt.[614]

Die Kosten- und Preisanalyse bezieht sich zunächst allein auf die Zahlen des Marktbeherrschers, was dessen Selbsteinschätzung erleichtert und die Rechtssicherheit steigert.[615] Ausnahmsweise fließen auch die Kosten und Preise der Wettbewerber mit in die Analyse ein, falls die Kostenstruktur des Marktbeherrschers nicht ausreichend transparent ist.[616] Die tatsächlichen Geschäftszahlen sollen hierbei ein erster Anknüpfungspunkt sein, wie die Durchsetzungsprioritäten (2009) in Rn. 25 zeigen. Diese Vorgehensweise ähnelt der Analyse der Kosten der effizienten Leistungsbereitstellung, wie sie in Deutschland z. B. im Telekommunikationssektor gemäß § 35 Abs. 1, 1. HS TKG primär zur Anwendung kommt.[617] Die Effizienzanalyse richtet sich dabei zunächst nach dem tatsächlichen Einsatz der unternehmensinternen Ressourcen und nach keinem abstrakten Maßstab.

Von der Kosten- und Preisanalyse anhand der Geschäftszahlen zu unterscheiden ist das Vergleichsmarktkonzept. Bei diesem werden mit dem marktbeherrschenden Unternehmen vergleichbare Unternehmen und ihre Marktpreise untersucht. Im deutschen Recht kommt diese Methode gemäß § 19 Abs. 2 Nr. 2 GWB zur Anwendung. Wenn die Marktpreise des beherrschenden Unternehmens signifikant höher sind als die der gebildeten Vergleichsgruppe, wird die

612 Näher Durchsetzungsprioritäten (2009), Rn. 67 ff.

613 BKartA, Wettbewerbsschutz und Verbraucherinteressen im Lichte neuerer ökonomischer Methoden, 2004, S. 26.

614 Auf entsprechende ökonomische Erkenntnisse weisen *Devlin/Jacobs*, Northwestern University Law Review 104 (2010), 253 (288), hin, allerdings ohne die zugrunde liegenden Modellprämissen offenzulegen.

615 EuGH, Rs. C-52/09, Slg. 2011, I-527 (Rn. 44) – Konkurrensverket; Rs. C-280/08 P, Slg. 2010, I-9555 (Rn. 202) – Deutsche Telekom/Kommission.

616 EuGH, Rs. C-52/09, Slg. 2011, I-527 (Rn. 45) – Konkurrensverket.

617 Ausf. hierzu *Groebel*, in: Säcker, TKG, 3. Aufl. 2013, § 35 Rn. 22 ff.

Missbräuchlichkeit vermutet. Da es sich um einen Ansatz handelt, der von einer abstrakten Vergleichbarkeit ausgeht, bezeichnet man dieses Vorgehen auch „Als-ob-Konzept". Auf Grundlage der vergleichbaren Märkte und Unternehmen wird dann der wettbewerbsanaloge Preis für ein bestimmtes Gut ermittelt.[618] Dieser Maßstab wurde auch in der Entscheidung *Microsoft (II)* angewandt, indem die Angemessenheit der Lizenzgebühren für die Schnittstelleninformationen mit Gebühren für vergleichbare Technologien verglichen wurde.[619]

b) Nicht-preisbezogene Behinderungsmissbräuche

Für die nicht-preisbezogenen Missbrauchsarten sind solche Effizienzanalysen nahezu unmöglich.[620] Die marktverschließenden Wirkungen können nicht unmittelbar an graduell messbaren Parametern wie dem Marktpreis und einem Vergleich mit den Herstellungskosten festgemacht werden.[621] Es spielen häufig andere Faktoren eine entscheidende Rolle. In Fällen der Produktkopplung oder Lieferverweigerung bestehen z. B. regelmäßig hohe Marktzutrittsschranken aufgrund von Netzwerkeffekten. Diese sind in der Regel nicht quantifizierbar.[622] In Lizenzverweigerungsfällen nach Art. 102 AEUV tritt hinzu, dass eine Gewichtung und Abwägung der Auswirkungen auf die statische und dynamische Effizienz der Wettbewerbs- und der Immaterialgüterrechtsordnung notwendig wird. Dies beinhaltet eine Prognose von Langzeitwirkungen auf den Innovationsprozess, welche naturgemäß nicht messbar sind und auf qualitative Mustervorhersagen vertrauen müssen.[623]

---

618 *Kling*, Die Rechtskontrolle von Netzentgelten im Energiesektor, 2013, S. 62, unter Verweis auf *Fuchs/Möschel*, in: Immenga/Mestmäcker, Wettbewerbsrecht, Bd. 1 EU/Teil 1, 5. Aufl. 2012, III. Abschnitt, Art. 102 AEUV Rn. 180 ff.

619 Hierzu ausf. u. 3. Kapitel, § 3 C. II. 2.

620 Vgl. Durchsetzungsprioritäten (2009), Rn. 75 ff., welche zur marktverschließenden Wirkung insofern denkbar offen gehalten sind; *Budzinski*, Modern Industrial Economics: Open Problems and Possible Limits, in: Drexl/Kerber/Podszun, Competition Policy and the Economic Approach, 2011, S. 111 (118).

621 Zur Kopplung und Bündelung von Produkten sowie zur Lieferverweigerung s. Durchsetzungsprioritäten (2009), Rn. 52 ff., Rn. 85.

622 Ausf. zum Phänomen der Netzwerkeffekte u. 3. Kapitel, § 2 A. IV. 2. b).

623 *Budzinski*, Modern Industrial Economics: Open Problems and Possible Limits, in: Drexl/Kerber/Podszun, Competition Policy and the Economic Approach, 2011, S. 111 (118).

c) Fazit

Bemerkenswert am as efficient competitor test ist, dass diesem ein effizienzbasierter Rückschluss auf das unternehmerische Kalkül des Marktbeherrschers zugrunde liegt. Handelt dieser in seiner Preis- und Vertriebspolitik lediglich so, wie es ihm im Rahmen seiner Herstellungskosten möglich ist oder nimmt er bewusst niedrigere Gewinne oder sogar (vermeidbare) Verluste in Kauf, um Wettbewerber vom Markt auszuschließen? Als Maßstab für missbräuchliches Verhalten wird das Bild des rationalen Nutzenmaximierers herangezogen.

Obwohl ein Unternehmen die Preisanalyse grundsätzlich auf eigene Unternehmenszahlen stützen kann, bleibt sie äußerst komplex und mit einer Vielzahl von Unsicherheiten behaftet. Um Forschungs- und Entwicklungskosten in die Kalkulation einzubringen, muss der Marktwert einer angestrebten Innovation für die Zukunft prognostiziert werden, ebenso wie die Wahrscheinlichkeit, dass das Forschungsprojekt überhaupt Erfolg hat. Die genannten Kosten sind bereits vor Produktreife angefallen und schlagen sich nicht mehr in der Herstellung einer einzelnen Produkteinheit nieder.[624] Es kommt für die Einbeziehung dieser Kosten maßgeblich darauf an, wie viele Produkteinheiten in Zukunft möglicherweise verkauft werden, wovon auf die Forschungs- und Entwicklungskosten pro Einheit geschlossen werden kann. In der *Microsoft (II)*-Entscheidung wurde insofern auf das Vergleichsmarktkonzept und Lizenzgebühren für vergleichbare Technologien verwiesen. Das Vergleichsmarktkonzept macht indes die Einschätzung, ob Lizenzgebühren für Immaterialgüterrechte missbräuchlich sind, enorm schwierig.[625] Deren Wert hängt nicht nur davon ab, wie lange die entsprechenden Immaterialgüter für den Markt relevant sind oder wann sie von neuen Entwicklungen abgelöst werden, sondern er verändert sich durch andere Parameter, etwa hinzutretende Netzwerkeffekte oder die Aufnahme in einen Industriestandard. Insgesamt bleibt die Selbsteinschätzung für die Unternehmen mit großen Risiken verbunden und manche Verhaltensweisen erscheinen ex ante aus Sicht eines Nutzenmaximierers rational, ex post hingegen nicht. Die ex ante Analyse muss auf die Simulation zukünftiger Entwicklungen vertrauen und diese prognostizieren.[626]

---

624 Hierzu o. 1. Kapitel, § 3 B. I.

625 Ein Fall, in welchem überhöhte Lizenzgebühren für standardessentielle Patente als Verstoß gegen Art. 102 AEUV zur Diskussion standen, ist die Verpflichtungszusage KOME, 9.12.2009, COMP/38.636 – Rambus; kritisch zur preisregulatorischen Wirkung dieser Entscheidung *Podszun*, ZWeR 2012, 48 (66).

626 *Budzinski*, Modern Industrial Economics: Open Problems and Possible Limits, in: Drexl/Kerber/Podszun, Competition Policy and the Economic Approach, 2011, S. 111 (115).

Vor diesem Hintergrund wächst die Bedeutung von kartellrechtlicher Compliance und Screeningprogrammen, welche es den Unternehmen ermöglichen sollen, ihre Preispolitik aus wettbewerbsrechtlicher Sicht einzuschätzen.[627] Die Kommission veröffentlichte jüngst zudem eine Broschüre mit dem Namen „Compliance Matters", in welcher sie versucht, den Unternehmen einige Anhaltspunkte für die Selbsteinschätzung ihres Verhaltens im Hinblick auf die Wettbewerbsregeln zu geben.[628] Nahezu unmöglich dürfte die Analyse nichtpreisbezogener Behinderungsmissbräuche sein, welche sich auf Prognosen anhand von Mustervorhersagen verlassen muss. Hier kommen die Entscheidungsspielräume der Kommission in komplexen wirtschaftlichen Sachverhalten umso stärker zum Tragen. Diese sind von der Rechtsprechung grundsätzlich anerkannt und müssen sich im Einzelfall aus einer verfahrensmäßig nachvollziehbaren Einschätzung ergeben.[629] Damit wälzt die Rechtsprechung die ökonomischen Unwägbarkeiten auf die Unternehmen ab, die von Ermittlungsverfahren der Kommission betroffen sind. Insgesamt leidet die Rechtssicherheit zugunsten einer (mutmaßlich) genaueren Sachverhaltsermittlung und -bewertung.[630] Die Kommission muss bei der Einzelfallanalyse entscheiden, welche ökonomischen Modelle und Prognosen dem konkreten Sachverhalt am ehesten gerecht werden und die einzelnen Argumente gewichten und abwägen.[631] Nichtsdestotrotz erreichen die theories of harm einen gewissen Abstraktionsgrad, ohne dass eine allumfassende Wirkungsanalyse durchgeführt werden müsste.[632]

4. Bewertung

Die theories of harm stellen für bestimmte Verhaltensweisen lediglich die Vermutung auf, dass sie sich marktverschließend auswirken. Sie bewegen sich mit

---

627 *I. Schmidt*, Kernpunkte des Referates zum More Economic Approach, 2007, S. 2.

628 European Commission (Competition), Compliance Matters, 2011.

629 EuGH, Rs. C-389/10, Urt. v. 8.12.2011 (Rn. 118 ff.) – KME/Kommission; Rs. C-525/04 P, Slg. 2007, I-9947 (Rn. 56 f.) – Spanien; Rs. C-12/03 P, Slg. 2005, I-987 (Rn. 39) – Tetra Laval/Kommission.

630 S. *A. Schmidt*, ORDO 59 (2008), 209 (222).

631 S. zum sog. „Identifikationsproblem" sogl. u. 2. Kapitel, § 1 C. IV. 2.; vgl. auch Durchsetzungsprioritäten (2009), Rn. 46, 62, 74, welche keine Art von ökonomischen Argumenten ausschließen und auch Größenvorteile (economies of scale im Sinne der Chicago School of Antitrust) oder Aspekte der Transaktionskostenökonomie berücksichtigen.

632 *Strohm*, International unterschiedliche Eingreifkriterien im Wettbewerbsrecht und ökonomische Konsequenzen, 2006, S. 10.

ihrer Vermutungswirkung zwischen strikten per se-Verboten und einer einzelfallbezogenen rule of reason, ähnlich der Regelbeispielmethode.[633] Die Fallgruppen basieren auf den Erfahrungen mit verschiedenen Missbrauchsstrategien und kondensieren die über die Jahre durch die Rechtsprechung bestätigte Praxis der Kommission.[634] Für die betroffenen Unternehmen stellt sich das Problem, wie sie die Auslegung des Art. 102 AEUV und damit verbundene Vorwürfe in Wettbewerbsverfahren entkräften können. Es ist in diesem Rahmen zunächst möglich, die abstrakten Vermutungen der theories of harm auf Ebene des Verbotstatbestands anhand konkreter Umstände des Einzelfalls zu widerlegen.[635] Darüber hinaus wäre es denkbar, den Vermutungen mit eigenen ökonomischen Argumenten entgegenzutreten.[636] Dies gebietet der verfahrensrechtliche Grundsatz der Waffengleichheit.[637] Die Unternehmen treten den ökonomischen Gegenbeweis allerdings ohne gerichtsfeste Beurteilungsspielräume an.[638] Die Kommission schätzt die Relevanz und das Gewicht der Argumente hingegen weitgehend autonom ein. Ist der Tatbestand des Art. 102 AEUV erfüllt, steht als letztes Mittel die Rechtfertigung der missbräuchlichen Verhaltensweise aus objektiven Gründen oder wegen Effizienzvorteilen zur Verfügung. Maßgeblich hierfür ist jedoch wiederum die Einschätzungsprärogative der Kommission,[639]

---

633 S. auch BKartA, Wettbewerbsschutz und Verbraucherinteressen im Lichte neuerer ökonomischer Methoden, 2004, S. 27.

634 Vgl. Durchsetzungsprioritäten (2009), Rn. 32 ff. m.w.N. aus der Rspr.

635 Vgl. zur gelungenen Widerlegung der Vermutung im Rahmen des Art. 101 AEUV, dass ein Mutterkonzern mit 100%iger Beteiligung an einer Tochtergesellschaft tatsächlich einen bestimmenden Einfluss auf diese ausgeübt hat, EuG, Rs. T-185/06, Slg. 2011, II-2809 (Rn. 23 f., 66 ff.) – L'Air liquide/Kommission.

636 Allgemeine Ansatzpunkte sind in den Durchsetzungsprioritäten (2009), Rn. 20, genannt. Weitere finden sich a.a.O. (Rn. 32 ff.) bei den spezifischen Formen missbräuchlicher Verhaltensweisen: In Rn. 36 für Ausschließlichkeitsbindungen, in Rn. 39 ff. für bedingte Rabatte, in Rn. 52 ff. für die Kopplung und Bündelung von Produkten und in Rn. 85 für Lieferverweigerungen und die Kosten-Preis-Schere.

637 *Lianos*, Judging Economists: Economic Expertise in Competition Law Litigation, in: Kokkoris/Lianos, The Reform of EC Competition Law: New Challenges, 2010, S. 185 (306 f.) in Bezug auf die Fusionskontrolle.

638 Es finden sich wenige Konstellationen, in denen es einem Unternehmen mal gelang, eine Vermutungswirkung zu widerlegen. In der Regel sind dies Fälle, in denen die Kommission auf vorgetragene Gegenargumente nicht hinreichend eingegangen ist, näher *Frenz/Ehlenz*, EuR 2010, 490 (495 f.) zu EuG, Rs. T-168/01, Slg. 2006, II-2969 (Rn. 241 ff.) – GlaxoSmithKline Services/Kommission; s. auch EuG, Rs. T-185/06, Slg. 2011, II-2809 (Rn. 23 f., 66 ff., insb. 74 f.) – L'Air liquide/Kommission.

639 Durchsetzungsprioritäten (2009), Rn. 31.

unabhängig von grundlegenden Bedenken gegenüber der primärrechtlich nicht vorgesehenen Rechtfertigungsebene bei Art. 102 AEUV.

IV. Anwendungsebene

Die wirkungsbasierte Auslegung des Art. 102 AEUV verlagert das entscheidende Gewicht bei der Wettbewerbskontrolle auf die Einzelfallanwendung. Die Kommission ergründet in diesem Rahmen komplexe ökonomische Sachverhalte und bedient sich verschiedenster Analyseinstrumente, wobei sie regelmäßig einer „empirisch schwierig zu entzerrenden Situation“[640] gegenübersteht. Die Einzelfallanalyse beschränkt sich nicht auf bestimmte Theorienzweige und lässt als Beweismittel alle etablierten ökonomischen Ansätze zu. Auch die betroffenen Unternehmen können auf diese Weise Argumente einbringen, wie die Rn. 24 ff. der Best Practices zur ökonomischen Beweisführung bei der Anwendung von Art. 101 f. AEUV und FKVO (EG) 139/2004 zeigen.

1. Unsicherheitsfaktoren

Die Verfügbarkeit und Selektion der relevanten Daten sowie die Modellprämissen beeinflussen die Schlussfolgerungen aus ökonomischen Studien und schmälern ihren Beweiswert. Selbst die nachträgliche Evaluation, ob sich prognostizierte Gefahren für den Wettbewerb tatsächlich realisiert haben, ergibt häufig kein eindeutiges Bild.[641] Widersprüchliche Ergebnisse unterschiedlicher ökonomischer Untersuchungen sind die Regel und nicht die Ausnahme.[642] Die Methodik determiniert, welches Ergebnis am Ende einer ökonomischen Studie steht. Nichtsdestotrotz muss die Kommission sich entscheiden, welche von gegebenenfalls entgegenläufigen ökonomischen Schlussfolgerungen sie als überzeugend ansieht und einer Entscheidung zugrunde legt.[643]

---

640 *Röller*, Der ökonomische Ansatz in der europäischen Wettbewerbspolitik, in: Monopolkommission, Zukunftsperspektiven der Wettbewerbspolitik, 2005, S. 37 (41).

641 *Röller*, Economic Analysis and Competition Policy Enforcement in Europe, in: van Bergeijk/Kloosterhuis, Modelling European Mergers, 2005, S. 13 (20 f.).

642 Best Practices zur ökonomischen Beweisführung bei der Anwendung von Art. 101 f. AEUV und FKVO (EG) 139/2004, Rn. 14.

643 Vgl. zur Entscheidungsasymmetrie bei Hypothesentests *Wittman*, Homo Oeconomicus 26 (2009), 543 (543, 548 f.), unter dem Titel: „Why Theory Choosing is Better than Hypothesis Testing“.

2. *Identifikationsproblem*

In der wirtschaftswissenschaftlichen Terminologie spricht man bei der Entscheidung, ob eine ökonomische Theorie auf den jeweils untersuchten Einzelfall sinnvoll anwendbar ist oder nicht, von „Identifikation". Hierfür müssen die ökonomischen Prämissen und Aussagen der einzelnen Theorien mit den realen Umständen abgeglichen werden, wofür z. B. Marktbefragungen oder auch komplexe Simulationsmodelle herangezogen werden können.[644] Es ist von zentraler Bedeutung, dass die auf den Einzelfall passenden Schlussfolgerungen erkannt werden. Der theoretische Analyserahmen soll in Zusammenschau mit den tatsächlichen Gegebenheiten und empirisch fassbaren Daten des konkreten Sachverhalts ein konsistentes Bild ergeben.[645] Die Theorienselektion kann daran festgemacht werden, ob sich eine aufgestellte These an verschiedenen Modellen bewährt und verallgemeinerungsfähig ist oder ob sie nur unter speziellen Annahmen zutrifft.[646] Hier treten jedoch die bekannten Messbarkeitsprobleme auf, da insbesondere eine quantitative Erfassung dynamischer Faktoren nur schwer möglich ist.[647]

3. *Anforderungen an ökonomische Beweismittel und Verfahrenseffizienz*

Als Beweismittel kommen lediglich solche ökonomische Analysen in Betracht, die gewissen Anforderungen genügen. Studien müssen robust (und daher

644 *Ewald*, ZWeR 2011, 15 (34).

645 Zum sog. Identifikationsproblem *Röller*, Economic Analysis and Competition Policy Enforcement in Europe, in: van Bergeijk/Kloosterhuis, Modelling European Mergers, 2005, S. 13 (19).

646 *Ewald*, ZWeR 2011, 15 (26).

647 *I. Schmidt*, Kernpunkte des Referates zum More Economic Approach, 2007, S. 1 f., weist darauf hin, dass insofern lediglich komparativ-statische Ansätze verfügbar sind, welche auf einer Zeitskala zwei Punkte (etwa vor und nach einer missbräuchlichen Verhaltensweise) markieren und nicht wirklich den dynamischen Wettbewerbsprozess abbilden. Die Durchsetzungsprioritäten (2009) muten in Rn. 21 zur Analyse der marktverschließenden Wirkung anhand kontrafaktischer Analysen ebenfalls komparativ-statisch an; eine solche Vorgehensweise als eine von mehreren Methoden der Identifikation befürwortend *Röller*, Economic Analysis and Competition Policy Enforcement in Europe, in: van Bergeijk/Kloosterhuis, Modelling European Mergers, 2005, S. 13 (19); kritisch in Bezug auf die Rechtsunsicherheiten bei der Anwendung statisch-komparativer Wohlfahrtsanalysen und den daraus folgenden negativen Wohlfahrtseffekten *Strohm*, International unterschiedliche Eingreifkriterien im Wettbewerbsrecht und ökonomische Konsequenzen, 2006, S. 12.

verallgemeinerungsfähig[648]), konsistent und transparent sein.[649] Vor allem sollten die zum Beweis angeführten ökonomischen Studien hinsichtlich ihrer Methodik Stärken und Schwächen offenbaren und so die Grenzen ihrer Aussagekraft selbst aufzeigen.[650] Aufgrund der anzustrebenden Verwaltungseffizienz kann von den Wettbewerbsbehörden nicht erwartet werden, die gebotene wissenschaftliche Rezension zu leisten, wie sie im peer review-Verfahren in der Wissenschaft erfolgt.[651] Für die Beweisführung eignen sich daher in der Regel nur wissenschaftlich etablierte Ansätze.[652] Dies soll nicht die möglicherweise vorhandene inhaltliche Qualität neuartiger Methoden bestreiten. Es gilt jedoch, die praktische Wirksamkeit der Wettbewerbskontrolle sicherzustellen und eine möglichst ressourcenschonende und zeitnahe Bearbeitung zu ermöglichen.[653] Eine zeitnahe Entscheidung ist nicht nur für die von Ermittlungsverfahren betroffenen Unternehmen wichtig. Die Durchsetzung der Wettbewerbsregeln ist ohnehin aufgrund der Dynamik des Wettbewerbs zeitverzögert und wird häufig von den realen Marktentwicklungen überholt. Je länger die Kommission ermittelt, desto länger bleiben Gefahren für den Wettbewerb bestehen.

Dies gilt auch für die spätere gerichtliche Kontrolle, was die *Puttgarten*-Entscheidung des BKartA sowie das sich anschließende Gerichtsverfahren

---

648 *Ewald*, ZWeR 2011, 15 (26).

649 Vgl. Best Practices zur ökonomischen Beweisführung bei der Anwendung von Art. 101 f. AEUV und FKVO (EG) Nr. 139/2004, Rn. 3, 10, 12.

650 Dies bezeichnet *Kirchgässner*, Homo Oeconomicus 27 (2010), 355 (362) m.w.N. aus der Lit. als ethische Pflicht aller Forschungstätigkeit; *Röller/Friederiszick*, Ökonomische Analyse in der EU Wettbewerbspolitik. Ein erstes Résumé, 2007, S. 5 in Fn. 12; *Budzinski*, Modern Industrial Economics: Open Problems and Possible Limits, in: Drexl/Kerber/Podszun, Competition Policy and the Economic Approach, 2011, S. 111 (119), weist in diesem Zusammenhang auf mögliche Interessenskonflikte und voreigenommene Positionen in Wettbewerbsverfahren hin, welche nicht nur die Unternehmen, sondern auch in gewissem Maße die Kommission beträfen.

651 *Christiansen/Locher*, WuW 2011, 444 (449 f.), im Hinblick auf BKartA, Standards für ökonomische Gutachten, 2010; *Röller*, Economic Analysis and Competition Policy Enforcement in Europe, in: van Bergeijk/Kloosterhuis, Modelling European Mergers, 2005, S. 13 (18): „...the analysis of the merit of new theories is best left to the academic journals, where a long and rigorous peer review will ensure consistency and ultimately empirical relevance".

652 *Röller/Friederiszick*, Ökonomische Analyse in der EU Wettbewerbspolitik. Ein erstes Résumé, 2007, S. 5.

653 *Neven/De Coninck*, Best Practices on the Submission of Economic Evidence, 2010, S. 2.

illustrieren.[654] In dieser Entscheidung wurde dem Unternehmen Scandlines aufgegeben, Konkurrenten Zugang zu dem Hafen Puttgarten zu gewähren, weil sie auf dem nachgelagerten Markt für die Fährverbindung zwischen Rødby und Puttgarten tätig werden wollten. Gegen diese Entscheidung ging Scandlines gerichtlich vor, was bis zum BGH führte. Als dieser zur Entscheidung an das OLG Düsseldorf zurückverwies,[655] waren die potenziellen Wettbewerber bereits insolvent.[656]

4. *Gegenläufige Interessen und ökonomische Beweismittel*

Wie bereits das Identifikationsproblem verdeutlicht, können einzelne Sachverhalte ökonomisch sehr unterschiedlich bewertet werden. Dies gilt nicht nur für die sich grundlegend gegenüberstehenden Ansätze, wie die ergebnisoffenen und ergebnisbezogenen Wettbewerbstheorien.[657] Selbst innerhalb eines Theorienzweiges führen verschiedene Analysen regelmäßig zu unterschiedlichen Ergebnissen.[658]

a) Kontradiktorischer Charakter des Missbrauchsverfahrens

Die ökonomische Beweisführung spielt sich im Wettbewerbsrecht in einem kontradiktorischen Verfahren zwischen der Kommission und den marktbeherrschenden Unternehmen ab. Daneben verfolgen gegebenenfalls Wettbewerber und interessierte Dritte eigene Interessen, z. B. als Streithelfer im gerichtlichen Verfahren.

Die Kommission könnte bei der Durchsetzung der Wettbewerbsregeln als hoheitlich ermittelnde Behörde dazu tendieren, die durchsetzungsfreundlichste ökonomische Perspektive im Rahmen der Einzelfallanalyse zu bevorzugen.[659]

---

654 BKartA v. 21.12.1999 – B9–199/97 und B9–16/98, WuW/E DE-V 253 – Vogelfluglinie; OLG Düsseldorf, Urt. v. 2.8.2000 – Kart 3/00, WuW/E DE-R 569 – Puttgarten II; BGH, Urt. v. 24.9.2002-KVR 15/01, WuW/E DE-R 977 – Fährhafen Puttgarten.

655 Die Sache wurde zurückverwiesen, da es dem BGH zufolge an der vom OLG Düsseldorf angenommenen sachlichen Rechtfertigung wegen rechtlicher Unmöglichkeit fehlte, s. Beschl. v. 11.12.2012-KVR 7/12, WuW/E DE-R 3821 – Puttgarten II.

656 Zum Ganzen *Podszun*, ZWeR 2012, 48 (56).

657 Grundlegend o. 1. Kapitel, § 2 E.

658 *Budzinski*, Modern Industrial Economics: Open Problems and Possible Limits, in: Drexl/Kerber/Podszun, Competition Policy and the Economic Approach, 2011, S. 111 (119) m.w.N., nennt den US *Microsoft*-Fall als Beispiel, bei welchem industrieökonomische Modelle nahezu alle Aussagen von „most anticompetetive“ zu „completely procompetetive“ gestützt hätten.

659 Zum Ganzen *Budzinski*, Modern Industrial Economics: Open Problems and Possible Limits, in: Drexl/Kerber/Podszun, Competition Policy and the Economic Approach, 2011, S. 111 (119).

An eigenen Interessen ausgerichtet werden alle Beteiligten anhand der für ihren Standpunkt günstigen ökonomischen Modelle und Annahmen argumentieren. Letztendlich ist die Auseinandersetzung von Experten aus einer (mehr oder weniger) voreingenommenen Perspektive vorprogrammiert,[660] unabhängig davon, ob diese aus einer wirtschaftstheoretisch-normativen Prägung resultiert oder die Folge der Verbundenheit mit einer Streitpartei oder Institution ist.[661]

b) Asymmetrische Machtverteilung bei der Theorienselektion

Grundsätzlich ist gegen einen Theorienkonflikt nichts einzuwenden. Er kann im sachlichen Diskurs die vielschichtigen ökonomischen Dimensionen offenlegen und in der Folge ein effizientes Mittel der Entscheidungsfindung sein. Auf diesem Wege wird das Wissen um ökonomische Zusammenhänge gebündelt, miteinander in Zusammenhang gebracht und aufgearbeitet.[662] Dieser Theorienkonflikt findet allerdings nicht auf Augenhöhe statt, wenn Wettbewerbsfälle vor Gericht abgeurteilt werden. Die entscheidungstheoretischen Vorteile verwirklichen sich nicht, da die Rechtsprechung die ökonomischen Erwägungen der Kommission in Wettbewerbsfällen nur in engen Grenzen hinterfragt. Die von den betroffenen Unternehmen eingebrachten ökonomischen Beweismittel werden nicht eigens überprüft, sondern die Bewertung dieser Argumente durch die Kommission.

---

660 *Lianos*, Judging Economists: Economic Expertise in Competition Law Litigation, in: Kokkoris/Lianos, The Reform of EC Competition Law: New Challenges, 2010, S. 185 (299).

661 Hiermit sind nicht nur die Experten der Kommission und die der betroffenen Unternehmen gemeint, sondern auch die regelmäßig in solchen Verfahren auftretenden Streithelfer, wie im *Microsoft*-Verfahren. Auf Seiten der Kommission traten etwa die Software & Information Industry Association, die Free Software Foundation Europe e.V. und das European Committee for Interoperable Systems (ECIS) auf. ECIS ist eine Interessenvereinigung, der eine Reihe Wettbewerber von Microsoft (z. B. IBM, Nokia, Red Hat und Sun) angehören. ECIS hat 2009 ebenfalls eine Beschwerde wegen mangelnder Interoperabilität, primär in Bezug auf Office-Produkte und das .NET Framework, eingereicht, s. Pressemittelung der Kommission, MEMO/08/19 – 14/01/2008, http://europa.eu/rapid/press-release_MEMO-08-19_en.htm?locale=en. Diese Beschwerde erhärtete sich jedoch nicht, da Microsoft in kritischen Punkten sein Verhalten anpasste. Auf Seiten von Microsoft traten im *Microsoft*-Verfahren u. a. als Streithelfer The Computing Technology Industry Association Inc. und die Association for Competitive Technology Inc. auf.

662 *Budzinski*, Modern Industrial Economics: Open Problems and Possible Limits, in: Drexl/Kerber/Podszun, Competition Policy and the Economic Approach, 2011, S. 111 (120).

Diese hat wegen ihrer weiten Entscheidungsspielräumen ein faktisches Identifikationsmonopol in Bezug auf die einer Entscheidung zugrunde liegenden ökonomischen Theorien und Studien. Die Lösung des Identifikationsproblems geschieht bereits hauptsächlich im Ermittlungsverfahren der Kommission und nicht, wenn die beteiligten Parteien im Gerichtsverfahren aufeinandertreffen. Somit erscheint es aus Unternehmenssicht meist nicht opportun, auf Konfrontationskurs mit der Kommission zu gehen, sondern eine einvernehmliche Lösung bei Wettbewerbsfällen anzustreben. Dies zeigt auch die enorm gestiegene Zahl an Verpflichtungszusagen von Unternehmen gemäß Art. 9 VO (EG) Nr. 1/2003 in Fällen des Art. 102 AEUV.[663] Gleichzeitig nimmt die Zahl von Nichtigkeitsklagen ab, die gegen Kommissionsentscheidungen im Rahmen des Marktmachtmissbrauchs eingelegt werden.

c) Fazit

Ein rechtsverbindlicher ökonomischer Beweisstandard existiert im europäischen Wettbewerbsrecht schlichtweg nicht. Die Best Practices zur ökonomischen Beweisführung bei der Anwendung von Art. 101 f. AEUV und FKVO (EG) 139/2004 sind unverbindlich und hegen über grundlegende Anforderungen hinaus den ökonomischen Beweisstandard nicht näher ein. Die immanente ökonomische Vagheit wettbewerbsrechtlicher Fälle im Zusammenspiel mit den gerichtsfesten Entscheidungsspielräumen stärkt die Position der Kommission ungemein und ermöglicht ihr eine weitgehend autonome Sachverhaltsermittlung, Beweisführung und Sanktionierung. Immerhin muss sie in Verfahren gemäß Art. 7 VO (EG) Nr. 1/2003 auf alle eingebrachten ökonomischen Argumente und Beweismittel entsprechend eingehen und diese widerlegen.[664]

---

663 Bericht der Kommission über die Wettbewerbspolitik 2010, KOM (2011), 328 endg., Rn. 60, http://eur-lex.europa.eu/LexUriServ/LexUriServ.do?uri=COM:2011:0328:FIN:DE:PDF.

664 Die wenigen Fälle, in denen der Kommission eine fehlerhafte Beurteilung der Sachlage von der Rechtsprechung vorgeworfen wurde, sind solche, in welchen überhaupt keine oder keine ernsthafte Prüfung der Sachargumente der Betroffenen vorgenommen wurde, vgl. hierzu etwa EuG, Rs. T-168/01, Slg. 2006, II-2969 (Rn. 263 ff.) – GlaxoSmithKline Services/Kommission. Diese Passagen wurden in der Rechtsmittelsache nicht beanstandet, s. EuGH, verb. Rs. C-501 u.a./06 P, Slg. 2009, I-9291 (Rn. 128 ff., 147 f.) – GlaxoSmithKline Services u.a./Kommission. Aufgrund der wegweisenden Ausführungen zur Nachweispflicht der Kommission bzgl. des Verbraucherschadens, welche der EuGH in Widerlegung der Vorinstanz ablehnte, blieb dieser die gerichtliche Kontrolldichte konkretisierende Aspekt der Rechtsmittelentscheidung leider bisweilen weitgehend unbeachtet.

Die Stellung der Kommission veranlasst die betroffenen Unternehmen zur Kooperation, wenn wettbewerbsrechtlich relevante Vorwürfe aufkommen. Dies lässt die Bedeutung von Verpflichtungszusagen gemäß Art. 9 VO (EG) Nr. 1/2003 zunehmen. Zwischen 2005 und 2010 sind im Rahmen des Art. 102 AEUV insgesamt 19 solcher Verpflichtungszusagen angenommen worden. Im gleichen Zeitraum sind lediglich zehn Abstellungsverfügungen gemäß Art. 7 VO (EG) Nr. 1/2003 ergangen.[665] Bei Art. 9 VO (EG) Nr. 1/2003 trifft die Kommission keine förmliche Beweispflicht für einen Verstoß gegen Art. 102 AEUV. Ausreichend sind wettbewerbsrechtliche Bedenken, wie der 13. Erwägungsgrund der VO (EG) Nr. 1/2003 in Zusammenschau mit Art. 9 VO (EG) Nr. 1/2003 zeigt.[666] Besonders eklatant ist die eingeschränkte Bedeutung der Verhältnismäßigkeitsprüfung. Die Kommission muss keine eigenen Alternativen als relativ milderes Mittel zu den angebotenen oder von Drittbeteiligten vorgeschlagenen Verpflichtungszusagen ergründen, was die Erforderlichkeitsprüfung enorm einschränkt.[667] Eine Angemessenheitsprüfung findet nicht statt. Neben Verpflichtungszusagen können Unternehmen bei wettbewerbsrechtlichen Bedenken auch rein informelle Zugeständnisse machen, welche die Kommission dazu veranlassen, einen Fall nicht weiter zu verfolgen. Ein prominentes Beispiel aus dem Jahr 2010 betrifft mutmaßlich missbräuchliche Lizenzvereinbarungen zwischen Apple und freiberuflichen App-Programmierern. Diese sollten ausschließlich von Apple entwickelte und genehmigte Programmiertools verwenden. Damit hätte Apple vermutlich in erheblichem Umfang das Angebot an Apps für Smartphones von Drittanbietern verringert. Diese wären hierdurch für den Endverbraucher weniger attraktiv geworden, wodurch der Wettbewerb auf dem vorgelagerten Smartphonemarkt gestört worden wäre. Daneben wollte Apple für gewährleistungsrechtliche Reparaturen möglicherweise die Märkte

---

665 Bericht der Kommission über die Wettbewerbspolitik 2010, KOM (2011), 328 endg., Rn. 60, http://eur-lex.europa.eu/LexUriServ/LexUriServ.do?uri=COM:2011:0328:FIN:DE:PDF.

666 S. auch EuGH, Rs. C-441/07 P, Slg. 2010, I-5949 (Rn. 35) – Alrosa/Kommission; EuG, Rs. T-170/06, Slg. 2007, II-2601 (Rn. 87, 100) – Alrosa/Kommission.

667 EuGH, Rs. C-441/07 P, Slg. 2010, I-5949 (Rn. 40 f., 113 ff.) – Alrosa/Kommission; für die Notwendigkeit eigener Erwägungen der Kommission war indes *GA Kokott*, Rs. C-441/07 P, Slg. 2010, I-5949 (Rn. 55 ff.) – Alrosa/Kommission; für zwingend umfassende eigene Erwägungen und eine umfassende gerichtliche Kontrolle war die insofern für rechtfehlerhaft befundene Ausgangsentscheidung EuG, Rs. T-170/06, Slg. 2007, II-2601 (Rn. 94 ff.) – Alrosa/Kommission; hierzu näher *Frenz/Ehlenz*, EWS 2010, 305 ff.

räumlich aufteilen. Beide von der Kommission in einem vorläufigen Verfahren geäußerten Bedenken vermochte Apple zu beseitigen, indem das Verhalten angepasst wurde.[668] Solche informell ablaufenden Prozesse sind von der VO (EG) Nr. 1/2003 nicht erfasst.

5. *Bewertung*

Die Kommission geht in den Durchsetzungsprioritäten (2009) davon aus, nicht in jedem Fall eine fundierte ökonomische Analyse aller für eine marktverschließende Wirkung relevanten Parameter vornehmen zu müssen. Das Aufgreifermessen soll also nicht in jedem Fall von auswirkungsbasierten Analysen abhängig sein.[669] Ansonsten bestünde die Gefahr, dass die Wettbewerbsregeln bei Verhaltensweisen, die quantitativ nicht in ihren Auswirkungen auf den Wettbewerb dargestellt werden können, systematisch nicht durchgesetzt würden.[670] Auch die nicht quantitativ-analytisch argumentierenden Konzepte und ihre qualitativen Mustervorhersagen (mit den Worten *von Hayeks* „pattern predicitons“[671]) müssen daher berücksichtigt werden. Wer dies bestreitet, verleugnet zugleich das grundlegend ergebnisoffene und dynamische Wettbewerbsleitbild. Die logischen Rückschlüsse dieses wettbewerbstheoretischen Fundaments sind zwar ökonometrisch nicht operationalisierbar. Würden qualitative Mustervorhersagen jedoch außen vor gelassen, würde das ökonometrisch Machbare die Durchsetzung der Wettbewerbsregeln determinieren.

Der Gewinn an Rechtssicherheit durch die Ökonomisierung fällt aufgrund der Theorienvielfalt indes umso geringer aus. Diese ist aufgrund der weiten Beurteilungsspielräume der Kommission,[672] die auf Ebene der Beweismittelselektion die Einzelfallanalyse entscheidend prägt, bereits eingeschränkt. Besonders komplex

---

668 Zur Entwicklung s. Bericht der Kommission über die Wettbewerbspolitik 2010, KOM (2011), 328 endg., Rn. 105, http://eur-lex.europa.eu/LexUriServ/LexUriServ.do?uri=COM:2011:0328:FIN:DE:PDF; Pressemitteilungen der EU, IP/10/1175, http://europa.eu/rapid/press-release_IP-10-1175_de.htm?locale=fr.

669 Eine gewisse Selbstbindung der Kommission über die Durchsetzungsprioritäten (2009) soll indes nicht in Frage gestellt werden, vgl. auch *Jung*, in: Grabitz/Hilf/Nettesheim, Recht der EU, 43. EL 2011, Art. 102 AEUV Rn. 20 f.

670 *Budzinski*, Modern Industrial Economics: Open Problems and Possible Limits, in: Drexl/Kerber/Podszun, Competition Policy and the Economic Approach, 2011, S. 111 (116, 118).

671 *Von Hayek*, Der Wettbewerb als Entdeckungsverfahren, 1968, S. 6.

672 S. EuGH, Rs. C-389/10, Urt. v. 8.12.2011 (Rn. 118 ff.) – KME/Kommission; Rs. C-525/04 P, Slg. 2007, I-9947 (Rn. 56 f.) – Spanien; Rs. C-12/03 P, Slg. 2005 I-987 (Rn. 39) – Tetra Laval/Kommission.

wird die Lage, wenn zwei ökonomische Mustervorhersagen aufeinandertreffen und eine zwingend der anderen vorgezogen werden muss. Der Immaterialgüterschutz als Teil der Wettbewerbsordnung ist hierfür ein Paradebeispiel: Die exklusive Zuteilung von immateriellen Gütern verspricht innovationsfördernde Wirkungen, aber dies gilt auch für die Wissensdiffusion bei freiem Zugriff auf alles Wissen und alle Forschungsergebnisse. Eine pauschale Aussage über diese Effekte ist unmöglich, zumal über diesen Grundkonflikt hinaus unzählige weitere Aspekte eine Rolle spielen, wie etwa die sozialen Kosten und faktischen Grenzen der Durchsetzbarkeit.[673]

Die Identifikation ökonomischer Schlussfolgerungen, die auf einen bestimmten Sachverhalt am besten zugeschnitten sind, ist ein eigener Gegenstand der ökonomischen Analyse. In diesem Rahmen werden auch andere Ansätze als empirische Hypothesentests vorgeschlagen, um die immanente Vagheit entscheidungstheoretisch zu lösen.[674] Abstufungen bei der Wahrscheinlichkeit und der Gewichtung bestimmter Auswirkungen werden als Anhaltspunkte für eine möglichst neutrale Theorienidentifikation genommen.[675] Dass bestimmte Effekte als „wahrscheinlich" und nicht nur „möglich" oder „plausibel" eingestuft werden, findet sich auch in den Durchsetzungsprioritäten (2009) und ist zu begrüßen.[676]

---

673 Zur Durchsetzbarkeit s. *Hilty/Jaeger/Kitz*, Geistiges Eigentum: Herausforderung Durchsetzung, 2008.

674 Eine alternative Theorie für die Auswahl zwischen sich widersprechenden ökonomischen Aussagen bietet z. B. *Wittman*, Homo Oeconomicus 26 (2009), 543 ff.; einen eher auf das Fehlerrisiko abstellenden Ansatz formulieren *Katz/Shelanski*, Antitrust Law Journal 74 (2007), 537 ff.

675 *Lianos*, Judging Economists: Economic Expertise in Competition Law Litigation, in: Kokkoris/Lianos, The Reform of EC Competition Law: New Challenges, 2010, S. 185 (305), unter Verweis auf das abgestufte Modell von *Budzinksi/Christiansen*, Unilateral Effects, Simulation Models and Econometrics in Contemporary Merger Control, 2007, S. 23 f., welches ein gewisses Maß an Wahrscheinlichkeit eines vorhergesagten Effekts einfordert. Die bloße „Möglichkeit" oder „Plausibilität", z. B. einer marktverschließenden Auswirkung eines Verhaltens, sei durch die betroffenen Unternehmen nahezu unmöglich zu widerlegen.

676 Vgl. zu diesem Gedanken *Lianos*, Judging Economists: Economic Expertise in Competition Law Litigation, in: Kokkoris/Lianos, The Reform of EC Competition Law: New Challenges, 2010, S. 185 (305), allerdings in Bezug auf die Effizienzrechtfertigung und die Beweisführung der betroffenen Unternehmen, vgl. Durchsetzungsprioritäten (2009), Rn. 30, dass den Verbrauchern durch eine an sich missbräuchliche Verhaltensweise wahrscheinlich kein Nachteil entsteht. Vgl. auch für die Ebene des Verbotstatbestandes a.a.O. (Rn. 27, 34, 42, 85).

V. Entscheidungsfehler bei der Durchsetzung der Wettbewerbsregeln

Unabhängig davon, ob ein auswirkungsbasierter Ansatz oder per se-Verbote die Wettbewerbsaufsicht bestimmen, Fehlentscheidungen bei der Auslegung und Anwendung der Wettbewerbsregeln sind nicht auszuschließen. Gerade Art. 102 AEUV ist generalklauseltypisch offen und nimmt keine Wertung vor, welche Art von Fehlern bei der Durchsetzung der Wettbewerbsregeln zugunsten des Wettbewerbsschutzes eher hinzunehmen sind. Die Durchsetzungsprioritäten (2009) beschäftigen sich ebenfalls nicht mit dieser Frage.

Es spielt zunächst keine große Rolle, ob ein wohlfahrtsökonomisch oder freiheitlich ausgerichtetes Wettbewerbskonzept verfolgt wird. Wohlfahrtsökonomisch liegt eine Fehlentscheidung der Wettbewerbsbehörde vor, wenn ihr Handeln oder Unterlassen effizienzmindernd wirkt. Legt man ein von der Handlungsfreiheit der Marktteilnehmer geprägtes Wettbewerbsleitbild zugrunde, liegt eine Fehlentscheidung vor, wenn sie fälschlicherweise zu Lasten einer im Sinne funktionierender Wettbewerbsprozesse schutzwürdigen Freiheitssphäre geht. Konkret betroffen sein können damit die beherrschenden Unternehmen, Verbraucher und/oder die Wettbewerber.[677]

1. Arten von Fehlern

Die Kommission kann bei der Anwendung der Wettbewerbsregeln zwei grundlegende Fehler begehen: Eine Entscheidung, in welcher ein Verstoß gegen die Wettbewerbsregeln angenommen wird, obwohl er nicht vorliegt, wird als Fehler erster Art bezeichnet. Von einem Fehler zweiter Art spricht man, wenn eine Verhaltensweise fälschlicherweise als kein Verstoß angesehen wird, obwohl ein solcher eigentlich vorliegt.[678] Dieser Einteilung sowie dem sinnvollen Umgang mit den Fehlerarten liegt die „Idee optimaler Entscheidungsprozesse"[679] zugrunde.

a) Fehler erster Art (überschießende Durchsetzung)

Fehler erster Art begünstigen die Wettbewerber eines marktbeherrschenden Unternehmens, indem sie den Wettbewerbsdruck verringern, der von einem marktbeherrschenden Unternehmen ausgeht.[680] Aus mehreren Gründen werden

---

677 *Ewald*, ZWeR 2011, 15 (18).

678 *Knieps*, Wettbewerbsökonomie, 3. Aufl. 2008, S. 97; *Schmidtchen*, WuW 2006, 6 (16 f.); *Schulz*, Wettbewerbspolitik, 2003, S. 8.

679 Zum Ganzen *Ewald*, ZWeR 2011, 15 (18).

680 Näher hierzu *Schmidtchen*, ORDO 57 (2006), 165 (181 ff.); *Wurmnest*, Marktmacht und Verdrängungsmissbrauch, 2. Aufl. 2012, S. 242.

Fehler erster Art für weniger schädlich als Fehler zweiter Art gehalten, nicht zuletzt weil sie Verwaltungsressourcen sparen und die Hürden für die Beweisführung der Wettbewerbsbehörden nicht zu hoch liegen.[681] Ungewissheiten müssen im Einzelfall nicht bis ins letzte Detail analysiert werden. Ein Beispiel hierfür ist, wenn für die Beweisführung im Rahmen des Art. 102 AEUV marktverschließende Auswirkungen lediglich möglich sein müssen und nicht überwiegend wahrscheinlich.

Es besteht jedoch die Gefahr, dass wettbewerbsrechtliche Ermittlungsverfahren selbst zweckentfremdet werden, indem Konkurrenten eines Marktbeherrschers diesen bei den Wettbewerbsbehörden anzeigen, um ihn zu schwächen.[682] Wenn die Tendenz zur überschießenden Durchsetzung der Wettbewerbsregeln bekannt ist, bestehen hierfür umso stärkere Anreize. Marktbeherrschende Unternehmen könnten daher insgesamt versucht sein, von vornherein Verhaltensweisen zu unterlassen, welche sie nicht eindeutig als rechtmäßig einstufen können, obwohl sie eigentlich prokompetitiv sind und den Wettbewerb fördern würden.[683] Zudem würden überschießend viele Beschwerden die Verwaltungseffizienz schmälern.

b) Fehler zweiter Art (unterlassene Durchsetzung)

Fehler zweiter Art kommen hingegen den marktbeherrschenden Unternehmen zugute, indem sie Konkurrenten eher vom Markt drängen oder disziplinieren können, ohne wettbewerbsrechtliche Sanktionen erwarten zu müssen. Dies senkt genauso wie Fehler erster Art den Wettbewerbsdruck, da das freie Kräftespiel im Wettbewerb um die Abnehmerseite stärker vom marktbeherrschenden Unternehmen beeinflusst werden kann.[684] Marktmacht erlaubt es Unternehmen, sich auf anderem Wege als über günstigere, innovativere oder qualitativ bessere Produkten gegenüber der Konkurrenz durchzusetzen. Des Weiteren ist das marktbeherrschende Unternehmen nicht gezwungen, unternehmensintern stets auf die effiziente Allokation von Ressourcen zu achten und könnte dies vernachlässigen. Es besteht neben der geringeren Produktionseffizienz und damit

681 Vgl. in Bezug auf Sec. 2 Sherman Act in den USA und eine möglichweise überschießende Abschreckungswirkung *Ewald*, ZWeR 2011, 15 (20); s. aber auch die Kritik bei *Wurmnest*, Marktmacht und Verdrängungsmissbrauch, 2. Aufl. 2012, S. 253; allg. befürwortend *Dittert*, EuR 2012, 570 (579 f.), auch im Hinblick auf die private Durchsetzung von Ansprüchen im Zuge von Verstößen gegen die Wettbewerbsregeln.

682 *Knieps*, Wettbewerbsökonomie, 3. Aufl. 2008, S. 97 m.w.N.

683 *G. Monti*, EC Competition Law, 2007, S. 18.

684 So *Wurmnest*, Marktmacht und Verdrängungsmissbrauch, 2. Aufl. 2012, S. 253.

einhergehenden Verschwendung die Gefahr, dass die höheren Produktionskosten auf die Verbraucher umgelegt werden. Dieser Aspekt tritt neben die ohnehin vorhandene Tendenz zu Monopolpreisen bei einer zu Fehlern zweiter Art neigenden Durchsetzung der Wettbewerbsregeln.[685]

Kühlt der Wettbewerb im Laufe der Zeit durch unterbliebene behördliche Wettbewerbsverfahren ab, verringert dies für marktbeherrschende Unternehmen den Innovationsdruck. Risikoreiche Investitionen in neuartige Produkte sind weniger attraktiv, wenn die Konkurrenz auch auf anderem Wege in Schach gehalten werden kann. Marktbeherrschende Unternehmen können vielmehr sogar versucht sein, Forschung und Entwicklung der Konkurrenz zu unterbinden oder eigene Innovationen zurückzuhalten, um den lukrativen Status quo auf einem Markt nicht zu gefährden.

2. *Fehleranalyse im Spannungsfeld von „Gerechtigkeit", „Zweckmäßigkeit" und „Rechtssicherheit"*

Der Umgang mit Entscheidungsfehlern wirft einen grundlegenden Konflikt auf, dessen Eckpunkte mit dem von *Radbruch* formulierten Trias der Rechtsidee, bestehend aus Gerechtigkeit, Zweckmäßigkeit und Rechtssicherheit, beschrieben werden können.[686] Diese drei Aspekte der Rechtsidee bedingen sich gegenseitig, sie können jedoch zum Teil auch nur auf Kosten des jeweils anderen verwirklicht werden.[687]

Je umfassender Sachverhalte analysiert werden, desto eher lassen sich Entscheidungsfehler vermeiden.[688] Dies steigert die Einzelfallgerechtigkeit. Ferner sind vermiedene Fehlentscheidungen zweckmäßig im Sinne der zielgerichteten Durchsetzung des Wettbewerbsrechts. Andererseits können die Wettbewerbsbehörden nicht auf unbegrenzte Ressourcen zurückgreifen, so dass unter umfangreichen Einzelfallanalysen wiederum die Zweckmäßigkeit leidet.[689] Die Ausgangsfrage ist also, wie unter annehmbarem Ermittlungsaufwand Fehler

---

685 Zum Ganzen *Wurmnest*, Marktmacht und Verdrängungsmissbrauch, 2. Aufl. 2012, S. 253 f.

686 *Wurmnest*, Marktmacht und Verdrängungsmissbrauch, 2. Aufl. 2012, S. 242 ff., unter Hinweis auf *Radbruch*, Rechtsphilosophie, 3. Aufl. 1932, S. 74; vgl. auch anknüpfend an das Trias der Rechtsidee die Ökonomisierung der Wettbewerbsregeln analysierend *I. Schmidt*, Kernpunkte des Referates zum More Economic Approach, 2007, S. 5 f.

687 *Radbruch*, Rechtsphilosophie, 3. Aufl. 1932, S. 73 f.

688 *G. Monti*, EC Competition Law, 2007, S. 17.

689 *Wurmnest*, Marktmacht und Verdrängungsmissbrauch, 2. Aufl. 2012, S. 242 f.

minimiert werden können.[690] Ermittlungsaufwand sparen abstrakte per se-Verbote, die starr vorgeben, welche Verhaltensweisen wettbewerbswidrig sind. Dies erzeugt Rechtssicherheit, von welcher Unternehmen profitieren, die nicht von konkreten Ermittlungsverfahren betroffen sind.[691] Zudem spart dies Verwaltungsressourcen, ganz im Sinne der Zweckmäßigkeit. Diese Vorteile entstehen jedoch wiederum auf Kosten der Einzelfallgerechtigkeit. Das Spannungsverhältnis von auswirkungsbasierten Einzelfallanalysen und per se-Verboten ist das Spiegelbild des Konflikts zwischen Einzelfallgerechtigkeit und Rechtssicherheit. Diesen steht die Zweckmäßigkeit ambivalent gegenüber, je nachdem, ob die Verwaltungseffizienz oder die detaillierte Einzelfallaufklärung als ökonomischer Zweckmäßigkeitsfixpunkt gewählt wird.[692]

Damit ist aber lediglich der Ausgangspunkt definiert. Es bedarf im Sinne der Durchsetzung des wettbewerbsrechtlichen Ordnungsrahmens und der Rechtssicherheit regelmäßig einer Entscheidung, welche nicht die „zweckmäßigste" oder „gerechteste" sein muss.[693] Die Minimierung von Entscheidungsfehlern darf nicht auf Kosten der Rechtsdurchsetzung gehen und Fehler sind bis zu einem gewissen Ausmaß hinzunehmen. Einzelfallgerechtigkeit ist ohnehin mangels exakter und allgemeingültiger ökonomischer Analysen im Einzelfall nicht endgültig erreichbar.[694]

3. Fehleranalyse und wettbewerbstheoretische normative Prämissen

Die Prämissen einzelner wettbewerbstheoretischer Konstrukte wirken sich unterschiedlich stark auf den Umgang mit Entscheidungsfehlern aus. So wären entsprechend der Chicago School of Antitrust im Vertrauen auf die Selbstheilungskräfte von Markt und Wettbewerb eher Fehler zweiter Art hinzunehmen und

690 *G. Monti*, EC Competition Law, 2007, S. 18.

691 Die Vorzüge der Rechtssicherheit für Unternehmen betonend und Gefahren durch den more economic approach herausstellend *I. Schmidt*, Kernpunkte des Referates zum More Economic Approach, 2007, S. 6; darauf hinweisend, dass die Rechtssicherheit nicht zwingend unter der Anwendung ökonomischer Analysen leiden muss, *Röller*, Economic Analysis and Competition Policy Enforcement in Europe, in: van Bergeijk/Kloosterhuis, Modelling European Mergers, 2005, S. 13 (23).

692 Beachte: Dem liegt die Prämisse zugrunde, dass umfangreichere Ermittlungen der Wettbewerbsbehörden im Einzelfall tatsächlich Entscheidungsfehler beider Art vermeiden.

693 So *Radbruch*, Rechtsphilosophie, 3. Aufl. 1932, S. 72.

694 *I. Schmidt*, Kernpunkte des Referates zum More Economic Approach, 2007, S. 5.

solche erster Art zu vermeiden.[695] Ansätze wie die Harvard School könnten hingegen, ausgehend vom Marktstruktur-Marktverhalten-Marktergebnis Paradigma, auch für Zweifelsfälle die Durchsetzung der Wettbewerbsregeln verlangen.

Für die ergebnisoffenen Ansätze ist es schwieriger die Fehleranalyse normativ auszurichten. Die wirtschaftliche Handlungsfreiheit der Marktteilnehmer ist vielschichtig. Wettbewerbsrechtliche Maßnahmen greifen unmittelbar in die Freiheit des betroffenen Unternehmens ein, während unterlassene Maßnahmen „Nichteingriffe zu Lasten Dritter"[696] (Konkurrenten, Lieferanten, Abnehmer) sind. Zum Teil wird angeführt, dass marktbeherrschende Unternehmen als tendenziell freiheitsbedrohend angesehen werden könnten, so dass Fehler erster Art eher hinnehmbar seien.[697] Die Feststellung von Marktmacht würde hiernach aber bereits das Einschreiten der Wettbewerbsbehörden indizieren, auf Kosten der Analyse des missbräuchlichen Verhaltens. Die Verhaltensanalyse ist jedoch Dreh- und Angelpunkt einer Missbrauchsaufsicht, die nicht dem fehlgeleiteten Marktstrukturschutz verfallen will.[698] Der wirksame Wettbewerb verwirklicht sich zuvorderst über funktionierende Wettbewerbsprozesse.[699] Die Ausrichtung der Wettbewerbskontrolle am Marktverhalten bewahrt Wettbewerber vor mutmaßlich freiheitsbeschränkenden Verhaltensweisen, ohne dass ein marktbeherrschendes Unternehmen für wettbewerbsmäßig erlangte Marktmacht bestraft wird. Dies liegt auf einer Linie mit dem Ansatz der EuGH-Rechtsprechung, in welcher stets betont wir, dass Marktmacht allein nicht sanktionswürdig ist.[700] Dies gilt trotz der besonderen Verantwortung, die marktbeherrschende Unternehmen für den Wettbewerb tragen und welche deren wirtschaftlichen Handlungsradius graduell einschränkt.[701]

---

695 S. *G. Monti*, EC Competition Law, 2007, S. 499; vgl. auch *Künzler*, Effizienz oder Wettbewerbsfreiheit?, 2008, S. 50 f. m.w.N.

696 *Wurmnest*, Marktmacht und Verdrängungsmissbrauch, 2. Aufl. 2012, S. 255, unter Verweis auf dieses Zitat bei *Zäch/Künzler*, ZWeR 2009, 269 (281).

697 Vgl. den Tagungsbericht von *Moch*, WuW 2008, 44 (50).

698 *Drexl*, Wettbewerbsverfassung, in: von Bogdandy/Bast, Europäisches Verfassungsrecht, 2. Aufl. 2009, S. 905 (926 f.).

699 Dazu, dass der Schutz der Marktstruktur nicht der ökonomischen Effizienz geopfert werden sollte, *Basedow*, Introduction, in: ders./Wurmnest, Structure and Effects in EU Competition Law, 2011, S. 3 (8).

700 In der Rspr. wird explizit betont, dass Marktmacht angestrebt und erlangt werden darf und lediglich deren missbräuchliche Ausnutzung unter Art. 102 AEUV fällt, s. EuGH, Rs. C-18/93, Slg. 1994 (Rn. 41) – Corsica Ferries Italia.

701 Vgl. auch 3. Kap, § 2 A. IV.

Auf einer anderen Ebene wird die Wettbewerbskontrolle dadurch beeinflusst, welche Art von Wettbewerb im konkreten Fall normativ bevorzugt wird. Ein Beispiel ist wieder einmal die Stärkung des Innovationswettbewerbs auf Kosten des Imitationswettbewerbs durch Immaterialgüterrechte.[702] Wettbewerbsbeschränkungen aufgrund der Verfügungsrechte werden grundsätzlich hingenommen. Aber auch der Servicewettbewerb kann gegenüber dem Preiswettbewerb normativ vorgezogen werden. Ein Beispiel ist die Preisbindung der zweiten Hand, welche zu einer enormen Einschränkung der wirtschaftlichen Handlungsfreiheit von Zwischenhändlern führt.[703]

4. *Zwischenfazit*

Die Fehleranalyse wird als das entscheidende Problem der modernen Wettbewerbspolitik angesehen. Beide Arten von Fehlern senken den Wettbewerbsdruck. Ansatzpunkte sind, wie stark die negativen Auswirkungen einer Fehlerart eingeschätzt werden und für wie wahrscheinlich es gehalten wird, den jeweiligen Fehler zu begehen.[704] Auf der anderen Seite ist nicht zu leugnen, dass den Wettbewerbsbehörden häufig das nötige Wissen fehlt, um mit letzter Sicherheit ein Verhalten als wettbewerbswidrig einzustufen. Hieraus könnte man eine grundsätzlich zurückhaltende Wettbewerbskontrolle ableiten.[705]

Eine tendenzielle Bevorzugung des Fehlers erster oder zweiter Art lässt sich nicht ausmachen,[706] ohne sich normativ für die Freiheitssphäre der verschiedenen Marktteilnehmer zu entscheiden. Eine ökonomische Sichtweise leistet ebenfalls keine Abhilfe, da die Auswirkungen der Fehlertypen auf das Allgemein- oder Konsumentenwohl letztendlich nicht objektiv greifbar sind.[707] Anhaltspunkte

---

702 *Von Weizsäcker*, WuW 2007, 1078 (1080).

703 Zu diesen Beispielen *von Weizsäcker*, WuW 2007, 1078 ff. Allerdings leitet dieser hieraus ab, dass insofern wohlfahrtsökonomische Erwägungen vorzuziehen wären, um einen Fixpunkt dafür zu erhalten, welcher Freiheit der Vorzug gewährt werden sollte. Dies überformt jedoch gerade den Freiheitsgedanken mit ökonomischen Prämissen.

704 Hierzu und zum Vorgenannten *Schmidtchen*, WuW 2006, 6 (16).

705 *Heidrich*, Das evolutorisch-systemtheoretische Paradigma in der Wettbewerbstheorie, 2009, S. 357.

706 Eine tendenziell überschießende Kontrolle in der Fusionskontrolle befürwortend *Friederiszik/Röller*, Ökonomische Analyse in der EU Wettbewerbspolitik, 2004, S. 18; demgegenüber befürwortet *Heidrich*, Das evolutorisch-systemtheoretische Paradigma in der Wettbewerbstheorie, 2009, S. 357, eine grundsätzlich zurückhaltende Wettbewerbskontrolle durch die Wettbewerbsbehörden, gegebenenfalls auf Kosten unterlassener Eingriffe.

707 *Ewald*, ZWeR 2011, 15 (19).

für die Ausrichtung der Fehleranalyse werden teilweise in den Grundrechten gesehen, was eine stärker am Freiheitsschutz orientierte Wettbewerbsaufsicht impliziert.[708]

Zwar mag die Fallzahl von Marktmachtmissbräuchen im Sinne des Art. 102 AEUV in den letzten Jahren nicht besonders groß gewesen sein, weswegen zum Teil angenommen wird, dass eine überschießende Rechtsdurchsetzung unwahrscheinlich sei.[709] Allerdings sind die Aussichten äußerst schlecht, eine Entscheidung der Kommission nach Art. 102 AEUV vor Gericht zu kippen. Die Bußgelder in Wettbewerbsverfahren haben sich zudem auf einem konstant hohen Niveau eingependelt.[710] Marktbeherrschende Unternehmen könnten insofern von der Wettbewerbsaufsicht bereits überdiszipliniert sein und eher Verhaltensweisen unterlassen, die eigentlich noch vom Leistungswettbewerb gedeckt sind.[711] Ein Indiz sind die vielen Verpflichtungszusagen gemäß Art. 9 VO (EG) Nr. 1/2003,[712] ebenso wie die nicht in den Statistiken auftretenden Verfahrenseinstellungen auf informellem Wege.[713] Marktbeherrschende Unternehmen tauschen – überspitzt formuliert – Legalität, Rechtssicherheit und die Vermeidung von möglichen Bußgeldern gegen einen Teil ihrer wirtschaftlichen Handlungsfreiheit ein. Die

---

708 *Zäch/Künzler*, ZWeR 2009, 269 (281).

709 *Wurmnest*, Marktmacht und Verdrängungsmissbrauch, 2. Aufl. 2012, S. 253.

710 Für Art. 101 AEUV s. die Auskunft der Kommission in Cartel Statistics und dort 1.2. für die Entwicklung zwischen 1990 und 2012, http://ec.europa.eu/competition/cartels/statistics/statistics.pdf; für Art. 102 AEUV sind derartige Statistiken leider nicht verfügbar. Zu beobachten ist, dass in jüngerer Zeit sehr hohe Buß- und Zwangsgelder ergangen sind, z. B. gegen Intel i.H.v. 1,06 Mrd. Euro, KOME, 13.5.2009, COMP/37.990 (Zsfg.), ABl. 2009 C 227, S. 13 (Rn. 44) – Intel, und vorher Microsoft i.H.v. 899 Mio. Euro, KOME, 27.2.2008, COMP/C-3/C-37.792, (Zsfg.), ABl. 2009 C 166, S. 20 (Rn. 23) – Microsoft. Das Zwangsgeld gegen Microsoft ist später durch das EuG auf 860 Mio. Euro reduziert worden, EuG, Rs. T-167/08, Urt. v. 27.6.2012 (Rn. 232) – Microsoft/Kommission (II).

711 Eine vergleichbare Argumentation findet sich bei der sog. cellophane fallacy. Hierzu u. 3. Kapitel, § 2 A. III. 1.

712 Zwischen 2005 und 2010 wurden im Rahmen des Art. 102 AEUV zehn Abstellungsverfügungen nach Art. 7 VO (EG) Nr. 1/2003 erlassen, gegenüber 19 Verpflichtungszusagen im Sinne des Art. 9 VO (EG) Nr. 1/2003, welche damit in nahezu doppelt so vielen Fällen zum Zuge kam.

713 Z. B. in Bezug auf Apple, Bericht der Kommission über die Wettbewerbspolitik 2010, KOM (2011), 328 endg., Rn. 105, http://eur-lex.europa.eu/LexUriServ/LexUriServ.do?uri=COM:2011:0328:FIN:DE:PDF; Pressemitteilungen der EU, IP/10/1175, http://europa.eu/rapid/press-release_IP-10-1175_de.htm?locale=fr.

Abschreckungswirkung ist ein zentrales Element des Art. 102 AEUV,[714] weswegen die Zahl an festgestellten Missbräuchen keinen eindeutigen Anhaltspunkt bietet.

Auf der anderen Seite führen Fehler erster Art lediglich dazu, dass marktbeherrschenden Unternehmen nur eine ganz bestimmte Verhaltensweise untersagt wird. Auf lange Sicht ist es diesen jedoch auch möglich, sich mit anderen Verhaltensweisen auf legalem Wege durch den Leistungswettbewerb über ineffiziente Konkurrenten hinwegzusetzen. Fehler erster Art verkürzen damit zwar die evolutorische Selektionsfunktion des Wettbewerbs, sie hebeln diese jedoch nicht umfassend aus.[715] Ohne normative Grundlage gibt die Fehleranalyse insgesamt keine eindeutige Marschrichtung vor. Es bedarf im Einzelfall einer Abwägung zwischen der Wahrscheinlichkeit und den Folgen eines Entscheidungsfehlers, in Zusammenschau mit dem entstehenden Ermittlungsaufwand,[716] sofern diese Aspekte ermittelbar sind.

5. *Fehleranalyse im Hinblick auf die Zwangslizenzierung nach Art. 102 AEUV*

Wenn zwei ökonomisch fundierte Ordnungssysteme aufeinanderstoßen, wird die Fehleranalyse umso komplexer. Pauschale Aussagen über die Fehlerwahrscheinlichkeit oder die Auswirkungen eines Entscheidungsfehlers sind hier umso schwieriger.[717] An der Schnittstelle von Wettbewerbs- und Immaterialgüterrecht können bereits die Immaterialgüterrechte vom Regelungszweck her betrachtet fehlerhaft (d. h. zu extensiv oder restriktiv) verliehen worden sein. Eine Fehleranalyse muss ganz im Sinne der Komplementärthese auch diese Ebene mit einbeziehen.

Bei Eröffnung des Anwendungsbereichs von Art. 102 AEUV verlagert sich die Betrachtung vom Grundsatz der Innovationsförderung durch exklusive Verfügungsrechte auf die Auswirkungen für den wirksamen Wettbewerb. Berücksichtigt man insofern die normative Grundentscheidung zugunsten von Ausschließlichkeitsrechten an Immaterialgütern, erscheint eine Tendenz zur Vermeidung von

---

714 S. *Lange*, Europäisches Kartellrecht und geistiges Eigentum – der Fall Microsoft, in: ders./Klippel/Ohly, Geistiges Eigentum und Wettbewerb, 2009, S. 130 (138).

715 Hierzu und zum Vorgenannten *Wurmnest*, Marktmacht und Verdrängungsmissbrauch, 2. Aufl. 2012, S. 253 f.

716 *Wurmnest*, Marktmacht und Verdrängungsmissbrauch, 2. Aufl. 2012, S. 255.

717 *Drexl*, Wettbewerbsverfassung, in: von Bogdandy/Bast, Europäisches Verfassungsrecht, 2. Aufl. 2009, S. 905 (938).

Fehlern erster Art in Zwangslizenzfällen durchaus begründbar.[718] Andererseits sollte diese Grundentscheidung, wenn starke marktverschließende Auswirkungen zu beobachten sind, einer Zwangslizenz auch nicht im Wege stehen. Gleiches gilt, wenn sich aus dem normativen Rahmen andere Wertungen ergeben. Die Analyse aller relevanten Faktoren ist jedenfalls ein ständiger Begleiter der aktuellen Diskussion im Zusammenhang mit dem Zugang zu Immaterialgütern.[719]

Für Schnittstelleninformationen zur Herstellung von Interoperabilität im Softwarebereich kann auf Unionsebene eine weitere Wertung hinzugezogen werden. So ist Art. 6 der ComputerprogrammRL zu entnehmen, dass frei zugängliche Schnittstelleninformationen grundsätzlich als innovationsfördernd angesehen werden. Dieser erlaubt unter gewissen Umständen die Dekompilierung von rechtlich geschützten Programmcodes, um Interoperabilität zwischen verschiedenen Computerprogrammen herzustellen. Dies entkräftet die normative Entscheidung für Ausschließlichkeitsrechte im Fall von interoperabilitätsrelevanten Schnittstelleninformationen und senkt die Hürden für eine Zwangslizenz über Art. 102 AEUV.

VI. Schlussfolgerung

Das europäische Wettbewerbsrecht darf nicht Gefahr laufen, formaljuristischer Selbstzweck zu werden. Deswegen bedarf es einer ökonomischen Fundierung. Die wirtschaftswissenschaftliche Forschung dient dabei grundlegend dazu, Gefahren für den wirksamen Wettbewerb im systemtheoretischen Sinne zu identifizieren. Die wohlfahrtsökonomische Effizienz sollte dem nicht übergeordnet werden, schon gar nicht als unmittelbares Ziel der Wettbewerbspolitik. Insofern ist die Effizienzverteidigung im Rahmen des Art. 102 AEUV grundsätzlich abzulehnen, da sie auf Kosten funktionierender Wettbewerbsprozesse geht.[720] Die Rechtsprechung bestätigt indes, dass ein solcher trade-off durch „Effizienzvorteile..., die auch dem Verbraucher zugute kommen“ gerechtfertigt sein kann.[721] Vom Wohl der Verbraucher als mittelbarem Fernziel und dem Schutz seiner Wahlfreiheit im Sinne funktionierender Wettbewerbsprozesse kann jedoch

718 Vgl. zum Verhältnis von Wettbewerbs- und Immaterialgüterordnung o. 1. Kapitel, § 4.

719 S. zu einem schutzrechtsübergreifenden Ansatz, ausgerichtet am Begriff der "Schlüsselgegenstände", *Früh/Lichtenegger*, ZGE 2010, 119 ff.

720 Vgl. Durchsetzungsprioritäten (2009), Rn. 28 ff.

721 EuGH, Rs. C-95/04 P, Slg. 2007, I-2331 (Rn. 86) – British Airways/Kommission unter Berufung auf Rs. 322/81, Slg. 1983, 3461 (Rn. 73) – Michelin/Kommission.

keine Brücke zur wohlfahrtsökonomischen Verbraucherwohlmaximierung geschlagen werden.[722] Wahlfreiheit und wohlfahrtsökonomische Verbraucherwohlmaximierung stehen nicht zwingend in unmittelbarem Zusammenhang, da funktionierende Wettbewerbsprozesse die Anbieterseite nicht aus dem Blick nehmen, wie es die Effizienzrechtfertigung im Rahmen des Art. 102 AEUV bis zu einem gewissen Grad tut.[723]

Insofern sind ökonomische Untersuchungen weniger bedenklich, die darauf abzielen, Gefahren für den wirksamen Wettbewerb zu identifizieren. Die Kommission betont gerade die Bedeutung kontrafaktischer Analysen,[724] bestätigt durch die Rechtsprechung.[725] Solche Analysen können zwar für mögliche Gefährdungslagen Indizien liefern, sie sollten aber nicht allein darüber entscheiden, ob die Kommission tätig wird oder tätig werden darf.[726] Wenn kontrafaktische Vergleichsszenarien quantitativ gegenübergestellt werden, handelt es sich wiederum um (komparativ-)statische und nicht wirklich dynamische Analysen.[727] Es wäre daher verfehlt, einseitig auf die quantitative Ermittlung des Verbraucherwohls abzustellen, um Gefahren für den wirksamen Wettbewerb zu identifizieren. Das Aufgreifermessen der Kommission sollte nicht an das ökonomisch greifbare Verbraucherwohl gebunden werden. Faktoren wie Qualität, Service, Produktvielfalt und Innovationen blieben weniger stark berücksichtigt und es bestünde die Gefahr einer einseitigen Fixierung auf Störungen des Preiswettbewerb,[728] dessen

---

722 *Drexl*, Ronald Dworkin, ökonomische Effizienz und das Kartellrecht, in: FIW, Wettbewerbspolitik und Kartellrecht in der Marktwirtschaft, 2010, S. 175 (188 ff.).

723 Vgl. Durchsetzungsprioritäten (2009), Rn. 30 f.; kritisch im Hinblick auf die Effizienzmaximierung auf Kosten der Wettbewerbsstruktur *Basedow*, Introduction, in: ders./Wurmnest, Structure and Effects in EU Competition Law, 2011, S. 3 (8).

724 Durchsetzungsprioritäten (2009), Rn. 22.

725 S. Durchsetzungsprioritäten (2009), Rn. 21 f. Es handelt sich um eine sog. kontrafaktische Fallanalyse, bei welcher die Marktsituation mit und ohne den potenziellen Marktmachtmissbrauch untersucht wird. Dieses Vorgehen findet auch Zuspruch in der Rspr., s. EuG, Rs. T-328/03, Slg. 2006, II-1231 (Rn. 71, 73) – O2 (Germany)/Kommission, hierauf verweisend *Röller/Friederiszick*, Ökonomische Analyse in der EU Wettbewerbspolitik. Ein erstes Résumé, 2007, S. 7.

726 Vgl. *Kroes*, Exclusionary Abuses of Dominance, SPEECH/08/457, 2008.

727 Kritisch im Hinblick auf die entstehenden Rechtsunsicherheiten und deren negativen Auswirkungen auf das Gemeinwohl *Strohm*, International unterschiedliche Eingreifkriterien im Wettbewerbsrecht und ökonomische Konsequenzen, 2006, S. 12.

728 *Behrens*, WuW 2011, 807; s. auch *Budzinski*, Modern Industrial Economics: Open Problems and Possible Limits, in: Drexl/Kerber/Podszun, Competition Policy and the Economic Approach, 2011, S. 111 (118).

Analyse den ökonomischen „mainstream" bildet.[729] Nicht quantifizierbare negative Effekte würden eher übersehen und Gefahren für andere Wettbewerbsfaktoren wohlmöglich erst spät erkannt. Auf der anderen Seite kann allerdings die Preisentwicklung auf einen Marktverschluss hindeuten, wovon alle Wettbewerbsfaktoren wie Service oder Forschung und Entwicklung betroffen sind. Der Preisanalyse kommt damit eine mittelbare Indikatorwirkung zu.

Dies ersetzt nicht den Rückgriff auf systemtheoretisch anerkannte qualitative Mustervorhersagen,[730] denen sich die Kommission auch nicht verschließt. Ansonsten wäre die Durchsetzung der Wettbewerbsregeln an den Fortschritt der Ökonometrie gebunden und durch diesen in seiner Reichweite vorbestimmt. Die Wettbewerbsaufsicht sollte sich andererseits auch neuen Theorien und Methoden nicht verschließen.[731] Ökonomische Mustervorhersagen sind nicht der Weisheit letzter Schluss und müssen lediglich akzeptiert werden, um die praktische Wirksamkeit der Wettbewerbsregeln sicherzustellen. Wenn ihr Aussagegehalt empirisch oder experimentell widerlegt werden kann, sind sie zu verwerfen.[732]

Zusammenfassend spricht das ergebnisoffene Leitbild der europäischen Wettbewerbspolitik nicht grundlegend dagegen, ökonomische Schlussfolgerungen in die Auslegung und Anwendung einzubeziehen. Dabei sollen die Ökonomik und vor allem die Ökonometrie zunächst einmal lediglich ein Hilfsmittel sein. Die *eine* ökonomische Wahrheit gibt es nicht und sich widersprechende ökonomische Schlussfolgerungen sind die Regel und nicht die Ausnahme.[733] Es geht insgesamt darum, ökonomische Erkenntnisse sinnvoll in die Durchsetzung des Wettbewerbsrechts zu integrieren, um die Zielgenauigkeit der Rechtsanwendung zu erhöhen und Fehlentscheidungen zu vermeiden.[734]

Ganz unbegründet sind die Befürchtungen von Ökonomisierungskritikern vor diesem Hintergrund nicht. Ein rein formaljuristischer Ansatz ist indes ebenfalls

729 *Wurmnest*, Marktmacht und Verdrängungsmissbrauch, 2. Aufl. 2012, S. 116.

730 *Zimmer*, WuW 2007, 1198 (1202), in Bezug auf das europäische Wettbewerbsrecht von einem „ergebnisoffenen Wettbewerbsverständnis" ausgehend.

731 *Drexl*, Wettbewerbsverfassung, in: von Bogdandy/Bast, Europäisches Verfassungsrecht, 2. Aufl. 2009, S. 905 (940), spricht von einem „even *more economic approach*".

732 S.o. 1. Kapitel, § 2 A.

733 *Neven/De Coninck*, Best Practices on the Submission of Economic Evidence, 2010, S. 2, zu den von der Kommission zur Konsultation veröffentlichten Best Practices; s. auch allg. *Christiansen*, WuW 2005, 285 (289 f.), mit dem Hinweis, dass die Theorienpluralität sogar wünschenswert ist und den wissenschaftlichen Fortschritt vorantreibt.

734 *Ewald*, ZWeR 2011, 15 (21).

unzulänglich. Dieser müsste ohne Erwägungen auskommen, wie sich im Einzelfall bestimmte Verhaltensweisen von marktbeherrschenden Unternehmen auswirken und ginge einseitig zu Lasten Einzelfallgerechtigkeit. Der Konflikt zwischen Gerechtigkeit, Zweckmäßigkeit und Rechtssicherheit zeigt, dass das richtige Maß von auswirkungsbasierter Einzelfallbeurteilung und per se-Verboten erstrebenswert ist.[735] Die theories of harm in den Durchsetzungsprioriäten (2009) wählen einen solchen Mittelweg, indem sie widerlegbare Vermutungswirkungen in abstrakte Fallgruppen einfassen. Recht weist aus verschiedenen Gründen ein gewisses Maß an Beständigkeit auf, nicht zuletzt wegen des grundrechtlichen Einschlags von Rechtssicherheit.[736]

D. Ergebnis

Die normative Entscheidung für ein marktwirtschaftliches System ist die Grundlage der europäischen Wettbewerbsverfassung, wie Art. 3 Abs. 3 EUV zeigt.[737] Eine offene Marktwirtschaft mit freiem Wettbewerb (vgl. Art. 119 AEUV) und der Schutz des Wettbewerbs vor Verfälschungen gemäß dem Protokoll (Nr. 27) sind Wesensmerkmale dieser Systementscheidung. Speziell für die mitgliedstaatliche Wirtschaftspolitik folgt eine Rückbindung über Art. 120 AEUV, welcher explizit auf die effizienzfördernde Wirkung einer offenen Marktwirtschaft mit freiem Wettbewerb verweist.[738] Insgesamt ist es durch den Vertrag von Lissabon zu keinem Paradigmenwechsel in der europäischen Wettbewerbspolitik gekommen.

Ein solcher lässt sich auch nicht in der Rechtsprechung ausmachen, die unmissverständlich am althergebrachten Konzept festhält und den Eigenwert der Wettbewerbsfreiheit betont.[739] Die Wettbewerbsregeln dienen dem wirksamen

---

735 Best Practices zur ökonomischen Beweisführung bei der Anwendung von Art. 101 f. AEUV und FKVO (EG) Nr. 139/2004, Rn. 1; *Wurmnest*, Marktmacht und Verdrängungsmissbrauch, 2. Aufl. 2012, S. 246 ff.

736 *Wurmnest*, Marktmacht und Verdrängungsmissbrauch, 2. Aufl. 2012, S. 243 f.

737 *Drexl*, Wettbewerbsverfassung, in: von Bogdandy/Bast, Europäisches Verfassungsrecht, 2. Aufl. 2009, S. 905 (918).

738 Zu beachten ist, dass dieser speziell auf die mitgliedstaatliche Wirtschaftspolitik bezogen ist. Die grundlegende Wertung, dass wirksamer Wettbewerb effizienzförderlich ist, lässt sich hieraus jedoch explizit ableiten. Zu Letzterem *Künzler*, Effizienz oder Wettbewerbsfreiheit?, 2008, S. 320.

739 S. EuGH, Rs. C-52/09, Slg. 2011, I-527 (Rn. 20 ff.) – Konkurrensverket, in welchem die Grundsätze des europäischen Wettbewerbsschutzes auf die st. Rspr. gestützt herausgearbeitet werden.

Wettbewerb, welcher durch den Schutz der Wettbewerbsstrukturen und Wettbewerbsprozesse gewährleistet wird. Auf diesem Wege bleibt die Handlungsfreiheit der Marktteilnehmer gewahrt.[740] Der EuGH weist zwar darauf hin, dass der Schutz des Wettbewerbs dem „wirtschaftlichen Wohl in der Gemeinschaft (Union)“[741] dient. Damit ist jedoch kein wohlfahrtsökonomisch fundiertes Wettbewerbskonzept gemeint, sondern eines, das den Wettbewerb als Institution schützt und hierüber Wohlstand entfaltet.[742]

Der wirksame Wettbewerb als konstitutive marktwirtschaftliche Institution ist vor Eingriffen zu schützen.[743] Die stärkere Betonung von Effizienz und Verbraucherwohl durch die Kommission hat dies nicht erschüttert.[744] Nach der hier vertretenen Auffassung müssten sich solche Wertungen ohnehin direkt aus dem Unionsrecht ergeben, weswegen die Effizienzverteidigung bei Art. 102 AEUV unter Inkaufnahme marktverschließender Auswirkungen grundsätzlich abzulehnen ist. Aus der Feststellung des Missbrauchs einer marktbeherrschenden Stellung folgen bereits Gefahren für funktionierende Wettbewerbsprozesse. Würde man auf solchen Märkten einen festgestellten Missbrauch zugunsten des Verbraucherwohls tolerieren (z. B. dadurch, dass die Effizienzgewinne des marktbeherrschenden Unternehmens in Form von niedrigeren Preisen durchgereicht werden), bestünde langfristig die Gefahr, dass der Wettbewerb stetig abnimmt und zum Erliegen kommt. Solche Langzeiteffekte sind jedenfalls nicht hinreichend analysierbar, so dass die Effizienzrechtfertigung gestützt auf kurzfristig

---

740 Zur Handlungsfreiheit der Marktteilnehmer als Schutzzweck *Immenga*, EuZW 2010, 601; *Terhechte*, in: Grabitz/Hilf/Nettesheim, Recht der EU, 41. EL 2010, Art. 3 EUV Rn. 24.

741 EuGH, Rs. C-52/09, Slg. 2011, I-527 (Rn. 22) – Konkurrensverket unter Verweis auf Rs. C-94/00, Slg. 2002, I-9011 (Rn. 42) – Roquette Frères.

742 S. EuGH, Rs. C-202/07 P, Slg. 2009, I-2369 (Rn. 103, 105) – France Télécom/Kommission unter Verweis auf Rs. 6-72, Slg. 1973, 215 (Rn. 26) – Continental Can/Kommission und Rs. 322/81, Slg. 1983, 3461 (Rn. 57) – Michelin/Kommission; *Dittert*, EuR 2012, 570 (580); *Strohm*, International unterschiedliche Eingreifkriterien im Wettbewerbsrecht und ökonomische Konsequenzen, 2006, S. 3.

743 Vgl. die Kritik zur Haltung *G. W. Bushs* in Bezug auf die Finanzkrise, welcher pauschal vor staatlichen Eingriffen in das Marktgeschehen warnte, *Fikentscher*, GRUR Int. 2009, 635 (645): „…Präsident Bush sprach nicht davon, dass die Freiheit von diesen Lastern (Protektionismus, Wirtschaftsregulierung, Dirigismus und unfreiem Wettbewerb) kein Naturgeschenk ist, sondern des Rechtsstaats und seiner demokratiepolitischen Lenkung bedarf.“

744 S. für Art. 102 AEUV *Drexl*, Wettbewerbsverfassung, in: von Bogdandy/Bast, Europäisches Verfassungsrecht, 2. Aufl. 2009, S. 905 (914 f.).

niedrigere Preise die langfristigen Gefahren für den Wettbewerb nicht aufwiegen kann. Neben Reibungspunkten mit dem Leitbild des wirksamen Wettbewerbs lässt sich die Effizienzrechtfertigung zudem formell nicht aus dem Primärrecht ableiten. In Art. 102 AEUV finden sich keine direkten Anhaltspunkte, ebenso wenig wie in dem allgemeinen Werte- und Zielkatalog der Art. 2 und 3 EUV. In der aktuellen Rechtsprechung ist die Effizienzverteidigung allerdings anerkannt,[745] anders als noch zu Zeiten der Entscheidung *Continental Can*.

Weitaus unbedenklicher sind quantitative und qualitative ökonomische Analysen, welche die Auswirkungen verschiedener Verhaltensweisen auf den wirksamen Wettbewerb ergründen. In diesem Rahmen entscheidet nicht die Effizienz über die Rechtsanwendung, sondern die ökonomischen Erkenntnisse dienen als Anhaltspunkte für ein Einschreiten. Diese Beweisführung tritt lediglich neben den formaljuristischen Ansatz und ergänzt diesen, um die Wettbewerbskontrolle nicht zu hohen Beweishürden auszusetzen. Ein auf die Maximierung des Verbraucherwohls gerichteter more economic approach in Reinform ist abzulehnen.[746]

Eine Öffnung der Wettbewerbsregeln und konkret des Art. 102 AEUV für die aktive Verwirklichung anderer Unionsziele wäre ebenfalls verfehlt. Es besteht für jeden Politikbereich ein fein austariertes Zuständigkeitssystem mit eigenen Kompetenzen. Insofern sollten auch z. B. sozialpolitische Ziele zuvorderst über die sozialpolitischen Kompetenzen in den Art. 151 ff. AEUV verfolgt werden.[747] Etwas anderes fordern auch die in Art. 7 ff. AEUV normierten Querschnittsklauseln nicht ein, welche lediglich ein Gebot der Rücksichtnahme aufstellen und nur sehr begrenzt justiziabel sind.[748] Im Laufe der Zeit haben sich die marktwirtschaftliche Ausrichtung und der freie Wettbewerb auch im Dienste nicht wirtschaftsbezogener Ziele bewährt und leisten einen eigenen Beitrag zu diesen.[749] Die Wettbewerbsregeln sollten in ihrer Rolle als unmittelbar gegenüber Privaten anwendbares Recht nicht über Gebühr instrumentalisiert werden. Aus ordnungsökonomischer Perspektive stören solche Eingriffe

---

745 S. Durchsetzungsprioritäten (2009), Rn. 28 m.w.N. aus der Rspr.

746 *Podszun*, ZWeR 2012, 48 (65).

747 *Frenz*, Europarecht 6, 2011, Rn. 3574, 3580.

748 Dazu o. 2. Kapitel, § 1 B. III.

749 S. *Fikentscher*, GRUR Int. 2009, 635 (644 f.), welcher sich daraufhin kritisch zur industriepolitisch geprägten Haltung *Sarkozys* in Zusammenhang mit der Finanzkrise äußert; s. auch *Frenz*, Europarecht 6, 2011, Rn. 3574, zur Rolle der marktwirtschaftlichen Ausrichtung für den sozialen Fortschritt; *Drexl*, Wettbewerbsverfassung, in: von Bogdandy/Bast, Europäisches Verfassungsrecht, 2. Aufl. 2009, S. 905 (913).

in die Handlungsfreiheit der Marktteilnehmer zudem den dezentralen Steuerungsmechanismus des Wettbewerbs.[750]

§ 2 Wettbewerb und Wirtschaftsgrundrechte

In einer freien Marktwirtschaft verbürgen die wirtschaftliche Handlungsfreiheit und das Eigentumsrecht den subjektiv-rechtlichen Schutz der Tauschprozesse im Wettbewerbsgeschehen.[751] Diese Rechte sind aus ökonomischer Sicht für eine Verkehrswirtschaft unabdingbar und zugleich von verfassungsmäßigem Eigenwert, wodurch die Wettbewerbsfreiheit eine grundrechtliche Prägung erhält. Speziell für die Union sind die Grundrechte ein wichtiges Legitimationselement,[752] welches mit dem Vertrag von Lissabon und dem neuen Art. 6 EUV entscheidend aufgewertet wurde. Wirksamer Wettbewerb dient in diesem Sinne nicht nur allgemeinen gesellschaftlichen und ökonomischen Zielen, sondern er bietet den Rahmen, in welchem sich individuelle Freiheitsrechte stetig verwirklichen.[753] Die unionsrechtlichen Wettbewerbsregeln schützen letztere jedoch im Gegensatz zur EGRC nicht unmittelbar.[754]

Für die Darstellung der einzelnen an der Schnittstelle zu den Wettbewerbsregeln befindlichen Grundrechte bietet es sich an, die Ausführungen auf die EGRC und hilfsweise die richterrechtlich herausgearbeiteten allgemeinen Rechtsgrundsätze zu beschränken. Die EGRC ist gemäß Art. 6 Abs. 1 EUV eine eigene Rechtsquelle und steht auf einer Stufe mit dem Primärrecht, wohingegen die EMRK und die nationalen Verfassungstraditionen lediglich Rechtserkenntnisquellen sind. Die allgemeinen Grundsätze des Unionsrechts,

---

750 *Basedow*, EuZW 2008, 225.

751 *Dreher*, WuW 2008, 23 (24 f.).

752 Vgl. EuGH, Rs. C-402 u. 415/05 P, Slg. 2008, I-6351 (Rn. 285, 303 f.) – Kadi und Al Barakaat, in welchem der Eigenwert der Grundrechte als "Verfassungsgrundsätze" herausgestellt wurde, die zwingend eingehalten werden müssten, selbst wenn eine UN-Resolution auf europäischer Ebene umgesetzt wird; s. auch *Nowak*, Europarecht nach Lissabon, 2011, S. 134 f. Rn. 2, zur fehlenden individualschützenden Qualität der Wettbewerbsregeln als Teil der Wirtschaftsverfassung.

753 *Drexl*, Wettbewerbsverfassung, in: von Bogdandy/Bast, Europäisches Verfassungsrecht, 2. Aufl. 2009, S. 905 (953); *Mayer*, in: Grabitz/Hilf/Nettesheim, Recht der EU, 41. EL 2010, Grundrechtsschutz und rechtsstaatliche Grundsätze, Rn. 16.

754 *Nowak*, EuR 2009 Beiheft 1, 129 (149); a. A. *Mestmäcker*, Die Interdependenz von Recht und Ökonomie in der Wettbewerbspolitik, in: Monopolkommission, Zukunftsperspektiven der Wettbewerbspolitik, 2005, 19 (27 f.), in Bezug auf die Grundfreiheiten und die Wettbewerbsregeln.

wie sie vor Inkrafttreten der EGRC anhand der EMRK und der nationalen Verfassungstraditionen in der Rechtsprechung entwickelt wurden, gehören ebenfalls zum Bestand der Verträge. Sie halten die Tür für einen dynamischen und über die EGRC hinausgehenden Grundrechtsschutz offen.[755] Bisweilen waren die Grundrechte im Rahmen der Wettbewerbsregeln von sehr geringer Bedeutung. Die folgende Darstellung beschränkt sich vor diesem Hintergrund auf die Wirtschaftsgrundrechte, die im Rahmen der Zwangslizenzierung gemäß Art. 102 AEUV eine Rolle spielen.

A. Entwicklungslinien des europäischen Grundrechtsschutzes

Die unterschiedlichen Rechtsquellen der europäischen Grundrechte sind in Art. 6 EUV genannt, welcher den Charakter der Union als Rechts- und Wertegemeinschaft im Sinne des Art. 2 EUV konkretisiert.[756] Den einzelnen Absätzen des Art. 6 EUV lassen sich dabei Entwicklungsstufen der europäischen Grundrechtsordnung entnehmen, angefangen bei der richterrechtlichen Rechtsfortbildung anhand der nationalen Verfassungstraditionen und der EMRK, bis hin zur stetig an Bedeutung gewinnenden EGRC.[757]

Art. 6 Abs. 3 EUV hält den Bezug der Grundrechte als allgemeine Unionsgrundsätze zu den gemeinsamen Verfassungsüberlieferungen, wie er bereits vor dem Vertrag von Lissabon bestand, aufrecht. Die mitgliedstaatlichen Verfassungstraditionen sind in diesem Zusammenhang seit der erstmaligen Berücksichtigung der Grundrechte durch den EuGH im Urteil *Stauder*[758] ein wichtiger Bezugspunkt geblieben.[759] Neben diesem rechtsvergleichenden Ansatz spielen vor allem die Systematik und Teleologie eine entscheidende Rolle für die Auslegung der Grundrechte.[760] Auch im Vertrag von Lissabon wird hieran festgehalten,

---

755 Hierzu und zum Vorgenannten ausf. *Schorkopf*, in: Grabitz/Hilf/Nettesheim, Recht der EU, 41. EL 2010, Art. 6 EUV Rn. 50 ff.

756 *Schorkopf*, in: Grabitz/Hilf/Nettesheim, Recht der EU, 41. EL 2010, Art. 6 EUV Rn. 11.

757 *Kingreen*, in: Calliess/Ruffert, EUV/AEUV, 4. Aufl. 2011, Art. 6 EUV Rn. 1 f.

758 EuGH, Rs. 29/69, Slg. 1969, 419 – Erich Stauder.

759 Grundlegend für die Verankerung in den gemeinsamen Verfassungsüberlieferungen EuGH, Rs. 11/70, Slg. 1970, 1125 (Rn. 4) – Internationale Handelsgesellschaft; zur gesamten Entwicklung ausf. *F. Schmidt*, Die unternehmerische Freiheit im Unionsrecht, 2010, S. 17 ff.

760 *Anweiler*, Die Auslegungsmethoden des Gerichtshofs der Europäischen Gemeinschaften, 1997, S. 434.

wie Art. 6 Abs. 3 EUV zeigt.[761] Für Deutschland hat das BVerfG in der *Solange II*-Entscheidung[762] festgestellt, dass diese allgemeinen Rechtsgrundsätze einen den deutschen Grundrechten vergleichbaren Schutz gewährleisten. Dieser Aspekt wurde durch die Entscheidung des BVerfG zum Vertrag von Lissabon[763] nicht relativiert. Solange europäische Rechtsakte nicht ersichtlich die Grenzen der Zuständigkeit überschreiten oder den Kernbereich der nationalen Verfassungsidentität verletzen, schreitet das BVerfG nicht ein.[764]

Die grundlegende Neuerung und systematische Aufwertung der Grundrechte folgt aus Art. 6 Abs. 1 und 2 EUV. Dabei hebt Art. 6 Abs. 1 EUV die EGRC explizit auf eine Stufe mit dem Primärrecht und inkorporiert sie in die Verträge.[765] Die EGRC wird insgesamt als eine Art Konzentrat der mitgliedstaatlichen Verfassungstraditionen angesehen. Ihre bisherige Rolle als bloße Rechtserkenntnisquelle zur Auslegung der Unionsregeln dürfte sie mit dem Vertrag von Lissabon überwunden haben.[766] Sie ist zu einer eigenen Rechtsquelle geworden und mit normativer Bindungskraft für das Unionsrecht ausgestattet.[767] Zudem ist der Beitritt der Union zur EMRK in Art. 6 Abs. 2 EUV festgeschrieben. Wenn dieser vollzogen ist, könnte eine engere Koordinierung mit dem EGMR die Folge sein, was zu einer Verstärkung des Grundrechtsschutzes auf Unionsebene führen sollte.[768] Ein entsprechender Beitrittsentwurf liegt seit dem 24.6.2011 vor.[769] Zu

---

761 *Koikkara*, Der Patentschutz und das Institut der Zwangslizenz in der Europäischen Union, 2010, S. 35.

762 BVerfGE 73, 339 - Solange II.

763 BVerfGE 123, 267 - Lissabon.

764 S. *Schorkopf*, EuZW 2009, 718 (721 f.).

765 Näher *Schorkopf*, in: Grabitz/Hilf/Nettesheim, Recht der EU, 41. EL 2010, Art. 6 EUV Rn. 21; *Pache/Rösch*, EuZW 2008, 519 (519); s. auch *Nowak*, Europarecht nach Lissabon, 2011, S. 138 f. Rn. 9.

766 *Kühling*, Grundrechte, in: von Bogdandy/Bast, Europäisches Verfassungsrecht, 2. Aufl. 2009, S. 657 (666), unter Verweis auf *Schmitz*, JZ 2001, 833 (835 f.); s. auch *Kingreen*, in: Calliess/Ruffert, EUV/AEUV, 4. Aufl. 2011, Art. 6 EUV Rn. 8, 12.

767 Vgl. zur Unterscheidung zwischen Rechtsquelle und Rechtserkenntnisquelle *Kingreen*, in: Calliess/Ruffert, EUV/AEUV, 4. Aufl. 2011, Art. 6 EUV Rn. 7.

768 Zu den entstehenden Problemen und Chancen eines stärkeren Grundrechtsschutzes auf Unionsebene *Kühling*, Grundrechte, in: von Bogdandy/Bast, Europäisches Verfassungsrecht, 2. Aufl. 2009, S. 657 (701 f.).

769 Hierzu *Kohler/Malferrari*, EuZW 2011, 849 (849 f.). Allerdings bedarf es hierfür einer Änderung der EMRK, da ihr bisher nur Staaten beitreten können. Wann eine solche Änderung beschlossen werden kann ist bisweilen jedoch nicht absehbar, da Russland diese aus anderen politischen Gründen blockiert, so *Mayer*, EuR 2009 Beiheft 1, 87 (88, Fn. 4).

beachten ist allerdings, dass entsprechend der Regelung in Art. 6 Abs. 3 EUV die EMRK bereits Anklang in der Rechtsprechung gefunden hat, ebenso wie die EGRC vor dem Vertrag von Lissabon.

B. Zwangslizenzrelevante Wirtschaftsgrundrechte

Die Wirtschaftsgrundrechte sind ein konstitutiver Bestandteil der europäischen Wirtschaftsverfassung und sichern die Handlungsfreiheit aller Marktteilnehmer ab.[770] Abstellungsmaßnahmen gemäß Art. 7 VO (EG) Nr. 1/2003 gehen regelmäßig mit Eingriffen in diese einher und verbieten den betroffenen Unternehmen Handlungen oder schreiben ihnen solche vor.[771] Es kann sich dabei um Verhaltensweisen jeglicher Art handeln, da diese außerhalb der Regelbeispiele des Art. 102 Abs. 2 AEUV nicht näher konkretisiert sind.

Eine missbräuchliche Lizenzverweigerung wird durch einen Kontrahierungszwang abgestellt, welcher sowohl Eigentumsrechte als auch die Vertragsfreiheit betrifft.[772] Beide Rechte sind über die EGRC geschützt,[773] aber auch schon länger als allgemeine Rechtsgrundsätze vom EuGH anerkannt.[774] Zudem erfasst die EMRK über Art. 1 EMRK Zusatzprotokoll den Schutz des Eigentums und auch

770 *Nowak*, EuR 2009 Beiheft 1, 127 (160); zur Bedeutung des Eigentumsrechts, wie es Art. 17 EGRC verbürgt, *Calliess*, in: ders./Ruffert, EUV/AEUV, 4. Aufl. 2011, Art. 17 EU-GRCharta Rn. 1.

771 S. EuGH, verb. Rs. C-241 u. 242/91 P, Slg. 1995, I-743 (Rn. 90 f.) – RTE u. ITP/Kommission („Magill") für den Fall der Zwangslizenzierung über Art. 102 AEUV, unter Bezugnahme auf Rs. 6 u. 7-73, Slg. 1974, 223 (Rn. 45) – Commercial Solvents u. a./Kommission.

772 *Bartl*, Immaterialgüterrechtliche Marktzutrittsschranken im System des Art. 82 EG, 2005, S. 51.

773 Für die Eigentumsfreiheit ergibt sich dies direkt aus Art. 17 EGRC. Die Vertragsfreiheit ist nicht explizit genannt und gewinnt je nach Stoßrichtung eigenständigen Gehalt aus Art. 15 oder 16 EGRC, s. *Frenz*, Europarecht 4, 2009, Rn. 2702 f.; allg. zur Verknüpfung von Vertragsfreiheit und Wettbewerbsfreiheit mit der Berufsfreiheit im Sinne des Art. 15 EGRC *Bernsdorff*, in: Meyer, Charta der Grundrechte der Europäischen Union, 3. Aufl. 2011, Art. 16 Rn. 10.

774 Zur Eigentumsfreiheit s. EuGH, Rs. C-491/01, Slg. 2002, I-11453 (Rn. 149) – British American Tobacco; Zur Vertragsfreiheit *GA Kokott*, EuGH, Rs. C-441/07 P, Slg. 2010, I-5949 (Rn. 225) – Alrosa/Kommission; vgl. auch *Wernsmann*, JZ 2005, 224 (232).

der Vertragsfreiheit.[775] Eine Zwangslizenz muss sich daher an den Maßgaben des Art. 1 EMRK Zusatzprotokoll messen lassen.[776]

Aus ökonomischer Sicht verliert das von einer Zwangslizenz betroffene Unternehmen sein Recht, Dritte von der Nutzung eines Immaterialguts auszuschließen und erhält lediglich einen Anspruch auf finanzielle Kompensation. Nach der Lehre von den Verfügungsrechten entspricht dies einer Aufweichung der property rule zur liability rule.[777]

I. Eigentumsschutz von Immaterialgüterrechten auf Unionsebene

Auf Unionsebene sind Eigentumsrechte primär über Art. 17 EGRC geschützt, für dessen Verständnis neben Art. 1 Zusatzprotokoll zur EMRK die nationalen Verfassungstraditionen maßgeblich sind. Dies folgt aus den Erläuterungen des Grundrechtekonvents zu Art. 17 EGRC. Auch der EuGH legt ein entsprechendes Verständnis zugrunde.[778] Die Bedeutung der EMRK für Art. 17 EGRC stützt ferner Art. 52 Abs. 3 EGRC.[779] Der mögliche Einfluss der EMRK auf die Auslegung der EGRC sollte nicht unterschätzt werden, führt man sich vor Augen, dass die Rechtsprechung des EGMR zum Eigentumsrecht bereits eine ausgefeilte Kasuistik herausgebildet hat.[780] Zu beachten ist, dass Art. 17 Abs. 2 EGRC explizit Immaterialgüterrechte mit einbezieht.

1. Wertungen aus Art. 345 AEUV

Eine weitere Maßgabe enthält Art. 345 AEUV, nach welchem die Eigentumszuordnung der mitgliedstaatlichen Rechtsordnungen von den Verträgen unberührt

775 Für die Eigentumsfreiheit ergibt sich dies direkt aus Art. 1 EMRK Zusatzprotokoll. Für die Vertragsfreiheit folgt dies aus der Rechtsprechung des EGMR, hierzu *Streinz*, in: ders., EUV/AEUV, 2. Aufl. 2012, Art. 16 GR-Charta Rn. 3, unter Verweis auf EGMR, Urt. v. 25.3.1999, Iatridis/Griechenland, RJD 1999-II, 75.

776 EGMR, Beschw. Nr. 12633/87, Smith Kline and French Laboratories/Niederlande, EuGRZ 1991, 365 f.

777 S. bereits o. 1. Kapitel, § 3 B. II. 1. b).

778 EuGH, Rs. 44/79, Slg. 1979, 3727 (Rn. 17 ff.) – Hauer; vgl. auch zur erstmaligen Nennung des Eigentumsrechts in Zusammenhang mit den mitgliedstaatlichen Verfassungstraditionen Rs. 4/73, Slg. 1974, 491 (Rn. 14) – Nold. Hierzu *Frenz*, Europarecht 4, 2009, Rn. 2777.

779 Zum Ganzen s. Erläuterungen zur Charta der Grundrechte, Erläuterung zu Art. 17, ABl. 2007 C 303, S. 17 (23); zu Art. 52 Abs. 3 EGRC vgl. *Frenz*, Europarecht 4, 2009, Rn. 48 ff.

780 *Frenz*, Europarecht 4, 2009, Rn. 2775.

bleibt. Wie die den einzelnen Rechtssubjekten zugeordneten Eigentumsrechte ausgeübt werden dürfen, erfasst diese Regelung hingegen nicht. Infolgedessen besteht weder ein direkter Einfluss auf Art. 17 EGRC,[781] noch ist das Eigentumsgrundrecht immun vor Einschränkungen, die aus dem Binnenmarktziel und den Grundfreiheiten folgen.[782] Unionsmaßnahmen dürfen aus diesem Grund die Ausübung von Eigentumsrechten betreffen.[783]

Für diese Sichtweise spricht auch Art. 118 AEUV, welcher eine spezielle binnenmarktbezogene Rechtsangleichungskompetenz für Immaterialgüterrechte enthält. Des Weiteren wäre die Enteignungsregelung in Art. 17 EGRC fehl am Platz, wenn auf Unionsebene ohnehin nationale Eigentumsrechte unangetastet bleiben müssten.[784] Insgesamt wird daher eine Zwangslizenz gemäß Art. 102 AEUV nicht von Art. 345 AEUV ausgeschlossen, da nicht die Zuordnung eines Immaterialgüterrechts angetastet wird.

2. *Wertungen aus Art. 36 AEUV*

Eine weitere Vorschrift mit immaterialgüterrechtlichen Berührungspunkten ist Art. 36 AEUV. Als eine Ausnahmeregelung von der Warenverkehrsfreiheit enthält Art. 36 AEUV keinen individualrechtlichen Schutzgehalt, sondern es handelt sich um eine auf die Mitgliedstaaten zugeschnittene Vorschrift.[785] Nichtsdestotrotz wurde Art. 36 AEUV auch in Zusammenhang mit Lizenzverweigerungsfällen vom EuG in den Entscheidungen *RTE*[786] und *ITP*[787] aufgegriffen. Bereits in der Rechtsmittelsache ließ der EuGH indes explizit offen, ob die aus Art. 36

---

781 Näher zum für die Eigentumszuordnung relevanten Gehalt des Art. 345 AEUV, welcher keine konkreten Beeinträchtigungen von Eigentumspositionen durch die Union erfasst, *Calliess*, in: Ehlers, Europäische Grundrechte und Grundfreiheiten, 3. Aufl. 2009, § 16.4 Rn. 9; *Streinz*, in: ders., EUV/AEUV, 2. Aufl. 2012, Art. 17 GR-Charta Rn. 4; *Jarass*, Charta der Grundrechte der Europäischen Union, 2010, Art. 17 Rn. 5.

782 EuGH, Rs. C-503/99, Slg. 2002, I-4809 (Rn. 44) – Kommission/Belgien.

783 S. EuGH, Rs. C-491/01, Slg. 2002, I-11453 (Rn. 147) – BAT unter Verweis auf Rs. C-56/64 u. 58/64, Slg. 1966, 322 (394) – Consten u. Grundig/Kommission, welche die Wettbewerbsregeln (namentlich das Kartellverbot gem. Art. 101 AEUV) betraf.

784 *Frenz*, Europarecht 4, 2009, Rn. 2796 m.w.N., auch unter Hinweis auf die a. A. von *Schmidt-Preuß*, EuR 2006, 463 (475).

785 Zum Ganzen *Frenz*, Europarecht 4, 2009, Rn. 2782; näher zur Bedeutung des Art. 36 AEUV für das Patentrecht unter Darstellung der Lehre vom spezifischen Gegenstand und des Erschöpfungsgrundsatzes *Koikkara*, Der Patentschutz und das Institut der Zwangslizenz in der Europäischen Union, 2010, S. 29 ff.

786 EuG, Rs. T-69/89, Slg. 1991, II-485 (Rn. 67 ff.) – RTE/Kommission.

787 EuG, Rs. T-76/89, Slg. 1991, II-575 (Rn. 52 ff.) – ITP/Kommission.

AEUV abgeleiteten Argumente überhaupt zielführend waren.[788] Später in den Rechtssachen *IMS-Health*[789] und *Microsoft* griffen die Richter Art. 36 AEUV gar nicht mehr auf, sondern entwickelten die Voraussetzungen für den Eingriff in die Immaterialgüterrechte durch eine Zwangslizenz ausschließlich aus Art. 102 AEUV.

3. *Eigentumsrecht als allgemeiner Rechtsgrundsatz*

Aus der Rechtsprechung folgt, dass das Eigentumsrecht auf Unionsebene zum gefestigten Bestand der allgemeinen Grundsätze des Unionsrechts gehört.[790] Die pauschalen Ausführungen hierzu blieben indes konturenlos, weswegen zum Teil die Frage aufgeworfen wurde, ob Immaterialgüterrechte überhaupt hierunter fallen. Immaterialgüterrechte sind in jedem Mitgliedstaat anerkannt und die EMRK schützt sie gemäß Art. 1 Zusatzprotokoll zur EMRK. Auf beide Begründungsstränge greift der EuGH bei der Entwicklung allgemeiner Rechtsgrundsätze zurück. Es ist insofern nicht ersichtlich, wieso Immaterialgüterrechte nicht einbezogen werden sollten.[791] Ein weiteres Argument bietet Art. 17 Abs. 2 EGRC, welcher explizit den Schutz von Immaterialgüterrechten sicherstellt. Letztendlich ist die EGRC Ausdruck des kumulierten mitgliedstaatlichen Status quo des Grundrechtsschutzes und bildet die allgemeine Verfassungstradition ab.[792] Art. 6 Abs. 3 EUV stellt sicher, dass die über die Jahre vom EuGH entwickelten Rechtsgrundsätze ihre Bedeutung durch die EGRC nicht verlieren.[793] Immaterialgüterrechte werden und wurden daher eindeutig auch als allgemeine Rechtsgrundsätze geachtet.

---

788 EuGH, verb. Rs. C-241 u. 242/91 P, Slg. 1995, I-743 (Rn. 58) – RTE u. ITP/Kommission („Magill").

789 EuGH, Rs. C-418/01, Slg. 2004, I-5039 – IMS Health.

790 EuGH, verb. Rs. C-154/04 u. 155/04, Slg. 2005, I-6451 (Rn. 126) – Alliance for Natural Health u. a. m.w.N.; erstmals genannt in Rs. 4/73, Slg. 1974, 491 (Rn. 13 f.) – Nold; jüngst EuG, Rs. T-68/08, Slg. 2011, II-349 (Rn. 143) – FIFA/Kommission m.w.N.

791 S. EuGH, Rs. C-418/01, Slg. 2004, I-5039 (Rn. 48) – IMS Health für den Fall der Zwangslizenzierung über Art. 102 AEUV; s. auch Rs. C-479/04, Slg. 2004, I-8089 (Rn. 65) – Laserdisken ApS.

792 Zum Ganzen *Koikkara*, Der Patentschutz und das Institut der Zwangslizenz in der Europäischen Union, 2010, S. 38 f.

793 Vgl. *Kingreen*, in: Calliess/Ruffert, EUV/AEUV, 4. Aufl. 2011, Art. 6 EUV Rn. 5.

4. *Eigentumsrecht in der EGRC*

Die gewährleisteten Teilrechte des Eigentumsrechts nach Art. 17 EGRC nennt Art. 17 Abs. 1 S. 1 EGRC. In Art. 17 Abs. 1 S. 2 EGRC ist der Eigentumsentzug geregelt und in Art. 17 Abs. 1 S. 3 EGRC die Möglichkeit, die Eigentumsnutzung gesetzlich vorzugeben. Dies verdeutlicht, dass das Eigentumsrecht nicht losgelöst von seiner gesellschaftlichen Funktion gewährleistet wird, was bereits in der Rechtssache *Nold*[794] Beachtung fand. Eigentumsrechte müssen immer in ihren Auswirkungen auf das Allgemeinwohl betrachtet werden, was die verbürgten Rechte gleichzeitig beschränkbar macht.[795] Art. 17 Abs. 1 S. 2 und 3 EGRC manifestieren damit die Sozialbindung des Eigentums.[796] Die nähere Ausgestaltung des Eigentumsbegriffs folgt erst aus weiteren Konkretisierungen in Gesetzesform, weswegen man von einem normativen Schutzbereich spricht.[797]

Der eigentumsrechtliche Schutz von Immaterialgütern wird mit Art. 17 Abs. 2 EGRC ausdrücklich festgelegt. Aus den Erläuterungen zur EGRC lässt sich ein weites Verständnis herleiten. Nicht nur literarische oder künstlerische Werke, sondern auch Patente und Marken sowie sonstige verwandte Schutzrechte sind erfasst.[798] Art. 52 Abs. 7 EGRC und Art. 6 Abs. 1 UAbs. 3 EUV legen fest, dass die Erläuterungen zur EGRC gebührend berücksichtigt werden müssen. Art. 17 Abs. 2 EGRC selbst ist wohl eher von symbolischem Charakter, um die zunehmende Bedeutung von Immaterialgüterrechten im Wirtschaftsverkehr zu unterstreichen.[799] Immaterialgüterrechte im Sinne des Art. 17 Abs. 2 EGRC sind in gleicher Weise wie materielles Eigentum geschützt und die in Art. 17 Abs. 1 EGRC aufgestellten Maßgaben gelten entsprechend.[800]

---

794 EuGH, Rs. 4/73, Slg. 1974, 491 – Nold. Zu möglichen Einschränkungen aus Gründen des öffentlichen Interesses und des Allgemeinwohls a.a.O. (Rn. 14).

795 EuGH, Rs. 347/03, Slg. 2005, I-3785 (Rn. 119) – ERSA; s. auch EuG, Rs. T-65/98, Slg. 2003, II-4653 (Rn. 170) – van den Bergh Foods m.w.N. aus der Rspr.

796 *Depenheuer*, in: Tettinger/Stern, Kölner Gemeinschaftskommentar zur Europäischen Grundrechte-Charta, 2006, Art. 17 EGRC Rn. 7.

797 *Calliess*, in: ders./Ruffert, EUV/AEUV, 4. Aufl. 2011, Art. 17 EU-GRCharta Rn. 1; ebenfalls hierzu *ders.*, in: Ehlers, Europäische Grundrechte und Grundfreiheiten, 3. Aufl. 2009, § 16.4 Rn. 14.

798 Erläuterungen zur Charta der Grundrechte, Erläuterung zu Art. 17, ABl. 2007 C 303, S. 17 (23).

799 *Streinz*, in: ders., EUV/AEUV, 2. Aufl. 2012, Art. 17 GR-Charta Rn. 24.

800 Erläuterungen zur Charta der Grundrechte, Erläuterung zu Art. 17, ABl. 2007 C 303, S. 17 (23).

Da die EGRC aufgrund von Art. 6 Abs. 1 EUV primärrechtlichen Status genießt, ist Art. 17 EGRC umfassend von allen Unionsorganen zu berücksichtigen.[801] Enteignungen dürfen allenfalls im öffentlichen Interesse gegen Entschädigung und auf gesetzlicher Grundlage durchgeführt werden.[802] Für Nutzungsregelungen im Sinne des Art. 17 Abs. 1 S. 3 EGRC liegt die Hürde niedriger und es reicht ein Allgemeinwohlbezug.[803] Als weitere Grenze dürfen Eingriffe der Unionsorgane das Eigentumsrecht nicht in seinem Wesensgehalt antasten und müssen verhältnismäßig sein.[804]

II. Vertragsfreiheit im Unionsrecht

Die Vertragsfreiheit ist kein eigens in der EGRC genanntes Grundrecht, sondern kann je nach Konstellation dem Schutzbereich der Berufsfreiheit im Sinne des Art. 15 EGRC oder dem der unternehmerischen Freiheit im Sinne des Art. 16 EGRC unterfallen.[805] Darüber hinaus ist sie in gefestigter Rechtsprechung als allgemeiner Rechtsgrundsatz des Unionsrechts anerkannt.[806]

Im Anwendungsbereich des Art. 102 AEUV finden sich viele Fälle, in denen der Marktmachtmissbrauch auf zivilrechtliche Verträge zurückzuführen ist und auf welche sich dementsprechend die Abstellungsmaßnahmen der Kommission beziehen. Hiervon zeugen auch die Regelbeispiele in Art. 102 AEUV. Des Weiteren betreffen die in den Durchsetzungsprioritäten (2009) genannten Behinderungsmissbräuche (Ausschließlichkeitsbindungen, Rabatte, Kampfpreise, Kopplung und Bündelung, die Kosten-Preis-Schere sowie die Lieferverweigerung als Ausdruck der negativen Vertragsfreiheit) solche Fälle, in denen bestimmten Vertragsmodalitäten eine horizontal marktverschließende Wirkung beigemessen wird.

801 *Weber*, EuZW 2008, 7 (8).

802 *Depenheuer*, in: Tettinger/Stern, Kölner Gemeinschaftskommentar zur Europäischen Grundrechte-Charta, 2006, Art. 17 EGRC Rn. 61 ff.

803 *Depenheuer*, in: Tettinger/Stern, Kölner Gemeinschaftskommentar zur Europäischen Grundrechte-Charta, 2006, Art. 17 EGRC Rn. 17.

804 EuGH, Rs. C-548/09 P, Urt. v. 16.11.2011 (Rn. 114) – Bank Melli Iran m.w.N. aus der Rspr.; Rs. 44/79, Slg. 1979, 3727 (Rn. 23) – Hauer.

805 Hierzu s. *Frenz*, Europarecht 4, 2009, Rn. 2702 f.; s. auch Erläuterungen zur Charta der Grundrechte, Erläuterung zu Art. 16, ABl. 2007 C 303, S. 17 (23).

806 Erläuterungen zur Charta der Grundrechte, Erläuterung zu Art. 16, ABl. 2007 C 303, S. 17 (23) unter Verweis auf EuGH, Rs. 151/78, Slg. 1979, 1 (Rn. 19) – Sukkerfabriken Nykoebing; Rs. C-240/97, Slg. 1999, I-6571 (Rn. 99) – Spanien/Kommission.

1. *Vertragsfreiheit als allgemeiner Rechtsgrundsatz*

Die Vertragsfreiheit ist eine Ausprägung der für den Abschluss zivilrechtlicher Verträge relevanten Partei- und Privatautonomie und fand als allgemeiner Rechtsgrundsatz in diesem Kontext in der Rechtsprechung bereits in einigen Urteilen Anklang.[807] Dies geschah mit dem Urteil *IMS-Health*[808] explizit auch für einen Fall der Lizenzverweigerung gemäß Art. 102 AEUV.[809] Die Wettbewerbsregeln bilden insofern eine äußere Grenze der Vertragsfreiheit und können diese einschränken.[810] Ursprünglich entwickelte der EuGH die unternehmerische Freiheit, zu welcher die Vertragsfreiheit zu zählen ist, und ihre zahlreichen Synonyme (z. B. wirtschaftliche Betätigungsfreiheit bzw. Handlungsfreiheit oder Unternehmerfreiheit)[811] aus der Berufsfreiheit.[812] Der Schutzumfang oder eine gefestigte Kasuistik hat sich bisweilen nicht herausgebildet.[813]

2. *Vertragsfreiheit in der EGRC*

Der Bezug zur Berufsfreiheit dürfte für Unternehmen mit Art. 16 EGRC an Bedeutung verlieren.[814] Die terminologischen Unebenheiten vereint Art. 16 EGRC

---

807 *F. Schmidt*, Die unternehmerische Freiheit im Unionsrecht, 2010, S. 131 m.w.N. aus der Rspr.

808 EuGH, Rs. C-418/01, Slg. 2004, I-5039 – IMS Health.

809 EuGH, Rs. C-418/01, Slg. 2004, I-5039 (Rn. 48) – IMS Health unter Verweis auf die Schlussanträge von *GA Tizzano*, Rs. C-418/01, Slg. 2004, I-5039 (Rn. 62) – IMS Health.

810 So *GA Kokott*, EuGH, Rs. C-441/07 P, Slg. 2010, I-5949 (Rn. 231) – Alrosa/Kommission.

811 *Frenz*, Europarecht 4, 2009, Rn. 2654; *Nowak*, in: Heselhaus/Nowak, Handbuch der Europäischen Grundrechte, 2006, § 31 Rn. 2.

812 EuGH, Rs. C-90/90 u. 91/90, Slg. 1991, I-3617 (Rn. 13) – Jean Neu u. a. unter Verweis auf Rs. 44/79, Slg. 1979, 3727 (Rn. 31 ff.) – Hauer und Rs. 265/87, Slg. 1989, 2237 (Rn. 15) – Schräder; hierzu näher *Schwier*, Der Schutz der „Unternehmerischen Freiheit“ nach Art. 16 der Charta der Grundrechte der Europäischen Union, 2007, S. 108 ff.

813 In Bezug auf die unternehmerische Freiheit *Schwier*, Der Schutz der „Unternehmerischen Freiheit“ nach Art. 16 der Charta der Grundrechte der Europäischen Union, 2007, S. 110 m.w.N.; zur fehlenden abstrakten Definition der Berufsfreiheit durch den EuGH s. *Hilf/Hörmann*, NJW 2003, 1 (5) m.w.N.; s. dazu auch *Nowak*, in: Heselhaus/Nowak, Handbuch der Europäischen Grundrechte, 2006, § 31 Rn. 26 f.

814 Ausf. hierzu *Nowak*, in: Heselhaus/Nowak, Handbuch der Europäischen Grundrechte, 2006, § 31 Rn. 2 ff., 21 ff., nach welchem der EuGH die unternehmerische Freiheit stets eher als Teilaspekt der Berufsfreiheit aufgefasst habe.

nunmehr unter dem Begriff der unternehmerischen Freiheit.[815] Der Wortlaut des Art. 16 EGRC sowie der Verweis auf das Unionsrecht und die mitgliedstaatlichen Rechtsvorschriften geben Anlass zur Frage, ob diese Regelung überhaupt subjektiv-rechtlichen Schutz entfaltet. Hierbei ist allerdings zu berücksichtigen, dass die unternehmerische Freiheit in der individualschützenden Berufsfreiheit wurzelt. Es handelt sich daher bei Art. 16 EGRC um ein einklagbares Recht und nicht lediglich um einen Grundsatz im Sinne des Art. 52 Abs. 5 EGRC.[816] Geschützt sind auch Unternehmen aus Drittstaaten und juristische Personen.[817] Zudem geht die Annahme fehl, die unternehmerische Freiheit könne, da sie dem Wortlaut nach nur „anerkannt" werde, einfacher als andere Grundrechte eingeschränkt werden. Die Beschränkung der unternehmerischen Freiheit und damit der Vertragsfreiheit muss sich wie die eines jeden anderen Grundrechts am Verhältnismäßigkeitsgrundsatz im Sinne des Art. 52 Abs. 1 EGRC messen lassen,[818] in welchem ebenfalls von anerkannten Rechten die Rede ist.[819] Zudem darf der Wesensgehalt gemäß Art. 52 Abs. 1 EGRC nicht angetastet werden.[820] Der Schutzgehalt des Art. 16 EGRC ist genauso wie bei Art. 17 EGRC auch weiterhin gemäß Art. 6 Abs. 3 EUV in Zusammenschau mit den in der Rechtsprechung entwickelten allgemeinen Rechtsgrundsätzen zu ermitteln.[821]

III. Wettbewerbsfreiheit

Aus den Erläuterungen zur EGRC folgt, dass Art. 16 EGRC freien Wettbewerb gewährleistet. In diesem Zusammenhang wird auf die ordnungspolitischen Grundsätze in Art. 119 Abs. 1 und 3 AEUV Bezug genommen, in welchen die Wettbewerbsfreiheit als grundlegende Systementscheidung enthalten ist. Die Erläuterungen bleiben insofern jedoch eine Antwort darauf schuldig, ob

815 Vgl. Erläuterungen zur Charta der Grundrechte, Erläuterung zu Art. 16, ABl. 2007 C 303, S. 17 (23); zum Ganzen *Frenz*, Europarecht 4, 2009, Rn. 2655.

816 Zum Ganzen *Jarass*, Charta der Grundrechte der Europäischen Union, 2010, Art. 16 EGRC Rn. 2.

817 *Blanke*, in: Tettinger/Stern, Kölner Gemeinschaftskommentar zur Europäischen Grundrechte-Charta, 2006, Art. 16 EGRC Rn. 15.

818 Erläuterungen zur Charta der Grundrechte, Erläuterung zu Art. 16, ABl. 2007 C 303, S. 17 (23).

819 Zum Ganzen *Blanke*, in: Tettinger/Stern, Kölner Gemeinschaftskommentar zur Europäischen Grundrechte-Charta, 2006, Art. 16 EGRC Rn. 2, unter Verweis auf die a. A. von *Schwarze*, EuZW 2001, 517 (519), und *Grabenwarter*, DVBl 2001, 1 (5).

820 EuG, Rs. T-52/09, Slg. 2011, II-8133 (Rn. 88 f.) – Nycomed Danmark ApS.

821 Vgl. *Kingreen*, in: Calliess/Ruffert, EUV/AEUV, 4. Aufl. 2011, Art. 6 EUV Rn. 5.

die Wettbewerbsfreiheit im Sinne des Art. 16 EGRC einen eigenständigen grundrechtlichen Schutzgegenstand hat.[822]

Ein subjektiv einklagbares Recht auf ein Einschreiten der Kommission bei Wettbewerbsverstößen gemäß Art. 101 ff. AEUV besteht nicht.[823] Hätte einer derartigen Schutzpflicht mit den Grundrechten eine Brücke geschlagen werden sollen, müsste sich dies jedenfalls im Wortlaut des Art. 16 EGRC niederschlagen.[824] Grundrechte sind primär Abwehrrechte gegenüber hoheitlicher Gewalt und es stellt sich darüber hinaus die Frage, ob es einer eigenständig subjektiv-rechtlich verbürgten Wettbewerbsfreiheit überhaupt bedarf. Wettbewerb verwirklicht sich hauptsächlich über seine Einzelkomponenten wie die Vertrags- bzw. wirtschaftliche Handlungsfreiheit und den Eigentumsschutz. Diese sind bereits unmittelbar über Art. 16 ff. EGRC geschützt. Wenn sich eine hoheitliche Maßnahme als Eingriff in diese Rechte einordnen lässt, bedarf es keiner eigenständigen Gewährleistung der Wettbewerbsfreiheit mehr. Neben den nicht eindeutigen Ausführungen in den Erläuterungen zur EGRC spricht dies gegen eine individualrechtliche Bedeutung der Wettbewerbsfreiheit.[825] Allenfalls wenn sich eine Gefahr für die Wettbewerbsfreiheit einzelner Unternehmen derart verdichtet, dass ein Einschreiten unerlässlich wird und quasi eine Ermessensreduzierung auf Null im Hinblick auf die Verwirklichung individueller Freiheitsrechte eintritt, könnte man an eine Schutzpflicht denken.[826] Im Unionsrecht finden sich hierfür zwar keine direkten Anhaltspunkte. Denkbar wäre eine solche Schutzpflicht aber z. B. in Fällen, wie sie § 21 GWB im deutschen Kartellrecht nennt. Dieser enthält auch für nicht marktbeherrschende Unternehmen geltende Verbote, wie das Boykottverbot in § 21 Abs. 1 oder das Verbot in 21 Abs. 4 GWB, einem anderen Unternehmen wirtschaftliche Nachteile zuzufügen, weil es sich an die Kartellbehörden gewandt hat. Es ist jedoch wenig wahrscheinlich, dass eine so drastisch

---

822 *Bernsdorff*, in: Meyer, Charta der Grundrechte der Europäischen Union, 3. Aufl. 2011, Art. 16 Rn. 14; für einen subjektiv-rechtlichen Schutzgehalt *Blanke*, in: Tettinger/Stern, Kölner Gemeinschaftskommentar zur Europäischen Grundrechte-Charta, 2006, Art. 16 EGRC Rn. 11.

823 Ausf. zum Aufgreifermessen o. 2. Kapitel, § 1 C. II. 1. b).

824 Vgl. gegen eine subjektiv-rechtliche Verbürgung der Wettbewerbsfreiheit *Frenz*, Europarecht 4, 2009, Rn. 2715.

825 So *Frenz*, Europarecht 4, 2009, Rn. 2711 ff.

826 *Frenz*, Europarecht 4, 2009, Rn. 2767 ff., unter Hinweis darauf, dass die Schutzpflicht ausgelöst wird, wenn ein unabdingbarer Mindeststandard konkrete Maßnahmen erfordert.

missbräuchliche Verhaltensweise vonstatten geht, ohne dass die Kommission bereits aus eigenen Stücken oder wegen einer Beschwerde einschreitet.

IV. Schlussfolgerungen für die Zwangslizenzierung gemäß Art. 102 AEUV

Der Eigentumsschutz ist ebenso wie die Vertragsfreiheit ein fester Bestandteil der europäischen Grundrechtsordnung. Dies belegen die EGRC und die EMRK. Als allgemeine Rechtsgrundsätze gehören sie zudem zum richterrechtlichen Bestand des Unionsrechts.

In den auf Kommissionsentscheidungen beruhenden Urteilen in Zwangslizenzfällen gemäß Art. 102 AEUV wurden bisweilen weder das Eigentumsrecht noch die Vertragsfreiheit in ihrem individualschützenden Gehalt berücksichtigt. Zwar erfolgte in der Rechtssache *Magill*[827] ein Hinweis auf die Angemessenheit und Erforderlichkeit. Allerdings ist diese nicht näher geprüft worden und es kam zu keiner individualrechtsbezogenen Abwägung.[828]

Für das Vorabentscheidungsverfahren *IMS-Health*[829]gilt dies nicht so eindeutig. Die Richter wiesen darauf hin, dass die wirtschaftliche Handlungsfreiheit und das Eigentumsrecht eines Inhabers von Immaterialgüterrechten mit der Wettbewerbsfreiheit abgewogen werden müssen, wenn eine Zwangslizenz über Art. 102 AEUV verhängt wird.[830] Der Abwägungsaspekt legt eine Angemessenheitsprüfung nahe.[831] Bezugspunkt waren also die individuellen Interessen des Schutzrechtsinhabers im Hinblick auf seine wirtschaftliche Handlungsfreiheit und den Eigentumsschutz. Zu beachten ist jedoch, dass es sich bei der Entscheidung *IMS-Health* um ein Vorabentscheidungsverfahren handelte, in welchem der EuGH gemäß Art. 267 Abs. 1 AEUV lediglich die Auslegung des Wettbewerbsrechts

827 EuGH, verb. Rs. C-241 u. 242/91 P, Slg. 1995, I-743 – RTE u. ITP/Kommission („Magill“).

828 EuGH, verb. Rs. C-241 u. 242/91 P, Slg. 1995, I-743 (Rn. 93 f.) – RTE u. ITP/Kommission („Magill“). Diese Stelle verweist auf EuG, Rs. T-76/89, Slg. 1991, II-575 (Rn. 81) – ITP/Kommission. Hier wurde jedoch ebenfalls keine separate Abwägung der betroffenen Interessen durchgeführt, sondern auf die Prüfung der Abstellungsverfügung und eine damit einhergehende implizite Verhältnismäßigkeit der Maßnahme abgestellt.

829 EuGH, Rs. C-418/01, Slg. 2004, I-5039 – IMS Health.

830 EuGH, Rs. C-418/01, Slg. 2004, I-5039 (Rn. 48) – IMS Health.

831 Ein positives Beispiel in diesem Sinne ist das Urteil EuG, Rs. T-170/06, Slg. 2007, II-2601 (Rn. 98 ff.; 112 ff.) – Alrosa/Kommission. Allerdings wurde diese Entscheidung durch EuGH, Rs. 441/07 P, Slg. 2010, 5949 – Alrosa/Kommission wieder aufgehoben; Hierzu *Hennig*, ZWeR 2010, 440 (449 f.); *Klees*, WuW 2009, 374 (379); *Frenz/Ehlenz*, EWS 2010, 305 (307).

und nicht dessen Anwendung durch die nationalen Wettbewerbsbehörden überprüft. Der EuGH verwies darauf, dass die Einschränkung der individuellen Interessen des Schutzrechtsinhabers gerechtfertigt sein kann, wenn ansonsten „die Entwicklung des Marktes zum Nachteil der Verbraucher verhindert“[832] würde, ohne eine konkrete Richtung vorzugeben. Weshalb auf diesen die individuellen Interessen beachtenden Maßstab nicht explizit auch in den Fällen hingewiesen wurde, in welchen die Kommission eine Zwangslizenz gemäß Art. 102 AEUV verhängte, ist schwer nachvollziehbar.

Die Neugestaltung des Art. 6 EUV spricht gegen eine Vernachlässigung der Grundrechte und des Verhältnismäßigkeitsgrundsatzes in Wettbewerbssachen.[833] Dies gilt insbesondere für Art. 102 AEUV, da Abstellungsmaßnahmen gemäß Art. 7 VO (EG) Nr. 1/2003 von den betroffenen Unternehmen jegliches Tun und Unterlassen verlangen können. Im Einzelfall sind extreme Eingriffe die Folge. Insbesondere wenn ein Tun verlangt wird und damit eine Handlungspflicht besteht, erzeugt dies zum Teil einen sehr hohen Aufwand mit enormen Rechtsunsicherheiten beim betroffenen Unternehmen im Hinblick auf die Einhaltung der jeweiligen Pflicht.[834]

Darüber hinaus ist die von der Kommission verfolgte Ausrichtung des Wettbewerbsrechts am Verbraucherwohl in Zusammenschau mit der europäischen Wettbewerbs- und Grundrechtsordnung kritisch zu würdigen.[835] Die individuelle Vertragsfreiheit und die Freiheit, mit seinem Eigentum so wie beliebt verfahren zu dürfen, endet nach einem am Freiheitsparadigma ausgerichteten Wettbewerbsverständnis dort, wo die Freiheit der anderen Marktteilnehmer bedroht ist. Dies entspräche ganz den ordoliberalen Wurzeln der europäischen Wettbewerbsregeln.[836] Obwohl kein subjektiv-öffentliches Recht auf Schutz vor wettbewerbswidrigen Verhaltensweisen besteht, sondern lediglich die Beschwerdemöglichkeit gemäß Art. 7 Abs. 2 VO (EG) Nr. 1/2003, schützt die Durchsetzung des wettbewerbsrechtlichen Ordnungsrahmens mittelbar die individuelle Freiheit der Marktteilnehmer. Jedes Nichteingreifen der Kommission sollte in seiner belastenden Wirkung für die Freiheitssphäre anderer Marktteilnehmer bewertet werden, ansonsten läuft die Gewährung der grundrechtlich verbürgten Handlungsfreiheit ins Leere. Ein allein auf die verbraucherwohlbezogenen

832 EuGH, Rs. C-418/01, Slg. 2004, I-5039 (Rn. 48) – IMS Health.

833 Vgl. hierzu ausf. u. 2. Kapitel, § 2 A.

834 Vgl. zum *Microsoft (II)*-Fall u. 3. Kapitel, § 3.

835 *Dreher*, WuW 2008, 23 (25).

836 Hierzu *Strohm*, International unterschiedliche Eingreifkriterien im Wettbewerbsrecht und ökonomische Konsequenzen, 2006, S. 3 f.

Auswirkungen einer Verhaltensweise und nicht auf die mit ihr einhergehenden Freiheitsbeschränkungen abstellende Ausübung des Aufgreifermessen verkennt dies. Die wirtschaftliche Handlungsfreiheit der Wettbewerber ist ebenfalls abwägungsrelevant und sollte auch in ihrem individualschützenden Gehalt stärker berücksichtigt werden.[837]

C. Ergebnis

Die Kommission betont in den Durchsetzungsprioritäten (2009), dass gerade Lieferverweigerungs- und Lizenzverweigerungsfälle einer besonders sorgfältigen Abwägung bedürfen.[838] Sie bezieht sich dabei auf wettbewerbstheoretische Erwägungen hinsichtlich der Investitions- und Innovationsanreize marktbeherrschender Unternehmen und ihrer Wettbewerber. Damit berücksichtigt die Kommission zugleich implizit den Eigentumsschutz und die Vertragsfreiheit als marktwirtschaftliche Institutionen. Den gesellschaftlichen Ordnungsrahmen bildet indes auch die Grundrechtsordnung ab. Die Möglichkeit der Selbstverwirklichung im persönlichen (Wohlstands-)Streben hat verfassungsmäßigen Eigenwert und das tatsächliche gesellschaftliche Wohl ist nicht lediglich die aggregierte Gesamtsumme des sozialen Nutzens im Sinne der wohlfahrtsökonomischen Effizienz.[839] Die Vertragsfreiheit und der Eigentumsschutz sind aus diesem Grund nicht nur als institutionelle Systemgarantien des wirksamen Wettbewerbs zu beachten, sondern in ihrer grundrechtlichen Bedeutung. Allerdings muss dies nicht zwingend mit einem stärkeren Schutz der marktbeherrschenden Unternehmen einhergehen. Die Freiheitssphäre der Wettbewerber ist ebenfalls entscheidend, wenn sie durch missbräuchliche Verhaltensweisen eingeschränkt wird. Es handelt sich letztendlich um ein Konkordanzproblem, das im Einklang mit dem institutionellen Schutz der Wettbewerbsfreiheit als „Ausgleich von Freiheitsräumen" zu lösen ist.[840]

---

837 S. *Drexl*, Wettbewerbsverfassung, in: von Bogdandy/Bast, Europäisches Verfassungsrecht, 2. Aufl. 2009, S. 905 (953).

838 Näher hierzu Durchsetzungsprioritäten (2009), Rn. 75, unter Verweis auf EuGH, verb. Rs. C-241 u. 242/91 P, Slg. 1995, I-743 (Rn. 50) – RTE u. ITP/Kommission („Magill"); Rs. C-418/01, Slg. 2004, I-5039 (Rn. 35) – IMS Health; EuG, Rs. T-201/04, Slg. 2007, II-3601, (Rn. 319, 330 bis 332, 336) – Microsoft.

839 *Dreher*, WuW 2008, 23 (25), nennt dies im Hinblick auf die europäische Wettbewerbs- und Grundrechtsordnung „eine zu Unrecht noch nicht erörterte Frage".

840 Hierzu und zum Vorgenannten *Drexl*, Wettbewerbsverfassung, in: von Bogdandy/Bast, Europäisches Verfassungsrecht, 2. Aufl. 2009, S. 905 (953 f.).

In diesem Sinne ist der Ansatz zu überdenken, mit welchem der Gerichtshof der EU es ablehnt, Kommissionsentscheidungen in Wettbewerbssachen strenger zu kontrollieren. Die stetige Betonung, es handele sich bei der Anwendung des Art. 102 AEUV um weitgehend gerichtsfeste komplexe wirtschaftliche Sach- und nicht um Rechtsfragen, ist auch vor diesem Hintergrund zweifelhaft.[841] Es stellt sich die Frage, ob dies bei einer stärker grundrechtlich geprägten Perspektive weiterhin haltbar wäre oder ob die Richter nicht doch dazu angehalten sind, eine Verhältnismäßigkeitsprüfung mit eigenen Erwägungen in der Sache anzustellen.[842] Viele der anderen Mitgliedstaaten verfügen über keine so ausgeprägte Grundrechtsdogmatik wie die deutsche Rechtsordnung und andere Verfassungstraditionen sehen Grundrechte eher als objektives Gut an.[843] Es bleibt daher abzuwarten, ob sich eine solche Sichtweise durchsetzen kann. Die Aufwertung des Grundrechtsschutzes über Art. 6 EUV (insbesondere Art. 6 Abs. 1 EUV) könnte eine solche Entwicklung anstoßen.[844]

Eine stärker an Grundrechten orientierte Rechtskontrolle von Unionsmaßnahmen schlug bereits in der Entscheidung *Schecke*[845] durch, in welcher der Unionsgesetzgeber einer strengen Verhältnismäßigkeitskontrolle unterworfen wurde. In diesem Urteil wurden Eingriffe in Art. 7 und 8 EGRC durch Teile der VO (EG) 1290/2005[846] sowie die VO (EG) 259/2008[847] festgestellt und diese

---

841 St. Rspr., EuGH, Rs. 56/64 u. 58/64, Slg. 1966, 321 (396) – Consten u. Grundig/Kommission; Rs. 71/74, Slg. 1975, 563 (Rn. 43) – Frubo/Kommission; Rs. 42/84, Slg. 1985, 2545 (Rn. 34) – Remia u. a./ Kommission; Rs. C-12/03 P, Slg. 2005, I-987 (Rn. 39) – Tetra Laval/Kommission; Rs. C-525/04 P, Slg. 2007, I-9947 (Rn. 56 f.) – Spanien; Rs. C-389/10, Urt. v. 8.12.2011 (Rn. 118 ff.) – KME/Kommission; EuG, Rs. T-201/04, Slg. 2007, II-3601 (Rn. 649, 665) – Microsoft/Kommission.

842 Hierzu u. 4. Kapitel, § 5.

843 Z. B. in Frankreich hat diese Sichtweise eine lange Tradition, die sich allerdings im Wandel befindet, hierzu *Kühling*, Die Kommunikationsfreiheit als europäisches Gemeinschaftsgrundrecht, 1999, S. 252 ff.; *ders.*, in: von Bogdandy/Bast, Europäisches Verfassungsrecht, 2009, S. 657 (672 f.), sieht allg. vor dem Hintergrund der nicht überall in der EU ausgeprägten Grundrechtsdogmatik und Schutztradition die ausdifferenzierte Rspr. des EGMR als einen gemeinsamen Anhaltspunkt für die Grundrechtsdogmatik der Union.

844 Vgl. *Drexl*, Wettbewerbsverfassung, in: von Bogdandy/Bast, Europäisches Verfassungsrecht, 2. Aufl. 2009, S. 905 (953).

845 EuGH, Rs. C-92/09 u. 93/09, Slg. 2010, I-11063 – Schecke u. a.

846 VO (EG) Nr. 1290/2005 über die Finanzierung der Gemeinsamen Agrarpolitik, ABl. 2005 L 209, S. 1 ff.

847 VO (EG) Nr. 259/2008 mit Durchführungsbestimmungen zur Verordnung Nr. 1290/2005 des Rates hinsichtlich der Veröffentlichung von Informationen über die Empfänger von

insofern für ungültig erklärt.[848] Eine strengere Grundrechtsprüfung wäre insgesamt mehr als wünschenswert und würde die Fundierung der Wettbewerbsregeln in den Freiheitsrechten stärker herausstellen. Jedenfalls entspricht es einer auf Grundrechten beruhenden Wertegemeinschaft, dass Eingriffe in Grundrechte gerechtfertigt werden müssen und dass dies gerichtlich überprüfbar ist.

Spätestens im Hinblick auf die Rechtsprechungsentwicklung im Rahmen des Art. 9 VO (EG) Nr. 1/2003 kann der Umgang mit grundrechtsrelevanten Eingriffen systematisch als defizitär eingestuft werden. Die Verhältnismäßigkeit von Verpflichtungszusagen gemäß Art. 9 VO (EG) Nr. 1/2003 wird lediglich im Hinblick auf die verschiedenen vom betroffenen Unternehmen eingereichten Verpflichtungszusagen überprüft, ohne dass die Kommission eigene darüber hinausgehende Erwägungen einbeziehen müsste.[849] Wenn ein Unternehmen z. B. keine zeitliche Beschränkung für eine Verpflichtungszusage vorschlägt, sollte die Kommission aus Gründen der Verhältnismäßigkeit veranlasst sein, eine solche Klausel von Amts wegen dennoch mit aufzunehmen.[850] Dies gilt umso mehr, verdeutlicht man sich, dass Verpflichtungszusagen auch Dritte betreffen. Ein Beispiel sind die Verpflichtungszusagen von Rambus. Diese folgten auf Wettbewerbsbedenken der Kommission im Hinblick auf möglicherweise missbräuchlich hohe Lizenzgebühren gemäß Art. 102 AEUV für Patente, die Rambus in einen technischen Standard eingebracht hatte. Das Verfahren wurde eingestellt, nachdem sich Rambus auf konkrete Lizenzgebühren festlegte, welche die Kommission als wettbewerbsrechtlich unbedenklich einstufte. Hiergegen klagte das Unternehmen Hynix Semiconductors, gestützt auf die Ansicht, dass die Verpflichtungszusagen nicht der Verhältnismäßigkeit entsprächen und die Kommission ihr

Mitteln aus dem Europäischen Garantiefonds für die Landwirtschaft (EGFL) und dem Europäischen Landwirtschaftsfonds für die Entwicklung des ländlichen Raums (ELER), ABl. 2008 L 76, S. 28 ff.

848 S. EuGH, Rs. C-92/09 u. 93/09, Slg. 2010, I-11063 (Rn. 76 ff., insb. 80, 83) – Schecke u. a.

849 Kritisch *Hennig*, ZWeR 2010, 440 (449 f.); *Klees*, WuW 2009, 374 (379); *Frenz/Ehlenz*, EWS 2010, 305 (307).

850 Vgl. indes EuGH, Rs. C-441/07 P, Slg. 2010, I-5949 (Rn. 48) – Alrosa/Kommission: „Die Unternehmen, die Verpflichtungszusagen auf der Grundlage des Art. 9 der Verordnung Nr. 1/2003 anbieten, nehmen bewusst hin, dass ihre Zusagen über das hinausgehen können, wozu sie von der Kommission in einer gem. Art. 7 der Verordnung nach eingehender Prüfung getroffenen Entscheidung verpflichtet werden könnten".

Ermessen missbraucht habe.[851] Die Klage ist jedoch nicht mehr anhängig, weil sich mittlerweile Hynix Semiconductors und Rambus außergerichtlich geeinigt haben. Auf diesem Wege ist leider eine mit Spannung erwartete gerichtliche Entscheidung sowohl in Bezug auf die Frage der Missbräuchlichkeit von Patenthinterhalten gemäß Art. 102 AEUV als auch in Bezug auf Art. 9 VO (EG) Nr. 1/2003 ausgeblieben.[852] Zumindest in Bezug auf die Lizenzierung standardessentieller Patente kann mittelfristig mit einer weiteren gerichtlichen Entscheidung gerechnet werden. Das LG Düsseldorf legte dem EuGH im März 2013 gemäß Art. 267 AEUV Fragen zur Vorabentscheidung vor, die sich auf die Art und Weise des Lizenzangebots bei standardessentiellen Patenten im Anwendungsbereich des Art. 102 AEUV beziehen.[853]

§ 3 Zusammenfassung

Die europäische Wettbewerbsverfassung steht gemäß Art. 3 Abs. 3 S. 1 EUV im Dienste des Binnenmarktziels. Wertungswidersprüche zwischen Grundfreiheiten und Wettbewerbsregeln sind nicht vorgesehen.[854] Die Wettbewerbsregeln zielen in ständiger Rechtsprechung darauf ab, den Wettbewerb als Institution zu schützen, was über den Schutz seiner Struktur und Prozesse erreicht werden soll.[855] Dieser Ansatz basiert auf der Grundentscheidung für ein marktwirtschaftliches System. Dabei kommt es gar nicht auf eine speziell angestrebte Struktur an, wie etwa bei den Wettbewerbstheorien vom funktionsfähigen Wettbewerb in der Tradition der Harvard School. Die Wettbewerbsstruktur muss lediglich

---

851 KOME, 9.12.2009, COMP/38.636 – Rambus, ABl. 2010 C 30, S. 17 f. Hiergegen reichte ein Wettbewerber am 25.3.2010 Klage ein, EuG, Rs. T-148/10 – Hynix Semiconductor/Kommission, ABl. 2010 C 148, S. 41 f.

852 *Lamadrid*, Cases that never will be (I) – Hynix (Case T-148/10), http://chillingcompetition.com/?s=hynix.

853 EuGH, Rs. C-170/13 – Huawei Technologies, ABl. 2013 C 215, S. 5.

854 S. bereits o. 2. Kapitel, § 1 B. II., zu EuGH, verb. Rs. C-403/08 u. 429/08, Slg. 2011, I-9083 – Football Association Premier League u.a sowie EuG, Rs. T-68/08, Slg. 2011, II-349 – FIFA/Kommission u. a.; *GA Kokott*, EuGH, Rs. C-403/08 u. 429/08, Slg. 2011, I-9083 (Rn. 249) – Football Association Premier League u. a.; *dies.*, EuGH, Rs. C-169/08, Slg. 2009, I-10821 (Rn. 134 f.) – Presidente del Consiglio dei Ministri/Regione autonoma della Sardegna für Wertungen der Grundfreiheiten und des Beihilfenrechts.

855 EuGH, Rs. C-202/07 P, Slg. 2009, I-2369 (Rn. 103, 105) – France Télécom/Kommission, unter Verweis auf Rs. 6-72, Slg. 1973, 215 (Rn. 26) – Continental Can/Kommission und Rs. 322/81, Slg. 1983, 3461 (Rn. 57) – Michelin/Kommission.

funktionierende Wettbewerbsprozesse ermöglichen,[856] was die konzeptionelle Ausrichtung des Wettbewerbsschutzes an der wirtschaftlichen Handlungsfreiheit untermauert. Die Handlungsfreiheit und der Eigentumsschutz sind zentrale Elemente des freien Wettbewerbs und für diesen konstitutiv.[857] Hieraus folgt die systemtheoretische Fundierung der europäischen Wettbewerbsverfassung.[858] Würde man den Wert des Wettbewerbs als freiheitssichernde Institution in Frage stellen, müsste man darüber hinaus zugleich aufgrund der funktionellen Verknüpfung den freiheitssichernden Charakter des Binnenmarktziels anzweifeln. Dies spricht gegen einen zu starken Einfluss binnenmarktfremder Unionsziele oder die Überbetonung ökonomischer Effizienz auf Kosten der Wettbewerbsfreiheit. Nach dem grundlegend systemtheoretischen Verständnis stehen wohlfahrtsökonomische Effizienz und Wettbewerbsfreiheit jedoch regelmäßig gar nicht in Widerspruch zueinander. Wettbewerbsfreiheit ist vielmehr ein Garant dafür, dass der dezentrale Steuerungsmechanismus des Wettbewerbs einen effizienten Markt generiert und den Wohlstand mehrt. Eine funktionierende Wettbewerbsstruktur mit freien Wettbewerbsprozessen verwirklicht sich nur, wenn marktbeherrschende Unternehmen unter Wettbewerbsdruck stehen. Die wirtschaftliche Handlungsmacht der Marktteilnehmer ist hierfür entscheidend und selbst weniger effiziente Wettbewerber als das marktbeherrschende Unternehmen üben Wettbewerbsdruck aus und können sich durch Netzwerk- oder Lerneffekte zu effizienten Wettbewerbern entwickeln.[859]

Die Kommission betont zwar in besonderem Maße, dass das Wettbewerbsrecht zum Wohle der Verbraucher durchgesetzt werden müsse. Dieses Ziel soll allerdings lediglich mittelbar über den Schutz des Wettbewerbs als Institution erreicht werden. Die Auswirkungen verschiedener Verhaltensweisen können anhand systemtheoretischer Mustervorhersagen und gegebenenfalls hinreichend valider quantitativer ökonomischer Studien untersucht werden. Unwägbarkeiten sind in Anbetracht der limitierten Aussagekraft ökonomischer Schlussfolgerungen aber

---

856 S. EuG, Rs. T-19/92, Slg. 1996, II-1851 (Rn. 113) – Groupement d'achat Edouard Leclerc/Kommission; EuGH, Rs. 26/76, Slg. 1977, 1875 (Rn. 20) – Metro/Kommission.

857 *Immenga*, EuZW 2010, 601.

858 Vgl. zur begrenzten Relevanz der Chicago School of Antitrust für den europäischen Wettbewerbsschutz aufgrund des Binnenmarktziels *Wurmnest*, Marktmacht und Verdrängungsmissbrauch, 2. Aufl. 2012, S. 86 f., unter Verweis auf die Ausführungen des ehemaligen Wettbewerbskommissars *Brittan*, European Competition Policy, 1991, S. 3 f.

859 Zu diesen Effekten u. 3. Kapitel, § 2 A. IV. 2.

nicht zu vermeiden und die Ungewissheit ist ein notwendiges Übel.[860] Eine tendenziell überschießende oder zurückhaltende Wettbewerbsaufsicht in Zweifelsfällen (Fehler erster und zweiter Art[861]) ist normativ nicht anzustreben,[862] sofern man die Durchsetzung der Wettbewerbsregeln an der Handlungsfreiheit der Marktteilnehmer ausrichtet. Die überschießende Durchsetzung würde Marktbeherrscher systematisch in der Ausübung ihrer Freiheitsrechte beschränken, eine zurückhaltende Durchsetzung hingegen würde den Schutz der Freiheit der Wettbewerber vernachlässigen. Das Freiheitsparadox[863] bildet den Rahmen für funktionierende Marktprozesse ab. Es kann nicht durch eine systematische Bevorzugung der Freiheitssphäre marktbeherrschender Unternehmen oder der ihrer Wettbewerber gelöst werden. Auch ein stärkerer Bezug auf das Verbraucherwohl vermag dies nicht zu erreichen.

Den individuellen Freiheitsrechten kommt dabei nicht nur eine funktionelle Rolle für die Marktwirtschaft und den wirksamen Wettbewerb zu, sondern sie weisen auch einen verfassungsrechtlich eigenständigen Schutzgehalt auf. Dieser schlägt sich in den Grundrechten nieder. Die Wettbewerbsfreiheit sollte in diesem Sinne nicht bloß formal dem Zweck funktionierender Marktprozesse dienen, sondern als über die Grundrechte materialisierte Freiheit und zum Schutz des Schwachen vor dem Starken bestehen.[864] Im Hinblick auf Kommissionsentscheidungen nach Art. 102 AEUV sollte eine grundrechtliche Verhältnismäßigkeitsprüfung erfolgen, in Zusammenschau mit einer ökonomisch fundierten Analyse der Auswirkungen auf die Freiheitssphäre aller unmittelbar und mittelbar betroffenen Marktteilnehmer. Für Wettbewerber eines marktbeherrschenden Unternehmens folgt hieraus jedoch zugleich, dass über Art. 7 Abs. 2 VO (EG) Nr. 1/2003 hinaus kein eigenständig aus den Grundrechten ableitbares subjektiv-öffentliches Recht auf ein Einschreiten der Wettbewerbsbehörden besteht. Dies beruht darauf, dass keine einklagbaren Schutzpflichten gegenüber den Verhaltensweisen privater Dritter (in Fällen des Art. 102 AEUV gegenüber marktbeherrschenden Unternehmen) bestehen.

---

860 *Budzinski*, Modern Industrial Economics: Open Problems and Possible Limits, in: Drexl/Kerber/Podszun, Competition Policy and the Economic Approach, 2011, S. 111 (118).

861 Hierzu o. 2. Kapitel, § 1 C. V. 1.

862 So in Bezug auf die Schnittstelle von Immaterialgüter- und Wettbewerbsrecht *Heinemann*, GRUR 2006, 705 (713).

863 S. hierzu *Drexl*, Die wirtschaftliche Selbstbestimmung des Verbrauchers, 1998, S. 110.

864 Vgl. zu dieser Differenzierung *Drexl*, Die wirtschaftliche Selbstbestimmung des Verbrauchers, 1998, S. 102 f.

3. Kapitel: Missbräuchliche Lizenzverweigerung gemäß Art. 102 AEUV

Es finden sich zwar ausdrückliche Regelungen für die Zwangslizenzierung von Immaterialgüterrechten in verschiedenen Bereichen des Unionsrechts. Diese stellen jedoch nicht auf die Marktstellung eines Rechteinhabers oder die Auswirkungen auf den Wettbewerb ab, sondern auf die Bedeutung für den jeweiligen Politikbereich. So befindet sich in Art. 17 EAGV eine spezielle Regelung zur Zwangslizenzierung im Bereich der friedlichen Nutzung der Kernenergie. Eine sekundärrechtliche Regelung enthält die VO (EG) Nr. 816/2006[865] in Bezug auf Medikamente. Aus diesen Bestimmungen lassen sich keine grundlegenden Rückschlüsse auf wettbewerbsrechtliche Fälle gemäß Art. 102 AEUV ableiten. Es kommt vielmehr auf die betroffene Sachmaterie an, aus welcher zumindest mittelbar Wertungen auf Art. 102 AEUV übertragen werden können.[866] Die einzelnen Unionsziele sind über den ihnen zugewiesenen Regelungsrahmen im Primärrecht zu verwirklichen. Dies ergibt sich bereits aus der Aufteilung in die einzelnen Politikbereiche und ist nicht zuletzt eine Frage der Kompetenzverteilung zwischen Union und Mitgliedstaaten im Sinne der Art. 3 ff. AEUV. Einer systematischen Korrektur überschießender Immaterialgüterrechte über das Wettbewerbsrecht ist damit ebenfalls der Weg verbaut, da diese nicht über die Wettbewerbsregeln, sondern vornehmlich über die Rechtsangleichung gemäß Art. 118 AEUV unionsrechtlich ausgestaltet werden sollen. Das Kohärenzgebot in Art. 7 AEUV und sein vager Gehalt ändern diese Einschätzung nicht. Den Wettbewerbsregeln immanente Wertungen können hingegen schon eher übertragen werden. So etwa von Art. 101 AEUV auf Art. 102 AEUV.[867]

---

865 VO (EG) Nr. 816/2006 über Zwangslizenzen für Patente an der Herstellung von pharmazeutischen Erzeugnissen für die Ausfuhr in Länder mit Problemen im Bereich der öffentlichen Gesundheit, ABl. 2006 L 157, S. 1.

866 Beachte. Im *Microsoft*-Fall wurden Wertungen des Dekompilierungsrechts gem. Art. 6 ComputerprogrammRL in Bezug auf die Zwangslizenz einbezogen, hierzu u. 3. Kapitel, § 2 B. III. 2. a).

867 EuGH, Rs. 6–72, Slg. 1973, 215 (Rn. 25) – Continental Can/Kommission; *Heinemann*, Immaterialgüterschutz in der Wettbewerbsordnung, 2002, S. 432.

§ 1 Grundlagen

Die Zwangslizenzierung von Immaterialgüterrechten über Art. 102 AEUV knüpft an den Schutz des wirksamen Wettbewerbs auf Produktmärkten an. Deswegen betont die Rechtsprechung, dass ein Unternehmen nicht bereits deswegen gegen die Wettbewerbsregeln verstößt, weil es von seinen Immaterialgüterrechten Gebrauch macht. Es müssen vielmehr außergewöhnliche Umstände hinzutreten.[868] Trotz dieser vermeintlichen Sonderstellung sind die allgemeinen Grundsätze des Art. 102 AEUV auch auf immaterialgüterrechtliche Sachverhaltskonstellationen anwendbar. Dies entspricht dem komplementären Verhältnis von Wettbewerbs- und Immaterialgüterrecht und den zugrunde liegenden ökonomischen Wertungen beider Sachgebiete.[869]

A. Schutzzweck

Der Zweck des Art. 102 AEUV besteht darin, marktbeherrschenden Unternehmen die Möglichkeit zu nehmen, ihre Machtstellung wettbewerbswidrig auszunutzen.[870] Der Unternehmensbegriff ist identisch mit dem des Art. 101 AEUV und erfasst „jede eine wirtschaftliche Tätigkeit ausübende Einheit, unabhängig von ihrer Rechtsform und der Art ihrer Finanzierung“[871]. Am Beispiel von Monopolpreisen lässt sich der Schutzzweck des Art. 102 AEUV besonders deutlich veranschaulichen: Auf einem Monopolmarkt besteht mangels Konkurrenzdruck kein funktionierender Preiswettbewerb, welchem der Monopolist unterworfen wäre. Monopolpreise spiegeln daher nicht den tatsächlichen Nutzenwert eines Produktes wider, sondern auch, dass die Abnehmer schlichtweg auf kein anderes Angebot ausweichen können. Insofern wird die marktbeherrschende Stellung selbst eingepreist und der Monopolist ist darüber hinaus auch nicht genötigt, seine Produktionsweise effizient zu gestalten. Er kann möglicherweise bestehende Ineffizienz bei der Herstellung und dem Vertrieb seines Produkts über einen höheren Preis einfach auf die Verbraucher abwälzen. Der Druck des funktionierenden Wettbewerbs und seine verhaltenskontrollierende Wirkung fehlen. Dies

868 EuG, Rs. T-201/04, Slg. 2007, II-3601 (Rn. 332) – Microsoft/Kommission.

869 Grundlegend o. 1. Kapitel, § 4.

870 *Eilmannsberger*, in: Streinz, EUV/AEUV, 2. Aufl. 2012, Art. 102 AEUV Rn. 2.

871 EuGH, Rs. C-364/92, Slg. 1994, I-43 (Rn. 18) – Eurocontrol; Rs. C-55/96, Slg. 1997, I-7119 (Rn. 21) – Job Centre; m.w.N. aus der Rspr. *Jung*, in: Grabitz/Hilf/Nettesheim, Recht der EU, 43. EL 2011, Art. 102 AEUV Rn. 28 ff.

soll die wettbewerbsrechtliche Missbrauchskontrolle kompensieren, sofern ein missbräuchliches Verhalten vorliegt.[872]

Fehlender Wettbewerbsdruck lässt darüber hinaus die Innovationsbereitschaft marktbeherrschender Unternehmen sinken, da diese in der Regel nicht darauf angewiesen sind, sich über innovative Produkte einen Wettbewerbsvorsprung zu verschaffen. Für (potenzielle) Konkurrenten sind umgekehrt Investitionen in Forschung- und Entwicklung umso risikoreicher, je stärker die Position des marktbeherrschenden Unternehmens ist. Selbst wenn sie ein innovatives Produkt auf den Markt bringen, führt dies nicht automatisch zum Erfolg. Wie der *Microsoft*-Fall zeigt, gewinnt nicht immer das qualitativ bessere Produkt den Kampf um die Nachfrageseite, wenn andere Faktoren (im genannten Fall die Kompatibilität verschiedener Softwareprodukte) wichtiger sind. Der Wettbewerb auf Anbieterseite wird nicht allein anhand der angebotenen Leistungen geführt, sondern ist gerade im Technikbereich vielschichtiger und entspricht nicht in allen Belangen dem Bild des klassischen Leistungswettbewerbs.[873]

B. Marktmachtkorrektur durch die Wettbewerbsaufsicht

Die Kontrolle von Marktmachtmissbrauch gemäß Art. 102 AEUV ermöglicht es, die machtbedingten Vorteile marktbeherrschender Unternehmen zu kompensieren und einen funktionierenden „Als-ob-Wettbewerb" herzustellen und quasi zu simulieren. Nach diesem Konzept wird der Markt durch die Intervention der Wettbewerbsaufsicht offengehalten und dem Idealbild des wirksamen Wettbewerbs angenähert.[874] Auf diesem Wege sollen auch in vermachteten Marktstrukturen die positiven Auswirkungen des freien und unverfälschten Wettbewerbs zur Geltung kommen.

Allerdings löst im europäischen Wettbewerbsrecht eine marktbeherrschende Stellung allein noch keinen Handlungsbedarf der Kommission aus, anders als etwa nach Sec. 2 Sherman Act im US-Kartellrecht.[875] Der unionsrechtliche Ansatz generiert für jedes Unternehmen den Anreiz, sich gegenüber der Konkurrenz mit Mitteln des Leistungswettbewerbs eine herausgehobene Stellung zu

872 *Heinemann*, Immaterialgüterschutz in der Wettbewerbsordnung, 2002, S. 429; *Künzler*, Effizienz oder Wettbewerbsfreiheit?, 2008, S. 400.

873 Zum Rekurs auf den Leistungswettbewerb vgl. z.B. EuGH, Rs. C-457/10 P, Urt. v. 6.12.2012 (Rn. 74 ff.) – AstraZeneca/Kommission.

874 *Heinemann*, Immaterialgüterschutz in der Wettbewerbsordnung, 2002, S. 429 m.w.N. aus der Lit.

875 *Bechtold/Bosch/Brinker/Hirsbrunner*, EG-Kartellrecht, 2. Aufl. 2009, Art. 82 EGV Rn. 1.

erarbeiten, ohne dass sie eine staatliche Korrektur der Marktstruktur befürchten müssten. Die marktbeherrschende Stellung muss nämlich stets mit einer missbräuchlichen Verhaltensweise zusammentreffen, welche den wirksamen und unverfälschten Wettbewerb auf dem Binnenmarkt beeinträchtigt.[876] Das Verhalten marktbeherrschender Unternehmen wird damit über Art. 102 AEUV strengeren Vorgaben unterworfen als das der Konkurrenz. Ihnen kann ein Verhalten verboten sein, welches Wettbewerbern erlaubt ist. Die Rechtsprechung begründet dies damit, dass Marktbeherrscher eine besondere Verantwortung für den Wettbewerb tragen.[877]

C. Verbotscharakter des Art. 102 AEUV

Es bedarf keiner behördlichen oder gerichtlichen Entscheidung, damit das Verbot in Art. 102 AEUV wirkt. Die unmittelbare und direkte Anwendbarkeit führt vielmehr dazu, dass der Missbrauch einer marktbeherrschenden Stellung ipso iure verboten ist.[878] Dies zeigt Art. 1 Abs. 3 VO (EG) Nr. 1/2003. Über die ordnungsrechtliche Dimension im engeren Sinne hinaus zieht dieses Verbot verschiedenste zivilrechtliche Folgen auf nationaler Ebene nach sich (etwa in Deutschland die Nichtigkeit eines Rechtsgeschäfts gemäß § 134 BGB und Anspruch auf Schadensersatz nach § 823 Abs. 2 BGB; allgemein bestehen Unterlassungs-, Beseitigungs- und Schadensersatzansprüche).[879] Die unmittelbare Nichtigkeit von zivilrechtlichen Verträgen ist Ausfluss des effet utile[880] und komplettiert die allgemeinwohldienliche abschreckende Wirkung der europäischen Wettbewerbsregeln.[881] Hier zeigt sich eine parallele zu den Grundfreiheiten, deren subjektiv-rechtlicher Gehalt ebenfalls zuvorderst der praktischen Wirksamkeit im Dienste des Binnenmarktziels geschuldet ist.

---

876 EuGH, Rs. 322/81, Slg. 1983, 3461 (Rn. 57) – Michelin/Kommission; EuG, Rs. T-201/04, Slg. 2007, II-3601 – Microsoft/Kommission.

877 St. Rspr., s. z. B. EuGH, Rs. C-52/09, Slg. 2011, I-527 (Rn. 24) – Konkurrensverket; Rs. C-202/07 P, Slg. 2009, I-2369 (Rn. 104) – France Télécom/Kommission; Rs. 322/81, Slg. 1983, 3461 (Rn. 57) – Michelin/Kommission.

878 *Bechtold/Bosch/Brinker/Hirsbrunner*, EG-Kartellrecht, 2. Aufl. 2009, Art. 82 EGV Rn. 4.

879 Zu Schadensersatzklagen *Roth*, WRP 2013, 257 (261 f.); allg. *Weiß*, in: Calliess/Ruffert, EUV/AEUV, 4. Aufl. 2011, Art. 102 AEUV, Rn. 74; *Heinemann*, Immaterialgüterschutz in der Wettbewerbsordnung, 2002, S. 429.

880 S. EuGH, Rs. C-295 bis 298/04, Slg. 2006, I-6619 (Rn. 57) – Manfredi u. a.

881 Allg. zum effet utile hinsichtlich der öffentlich-rechtlichen und zivilrechtlichen Durchsetzung der europäischen Wettbewerbsregeln *Roth*, WRP 2013, 257 (261 ff.).

§ 2 Tatbestand

Dem Wortlaut nach verbietet Art. 102 AEUV Unternehmen den Missbrauch einer beherrschenden Stellung auf dem Binnenmarkt oder eines wesentlichen Teil desselben. Dies muss zudem den Handel zwischen den Mitgliedstaaten beeinträchtigen. Auch die Zwangslizenzierung von Immaterialgüterrechten setzt wie alle anderen Konstellationen daher zunächst voraus, dass eine marktbeherrschende Stellung vorliegt.

A. Marktbeherrschende Stellung auf dem Binnenmarkt

In Art. 102 AEUV ist bewusst nicht näher definiert, wann eine beherrschende Stellung auf dem Binnenmarkt vorliegt, um die Norm offen für neue Entwicklungen zu halten und eine dynamische Auslegung zu ermöglichen.[882] Als autonomer Begriff des Unionsrechts bleibt die Ausgestaltung der europäischen Rechtsprechung und der Behördenpraxis überlassen, ohne dass nationale Maßstäbe beachtet werden müssten.[883]

I. Ausgangspunkt: Definition der Rechtsprechung

Der Gerichtshof der EU und die Kommission haben auf Grundlage des Art. 102 AEUV eine fest etablierte Definition der marktbeherrschenden Stellung geschaffen. Eine solche liegt vor, wenn die wirtschaftliche Machtstellung eines Unternehmens dieses in die Lage versetzt, die Aufrechterhaltung des wirksamen Wettbewerbs auf dem relevanten Markt zu verhindern. Das Unternehmen muss dafür die Möglichkeit haben, sich gegenüber seinen Wettbewerbern, Abnehmern und letztendlich auch den Verbrauchern in nennenswertem Umfang unabhängig zu verhalten.[884] Diese Definition der Rechtsprechung ist derart gefestigt, dass sie „quasi gesetzlichen Charakter“[885] hat. Obwohl der Grundansatz vornehmlich auf die Anbieterseite abzielt, ist es auch denkbar, dass marktbeherrschende Nachfrager gegen Art. 102 AEUV verstoßen.[886]

---

882 S. zum Ganzen *Fuchs/Möschel*, in: Immenga/Mestmäcker, Wettbewerbsrecht, Bd. 1 EU/Teil 1, 5. Aufl. 2012, III. Abschnitt, Art. 102 AEUV Rn. 73.

883 *Frenz*, Europarecht 2, 2006, Rn. 1160.

884 Zurückgehend auf EuGH, Rs. 27/76, Slg. 1978, 207 (Rn. 63/66) – United Brands.

885 *Bulst*, in: Langen/Bunte, Bd. 2, 11. Aufl. 2010, Art. 82 EGV Rn. 33.

886 Durchsetzungsprioritäten (2009), Rn. 18; näher zu dieser Thematik *Böni/Palzer*, RIW 2012, 528 (528 ff.). A.a.O. (533) darauf hinweisend, dass die Ausrichtung am Verbraucherwohl die Kartellrechtsdurchsetzung gegenüber missbräuchlicher Ausübung von

Marktbeherrschende Unternehmen sind nicht in vollem Umfang den Marktprozessen unterworfen und können sich den ökonomischen Zwängen des wirksamen Wettbewerbs entziehen. Es besteht kein hinreichender Wettbewerbsdruck.[887] Sie haben die Möglichkeit, z. B. überhöhte Monopolpreise zu Lasten der Verbraucher zu verlangen. Auch die Möglichkeit, kleinere, jedoch ebenso effiziente Konkurrenten vom Markt drängen zu können, zeugt von fehlendem Wettbewerbsdruck.[888] Die positiven Auswirkungen des wirksamen Wettbewerbs für das Allgemeinwohl bleiben aus.

II. Marktmachtkonzept

Die marktbeherrschende Stellung eines Unternehmens kann nur in Zusammenschau mit dem relevanten Produktmarkt ermittelt werden, da die Größe eines Unternehmens keine eigenständigen wettbewerbsrechtlichen Bedenken auslöst.[889] Die wirtschaftliche Machtstellung auf einem konkreten Markt ist entscheidend. Nicht relevant ist die wirtschaftliche Handlungsmacht, die sich auf verschiedene Produktmärkte verteilt, ohne dass das Unternehmen auf den einzelnen Märkten zugleich eine beherrschende Stellung einnehme würde. Solche Unternehmen unterliegen noch den Zwängen des funktionierenden Wettbewerbs auf den einzelnen Märkten. Damit kommt der Marktabgrenzung eine entscheidende Rolle zu, anhand welcher in einem weiteren Schritt die Marktposition des Unternehmens identifiziert werden kann.[890] Eine wirtschaftliche Beurteilung der Sachlage ist unumgänglich,[891] selbst wenn die Preis- und Grenzkostenanalyse eines Unternehmens allein zur Beurteilung wirtschaftlicher Macht nicht ausreicht.[892] Solche Analysen dienen jedoch als Hilfsmittel der rechtlichen Subsumtion und liefern

---

Nachfragemacht bisweilen vernachlässigt; *de Bronett*, in: Wiedemann, Kartellrecht, 2. Aufl. 2008, Art. 82 EGV Rn. 11 m.w.N. aus der Rspr.

887 Durchsetzungsprioritäten (2009), Rn. 10.

888 Zum sog. as efficient competitor test vgl. o. 2. Kapitel, § 1 C. III. 3.

889 EuGH, Rs. 85/76, Slg. 1979, 461 (Rn. 47) – Hoffmann-La Roche/Kommission; Rs. 322/81, Slg. 1983, 3461 (Rn. 37) – Michelin/Kommission.

890 *Bartl*, Immaterialgüterrechtliche Marktzutrittsschranken im System des Art. 82 EG, 2005, S. 52.

891 Vgl. EuG, Rs. T-504/93, Slg. 1997, II-923 (Rn. 102) – Tiercé Ladbroke/Kommission m.w.N.

892 Näher *Jung*, in: Grabitz/Hilf/Nettesheim, Recht der EU, 43. EL 2011, Art. 102 AEUV Rn. 33.

Indizien für Marktmacht.[893] In dieser Funktion erbringen sie einen wichtigen Beitrag zur Sachverhaltsermittlung.[894]

III. Marktabgrenzung

Der relevante Markt ist sachlich und räumlich sowie in seltenen Fällen auch zeitlich abzugrenzen.[895] Ohne die Marktabgrenzung kann es nicht gelingen, die wirtschaftliche Machtstellung eines Unternehmens im Hinblick auf seine Konkurrenten zu ermitteln. Für die Marktabgrenzung sind die Nachfragesubstituierbarkeit, die Angebotssubstituierbarkeit sowie der potenzielle Wettbewerb auf dem relevanten Markt von Bedeutung. Erst wenn der Markt ermittelt ist, kann in einem weiteren Schritt die wirtschaftliche Machtstellung eines Unternehmens in Relation zu diesem Markt festgestellt werden.[896]

1. Sachlich relevanter Markt

Die Nachfragesubstituierbarkeit betrifft die Möglichkeit, aus Verbrauchersicht ein Produkt durch ein anderes zu ersetzen. Wie schnell ein Unternehmen seine Produktion von einem Erzeugnis auf ein anderes umstellen kann, legt die Angebotssubstituierbarkeit fest.[897] Der potenzielle Wettbewerb beschreibt die Möglichkeit, dass Unternehmen in einen Markt eintreten oder etablierte Wettbewerber Marktanteile hinzugewinnen.[898] Wenn keine hohen Marktzutrittsbarrieren bestehen oder zwischen verschiedenen Märkten hohe Synergieeffekte vorliegen und Unternehmen von anderen Märkten mit wenig Aufwand auf den

---

893 Vgl. Bekanntmachung der Kommission über die Definition des relevanten Marktes im Sinne des Wettbewerbsrechts der Gemeinschaft, ABl. 1997 C 372, S. 5 Rn. 37 ff., in Bezug auf Marktpreisanalysen wie das Kriterium der Kreuzpreiselastizität.

894 EuG, Rs. T-219/99, Slg. 2003, II-5917 (Rn. 103 f.) – British Airways/Kommission; Bekanntmachung der Kommission über die Definition des relevanten Marktes im Sinne des Wettbewerbsrechts der Gemeinschaft, ABl. 1997 C 372, S. 5 Rn. 41.

895 *Bechtold/Bosch/Brinker/Hirsbrunner*, EG-Kartellrecht, 2. Aufl. 2009, Art. 82 EGV Rn. 1; die zeitliche Komponente spielt in der Regel eine untergeordnete Rolle, *Brinker*, in: Schwarze, EU-Kommentar, 3. Aufl. 2012, Art. 102 AEUV Rn. 5; missbräuchliche Verhaltensweisen sind nur relevant für den Zeitraum, in welchem eine marktbeherrschende Stellung vorgelegen hat, s. EuGH, verb. Rs. 40 u. a./73, Slg. 1975, 1663 (Rn. 450) – Suiker Unie u. a./Kommission, worauf im weiteren Verlauf nicht näher eingegangen werden soll.

896 Bekanntmachung der Kommission über die Definition des relevanten Marktes im Sinne des Wettbewerbsrechts der Gemeinschaft, ABl. 1997 C 372, S. 5 Rn. 2.

897 EuGH, Rs. 6-72, Slg. 1973, 215 (Rn. 33) – Continental Can/Kommission.

898 S. EuGH, Rs. 6-72, Slg. 1973, 215 (Rn. 36) – Continental Can/Kommission.

relevanten Markt drängen können, ist der potenzielle Wettbewerb stark. Alle drei Faktoren ermöglichen es, unabhängig von den objektiven Eigenschaften eines Produkts oder einer Dienstleistung, die auf ein Unternehmen einwirkenden Wettbewerbskräfte und den Wettbewerbsdruck genauer zu bestimmen.[899]

Im europäischen Wettbewerbsrecht wird der sachlich relevante Markt zuvorderst anhand des Bedarfsmarktkonzepts bestimmt.[900] Den sachlich relevanten Markt bilden demnach alle Produkte oder Dienstleistungen, die aus Verbrauchersicht in Bezug auf ihren Verwendungszweck hinreichend austauschbar sind und einen gleichbleibenden Bedarf befriedigen.[901] Bieten Unternehmen ein in dieser Weise vergleichbares Produkt an, konkurrieren sie um denselben Kundenstamm, selbst wenn die einzelnen angebotenen Produkte nicht in jeder Hinsicht (z. B. in Bezug auf ihre technische Beschaffenheit[902]) identisch sein mögen.[903] Die Austauschbarkeit umfasst verschiedene Faktoren wie die Produktverfügbarkeit, die Qualität und den Preis sowie die Verbraucherpräferenzen.[904] Je flexibler die Nachfrager zwischen den einzelnen Angeboten wechseln können, desto größer ist der Wettbewerbsdruck. Eine umfassende Betrachtung aller nachfragerelevanten Parameter (z. B. Preis, Verfügbarkeit und Qualität) schließt aus, dass Güter mit vielfältigen Verwendungsmöglichkeiten in einem einzigen Produktmarkt zusammengefasst werden.[905] Anderenfalls wäre eine

---

899 Zum Ganzen s. Bekanntmachung der Kommission über die Definition des relevanten Marktes im Sinne des Wettbewerbsrechts der Gemeinschaft, ABl. 1997 C 372, S. 5 Rn. 13 ff.; vgl. auch EuG, Rs. T-340/03, Slg. 2007, II-107 (Rn. 78) – France Télécom/Kommission; *Bechtold/Bosch/Brinker/Hirsbrunner*, EG-Kartellrecht, 2. Aufl. 2009, Art. 82 EGV Rn. 6.

900 *Emmerich*, in: Dauses, Handbuch des EU-Wirtschaftsrechts, 27. EL 2010, H. I. § 3, Art. 102 AEUV Rn. 15; *Wurmnest*, Marktmacht und Verdrängungsmissbrauch, 2. Aufl. 2012, S. 270 ff.

901 EuGH, Rs. 6-72, Slg. 1973, 215 (Rn. 32) – Continental Can/Kommission; EuG, Rs. T-301/04, Slg. 2009, II-3155 (Rn. 48) – Clearstream/Kommission; s. auch Rs. T-340/03, Slg. 2007, II-107 (Rn. 78 ff.) – France Télécom/Kommission.

902 Vgl. z. B. EuGH, Rs. C-62/86, Slg. 1991, I-3359 (Rn. 52) – AKZO/Kommission.

903 Bekanntmachung der Kommission über die Definition des relevanten Marktes im Sinne des Wettbewerbsrechts der Gemeinschaft, ABl. 1997 C 372, S. 5 Rn. 13 ff.

904 *Bechtold/Bosch/Brinker/Hirsbrunner*, EG-Kartellrecht, 2. Aufl. 2009, Art. 82 EGV Rn. 7; *Brinker*, in: Schwarze, EU-Kommentar, 3. Aufl. 2012, Art. 102 AEUV Rn. 7 f.

905 EuG, Rs. T-340/03, Slg. 2007, II-107 (Rn. 79) – France Télécom/Kommission; s. hierzu auch *Jung*, in: Grabitz/Hilf/Nettesheim, Recht der EU, 43. EL 2011, Art. 102 AEUV Rn. 39.

marktbeherrschende Stellung nur schwer auszumachen und würde tendenziell übersehen.[906]

Ein wichtiges Indiz für die Austauschbarkeit von Produkten ist die Untersuchung der Kreuzpreiselastizität, welche über den SSNIP-Test bzw. hypothetischen Monopoltest untersucht wird. Erstmals in der *United Brands*-Entscheidung[907] herangezogen, betrifft sie die Analyse, ob Kunden bei einer geringfügigen aber bleibenden Erhöhung des relativen Preises auf leicht verfügbare Substitute ausweichen würden.[908] Geringfügig ist eine Änderung des Preises um 5 bis 10%.[909] Alle Produkte, auf welche die Verbraucher bei einer solchen Preiserhöhung ausweichen, gehören zum relevanten Markt, da von der Wechselwilligkeit auf eine vergleichbare Bedürfnisbefriedigung geschlossen werden kann.[910]

Zu bedenken ist jedoch die Möglichkeit, dass ein marktmächtiges Unternehmen bereits überhöhte Preise auf einem Produktmarkt verlangt. Dann führt schon eine sehr geringe Preiserhöhung dazu, dass die Nachfrager ein Produkt gar nicht mehr abnehmen und auf andere Produkte ausweichen, obwohl diese nur sehr bedingt dasselbe Bedürfnis befriedigen. Dies legt ein hohes Maß an Austauschbarkeit nahe und es werden viele Produkte in den Markt einbezogen. Der Produktmarkt wird dann sehr weit gefasst, was wiederum die Feststellung einer beherrschenden Stellung erschwert.[911] Der SSNIP-Test allein besitzt daher in solchen Fällen keine hinreichende Aussagekraft (sog. cellophane fallacy).[912]

---

906 Vgl. *Bulst*, in: Langen/Bunte, Bd. 2, 11. Aufl. 2010, Art. 82 EGV Rn. 37.

907 EuGH, Rs. 27/76, Slg. 1978, 207 (Rn. 23/33) – United Brands.

908 Hierzu *de Bronett*, in: Wiedemann, Kartellrecht, 2. Aufl. 2008, Art. 82 EGV Rn. 13; BKartA, Wettbewerbsschutz und Verbraucherinteressen im Lichte neuerer ökonomischer Methoden, 2004, S. 5; Bekanntmachung der Kommission über die Definition des relevanten Marktes im Sinne des Wettbewerbsrechts der Gemeinschaft, ABl. 1997 C 372, S. 5 Rn. 15.

909 Bekanntmachung der Kommission über die Definition des relevanten Marktes im Sinne des Wettbewerbsrechts der Gemeinschaft, ABl. 1997 C 372, S. 5 Rn. 17.

910 *Bechtold/Bosch/Brinker/Hirsbrunner*, EG-Kartellrecht, 2. Aufl. 2009, Art. 82 EGV Rn. 9; *Brinker*, in: Schwarze, EU-Kommentar, 3. Aufl. 2012, Art. 102 AEUV Rn. 8.

911 Zum Ganzen *Friederiszick*, Marktabgrenzung und Marktmacht, in: Schwarze, Recht und Ökonomie im Europäischen Wettbewerbsrecht, 2006, S. 29 (36 f.); *Bulst*, in: Langen/Bunte, Bd. 2, 11. Aufl. 2010, Art. 82 EGV Rn. 39, unter Verweis auf die US-Rechtsprechung im sog. Zellophan-Fall, United States v. E.I. du Pont de Nemour & Co., 351 US 377 (1956).

912 *De Bronett*, in: Wiedemann, Kartellrecht, 2. Aufl. 2008, Art. 82 EGV Rn. 13; *Friederiszick*, Marktabgrenzung und Marktmacht, in: Schwarze, Recht und Ökonomie im Europäischen Wettbewerbsrecht, 2006, S. 29 (37).

Ausgangspunkt kann deswegen nicht der tatsächliche Marktpreis zu einem bestimmten Zeitpunkt sein, sondern es muss ein hypothetischer Marktpreis zugrunde gelegt werden,[913] der z. B. anhand des Vergleichsmarktkonzepts ermittelt werden kann.[914] Dessen Festlegung ist jedoch mit den typischen Unsicherheiten preistheoretischer Analysen behaftet. Insbesondere für schnelllebige Märkte im IT- und Technikbereich lassen sich aufgrund der dynamischen Entwicklung nur schwer Preisentwicklungen analysieren. Neuere ökonomische Ansätze wie die Preiskorrelations- oder die Schockanalyse versuchen, dieses Defizit des SSNIP-Tests zu kompensieren.[915]

2. *Geographisch relevanter Markt*

Der räumlich relevante Markt umfasst das Gebiet, auf welchem ein Unternehmen seine Produkte und Dienstleistungen vertreibt. In dem eingegrenzten Gebiet müssen die Wettbewerbsbedingungen hinreichend homogen sein, so dass es sich von benachbarten Regionen abhebt.[916] Genauso wie bei der Abgrenzung des sachlich relevanten Marktes handelt es sich um eine wirtschaftliche Betrachtung anhand verschiedenster Parameter.[917] Ausgangspunkt der räumlichen Marktabgrenzung ist, inwiefern Nachfrager regional auf alternative Angebote ausweichen können.[918]

---

913 *Jung*, in: Grabitz/Hilf/Nettesheim, Recht der EU, 43. EL 2011, Art. 102 AEUV Rn. 42 m.w.N.

914 Vgl. hierzu in Zusammenhang mit der *Microsoft (II)*-Entscheidung u. 3. Kapitel, § 3 C. II.

915 *Friederiszick*, Marktabgrenzung und Marktmacht, in: Schwarze, Recht und Ökonomie im Europäischen Wettbewerbsrecht, 2006, S. 29 (32, Fn. 5).

916 EuGH, Rs. 27/76, Slg. 1978, 207 (Rn. 10) – United Brands.

917 *Jung*, in: Grabitz/Hilf/Nettesheim, Recht der EU, 43. EL 2011, Art. 102 AEUV Rn. 49. Exemplarisch auf nationale und regionale Präferenzen, das gegenwärtige Käuferverhalten, Produkt- und Markendifferenzierungen sowie weitere Angebotsfaktoren als Marktzutrittsbarrieren weist die Bekanntmachung der Kommission über die Definition des relevanten Marktes im Sinne des Wettbewerbsrechts der Gemeinschaft, ABl. 1997 C 372, S. 5 Rn. 29 f., hin; zur Bedeutung von Preisen und Marktanteilen näher *Brinker*, in: Schwarze, EU-Kommentar, 3. Aufl. 2012, Art. 102 AEUV Rn. 9.

918 Bekanntmachung der Kommission über die Definition des relevanten Marktes im Sinne des Wettbewerbsrechts der Gemeinschaft, ABl. 1997 C 372, S. 5 Rn. 29.

3. *Marktabgrenzung in Fällen der Lizenzverweigerung*

Auf die Zwangslizenzierung gemäß Art. 102 AEUV findet die Definition der marktbeherrschenden Stellung uneingeschränkt Anwendung.[919] Ein Immaterialgüterrecht bringt nicht in jedem Fall eine Monopolstellung mit sich,[920] da Wettbewerber auch mit eigenen innovativen Produkten um die gleiche Nachfrage konkurrieren können. Es bedarf einer sorgfältigen Marktabgrenzung, um die beherrschende Stellung festzustellen. Je stärker ein Patent- oder Urheberrecht den Substitutionswettbewerb einschränkt, desto stärker erhöht es den Beherrschungsgrad und ist marktrelevant. Die immaterialgüterrechtliche Schutzreichweite liefert Indizien für die Marktabgrenzung. Es darf jedoch nicht vernachlässigt werden, dass die Bestimmung der Schutzreichweite immaterialgüterrechtlichen Regeln folgt und nicht zwingend kongruent zur Wettbewerbsrelevanz läuft.[921]

a) Einteilung in Lizenz- und Produktmarkt

In der Rechtssache *Magill* wurde bereits im Rahmen der Feststellung der marktbeherrschenden Stellung zwischen einem Produkt- und einem Lizenzmarkt unterschieden, um dann auf dem Lizenzmarkt eine beherrschende Stellung anzunehmen.[922] Dieser Art der Marktabgrenzung (sog. Zwei-Märkte Konzept[923]) kommt eine Doppelfunktion zu und sie wird auch im weiteren Verlauf bei Prüfung der missbräuchlichen Verhaltensweise bedeutsam, so dass die Grenzen zwischen Marktabgrenzung, Marktmacht und missbräuchlicher Verhaltensweise in Zwangslizenzfällen erheblich verschwimmen. Der Lizenzmarkt ist der Markt, auf welchem die geschützte Idee bzw. das geschützte Wissen lizenzwilligen Dritten

---

919 S. EuGH, verb. Rs. C-241 u. 242/91 P, Slg. 1995, I-743 (Rn. 46 f.) – RTE u. ITP/Kommission („Magill").

920 EuGH, Rs. 24/67, Slg. 1968, 86 (112) – Parke, Davis and Co.; verb. Rs. C-241 u. 242/91 P, Slg. 1995, I-743 (Rn. 46) – RTE u. ITP/Kommission („Magill"); *Zech*, ZWeR 2011, 312 (315).

921 Näher *Bartl*, Immaterialgüterrechtliche Marktzutrittsschranken im System des Art. 82 EG, 2005, S. 57 f.

922 EuGH, verb. Rs. C-241 u. 242/91 P, Slg. 1995, I-743 (Rn. 47) – RTE u. ITP/Kommission („Magill"); in der *Microsoft*-Entscheidung wurde indes die beherrschende Stellung allein in Bezug auf die relevanten Produktmärkte analysiert, zwischen denen eine Hebelwirkung bestand, s. u. 3. Kapitel, § 2 A. IV. 4.

923 S. *Wielsch*, Zugangsregeln, 2008, S. 152 f.; *Brouwer*, An Improved Framework for Refusal to Supply Cases, 2005, S. 4.

zur Nutzung angeboten wird. Der Produktmarkt betrifft den Markt für die Produkte, in welchen die geschützte Lehre konkret zur Anwendung kommt.[924]

Um einen Lizenzmarkt anzunehmen, muss das geschützte Immaterialgut allerdings nicht tatsächlich vom Rechteinhaber zur Lizenzierung angeboten werden.[925] Es reicht aus, dass eine tatsächliche Nachfrage besteht.[926] Man spricht dann von einem hypothetischen bzw. potenziellen Markt, obschon es sich aus Sicht des Rechteinhabers lediglich um eine Produktionsstufe handelt.[927] Das Ausschließlichkeitsrecht bringt die Möglichkeit für den Rechteinhaber mit sich, zu entscheiden, ob und wie er das Immaterialgut verwerten will. Die Annahme eines separaten Marktes ohne ein tatsächliches Angebot durch den Rechteinhaber wandelt daher einen unternehmensintern genutzten Input rechtssystematisch in ein wettbewerbsrechtlich relevantes Produkt um.[928] Die unternehmerische Entscheidung, ein Produkt oder eine Dienstleistung nicht zu vermarkten, ist also unerheblich,[929] obwohl sie dem Grunde nach der Eigentumsfreiheit entspricht. Ist das Immaterialgut ein wirtschaftlich separierbares Produktionsgut, für welches es kein Substitut gibt, hält der Schutzrechtsinhaber eine marktbeherrschende Stellung auf dem Lizenzmarkt inne.[930] Die Lage auf dem Produktmarkt selbst ist nach diesem Konzept eigentlich nicht mehr von Bedeutung.

---

924 Denkbar wäre auch die Annahme eines Marktes für nicht geschützte Wissensgüter wie Know-how. *Zech*, ZWeR 2011, 312 (325), nennt diese Technologiemärkte, in Abgrenzung zu Lizenz- und Produktmärkten.

925 EuGH, Rs. C-418/01, Slg. 2004, I-5039 (Rn. 43 f.) – IMS Health; EuG, Rs. T-201/04, Slg. 2007, II-3601 (Rn. 335) – Microsoft/Kommission.

926 Kritisch hierzu unter Hinweis auf eine fehlgeleitete Korrektur der Marktstruktur zu Lasten marktbeherrschender Unternehmen *Brouwer*, An Improved Framework for Refusal to Supply Cases, 2005, S. 4 ff.; auf diesen verweisend *Wirtz*, in: Mäger, Europäisches Kartellrecht, 2. Aufl. 2011, Kap. 6 Rn. 118 Fn. 309.

927 EuGH, Rs. C-418/01, Slg. 2004, I-5039 (Rn. 45) – IMS Health; EuG, Rs. T-201/04, Slg. 2007, II-3601 (Rn. 335) – Microsoft/Kommission; vgl. auch *Wielsch*, EuZW 2005, 391 (393), der davon spricht, dass dem „Zwei-Märkte-Kriterium der Machttransfer-Dogmatik nur noch formal Genüge getan" werde, wenn ein hypothetischer Markt ausreiche.

928 *Wielsch*, Zugangsregeln, 2008, S. 163 ff., nennt dies eine „Desintegration der integrierten Produktion".

929 *Wielsch*, Zugangsregeln, 2008, S. 163 f., anhand von EuG, Rs. T-30/89, Slg. 1991, II-1439 – Hilti.

930 EuGH, verb. Rs. C-241 u. 242/91 P, Slg. 1995, I-743 (Rn. 47) – RTE u. ITP/Kommission („Magill").

aa) Bedingtheit von Marktabgrenzung und missbräuchlicher Verhaltensweise

Die Abgrenzung des Lizenzmarktes spielt sowohl für die nachfolgende Prüfung der marktbeherrschenden Stellung als auch für die Missbräuchlichkeit der Verhaltensweise eine entscheidende Rolle, weswegen dieser Aspekt in der Rechtsprechung bei allen Tatbestandsmerkmalen aufgegriffen wird. Ein Immaterialgut muss nämlich für die Annahme eines hypothetischen Lizenzmarktes für die Tätigkeit auf einem nachgelagerten (Produkt-)Markt unerlässlich sein. Dies ist jedoch zugleich eine der vier Voraussetzungen, um die Lizenzverweigerung als missbräuchlich im Sinne des Art. 102 AEUV einzustufen.[931] Es darf keinen adäquaten Ersatz für den benötigten Input geben bzw. die Entwicklung eines Ersatzes für das geschützte Immaterialgut muss wegen technischer, wirtschaftlicher oder rechtlicher Gründe unzumutbar sein.[932]

Die Tatsache, dass die Prüfung der beiden Tatbestandsmerkmale des Art. 102 AEUV (marktbeherrschende Stellung und missbräuchliche Verhaltensweise) in dieser Weise miteinander verknüpft ist, wirkt ein wenig befremdlich. Sie eröffnet der Feststellung einer marktbeherrschende Stellung jedenfalls einen weiten Spielraum.[933] Der Markt, auf welchem eine beherrschende Stellung vorliegt, und der Markt, auf welchem sich ein Unternehmen missbräuchlich verhält, müssen nicht identisch sein.[934] Über die Abgrenzung des Lizenzmarktes und die festgestellte Unerlässlichkeit des immaterialgüterrechtlichen Inputs gelangt man vor diesem Hintergrund ohne Weiteres zu einer marktbeherrschenden Stellung. Wenn die Kommission lediglich die marktbeherrschende Stellung auf dem Produktmarkt untersuchen würde, müssten alle sonstigen relevanten Faktoren mit einbezogen werden und der Nachweis der beherrschenden Stellung wäre umso schwieriger zu führen. Zudem sind Fälle denkbar, in denen es noch an einem Produktmarkt

---

931 Näher u. 3. Kapitel, § 2 B. III. zur Missbrauchsprüfung; s. auch EuGH, Rs. C-418/01, Slg. 2004, I-5039 (Rn. 44) – IMS Health; EuG, Rs. T-201/04, Slg. 2007, II-3601 (Rn. 335) – Microsoft/Kommission; *Hötte*, Die kartellrechtliche Zwangslizenz im Patentrecht, 2011, S. 62; *Klees*, in: Kilian/Heussen, Computerrechtshandbuch, 27. EL 2009, 1. Abschnitt, Teil 6 Rn. 51; vgl. zur Unterscheidung auch Kommission, Diskussionspapier (2005), Rn. 212.

932 EuGH, Rs. C-418/01, Slg. 2004, I-5039 (Rn. 28) – IMS Health unter Verweis auf Rs. C-7/97, Slg. 1998, I 7791 (Rn. 43 f.) – Bronner.

933 Für das Zwei-Märkte Konzept spricht sich *Bartl*, Immaterialgüterrechtliche Marktzutrittsschranken im System des Art. 82 EG, 2005, S. 61 aus.

934 Hierzu näher *Schröter*, in: von der Groeben/Schwarze, EUV/EGV, 6. Aufl. 2003, Art. 82 EGV Rn. 129.

fehlt, wie etwa bei patentierten, aber noch nicht in die tatsächliche Nutzung überführten Erfindungen (sog. Sperrpatente bzw. defensive Patentstrategien).[935] Dann kann es notwendig sein, allein anhand des hypothetischen Lizenzmarktes die marktbeherrschende Stellung zu analysieren.

bb) Microsoft-Entscheidung

In der *Microsoft*-Entscheidung machte die Kommission richtigerweise die marktbeherrschende Stellung nicht am Lizenzmarkt fest, sondern ermittelte sie auf den fallrelevanten Produktmärkten. Dies waren der Markt für Betriebssysteme für Client PCs und der für Arbeitsgruppenserver-Betriebssysteme.[936] Die Relevanz der Produktmärkte in diesem Fall zog sich wie ein roter Faden durch die Entscheidung und machte einen Rückgriff auf das Konstrukt des Lizenzmarktes entbehrlich, auch im Hinblick auf die Missbrauchsprüfung.

Diese Vorgehensweise legt es nahe (ebenso wie in der Entscheidung *IMS-Health*[937]), die marktbeherrschende Stellung nur hilfsweise in Bezug auf den Lizenzmarkt festzustellen. Dies trägt dazu bei, dass die Tatbestandsmerkmale des Art. 102 AEUV nicht über Gebühr ineinander übergreifen. Der Lizenzmarkt sollte wenn möglich erst bei der Prüfung der Unerlässlichkeit eines Immaterialguts für die Teilnahme am Wettbewerb und damit bei der Prüfung der missbräuchlichen Verhaltensweise Beachtung finden,[938] um Wiederholungen zu vermeiden.[939]

Umgekehrt kann in Zwangslizenzfällen die Marktabgrenzung und Berechnung der Marktanteile auf einem Markt auch erst bei der Prüfung der missbräuchlichen Verhaltensweise relevant werden, wenn die marktbeherrschende Stellung zuvor bereits auf einem anderen Markt festgestellt wurde. Im Hinblick auf den Ausschluss jeglichen Wettbewerbs als Missbrauchsvoraussetzung einer Lizenzverweigerung wurden in der *Microsoft*-Entscheidung dahingehend strittige Punkte erst bei der Verhaltensprüfung mit einbezogen. Dabei kam es nicht

---

935 *Zech*, ZWeR 2011, 312 (313 f.).

936 C(2004) 900 final, COMP/C-3/C-37.792, (Rn. 323, 429, 471 f., 523, 541) – Microsoft.

937 EuGH, Rs. C-418/01, Slg. 2004, I-5039 (Rn. 40, 42) – IMS Health.

938 Vgl. hierzu u. 3. Kapitel, § 2 B. III. 2. a); die Analyse des Lizenzmarktes an unterschiedlichen Prüfungsstandorten in der Rechtssache *Magill* auf der einen und den Rechtssachen *IMS-Health* und *Microsoft* auf der anderen Seite wird z. T. übersehen, wie etwa von *Hötte*, Die kartellrechtliche Zwangslizenz im Patentrecht, 2011, S. 61 ff.

939 Vgl. *Leistner*, ZWeR 2005, 138 (151).

einmal auf den Lizenzmarkt an, sondern auf die Hebelwirkung zwischen zwei Produktmärkten.[940]

Sowohl die Bedeutung des Zwei-Märkte Konzepts als auch die der Marktanteile bei der Prüfung der mutmaßlich missbräuchlichen Verhaltensweise zeigen die enge Verwobenheit von Marktabgrenzung, beherrschender Stellung und Missbrauchsprüfung in Zwangslizenzfällen.

b) Lehre vom partenaire obligatoire

Die marktbeherrschende Stellung müsste nicht per se am Produkt- oder Lizenzmarkt festgemacht werden, wenn man allein die wirtschaftliche Abhängigkeit von einem Handelspartner und damit eine (relativ) beherrschende Stellung ausreichen ließe (sog. Lehre vom partenaire obligatoire[941]). Allerdings würde dies den Anwendungsbereich des Art. 102 AEUV massiv erweitern. Das europäische Wettbewerbsrecht ist auf den Schutz der Wettbewerbsstruktur und der Wettbewerbsprozesse ausgerichtet. Der Wettbewerb als Institution wird von kleinen Unternehmen ohne objektiv herausgehobene Marktposition nicht erheblich gefährdet, auch wenn vereinzelt Handelspartner von diesen wirtschaftlich abhängig sein mögen.[942] Die Ausübung von Marktmacht wird also unter der Schwelle der marktbeherrschenden Stellung geduldet, was der Rechtssicherheit und Verwaltungseffizienz zuträglich ist,[943] auf Kosten der individuellen Handlungsfreiheit von Unternehmen, die von an sich nicht marktbeherrschenden Unternehmen abhängig sind.

c) Fazit

Bei der Lehre vom partenaire obligatoire handelt es sich zumeist lediglich um eine Abkürzung in der Prüfung, da die wirtschaftliche Abhängigkeit der Handelspartner in der Regel umso stärker ist, je größer die Marktanteile des beherrschenden Unternehmens sind.[944] Aus diesem Grund werden in der Regel die gleichen Ergebnisse wie nach dem Marktmachtkonzept erreicht. Für anders gelagerte

---

940 Ausf. hierzu sowie zur Rolle der Marktabgrenzung für die Missbrauchsprüfung u. 3. Kapitel, § 2 A. IV. 4.

941 Vgl. hierzu *Eilmannsberger*, in: Streinz, EUV/AEUV, 2. Aufl. 2012, Art. 102 AEUV Rn. 13, welcher dies insgesamt ablehnt; ebenfalls kritisch *Kaestner*, Missbrauch von Immaterialgüterrechten, 2005, S. 79 ff.

942 Zum institutions- und nicht individualschützenden Charakter der Art. 101 ff. AEUV bereits o. 2. Kapitel, § 1 B. I. 1.

943 So *Bulst*, in: Langen/Bunte, Bd. 2, 11. Aufl. 2010, Art. 82 EGV Rn. 42.

944 So *Frenz*, Europarecht 2, 2006, Rn. 1171.

Fälle, in denen eine wirtschaftliche Abhängigkeit einzelner Handelspartner besteht, die nicht mit einer marktbeherrschenden Stellung der Marktgegenseite einhergeht, ist der Wettbewerb als Institution nicht hinreichend gefährdet. Die wirtschaftliche Machtstellung eines Unternehmens muss also in Bezug auf die Gefährdung des wirksamen Wettbewerbs als Institution festgestellt werden.[945] Hier folgt der Schutz der individuellen Handlungsfreiheit nicht dem Schutz der institutionellen Handlungsfreiheit, sondern es liegt eine Systementscheidung zugunsten der Verwaltungseffizienz vor. Der Gerichtshof der EU folgt der Lehre vom partenaire obligatoire nicht. Zwar verwies die Rechtsprechung in einigen Entscheidungen auf die wirtschaftliche Abhängigkeit von (potenziellen) Handelspartnern. Dies geschah jedoch nicht, um die marktbeherrschende Stellung im Sinne des Art. 102 AEUV allein hierauf zu stützen, sondern um die Wirkung einer Monopolstellung herauszustellen,[946] wie die *Magill*-Entscheidung zeigt.[947] Damit bedingt die Abgrenzung in Lizenz- und Produktmarkt keine Marktabgrenzung im Sinne der Lehre vom partenaire obligatoire. Die Unerlässlichkeit des Inputs, welche die wirtschaftliche Abhängigkeit begründet, ersetzt nach der Rechtsprechung nicht die Marktabgrenzung zur Feststellung einer marktbeherrschenden Stellung.

4. *Bewertung*

Das Bedarfsmarktkonzept ist der zentrale Anknüpfungspunkt für die Marktabgrenzung und es stellt sich die Frage, welchen Mehrwert die Einteilung in Lizenz- und Produktmarkt auf Ebene der Marktabgrenzung mit sich bringt. Die Unerlässlichkeit eines (Lizenzmarkt-)Inputs für den Zutritt auf den Produktmarkt ist in den von der Rechtsprechung entschiedenen Lizenzverweigerungsfällen bereits ein Merkmal der missbräuchlichen Verhaltensweise. Insofern scheint dieses Merkmal im Rahmen der Marktabgrenzung nicht viel mehr als eine (vorgezogene) formalistisch wirkende Wiederholung.[948] Vor diesem Hintergrund ist die *Microsoft*-Entscheidung zu begrüßen, in welcher zunächst allein die Produktmärkte abgegrenzt wurden und auf diesen eine marktbeherrschende Stellung ausgemacht wurde. In der Regel richtet das Zwei-Märkte Konzept bei

---

945 S. *Brinker*, in: Schwarze, EU-Kommentar, 3. Aufl. 2012, Art. 102 AEUV Rn. 12, in Zusammenhang mit dem Marktbeherrschungsbegriff.

946 *Eilmansberger*, in: Streinz, EUV/AEUV, 2. Aufl. 2012, Art. 102 AEUV Rn. 13.

947 EuGH, verb. Rs. C-241 u. 242/91 P, Slg. 1995, I-743 (Rn. 47) – RTE u. ITP/Kommission („Magill"); s. auch Rs. C-413/01, Slg. 2004, I-5039 (Rn. 41 ff.) – IMS Health unter Verweis auf Rs. C-7/97, Slg. 1998, I-7791 (Rn. 34 ff.) – Bronner.

948 *Leistner*, ZWeR 2005, 138 (151).

der Marktabgrenzung zwar keinen Schaden an und mag rechtlich zu korrekten Ergebnissen führen. Allerdings sollte es nicht als zwingende Voraussetzung für Lizenzverweigerungsfälle angesehen werden. Dies würde die Wettbewerbskontrolle über Art. 102 AEUV für solche Fälle abschneiden, in denen keine Hebelwirkung zwischen einem Lizenz- und einem Produktmarkt besteht.[949] Zudem ist das Zwei-Märkte Konzept bei der Marktabgrenzung im Rahmen der Prüfung der marktbeherrschenden Stellung entbehrlich, wenn auf einem Produktmarkt bereits eine beherrschende Stellung ausgemacht werden kann.[950] Alternative Konzepte, die stärker auf die Bestreitbarkeit eines Marktes abstellen und weniger auf Marktanteile, erleichtern eine solche Feststellung, unabhängig von der Bedeutung des Lizenzmarktes. Umgekehrt kann es für die Eröffnung des Anwendungsbereichs von Art. 102 AEUV notwendig sein, allein auf den Lizenzmarkt abzustellen, wenn noch kein Produktmarkt besteht.

IV. Marktbeherrschende Stellung

Das Tatbestandsmerkmal der marktbeherrschenden Stellung dient dazu, nur Sachverhalte unter Art. 102 AEUV zu fassen, die den wirksamen Wettbewerb gefährden. Ein gewisses Maß an Marktmacht besitzt jedes Unternehmen, woraus jedoch noch keine Wettbewerbsbedenken folgen. Neben der Bündelung von Verwaltungsressourcen auf die wichtigen Fälle,[951] steigert dies die Rechtssicherheit.[952]

1. Grundlagen

Eine marktbeherrschende Stellung liegt seit der Entscheidung *United Brands*[953] in gefestigter Rechtsprechung vor, wenn ein Unternehmen sich unabhängig von den Reaktionen der übrigen Marktteilnehmer verhalten kann. Dann findet kein wirksamer Wettbewerb statt. Der Marktbeherrscher kann Wettbewerber über Verdrängungstaktiken disziplinieren oder seinen Geschäftspartnern wegen fehlendem Wettbewerbsdruck einseitig Preise und Vertragsbedingungen diktieren.

---

949 Hierauf kritisch hinweisend sowie auch zum Vorgenannten *Leistner*, ZWeR 2005, 138 (151 f.).

950 In diese Richtung gehend *Frenz*, Europarecht 2, 2006, Rn. 1287, unter Verweis auf *Wirtz/Holzhäuser*, WRP 2004, 683 (689); *Leupold/Pautke*, EWS 2005, 108 (111); *Höppner*, EuZW 2004, 748 (751 f.).

951 Hierzu bereits o. 2. Kapitel, § 1 C. II. 1. b). im Hinblick auf das Aufgreifermessen der Kommission, wie es sich aus den Durchsetzungsprioritäten (2009) ergibt.

952 *Bulst*, in: Langen/Bunte, Bd. 2, 11. Aufl. 2010, Art. 82 EGV Rn. 42.

953 EuGH, Rs. 27/76, Slg. 1978, 207 – United Brands.

Um eine beherrschende Stellung zu identifizieren, bedarf es einer Gesamtschau vieler Faktoren.[954] Zentrale Ansatzpunkte sind die Marktstruktur, die Unternehmensstruktur und das Marktverhalten des möglicherweise marktbeherrschenden Unternehmens.[955]

a) Marktstruktur

Die Marktstrukturanalyse lässt Rückschlüsse darauf zu, in welcher Wettbewerbssituation sich ein Unternehmen befindet.[956] Von Bedeutung sind insbesondere die Marktanteile des möglicherweise beherrschenden Unternehmens sowie die Anzahl der Wettbewerber und deren wirtschaftliche Handlungsmacht. Die Relation dieser Faktoren zueinander offenbart, wie die Marktstruktur beschaffen ist und wie viel Wettbewerbsdruck besteht.[957]

aa) Marktanteile

Die Marktstrukturanalyse beschäftigt sich zunächst mit den Marktanteilen aller auf einem Markt tätigen Unternehmen.[958] Anders als in Deutschland in § 18 Abs. 4 ff. GWB gibt es für Art. 102 AEUV allerdings keine Schwellenwerte, die eine beherrschende Stellung vermuten lassen.[959] Je höher die Marktanteile indes sind, desto weniger kommt es auf weitere Umstände an.[960] Ab Marktanteilen von mehr als 50% geht die Rechtsprechung von einer hohen Marktmachtkonzentration aus und bei 70% bis 80% liegt ein eindeutiges Indiz für eine beherrschende

---

954 Grundlegend EuGH, Rs. 27/76, Slg. 1978, 207 (Rn. 63/66) – United Brands; EuG, Rs. T-66/01, Slg. 2010, II-2631 (Rn. 255) – Imperial Chemical Industries/Kommission.

955 Zu dieser Unterteilung *Bunte*, in: Langen/Bunte, Bd. 2, 11. Aufl. 2010, Art. 82 EGV Rn. 44 ff.; *Jung*, in: Grabitz/Hilf/Nettesheim, Recht der EU, 43. EL 2011, Art. 102 AEUV Rn. 88 ff., welcher diese Kriterien aus EuGH, Rs. 27/76, Slg. 1978, 207 (Rn. 67/68) – United Brands ableitet.

956 *Bunte*, in: Langen/Bunte, Bd. 2, 11. Aufl. 2010, Art. 82 EGV Rn. 44.

957 *Jung*, in: Grabitz/Hilf/Nettesheim, Recht der EU, 43. EL 2011, Art. 102 AEUV Rn. 89.

958 Vgl. hierzu Durchsetzungsprioritäten (2009), Rn. 15.

959 *Bunte*, in: Langen/Bunte, Bd. 2, 11. Aufl. 2010, Art. 82 EGV Rn. 44; zur Kritik an solchen Schwellenwerten s. *G. Monti*, The Dominance Threshold in Article 102 TFEU, in: Basedow/Wurmnest, Structure and Effects in EU Competition Law, 2011, S. 57 (66 ff.).

960 Durchsetzungsprioritäten (2009), Rn. 14 f.; einen Überblick über die Rspr. zu unterschiedlichen Marktanteilen bietet z. B. *Weiß*, in: Calliess/Ruffert, EUV/AEUV, 4. Aufl. 2011, Art. 102 AEUV Rn. 11.

Stellung vor.[961] Dies ersetzt jedoch nicht die Analyse der übrigen für die Marktstruktur relevanten Faktoren.[962]

In der Rechtsanwendung sind Tendenzen auszumachen, dass Unternehmen mit besonders hohen Marktanteilen auch in diesem Maße auf ihr Marktverhalten zu achten haben. Je größer ihre Marktmacht ist, desto stärker müssen die Unternehmen ihr Verhalten auf möglichen Marktmachtmissbrauch hin überprüfen und es wird ihnen erschwert, ihr Marktverhalten z. B. über die Effizienzeinrede zu rechtfertigen.[963] Ob eine Verhaltensweise als missbräuchlich eingestuft wird, ist damit graduell von der marktbeherrschenden Stellung abhängig,[964] was wiederum die gegenseitige Bedingtheit der Tatbestandsmerkmale des Art. 102 AEUV unterstreicht.

bb) Weitere marktstrukturbezogene Gesichtspunkte

Neben den Marktanteilen sind alle weiteren für den Einzelfall wesentlichen Umstände mit einzubeziehen,[965] wie etwa der technologische Vorsprung eines Unternehmens und das Wesen der Geschäftsbeziehungen zu Handelspartnern und Abnehmern sowie deren Verhandlungsmacht.[966] Diese Aspekte lassen eine dynamische Prognose der Marktentwicklung in gewissem Umfang zu.

Hervorzuheben ist die Analyse des potenziellen Wettbewerbs und damit des Wettbewerbsdrucks. Untersuchungsgegenstand sind die Marktzutritts- und Expansionsmöglichkeiten anderer Unternehmen, welche mit einbezogen werden, wenn solche Entwicklungen absehbar, wahrscheinlich und ausreichend sein.[967] Die tatsächlichen Marktanteile zu einem bestimmten Zeitpunkt spiegeln den potenziellen Wettbewerbsdruck auf einem Markt nicht hinreichend wieder. Wenn nur die aktuell auf einem Markt vorgefundene Situation und nicht auch die dynamische Entwicklung eines Marktes beachtet würde, wäre die

961 EuG, Rs. T-321/05, Slg. 2010, II-2805 (Rn. 243) – AstraZeneca/Kommission m.w.N. aus der Rspr, wie etwa EuGH, Rs. C-62/86, Slg. 1991, I-3359 (Rn. 60) – AKZO/Kommission.

962 Durchsetzungsprioritäten (2009), Rn. 15; s. auch *Weiß*, in: Calliess/Ruffert, EUV/AEUV, 4. Aufl. 2011, Art. 102 AEUV Rn. 11.

963 Zu diesem Gedanken *Wirtz*, in: Mäger, Europäisches Kartellrecht, 2. Aufl. 2011, Kap. 6 Rn. 12.

964 Hierzu bereits o. 2. Kapitel, § 1 C. III.

965 S. EuGH, Rs. C-62/86, Slg. 1991, I-3359 (Rn. 60) – AKZO Chemie/Kommission.

966 *Weiß*, in: Calliess/Ruffert, EUV/AEUV, 4. Aufl. 2011, Art. 102 AEUV Rn. 13 m.w.N. aus der Rpsr.

967 Zu diesen Voraussetzungen näher Durchsetzungsprioritäten (2009), Rn. 16.

Marktstrukturanalyse lediglich eine „Momentaufnahme“[968]. Die Entwicklung der Marktanteile über einen gewissen Zeitraum, wie sie sich im *Microsoft*-Fall vollzogen hat,[969] zeichnet ein aussagekräftigeres Bild, selbst wenn es sich um einen Blick in die Vergangenheit handelt. Langfristig hohe Marktanteile eines Unternehmens sind ein Indiz dafür, dass der Markt wenig bestreitbar ist.[970]

b) Unternehmensstruktur

Die Analyse der Unternehmensstruktur richtet den Blick auf die spezifische wirtschaftliche Handlungsmacht eines Unternehmens, die sich aus ihren Ressourcen und sonstigen Fähigkeiten ergibt.[971] Dabei sind alle Produktionsstufen, angefangen vom Einkauf bis hin zum Vertrieb und dem Verkauf an den Endverbraucher, relevant.[972] Die Rolle der Unternehmensstrukturanalyse ist umso bedeutsamer, je geringer die Marktanteile eines Unternehmens sind. Sie wird in der Praxis zusammen mit der Marktstrukturanalyse durchgeführt.[973] Berücksichtigung finden die vertikale Integration eines Unternehmens, dessen technische oder kommerzielle Überlegenheit, die Produktvielfalt und die Produktions- und Lieferkapazitäten.[974] Diese Gesichtspunkte gewinnen besonders auf den sich schnell entwickelnden Märkten im IT-Bereich von Bedeutung, welche sich durch hohe Netzwerkeffekte aufgrund der vertikalen technischen Integration auszeichnen.[975] Das prägende Beispiel ist der Markt für Smartphones, welche die Befriedigung unterschiedlichster Bedürfnisse in einem Produkt bündeln und so die zuvor auf verschiedene Märkte verteilte Nachfrage auf einen einzelnen Produktmarkt mit enormen Gewinnaussichten kondensieren.

---

968 So *Jung*, in: Grabitz/Hilf/Nettesheim, Recht der EU, 43. EL 2011, Art. 102 AEUV Rn. 96.

969 Hierzu näher u. 3. Kapitel, § 2 B. III. 2. b) bb).

970 Durchsetzungsprioritäten (2009), Rn. 17.

971 *Jung*, in: Grabitz/Hilf/Nettesheim, Recht der EU, 43. EL 2011, Art. 102 AEUV Rn. 97 f.

972 EuGH, Rs. 27/76, Slg. 1978, 207 (Rn. 69/71) – United Brands.

973 *Jung*, in: Grabitz/Hilf/Nettesheim, Recht der EU, 43. EL 2011, Art. 102 AEUV Rn. 98.

974 Ausf. anhand der einschlägigen Rspr. *Bunte*, in: Langen/Bunte, Bd. 2, 11. Aufl. 2010, Art. 82 EGV Rn. 61.

975 Vgl. Bericht der Kommission über die Wettbewerbspolitik 2013, KOM (2013), 257 endg., S. 14, http://ec.europa.eu/competition/publications/annual_report/2012/part1_de.pdf.

c) Marktverhalten

Das Marktverhalten als Anhaltspunkt einer beherrschenden Stellung wird durchaus kritisch beurteilt und ist grundsätzlich erst in Bezug auf die Missbräuchlichkeit von Relevanz. Einzelne Verhaltensweisen können häufig ambivalente Rückschlüsse zulassen. So kann eine Preissenkung für ein Produkt durch Wettbewerbsdruck oder aber durch eine kostensenkende Produktionsinnovation bedingt sein, andererseits aber auch eine über Kampfpreise vollzogene Verdrängungstaktik eines beherrschenden Unternehmens darstellen.[976] Neben diesen Unwägbarkeiten wird zum Teil kritisch angemerkt, dass die Trennlinie zwischen den beiden Tatbestandsmerkmalen der marktbeherrschenden Stellung und der missbräuchlichen Verhaltensweise verwischt und die Gefahr eines Zirkelschlusses bestehe.[977] Wenn es jedoch gelingt, bestimmte Handlungsmöglichkeiten eines Unternehmens darauf zurückzuführen, dass es an Wettbewerbsdruck mangelt, sind Rückschlüsse auf die Marktstellung zulässig.[978] Dies sollte allerdings noch nicht die separate Prüfung der missbräuchlichen Verhaltensweise präjudizieren. Die Verhaltensanalyse wird ohnehin nur unterstützend hinzugezogen und rundet die Prüfung der marktbeherrschenden Stellung ab.[979]

2. Wirtschaftliche Handlungsmacht in Fällen der Lizenzverweigerung

Die tatsächlichen Marktanteile sind zwar ein guter Ansatzpunkt für die Feststellung einer marktbeherrschenden Stellung, allerdings reicht deren Analyse bei weitem nicht aus. Sie geht vom Idealbild eines statischen Preiswettbewerbs auf einem Markt mit homogenen Gütern aus. Insbesondere in innovationsgeprägten Märkten gelten jedoch besondere Wettbewerbsverhältnisse und es bestehen in der Regel hohe Marktzutritts- und Expansionsschranken.[980] Die folgende Darstellung beschreibt diese Effekte unter besonderer Berücksichtigung des IT-Bereichs.

---

976 *Wirtz*, in: Mäger, Europäisches Kartellrecht, 2. Aufl. 2011, Kap. 6 Rn. 22; *Bunte*, in: Langen/Bunte, Bd. 2, 11. Aufl. 2010, Art. 82 Rn. 62.

977 S. *Bunte*, in: Langen/Bunte, Bd. 2, 11. Aufl. 2010, Art. 82 EGV Rn. 64.

978 *Jung*, in: Grabitz/Hilf/Nettesheim, Recht der EU, 43. EL 2011, Art. 102 AEUV Rn. 107, unter Hinweis auf EuGH, Rs. 85/76, Slg. 1979, 461 (Rn. 69) – Hoffmann-La Roche/Kommission; EuG, Rs. T-30/89, Slg. 1991, II-1439 (Rn. 93 f.) – Hilti.

979 *Weiß*, in: Calliess/Ruffert, EUV/AEUV, 4. Aufl. 2011, Art. 102 AEUV Rn. 13; *Bunte*, in: Langen/Bunte, Bd. 2, 11. Aufl. 2010, Art. 82 EGV Rn. 64.

980 *Friederiszick*, Marktabgrenzung und Marktmacht, in: Schwarze, Recht und Ökonomie im Europäischen Wettbewerbsrecht, 2006, S. 29 (36 ff.).

a) Charakteristika innovationsgeprägter Märkte

Innovationsgeprägte Märkte funktionieren häufig nach dem Prinzip „the winner takes it all“[981]. Es findet kein Wettbewerb innerhalb eines Produktmarktes statt, sondern um den gesamten Markt.[982] Dieser Effekt verstärkt sich bei komplexen Produkte, die in Kombination mit anderen komplementären und kompatiblen Produkten genutzt werden, was z. B. für PC-Betriebssysteme als Plattform für verschiedenste Softwareprodukte gilt. Die Netzwerkeffekte einer solchen Systemplattform erstrecken sich auf die gesamte Gruppe komplementärer Produkte.[983]

Im IT-Bereich lösen neue Produkte häufig die etablierten Produkte gänzlich ab und ziehen die Nachfrage auf sich. Handelt es sich um digitale Güter wie Software, treten weitere Besonderheiten auf. Die Entwicklungskosten sind im Vergleich zu den Kosten der späteren Herstellung und Verbreitung des Produkts enorm hoch (sog. first copy costs).[984] Das Produkt selbst bedarf lediglich eines Trägermediums wie einer CD oder DVD oder einer Bereitstellung zum Download im Internet. Deswegen sind die Grenzkosten (d. h. die Kosten, die entstehen, wenn eine zusätzliche Einheit des jeweiligen Produkts hergestellt wird) sehr niedrig.[985] Bei steigender Nachfrage nach dem Produkt verteilen sich die einmalig angefallenen Entwicklungskosten auf die einzelnen Produkteinheiten und führen zu einer sog. Stückkostendegression. Dies gilt größtenteils auch für laufende Kosten wie technischen Support und Updates. Bei steigender Güterproduktion sinken die Stückkosten konstant ab und es kommt zu einem Skaleneffekt, welcher im Softwarebereich extrem ist.[986]

---

981 *Fuchs*, Entwicklung und Praktizierung von Industriestandards im Spannungsfeld von Immaterialgüter- und Kartellrecht, in: Lange/Klippel/Ohly, Geistiges Eigentum und Wettbewerb, 2009, 147 (155).

982 *Montagnani*, IIC 2006, 304 (305) m.w.N. aus der Lit.; *Körber*, WuW 2007, 1209 (1211); *Dreher*, Die Kontrolle des Wettbewerbs in Innovationsmärkten – Marktabgrenzung und Marktbeherrschung in innovationsgeprägten Märkten, in: FIW, Innovation und Wettbewerb, 2009, S. 73 (73, 75); *Friederiszick*, Marktabgrenzung und Marktmacht, in: Schwarze, Recht und Ökonomie im Europäischen Wettbewerbsrecht, 2006, S. 29 (36).

983 *Zimmerlich*, WRP 2004, 1260 (1261); zu den Netzwerkeffekten sogl. u. 3. Kapitel, § 2 A. IV. 2. b).

984 S. hierzu im *Microsoft*-Fall C(2004) 900 final, COMP/C-3/C-37.792, (Rn. 396, Fn. 495) – Microsoft.

985 *Picot/Neuburger*, in: Hoeren/Sieber, Multimedia-Recht, 7. EL 2003, Teil 2, Rn. 53 f.; *Dreher*, Die Kontrolle des Wettbewerbs in Innovationsmärkten – Marktabgrenzung und Marktbeherrschung in innovationsgeprägten Märkten, in: FIW, Innovation und Wettbewerb, 2009, S. 73 (77).

986 Hierzu und zum Vorgenannten *Zimmerlich*, WRP 2004, 1260 (1261 f.).

Ein auf einer technischen Plattform marktbeherrschendes Unternehmen hat Anreize, Drittanbieter für komplementäre Produkte von dieser Plattform und den benachbarten Produktmärkten fernzuhalten, falls es selbst auf diesen tätig ist oder tätig werden will. Wenn wie im *Microsoft*-Fall kompatibilitäts- bzw. interoperabilitätsrelevante Schnittstelleninformationen für eine technische Plattform patent- und urheberrechtlich geschützt sind, können Drittunternehmen keine Soft- oder Hardware für diese Plattform entwickeln und vertreiben. Nicht nur der Markt der technischen Plattform selbst ist dann betroffen, sondern eine gesamte Gruppe von verschiedenen Produkten, die für eine solche Systemplattform entwickelt werden.[987]

b) Netzwerkeffekte

Wenn der Nutzen eines Produkts mit der Zahl seiner Nutzer steigt, spricht man von Netzwerkeffekten oder auch „economies of scale in consumption“[988]. Typische Beispiele finden sich in Bereichen, in welchen ein Produkt oder eine Dienstleistung die Interaktion von mehreren Personen voraussetzt, wie etwa bei Mobiltelefonen oder sozialen Netzwerken im Internet. Je größer die Anzahl der Nutzer ist, desto eher erfüllt das Produkt seinen originären Zweck.[989] Man spricht von direkten Netzwerkeffekten.[990]

In Abgrenzung hierzu liegen indirekte Netzwerkeffekte vor, wenn die steigende Nutzerzahl keinen unmittelbaren Nutzenzuwachs generiert, jedoch weitere Aktivitäten der Marktteilnehmer auf sich zieht. So steigt der Anreiz für Unternehmen, komplementäre Produkte und Serviceleistungen rund um ein Ausgangsprodukt anzubieten, je größer dessen Nutzerzahl ist. Eine hohe Zahl an Nutzern erhöht zudem das Gesamtwissen um das Produkt und wie es am besten

---

987 Vgl. EuG, Rs. T-201/04, Slg. 2007, II-3601 (Rn. 650) – Microsoft/Kommission. Die Verbraucher wurden aufgrund mangelnder Kompatibilität bzw. Interoperabilität zwischen Windows für Client PCs und den Arbeitsgruppenserver-Betriebssystemen von Drittanbietern zu einer „homogenen Microsoft-Lösung“ gezwungen und erwarben aus diesem Grund in der Regel Windows für Arbeitsgruppenserver, wenn sie bereits Windows für Client PCs verwendeten.

988 *Körber*, RIW 2004, 568 (572); *Wielsch*, Zugangsregeln, 2008, S. 137.

989 *Mylly*, IIC 2010, 284 (296); *Zimmerlich*, WRP 2004, 1260 (1261); *Arnold*, Marktmachtmissbrauch und Monopolisierung durch das Verbergen von Innovationen, 2008, S. 90 m.w.N.

990 *Dreher*, Die Kontrolle des Wettbewerbs in Innovationsmärkten – Marktabgrenzung und Marktbeherrschung in innovationsgeprägten Märkten, in: FIW, Innovation und Wettbewerb, 2009, S. 73 (76).

verwendet wird. Dies hilft, Fehler oder Unzulänglichkeiten schneller aufzudecken und das Produkt zeitnah zu optimieren.[991]

Mit steigender Nutzerzahl erhöht sich also die Attraktivität des Produkts, bis hin zum Kippen eines Marktes (sog. tipping point).[992] Dann entscheiden sich die Konsumenten hauptsächlich für ein Produkt, gerade weil es so weit verbreitet ist und sie nur mit dieser Produktwahl ihren Nutzen optimieren können.[993] Letztendlich mündet dies nicht selten in einem de facto-Standard, welcher für die Konsumenten bei ihrer Produktwahl nahezu unumgänglich ist.[994] Der Nutzen eines Produkts spiegelt dann nicht nur seine Eigenschaften und Funktionen wider, sondern die große Nutzerzahl und damit die vorangehende Entscheidung Dritter.[995]

Der *Microsoft*-Fall zeigt dies deutlich: Die Nutzer von Windows für Client PCs, also dem mit Abstand am weitesten verbreiteten Betriebssystem, haben zugleich die größte Auswahl an Anwendungsprogrammen, die zugeschnitten auf dieses Betriebssystem entwickelt werden.[996] In diesem Sinne erhöht auch die Software von Drittanbietern den Wert der technischen Plattform, auf welcher sie laufen. Da nicht nur der Hersteller der technischen Plattform von den Netzwerkeffekten profitiert, sondern auch Dritthersteller von dieser Plattform aufgrund ihrer Verbreitung abhängig werden, entstehen eigene Anreize für Marktmachtmissbrauch. So schrieb z. B. Apple den Programmierern von Smartphone-Apps vor, ihre Software ausschließlich in einer für Apple Produkte proprietären Programmiersprache zu schreiben. Dies machte es für freie Programmierer unrentabel, ihre Apps gleichzeitig für andere verbreitete Smartphone-Betriebssysteme wie Android zu entwickeln. Dieses Verhalten gab Apple allerdings auf, nachdem die Kommission wettbewerbsrechtliche Bedenken hiergegen geäußert hat.[997]

---

991 *Montagnani*, IIC 2006, 304 (305 f.).

992 Vgl. hierzu Durchsetzungsprioritäten (2009), Rn. 20, 2. Spiegelstrich.

993 Hierzu und zum Vorgenannten *Körber*, RIW 2004, 568 (572).

994 Hierzu sogl u. 3. Kapitel, § 2 A. IV. 2. e); zum Ganzen *Wielsch*, Zugangsregeln, 2008, S. 135 f.

995 *Zimmerlich*, WRP 2004, 1260 (1261).

996 *Dreher*, Die Kontrolle des Wettbewerbs in Innovationsmärkten – Marktabgrenzung und Marktbeherrschung in innovationsgeprägten Märkten, in: FIW, Innovation und Wettbewerb, 2009, S. 73 (77).

997 Pressemitteilung der Kommission, IP/10/1175 vom 25.9.2010, http://europa.eu/rapid/press-release_IP-10-1175_de.htm?locale=fr.

c) Lock in-Effekte

Eng verbunden mit Netzwerkeffekten sind sog. lock in-Effekte. Diese beschreiben den Umstand, dass ein Verbraucher, wenn er sich einmal für ein Produkt entschieden hat, nur unter erhöhtem Kostenaufwand zu einem Konkurrenzprodukt wechseln kann. Der Verwender eines PC-Betriebssystems ist an Softwareprodukte gebunden, die mit diesem zusammen funktionieren und ein hinreichendes Maß an Interoperabilität aufweisen.[998] Wenn der Nutzer das Betriebssystem wechseln würde, müsste er nicht nur die Kosten des anderen Produkts aufbringen, sondern die gesamte Anwendungssoftware für das neue Betriebssystem anschaffen. Zudem muss der Käufer sich erst wieder in das neue Betriebssystem einfinden und sich technisches Wissen für die Handhabe aneignen, was erheblichen Aufwand mit sich bringt. Auch Fachpersonal für Reparatur- und Wartungsarbeiten ist schwerer zu finden, da dieses regelmäßig im Hinblick auf die vorherrschende Technologie ausgebildet ist.[999] Die Wahrscheinlichkeit eines Wechsels auf ein Konkurrenzprodukt sinkt dementsprechend mit steigenden Netzwerkeffekten und führt zum lock in der Verbraucher, wenn sie sich einmal für ein bestimmtes Produkt entschieden haben.[1000] Damit erhöhen sich die Expansions- und Marktzutrittsbarrieren für tatsächliche oder potenzielle Wettbewerber, welche sich auf die gesamte Palette komplementärer Produkte erstrecken.[1001] In der Rechtssache *IMS-Health* wurden solche Effekte berücksichtigt, da die Abnehmer des von der Zwangslizenz betroffenen Produkts (Berichte über den regionalen Absatz von Arzneimitteln, die auf der immaterialgüterrechtlich geschützten 1860er Bausteinstruktur basierten) unmittelbar mit in die Entwicklung einbezogen wurden. *IMS-Health* als Anbieter der Berichte hatte hierdurch eine besondere technische Abhängigkeit der Abnehmer hergestellt und ein Wechsel zu einem Konkurrenten wäre mit enormem technischen und wirtschaftlichen Aufwand verbunden gewesen.[1002]

Ein neu auf den Markt stoßender Hersteller muss also bei bestehenden lock in-Effekten ein Konkurrenzprodukt anbieten, das nicht nur aufgrund seiner Fähigkeiten und Eigenschaften dem vorherrschenden Produkt überlegen ist.[1003]

---

998 S. EuG, Rs. T-201/04, Slg. 2007, II-3601 (Rn. 650) – Microsoft/Kommission zum lock in-Effekt (a.a.O. als „Bindungseffekt" bezeichnet).

999 EuG, Rs. T-201/04, Slg. 2007, II-3601 (Rn. 619) – Microsoft/Kommission.

1000 *Zimmerlich*, WRP 2004, 1260 (1262).

1001 *Mylly*, IIC 2010, 284 (296); *Picot/Neuburger*, in: Hoeren/Sieber, Multimedia-Recht, 7. EL 2003, Teil 2, Rn. 48.

1002 EuGH, Rs. C-418/01, Slg. 2004, I-5039 (Rn. 29) – IMS Health.

1003 S. EuG, Rs. T-201/04, Slg. 2007, II-3601 (Rn. 651 ff.) – Microsoft/Kommission.

Vielmehr muss der Nutzen des neu angebotenen Produkts auch die zusätzlichen Kosten kompensieren, die wechselwillige Verbraucher für neue komplementäre Produkte und Dienstleistungen aufwenden müssen. Nicht zuletzt opfert der auf ein neues Produkt wechselnde Verbraucher auch seinen Erfahrungsschatz, den er in Bezug auf das althergebrachte Produkt besitzt.[1004] Die Gesamtkosten eines Produktwechsels steigen. Deswegen sind in manchen Fällen an sich bessere Produkte aus wettbewerblicher Sicht dennoch nicht konkurrenzfähig.[1005] Im *Microsoft*-Fall wurde die Interoperabilität zwischen Windows für Client PCs und den Arbeitsgruppenserver-Betriebssystemen von Kunden als ein zentraler Punkt benannt, weswegen sie auch bei Arbeitsgruppenserver-Betriebssystemen Microsoft Produkte und damit eine homogene Windows-Lösung bevorzugten.[1006] Die Server und Client PCs sind Knotenpunkte in einem Netzwerk und werden daher als physisch miteinander verbunden angesehen.[1007] Weder tatsächlicher noch potenzieller Wettbewerb gefährden im Extremfall die Vormachtstellung einer weitverbreiteten technischen Plattform, was überhöhte Preise ermöglicht.[1008] Eine so abgesicherte Marktstellung senkt zudem die Innovationsanreize des beherrschenden Herstellers, da der Markt nur in geringem Maße für (potenzielle) Wettbewerber bestreitbar ist. Auf der anderen Seite steigen die Anreize für marktbeherrschende Unternehmen, die eigene Marktstellung zu zementieren und hierfür Marktverschließungstaktiken einzusetzen.

Insofern ist es aus wettbewerblicher Perspektive problematisch, wenn Patente oder Urheberrechte an Schnittstelleninformationen für Software die Entwicklungstätigkeit von Drittanbietern behindern. Die Ausschließlichkeitswirkung von Immaterialgüterrechten verstärkt mittelbar den lock in-Effekt.[1009] In Anerkenntnis dieser Tatsache statuiert Art. 6 ComputerprogrammRL das Recht zur Dekompilierung von Programmcodes, um Interoperabilität zu gewährleisten.[1010]

1004 Vgl. auch EuGH, Rs. C-418/01, Slg. 2004, I-5039 (Rn. 29) – IMS Health.

1005 *Mylly*, IIC 2010, 284 (297).

1006 So waren Konkurrenzprodukte in puncto „Verfügbarkeit/Zuverlässigkeit“ des Systems und „in das Server-Betriebssystem integrierte Sicherheit“ Windows für Arbeitsgruppenserver deutlich überlegen. Diese Parameter wurden als wichtige Entscheidungsfaktoren für die Verbraucher identifiziert, EuG, Rs. T-201/04, Slg. 2007, II-3601 (Rn. 652) – Microsoft/Kommission.

1007 EuG, Rs. T-201/04, Slg. 2007, II-3601 (Rn. 384) – Microsoft/Kommission.

1008 *Arnold*, Marktmachtmissbrauch und Monopolisierung durch das Verbergen von Innovationen, 2008, S. 90.

1009 *Montagnani*, IIC 2006, 304 (307).

1010 Zur Bedeutung dieser Wertung für die *Microsoft*-Entscheidung u. 3. Kapitel, § 2 B. III. 2. a).

Nimmt man dies als Grundlage, ergibt sich ein erster Ansatz für eine Zwangslizenz über Art. 102 AEUV. Die damit einhergehende Wandlung des ausschließlichen Nutzungs- und Verwertungsrechts in ein Recht auf Nutzungsentschädigung dient dazu,[1011] wirksamen Wettbewerb auf einem von Netzwerk- und lock in-Effekten geprägten Markt herzustellen.

d) Pfadabhängigkeit

Die hohen Produktwechselkosten auf Verbraucherseite führen insgesamt zu einer sog. Pfadabhängigkeit. Haben die Verbraucher sich einmal für ein Produkt entschieden, werden sie diesem Produkt zumeist treu bleiben, selbst wenn es eigentlich besser auf ihre Bedürfnisse zugeschnittene Konkurrenzangebote gibt. Hierzu trägt auch ein Vertrauensvorsprung in das etablierte Produkt bei.[1012] Mit der Zeit verfestigt sich so die Vormachtstellung eines Unternehmens in Bezug auf eine ganze Produktgruppe, auf welche sowohl die Verbraucher als auch Dritthersteller für Zusatzprodukte angewiesen sind.

e) De facto-Standardisierung

Die beschriebenen Effekte, an deren Schluss die Pfadabhängigkeit steht, münden nicht selten in einem de facto-Standard, auf welchen die Marktteilnehmer nicht mehr verzichten können. Das jeweilige Produkt hat eine derart hohe allgemeine Akzeptanz erreicht, dass es eine Alleinstellung innehält.[1013] Die Nutzerzahl hat den tipping point überschritten und der Markt ist nur noch geringfügig bestreitbar.[1014] Anbieter von Komplementärprodukten sind darauf angewiesen, ihr Angebot auf das Ausgangsprodukt zuzuschneiden, um sich den größten Abnehmerkreis zu erschließen.[1015] Selbst technisch vergleichbare Produkte, die nicht mit dem de facto-Standard kompatibel sind, stellen dann keine echte Alternative mehr da.[1016] Im *Microsoft*-Fall wurde herausgearbeitet, dass Windows für Client PCs im Laufe der Zeit eine so gefestigte Stellung erlangt hatte, dass das EuG hier

1011 Vgl. bereits o. 1. Kapitel, § 3 A., zur Lehre von den Verfügungsrechten.

1012 Hierzu *Zimmerlich*, WRP 2004, 1260 (1262 f.).

1013 EuGH, Rs. 418/01, Slg. 2004, I-5039 (Rn. 5 f., 30) – IMS Health, in welcher sogar der gesamte Kundenkreis in die Produktentwicklung einbezogen wurde, wodurch die Akzeptanz des Produkts enorm war.

1014 *Wielsch*, EuZW 2005, 391 (393).

1015 *Wielsch*, Zugangsregeln, 2008, S. 137.

1016 S. EuG, Rs. T-201/04, Slg. 2007, II-3601 (Rn. 422) – Microsoft/Kommission; s. auch *Loest/Bartlik*, ZWeR 2008, 41 (51).

von einem de facto-Standard sprach.[1017] Wettbewerber auf benachbarten Softwaremärkten sind zwingend auf die Kompatibilität zu diesem Betriebssystem angewiesen, um wirksam am Wettbewerb teilzunehmen.[1018]

Ein de facto-Standard bildet sich im freien Spiel der Marktprozesse und dem Kampf um die Nachfragerseite heraus,[1019] ohne dass dies bereits auf eine missbräuchliche Verhaltensweise zurückzuführen wäre. Es bestehen enorme Anreize, möglichst schnell eine kritische Nutzerzahl zu erreichen, um über Netzwerk- und lock in-Effekte den gesamten Markt zu vereinnahmen. Vor diesem tipping point ist der Wettbewerbsdruck enorm hoch.[1020] Sind allerdings erst einmal genügend Nutzer auf das Produkt eines Anbieters festgelegt und ist dieses zum Standard geworden, fällt der Wettbewerbsdruck rapide. Die benannten Effekte machen es schwer, den einmal ausgeschalteten Wettbewerb wiederzubeleben, wenn ein Markt bereits gekippt ist.[1021] Infolgedessen bestehen hohe Anreize, die einmal erlangte Vormachtstellung auf andere Teile einer gesamten Produktgruppe auszudehnen und auf den benachbarten Märkten tätig zu werden. Die Hebelwirkungen führen unmittelbar zu Marktmacht und erleichtern es dem jeweiligen Unternehmen, Wettbewerber von den benachbarten Märkten zu verdrängen.[1022]

f) Katalysierende Wirkung von Immaterialgüterrechten

Immaterialgüterrechte sind ein willkommenes Mittel, um Wettbewerber in Bezug auf eine Produktgruppe davon abzuhalten, eigene komplementäre Produkte mit hinreichender Kompatibilität und Interoperabilität zur jeweiligen technischen

---

1017 Vgl. insofern auch den Vorwurf von *Lange*, in: ders/Klippel/Ohly, Geistiges Eigentum und Wettbewerb, 2009, S. 131 (145), dass die Kommission im *Microsoft*-Fall wohl eher die marktbeherrschende Stellung aufbrechen wollte und deswegen die Voraussetzungen an die missbräuchliche Verhaltensweise gesenkt habe, was auf eine strukturelle Regulierung der Märkte hinauslaufe.

1018 Vgl. EuG, Rs. T-201/04, Slg. 2007, II-3601 (Rn. 392) – Microsoft/Kommission.

1019 Im Gegensatz zu sog. de jure-Standards, welche hoheitlich festgesetzt werden, und solchen Standards, die durch Übereinkunft mehrerer Unternehmen beschlossen werden (z. B. durch technische Standardisierung). Zur Unterscheidung näher *Arnold*, Marktmachtmissbrauch und Monopolisierung durch das Verbergen von Innovationen, 2008, S. 219; s. auch *Fuchs*, Entwicklung und Praktizierung von Industriestandards im Spannungsfeld von Immaterialgüter- und Kartellrecht, in: Lange/Klippel/Ohly, Geistiges Eigentum und Wettbewerb, 2009, 147 (155).

1020 *Picot/Neuburger*, in: Hoeren/Sieber, Multimedia-Recht, 7. EL 2003, Teil 2, Rn. 45 ff.

1021 EuG, Rs. T-201/04, Slg. 2007, II-3601 (Rn. 562) – Microsoft/Kommission, allerdings lediglich in Bezug auf Netzwerkeffekte.

1022 Zum *Microsoft*-Fall s. u. 3. Kapitel, § 2 A. IV. 4.

Plattform herzustellen.[1023] Sie sind das sog. bottleneck, um auf miteinander verbundenen Produktmärkten tätig zu werden.[1024] So können Patent- und Urheberrechte im Softwarebereich von einem marktbeherrschenden Unternehmen dazu eingesetzt werden, Interoperabilität zu verhindern und den lock in-Effekt des beherrschten Marktes auf alle benachbarten Märkte auszuweiten. Der Rechteinhaber muss hierfür auf den einzelnen Produktmärkten noch keine signifikante Marktanteilsschwelle erreicht haben. Es kommt vielmehr darauf an, ob er kurz nach dem Eintritt in benachbarte Märkte rapide seine Marktanteile hin zu einer marktbeherrschenden Stellung erhöhen kann. Die dynamische Entwicklung der Marktanteile in kurzer Zeit offenbart Hebelwirkungen, die von einem bereits vermachteten Markt ausgehen und einen Missbrauch im Sinne des Art. 102 AEUV begründen können.[1025]

Die Wirkungskette zwischen Netzwerk- und lock in-Effekten birgt eine starke Monopolisierungsgefahr. Immaterialgüterrechte als ausschlaggebendes bottleneck für den Zugang zu einer technischen Plattform vergrößern diesen Effekt in erheblichem Maße. Ein Musterbeispiel ist die Marktentwicklung von Microsoft mit einem Marktanteil von über 90% auf dem Markt für Client PC-Betriebssysteme und über 60% auf dem Markt für Server-Betriebssysteme.[1026] De facto-Standards sind auf solchen Märkten keine Seltenheit, sondern eher die Regel.[1027] Dies gefährdet nicht nur den Imitationswettbewerb, sondern auch den Innovationswettbewerb innerhalb der gesamten Produktgruppe. Für Wettbewerber ist es zumeist viel zu riskant, auf einem wenig bestreitbaren Markt ungewisse und kostspielige Entwicklungsmaßnahmen auf sich zu nehmen.[1028]

1023 *Ladeur/Vesting*, Geistiges Eigentum im Netzwerk, in: Eifert/Hoffmann-Riehm, Geistiges Eigentum und Innovation, 2008, S. 123 (139), äußern diesen Verdacht in Bezug auf Microsoft und verweisen darauf, dass der Schutzbereich des Patent- und Urheberrechts im Bereich der Computersoftware zu breit sei.

1024 *Wielsch*, EuZW 2005, 391 (393).

1025 Vgl. zum *Microsoft*-Fall u. 3. Kapitel, § 2 B. III. 2. b).

1026 Auf dieses Beispiel verweisend *Dreher*, Die Kontrolle des Wettbewerbs in Innovationsmärkten – Marktabgrenzung und Marktbeherrschung in innovationsgeprägten Märkten, in: FIW, Innovation und Wettbewerb, 2009, S. 73 (79).

1027 *Wielsch*, Zugangsregeln, 2008, S. 137.

1028 *Fuchs*, Entwicklung und Praktizierung von Industriestandards im Spannungsfeld von Immaterialgüter- und Kartellrecht, in: Lange/Klippel/Ohly, Geistiges Eigentum und Wettbewerb, 2009, 147 (152).

3. *Zwischenfazit*

Märkte mit starken Netzwerk- und lock in-Effekten tendieren dazu, sich weitreichend und in kurzer Zeit zu verschließen, wenn ein Hersteller erst einmal die kritische Anzahl an Nutzern auf sein Produkt festgelegt hat. Die Wettbewerbslage vor und nach dem tipping point unterscheidet sich extrem und der Wettbewerb droht schnell zum Erliegen zu kommen. Die dynamische Entwicklung der Marktanteile vor und nach dem Erreichen der kritischen Masse an Nutzern ist daher für die Analyse der marktbeherrschenden Stellung in solchen Konstellationen wichtiger als die der tatsächlichen Marktanteile. Letztere sind lediglich eine statische Momentaufnahme des Marktes. Für die Wettbewerbskontrolle über Art. 102 AEUV wäre vor dem tipping point allein an den tatsächlichen Marktanteilen ausgerichtet in der Regel noch kein Eingreifen indiziert. Nachdem dieser Punkt allerdings erreicht wurde, ist es häufig zu spät und der Markt ist nicht mehr bestreitbar. Eine umfangreiche Untersuchung der Wettbewerbsstruktur und der dynamischen Entwicklungen liefert hier bereits im Vorfeld Anhaltspunkte für eine marktbeherrschende Stellung und eine drohende Marktverschließung. Wenn ein Unternehmen zwar noch keine hohen Marktanteile auf einem Produktmarkt A innehält, allerdings auf einem mit diesem verbundenen Produktmarkt B, kann es diese Stellung nutzen, um auch auf Markt A schnell zum tipping point zu gelangen. Es handelt sich um einen Hebelmissbrauch. Dieser ist besonders für Lizenzverweigerungsfälle relevant, wie das *Microsoft*-Urteil des EuG zeigt.[1029] Die Bedeutung der tatsächlichen Marktanteile auf den benachbarten Märkten ist in solchen Fällen gering.[1030] Aussagekräftiger sind über einen kurzen Zeitraum rapide ansteigende Marktanteile.[1031] Gleiches gilt für die Angebotsumstellungsflexibilität und damit den Aufwand eines Unternehmens, den es betreiben muss, um auf benachbarten Märkten tätig zu werden. Die Analyse der dynamischen Marktanteilsentwicklung (bzw. bei noch nicht erfolgtem Markteintritt eine Analyse der Angebotsumstellungsflexibilität und der Wahrscheinlichkeit des Markteintritts) bietet demnach den entscheidenden Ansatzpunkt.

1029 Ausdrücklich EuG, Rs. T-201/04, Slg. 2007, II-3601 (Rn. 559) – Microsoft/Kommission.

1030 EuGH, Rs. C-333/94 P, Slg. 1996, I-5951 (Rn. 31) – Tetra Pak/Kommission.

1031 Vgl. zu einer solchen Analyse EuG, Rs. T-201/04, Slg. 2007, II-3601 (Rn. 428, 567 ff.) – Microsoft/Kommission.

4. *Marktbeherrschende Stellung in Fällen der Lizenzverweigerung*

Immaterialgüterrechte allein begründen rechtsprechungskonform noch keine marktbeherrschende Stellung.[1032] Die Kommission muss daher in Lizenzverweigerungsfällen genauso wie in allen anderen Fällen die marktbeherrschende Stellung analysieren. Wie bereits bei der Marktabgrenzung wird hierbei auf die Einteilung in Lizenz- und Produktmarkt zurückgegriffen, obwohl dies bei Hebelmissbräuchen nicht zwingend ist.

a) Einteilung in Lizenz- und Produktmarkt

Die Kommission analysiert demnach bei der Prüfung der marktbeherrschenden Stellung in Lizenzverweigerungsfällen den Lizenz- und den Produktmarkt im Hinblick auf die Unerlässlichkeit einer Lizenzierung für die Teilnahme am Wettbewerb auf dem Produktmarkt. In den Lizenzmarkt sind alle Substitute für die geschützte Erfindung oder Schöpfung mit einzubeziehen, so dass eine beherrschende Stellung des Rechteinhabers nur in Frage kommt, wenn es keine Alternativen zur Lizenzierung gibt.[1033] Das Ausschließlichkeitsrecht am Immaterialgut führt dann zu einer marktbeherrschenden Stellung auf dem Lizenzmarkt.[1034] Wenn im Technologiebereich eine patentierte Erfindung funktionell durch eine alternative Lösung adäquat ersetzt werden kann, gibt es auf dem Lizenzmarkt ein Substitut. Eine solche alternative Lösung muss indes nicht zwingend schon tatsächlich verfügbar sein, ansonsten wäre jede Innovation ab Tag eins automatisch ein unerlässlicher Input. Sofern absehbar ist, dass andere Unternehmen mit eigenen Substituten auf den Markt treten, reicht dies aus, da dann bereits potenzieller Wettbewerb besteht.[1035]

Die Unerlässlichkeit eines Immaterialguts für die Teilnahme am Wettbewerb auf einem nachgelagerten Produktmarkt ist jedoch zugleich ein Merkmal der missbräuchlichen Verhaltensweise im Sinne des Art. 102 AEUV.[1036] Damit befindet man sich im Rahmen der Prüfung der marktbeherrschenden Stellung faktisch schon bei der Analyse des mutmaßlich missbräuchlichen Verhaltens,

---

1032 EuGH, Rs. 24/67, Slg. 1968, 85 (112) – Parke, Davis and Co.; Rs. 40-70, Slg. 1971, 69 (Rn. 16) – Sirena; verb. Rs. C-241 u. 242/91 P, Slg. 1995, I-743 (Rn. 47) – RTE u. ITP/Kommission („Magill").

1033 *Heinemann*, Immaterialgüterschutz in der Wettbewerbsordnung, 2002, S. 443, unter Hinweis auf *GA Mischo*, EuGH, Rs. 238/87, Slg. 1988, 6211 (Rn. 14) – Volvo.

1034 *Bartl*, Immaterialgüterrechtliche Marktzutrittsschranken im System des Art. 82 EG, 2005, S. 79; *Hötte*, Die kartellrechtliche Zwangslizenz im Patentrecht, 2011, S. 74.

1035 *Heinemann*, Immaterialgüterschutz in der Wettbewerbsordnung, 2002, S. 444.

1036 Hierzu sogl. u. 3. Kapitel, § 2 B. III. 2. a).

weswegen die marktbeherrschende Stellung wenn möglich zunächst anhand der relevanten Produktmärkte überprüft werden sollte.[1037] Ist eine Hebelwirkung zwischen zwei Produktmärkten feststellbar, bedarf es nicht einmal der Abgrenzung eines Lizenzmarktes, wie die *Microsoft*-Entscheidung zeigt.[1038] Die Netzwerkeffekte zwischen den komplementären Produktmärkten sind hier der entscheidende Indikator.

Eine lehrreiche Fallkonstellation für die Bedeutung der Unerlässlichkeit sind Lieferverweigerungen von sog. must match- bzw. must fit-Produkten, wie etwa bei exakt auf ein Produkt zugeschnittenen Ersatzteilen. Betroffen sind Unternehmen, die einen Reparaturservice anbieten wollen und auf Originalersatzteile der Hersteller angewiesen sind. Wenn der Hersteller sich weigert die Teile zu liefern, können die Reparaturleistungen nicht erbracht werden. Der Reparaturdienstleister ist nämlich in der Regel aufgrund von Immaterialgüterrechten daran gehindert, eigene Ersatzteile anzufertigen und für die Reparatur zu verwenden. In diesen Fällen sind die Dienstleister zwingend auf die Originalteile des Herstellers angewiesen,[1039] sofern keine alternative Bauart außerhalb der sachlichen Reichweite des Immaterialgüterrechts in Frage kommt.

Ähnlich verhielt es sich in der *Magill*-Entscheidung, die für die Zwangslizenzierung gemäß Art. 102 AEUV wegweisend war. In diesem Fall verweigerten Fernsehsender einem Unternehmen, das eine senderübergreifende Programmzeitschrift herausbringen wollte, die Verwendung der sendungsrelevanten Informationen wie Uhrzeit und Titel. Diese Informationen waren über das extensive irische Urheberrecht geschützt. Damit blieben die Programmhefte der einzelnen Sender für ihr eigenes Programm die einzigen und damit unerlässlichen Quellen für Informationen über Fernsehsendungen. Gleichzeitig hatten die Sender daher ein faktisches Monopol auf dem (hypothetischen[1040]) Markt für senderübergreifende Programmzeitschriften.[1041]

1037 S. bereits o. 3. Kapitel, § 2 A. IV. 4.

1038 EuG, Rs. T-201/04, Slg. 2007, II-3601 (Rn. 559) – Microsoft/Kommission.

1039 Näher zum Ganzen *Wielsch*, Zugangsregeln, 2008, S. 132, unter Verweis auf EuGH, Rs. 22/78, Slg. 1979, 1869 (Rn. 7) – Hugin; s. auch EuGH, Rs. 238/87, Slg. 1988, 6211 (Rn. 8 f.) – Volvo.

1040 Beachte: Zu diesem Zeitpunkt gab es noch keine senderübergreifenden Fernsehzeitschriften in Irland und es wurde auf eine potenzielle Nachfrage abgestellt, s. EuGH, verb. Rs. C-241 u. 242/91 P, Slg. 1995, I-743 (Rn. 70 f.) – RTE u. ITP/Kommission („Magill").

1041 S. die Entscheidung EuGH, verb. Rs. C-241 u. 242/91 P, Slg. 1995, I-743 (Rn. 47) – RTE u. ITP/Kommission („Magill"), in deren Rahmen die Richter in ein faktisches

Nach den Grundsätzen des Hebelmissbrauchs muss sich die missbräuchliche Verhaltensweise nicht auf dem beherrschten Markt abspielen. Das Unerlässlichkeitskriterium schlägt hier gleichsam die Brücke zum nachgelagerten Produktmarkt, auf welchem die fragliche Verhaltensweise dann eigenständig daraufhin untersucht wird, ob sie missbräuchlich ist. Aus diesem Grund bedarf es nach der hier vertretenen Auffassung auch auf Ebene der Prüfung der marktbeherrschenden Stellung in Fällen des immaterialgüterrechtlich vermittelten Hebelmissbrauchs keiner Einteilung in Lizenz- und Produktmarkt.[1042]

b) Umfassende Einbeziehung der Produktmärkte und Wettbewerbsbedingungen

Die Herleitung der marktbeherrschenden Stellung gelingt nach dem Zwei-Märkte Konzept ohne größere Probleme über den Lizenzmarkt, wenn die Unerlässlichkeit eines Inputs für den Produktmarkt festgestellt werden kann. Mit diesem Kriterium muss ein Quasimonopol auf dem Lizenzmarkt verbunden sein, ansonsten wäre die Lizenzierung nicht unerlässlich. Daraus folgt, dass die Marktabgrenzung und Feststellung der beherrschenden Stellung auf dem Lizenzmarkt ohne Blick auf andere Faktoren wie etwa die Marktstruktur umliegender Produktmärkte auskommt und eine umfassende Marktanalyse ausgespart wird. Durch die Anwendung des Zwei-Märkte Konzepts wird auf die Prüfung der mutmaßlich missbräuchlichen Verhaltensweise vorgegriffen, was in Fällen des immaterialgüterrechtlich vermittelten Hebelmissbrauchs unnötig ist. Ein stärker auf alle Wettbewerbsparameter abstellender Ansatz, etwa auf Netzwerk- und lock in-Effekte in Technologiemärkten, bedürfte nicht zwingend einer Abgrenzung des Lizenzmarktes. Die Unerlässlichkeit eines Inputs im Sinne der marktbeherrschenden Stellung folgt bereits aus den Marktgegebenheiten der

---

Monopol an den Sendeinformationen (d. h. den Lizenzmarkt) und den Markt für Fernsehwochenzeitschriften unterteilten. Nach dem hier vertretenen Konzept wäre es indes auch möglich gewesen, allein in Bezug auf die Märkte für die jeweiligen senderspezifischen Fernsehwochenzeitschriften eine marktbeherrschende Stellung festzustellen, ohne den Umweg über das faktische Monopol an den Informationen auf dem Lizenzmarkt zu wählen. Die marktbeherrschende Stellung auf den jeweiligen Märkten für senderspezifische Fernsehwochenzeitschriften wurde in der Folge über das Instrument des immaterialgüterrechtlichen Ausschließlichkeitsrechts auf den Markt für senderübergreifende Programmzeitschriften übertragen.

1042 S. bereits o. 3. Kapitel, § 2 A. IV. 4., zur gleichen Ansicht im Hinblick auf die Marktabgrenzung.

relevanten Produktmärkte und ihrer Verknüpfung.[1043] In diesen Fällen könnte eine ineinander übergehende Prüfung der Tatbestandsmerkmale des Art. 102 AEUV verhindert werden.

c) Microsoft-Entscheidung

Die *Microsoft*-Entscheidung des EuG zeigt, dass die Konstruktion des Lizenzmarktes nicht in jedem Fall notwendig ist. Hier wurden der Markt für Client PC-Betriebssysteme und der für Arbeitsgruppenserver-Betriebssysteme voneinander abgegrenzt, ohne für die marktbeherrschende Stellung auf den Lizenzmarkt zu verweisen.[1044] Die marktbeherrschende Stellung wurde auf beiden Märkten festgestellt und ein hypothetischer Lizenzmarkt spielte insofern keine eigenständige Rolle.[1045] Es kam vielmehr auf die Marktanteile, die Hebelwirkung zwischen beiden Produktmärkten und die starken Netzwerk- und lock in-Effekte an.[1046]

d) Fazit

Beim typischen immaterialgüterrechtlichen Hebelmissbrauch wird Marktmacht über ein Ausschließlichkeitsrecht von einem Produktmarkt auf einen anderen ausgedehnt.[1047] Die Analyse der Marktstruktur und die Verknüpfung der Märkte sowie deren Besonderheiten zeichnen hier ein genaueres Bild als das Zwei-Märkte Konzept. Zudem kann durch eine solche Analyse transparent zwischen Hebelmissbräuchen und solchen missbräuchlichen Praktiken, bei denen es wirklich um die Hebelwirkung zwischen einem Produkt- und einem Lizenzmarkt geht, unterschieden werden. Nur in letztgenannten Fällen sollten die strengen Voraussetzungen der Zwangslizenz im Hinblick auf die Einschränkung des technischen Fortschritts durch eine verweigerte Lizenzierung greifen.[1048] Für den Hebelmissbrauch könnte man auf dieses Kriterium verzichten, da es sich um einen missbräuchlichen Marktmachttransfer zwischen zwei Produktmärkten handelt, allein vermittelt durch Immaterialgüterrechte und die damit einhergehende

---

1043 *Leistner*, ZWeR 2005, 138 (150 f.).

1044 C(2004) 900 final, COMP/C-3/C-37.792, (Rn. 323, 429, 471 f., 523, 541) – Microsoft.

1045 EuG, Rs. T-201/04, Slg. 2007, II-3601 (Rn. 30) – Microsoft/Kommission.

1046 Dazu und zum Vorgenannten EuG, Rs. T-201/04, Slg. 2007, II-3601 (Rn. 558 f.) – Microsoft/Kommission.

1047 S. EuGH, Rs. 311/84, Slg. 1985, 3261 (Rn. 23, 26 f.) – Télémarketing (CBEM) unter Verweis auf Rs. 6 u. 7-73, Slg. 1974, 223 (Rn. 45) – Commercial Solvents u. a./Kommission.

1048 Hierzu ausf. u. 3. Kapitel, § 2 B. III. 3.

Verstärkung von Netzwerk- und lock in-Effekten. Man spricht auch von einem Strukturmissbrauch und der immaterialgüterrechtliche Bezug wäre insofern zunächst unbeachtlich.[1049]

5. *Bewertung*

Lizenzverweigerungsfälle bedürfen einer umfassenden Analyse aller von einer möglicherweise missbräuchlichen Verhaltensweise betroffenen Produktmärkte. Die *Microsoft*-Entscheidung ist insofern ein positives Beispiel, da für die Feststellung der beherrschenden Stellung neben den Marktanteilen auch deren dynamische Entwicklung, Marktzutrittsschranken sowie Netzwerk- und lock in-Effekte gewürdigt wurden. Einer separaten Abgrenzung des Lizenzmarktes im Rahmen der Marktabgrenzung bedurfte es nicht. Das EuG bestätigte, dass die Hebelwirkung zwischen dem Markt für Client PC-Betriebssysteme und dem für Arbeitsgruppenserver-Betriebssysteme ausschlaggebend für die Feststellung der marktbeherrschenden Stellung war.[1050]

Handelt es sich allerdings nicht um eine immaterialgüterrechtlich vermittelte Hebelwirkung zwischen zwei Produktmärkten, kann die Abgrenzung in Lizenz- und Produktmarkt bereits auf Ebene der marktbeherrschenden Stellung vonnöten sein. Ein Beispiel ist, wenn es noch keinen Produktmarkt gibt und eine marktbeherrschende Stellung lediglich auf dem (hypothetischen) Lizenzmarkt festgestellt werden kann, wie etwa bei bewusst ungenutzt gelassenen patentierten Technologien. Hier stehen nicht der sinkende Wettbewerbsdruck und sinkende Innovationsanreize im Vordergrund, wie in der *Microsoft*-Entscheidung, sondern die konkrete Behinderung des technischen Fortschritts.

V. Binnenmarktbezug

Für die Anwendung von Art. 102 AEUV muss die marktbeherrschende Stellung eines Unternehmens zumindest auf einem wesentlichen Teil des Binnenmarktes vorliegen. Dies stellt den unionsrechtlichen Bezug sicher. Es reicht aus, wenn das Gebiet eines gesamten Mitgliedstaates betroffen ist.[1051] Die territorialen

---

1049 Zum Strukturmissbrauch anhand der Kriterien aus EuGH, Rs. 311/84, Slg. 1985, 3261 – Télémarketing (CBEM), *Heinemann*, Immaterialgüterschutz in der Wettbewerbsordnung, 2002, S. 450 ff.

1050 Zum Ganzen EuG, Rs. T-201/04, Slg. 2007, II-3601 (Rn. 557 ff.) – Microsoft/Kommission.

1051 Vgl. EuGH, verb. Rs. C-241 u. 242/91 P, Slg. 1995, I-743 (Rn. 47) – RTE u. ITP/Kommission („Magill"); Rs. 418/01, Slg. 2004, I-5039 (Rn. 21) – IMS Health; EuG, Rs. T-228/97, Slg. 1999, II-2969 (Rn. 99) – Irish Sugar/Kommission.

Aspekte sind insgesamt im Vergleich zur wirtschaftlichen Bedeutung eines Gebietes für den Binnenmarkt zu vernachlässigen.[1052] In dieser Konsequenz waren selbst wichtige Einrichtung wie große Häfen und Flughäfen in einem Mitgliedstaat ausreichend, um eine beherrschende Stellung auf dem Binnenmarkt festzustellen.[1053]

VI. Schlussfolgerung und Ausblick auf die Missbrauchsprüfung

Eine Marktanalyse, die stärker auf die Wettbewerbsverhältnisse auf allen miteinander verflochtenen Märkten abstellt, findet Rückendeckung in der Rechtsprechung zu Strukturmissbräuchen. Nach der *Télémarketing*-Entscheidung[1054] reicht es aus, dass eine marktbeherrschende Stellung auf benachbarte Märkte ausgedehnt wird, ohne dass es zu weiteren missbräuchlichen Verhaltensweisen kommen müsste.[1055] Diese Entscheidung betraf allerdings keinen Sachverhalt mit immaterialgüterrechtlichen Bezugspunkten. In anderen Fällen verwies der Gerichtshof der EU indes darauf, dass es unerheblich sei, woher eine Monopolstellung herrührt.[1056] So könnte auf einer Linie mit der *Télémarketing*-Entscheidung gleiches für immaterialgüterrechtliche Hebelmissbräuche eingefordert werden, ohne dass die Einschränkung des technischen Fortschritts als Kriterium für die Zwangslizenz notwendig wäre. Zu unterscheiden wären hiernach zwei Fallgruppen, nämlich der immaterialgüterrechtlich vermittelte Hebelmissbrauch und der Missbrauch von Immaterialgüterrechten als Behinderung des technischen Fortschritts. Für beide Fallgruppen könnten unterschiedliche Missbrauchskriterien im Sinne von zwei unterschiedlichen theories of harm aufgestellt werden.[1057]

1052 *Bulst*, in: Langen/Bunte, Bd. 2, 11. Aufl. 2010, Art. 82 EGV Rn. 83.

1053 Z. B. EuGH, Rs. C-18/93, Slg. 1994 (Rn. 41) – Corsica Ferries Italia; *Wirtz*, in: Mäger, Europäisches Kartellrecht, 2. Aufl. 2011, Kap. 6 Rn. 31 m.w.N. aus der Rspr.; *Jung*, in: Grabitz/Hilf/Nettesheim, Recht der EU, 43. EL 2011, Art. 102 AEUV Rn. 59 m.w.N. aus der Rspr.; *Bulst*, in: Langen/Bunte, Bd. 2, 11. Aufl. 2010, Art. 82 Rn. 84 m.w.N. aus der Rspr. und der Kommissionspraxis.

1054 EuGH, Rs. 311/84, Slg. 1985, 3261 – Télémarketing (CBEM).

1055 EuGH, Rs. 311/84, Slg. 1985, 3261 – Télémarketing (CBEM), hierauf verweisend *Heinemann*, Immaterialgüterschutz in der Wettbewerbsordnung, 2002, S. 505 Fn. 1228; *Wielsch*, Zugangsregeln, 2008, S. 153.

1056 EuGH, Rs. 311/84, Slg. 1985, 3261 (Rn. 18) – Télémarketing (CBEM) in Bezug auf ein gesetzliches Monopol. Hierauf verweisend EuG, Rs. T-201/04, Slg. 2007, II-3601 (Rn. 320) – Microsoft/Kommission.

1057 *Heinemann*, in: Immenga/Mestmäcker, Wettbewerbsrecht, Bd. 1 EU/Teil 1, 5. Aufl. 2012, VII. Abschnitt, B. Rn. 59 (m.w.N. aus der Lit.), befürwortet insofern, dass in Fällen des Marktmachttransfers bzw. Hebelmissbrauchs keine Differenzierung zwischen

B. Missbräuchliche Verhaltensweise

Der Marktmachtmissbrauch gemäß Art. 102 AEUV erfordert, dass sich ein Unternehmen unter Ausnutzung einer marktbeherrschenden Stellung missbräuchlich verhält. Allein die marktbeherrschende Stellung begründet noch kein Eingreifen der Wettbewerbskontrolle und ein Monopolisierungsverbot, wie es Sec. 2 Sherman Act in den USA vorsieht, gibt es im Unionsrecht nicht.[1058] Die Gefahren, die von einer marktbeherrschenden Stellung für den Binnenmarkt ausgehen, begründen für Unternehmen in einer solchen Stellung eine besondere Verantwortung und sie dürfen mit ihrem Verhalten den wirksamen Wettbewerb auf dem Binnenmarkt nicht beeinträchtigen.[1059] Hierauf haben die Unternehmen selbst zu achten,[1060] weswegen auch fahrlässige Verstöße regelmäßig hohe Geldbußen nach sich ziehen.[1061] Die missbräuchliche Ausnutzung einer marktbeherrschenden Stellung ist ein objektiver Begriff und erfordert keine absichtliche Verwirklichung.[1062] Wenn eine solche Absicht ermittelt werden kann, etwa aufgrund interner Dokumente, stützt dies jedoch die Beweisführung der Kommission und wird bei den Sanktionen berücksichtigt.[1063] Der Missbrauch muss ferner nicht auf dem beherrschten Markt erfolgen.[1064] Kausalität zwischen Missbrauch und marktbeherrschender Stellung muss also nicht bestehen, was

immaterialgüterrechtlichen Fallkonstellationen und solchen, in denen Sacheigentum betroffen ist, vorgenommen werden sollte.

1058 Vgl. dazu EuGH, Rs. C-41/90, Slg. 1991, I-1979 (Rn. 29) – Höfner u. Elser; näher *Jung*, in: Grabitz/Hilf/Nettesheim, Recht der EU, 43. EL 2011, Art. 102 AEUV Rn. 10, 117 m.w.N. aus der Rspr.; s. auch *Heinemann*, Immaterialgüterschutz in der Wettbewerbsordnung, 2002, S. 447.

1059 St. Rspr. EuGH, Rs. C-52/09, Slg. 2011, I-527 (Rn. 24) – Konkurrensverket; Rs. C-202/07 P, Slg. 2009, I-2369 (Rn. 105) – France Télécom/Kommission; Rs. 322/81, Slg. 1983, 3461 (Rn. 57) – Michelin/Kommission; EuG, Rs. T-228/97, Slg. 1999, II-2969 (Rn. 112) – Irish Sugar/Kommission.

1060 EuGH, Rs. C-202/07 P, Slg. 2009, I-2369 (Rn. 105) – France Télécom/Kommission; EuG, Rs. T-83/91, 1994, II-755, (Rn. 114) – Tetra Pak/Kommission.

1061 S. EuG, Rs. T-301/04, Slg. 2009, II-3155 (Rn. 143) – Clearstream/Kommission.

1062 *Weiß*, in: Calliess/Ruffert, 4. Aufl. 2011, Art. 102 AEUV Rn. 25, unter Hinweis auf EuG, Rs. T-301/04, Slg. 2009, II-3155 (Rn. 143) – Clearstream/Kommission.

1063 EuG, Rs. T-155/06, Slg. 2010, II-4361 (Rn. 35 ff.) – Tomra Systems u. a./Kommission; *GA Mazák*, EuGH, Rs. C-549/10 P, Schlussanträge v. 2.2.2012 (Rn. 8 ff.) – Tomra Systems u. a./Kommission.

1064 EuGH, Rs. 85/76, Slg. 1979, 461 (Rn. 91) – Hoffmann-La Roche/Kommission.

bereits in den Entscheidungen *Continental Can*[1065] und *Hoffmann-La Roche*[1066] zum Ausdruck kam.

I. Grundlagen

Eine Definition der missbräuchlichen Ausnutzung im Sinne des Art. 102 AEUV enthält das Primärrecht nicht. Es handelt sich um einen unbestimmten Rechtsbegriff, welcher anhand der allgemeinen Unionsziele und dem Schutz des wirksamen Wettbewerbs gemäß Art. 3 Abs. 3 S. 1 EUV i.V.m. Protokoll (Nr. 27) auszulegen ist.[1067] Ausgangspunkt ist zunächst der „Geist, Wortlaut und Aufbau“[1068] von Art. 102 AEUV. Art. 102 Abs. 2 AEUV enthält lediglich Regelbeispiele,[1069] aus welchen keine allgemeinere Definition abgeleitet werden kann.[1070] Der Missbrauchsbegriff wird über Art. 102 Abs. 1 AEUV offengehalten, um hinreichend flexibel auf Gefahren für den Wettbewerb reagieren zu können. Vor diesem Hintergrund bestätigte der EuGH, dass Art. 102 AEUV als sanktionsbewährte Regelung nicht zu unbestimmt ist und rechtsstaatlichen Grundsätzen genügt.[1071] Die von der Generalklausel in Art. 102 Abs. 1 AEUV erfassten Missbrauchsarten konkretisieren die Durchsetzungsprioritäten (2009) für den Behinderungsmissbrauch.

II. Eckpunkte der Rechtsprechung

Nach ständiger Rechtsprechung ist entscheidend, dass das Verhalten eines Unternehmens die Wettbewerbsstruktur bereits schwächt und den (Rest-)Wettbewerb verringert. Eine Verhaltensweise ist nur hierzu geeignet, wenn sie von den „Mitteln eines normalen Produkt- oder Dienstleistungswettbewerbs auf der

---

1065 EuGH, Rs. 6-72, Slg. 1973, 215 (Rn. 27) – Continental Can/Kommission.

1066 EuGH, Rs. 85/76, Slg. 1979, 461 (Rn. 91) – Hoffmann-La Roche/Kommission; hierauf verweisend und unter Hinweis auf die a. A. in der älteren Lit. *Jung*, in: Grabitz/Hilf/Nettesheim, Recht der EU, 43. EL 2011, Art. 102 AEUV Rn. 135 ff.

1067 Hierzu und zum Vorgenannten *Bulst*, in: Langen/Bunte, Bd. 2, 11. Aufl. 2010, Art. 82 EGV Rn. 88; s. auch EuGH, Rs. C-52/09, Slg. 2011, I-527 (Rn. 20 f.) – Konkurrensverket.

1068 EuGH, Rs. 6-72, Slg. 1973, 215 (Rn. 22, 25 f.) – Continental Can/Kommission.

1069 EuGH, Rs. 6-72, Slg. 1973, 215 (Rn. 26) – Continental Can/Kommission.

1070 *Jung*, in: Grabitz/Hilf/Nettesheim, Recht der EU, 43. EL 2011, Art. 102 AEUV Rn. 119.

1071 EuGH, Rs. 85/76, Slg. 1979, 461 (Rn. 128 ff., insb. 132 ff.) – Hoffmann-La Roche/Kommission.

Grundlage der Leistungen der Marktbürger“[1072] abweicht, was gleichermaßen für den Behinderungs- und den Ausbeutungsmissbrauch von Bedeutung ist.[1073]

1. Ausrichtung am Schutz des Leistungswettbewerbs

Der Rechtsprechungsansatz zielt auf eine Unterscheidung zwischen (erlaubtem) Leistungs- und (verbotenem) Nichtleistungswettbewerb ab.[1074] Da der europäische Wettbewerbsschutz den wirksamen Wettbewerb als Institution gewährleisten soll, kann diese Unterscheidung anhand der Auswirkungen auf die Wettbewerbsstruktur und die Wettbewerbsprozesse konkretisiert werden.[1075] Im Leistungswettbewerb konkurrieren die Unternehmen unabhängig voneinander um die Nachfrager, die sich im Idealfall frei und transparent anhand aller Geschäftsbedingungen für das am besten zu ihren Präferenzen passende Angebot entscheiden können.[1076]

2. Konkretisierung anhand der verschiedenen Missbrauchsarten

Wenn Wettbewerber vom Verhalten eines marktbeherrschenden Unternehmens derart behindert werden, dass sie trotz eines effizienten Angebots nicht wirksam um die Marktgegenseite konkurrieren können, funktionieren die Wettbewerbsprozesse nicht hinreichend. Dann ist gleichzeitig die Wettbewerbsstruktur gefährdet, sofern die Wettbewerber drohen, vom Markt gedrängt oder in ihrem Marktverhalten diszipliniert zu werden. Solche Verdrängungs- bzw. Behinderungsmissbräuche führen dazu, dass der Wettbewerb seine Koordinierungsfunktion nicht mehr erfüllen und Angebot und Nachfrage effizient zusammenführen kann.

Im Rahmen von Ausbeutungsmissbräuchen ist die Marktgegenseite direkt das Opfer missbräuchlicher Verhaltenspraktiken (z. B. von Monopolpreisen), die aus fehlendem Wettbewerbsdruck resultieren. Monopolpreise spiegeln nicht den objektiven Nutzen einer Leistung wider, sondern enthalten einen marktmachtbedingten Aufschlag. Die Marktprozesse laufen genauso wie beim Behinderungsmissbrauch nicht störungsfrei ab.

Die dritte Fallgruppe im Rahmen des Art. 102 AEUV betrifft Marktstrukturmissbräuche. Ein solcher liegt vor, wenn ein Unternehmen ohne objektiv erkennbares Bedürfnis seine Marktmacht von einem beherrschten Markt auf

---

1072 EuGH, Rs. 85/76, Slg. 1979, 461 (Rn. 91) – Hoffmann-La Roche/Kommission.
1073 *Jung*, in: Grabitz/Hilf/Nettesheim, Recht der EU, 43. EL 2011, Art. 102 AEUV Rn. 121.
1074 S. EuGH, Rs. C-202/07 P, Slg. 2009, I-2369 (Rn. 106) – France Télécom/Kommission.
1075 Hierzu bereits o. 2. Kapitel, § 1 B. I. 1.
1076 Dazu o. 1. Kapitel, § 2 E. II.

einen benachbarten Markt ausdehnt. Es muss dann keine weitere missbräuchliche Verhaltensweise hinzutreten.[1077] Dieser Ansatz ist stark auf die marktbeherrschende Stellung und deren Effekte auf umliegende Märkte bezogen, was eine genaue Marktanalyse erfordert.[1078]

3. Bewertung

Die Unterscheidung zwischen Leistungs- und Nichtleistungswettbewerb zur Kategorisierung von wettbewerbsrelevanten Verhaltensweisen bleibt auch im Hinblick auf die verschiedenen Missbrauchsarten weitgehend konturenlos. Für die Rechtsanwendung können keine konkreten Maßstäbe abgeleitet werden.[1079] Die besondere Verantwortung marktbeherrschender Unternehmen für den unverfälschten Wettbewerb führt dazu, dass ihnen Verhaltensweisen untersagt sein können, die anderen Unternehmen erlaubt sind.[1080] Ob eine Verhaltensweise sich im Rahmen des Leistungswettbewerbs bewegt ist daher keiner starren Einteilung zugänglich, sondern graduell von der marktbeherrschenden Stellung abhängig.[1081] Die sachliche Trennung der Tatbestandsmerkmale bei Art. 102 AEUV ist in diesem Sinne auch nicht strikt durchzuhalten. Zudem umfassen die Durchsetzungsprioritäten (2009) lediglich eine nicht abschließende Erörterung von Fallgruppen des Behinderungsmissbrauchs. Insgesamt führen diese Unsicherheiten dazu, dass Unternehmen ihr eigenes Verhalten im Hinblick auf einen Verstoß gegen Art. 102 AEUV zum Teil nur schwer einschätzen können.[1082]

1077 EuGH, Rs. 311/84, Slg. 1985, 3261 (Rn. 27) – Télémarketing (CBEM); näher hierzu und zur Bedeutung für Art. 102 AEUV *Heinemann*, Immaterialgüterschutz in der Wettbewerbsordnung, 2002, S. 447 ff.

1078 Näher o. 3. Kapitel, § 2 A. IV. 4.

1079 So *Bulst*, in: Langen/Bunte, Bd. 2, 11. Aufl. 2010, Art. 82 EGV Rn. 90.

1080 EuGH, Rs. 322/81, Slg. 1983, 3461 (Rn. 57) – Michelin/Kommission; hierauf verweisend EuG, Rs. T-111/96, Slg. 1998, II-2937 (Rn. 139) – ITT Promedia/Kommission; s. auch Rs. T-340/03, Slg. 2007, II-107 (Rn. 186) – France Télécom/Kommission.

1081 Hierzu o. 2. Kapitel, § 1 C. III.

1082 S. auch *Dreher/Thomas*, WuW 2004, 8 (16), nach denen ein Bußgeld lediglich verhängt werden sollte, wenn ein Unternehmen bei der Selbsteinschätzungen nach Art. 101 Abs. 3 AEUV einen offensichtlichen Beurteilungsfehler begeht. Für fahrlässige Verstöße werden jedoch bisweilen ebenfalls hohe Bußgelder verhängt, wie jüngst gegen Microsoft im Hinblick auf die Nichteinhaltung einer Verpflichtungszusage gem. Art. 9 VO (EG) Nr. 1/2003 in Zusammenhang mit der Browserauswahl bei der Installation des Windows-Betriebssystems. Microsoft musste für eine wenige Monate anhaltende fahrlässige Zuwiderhandlung 561 Millionen Euro Strafe zahlen, s. Pressemitteilung der Kommission, IP/13/196 vom 6.3.2013.

III. Missbräuchliche Lizenzverweigerung

In der Entscheidung *IMS-Health* findet sich die Formulierung, dass für eine Zwangslizenzierung gemäß Art. 102 AEUV das individuelle Interesse des marktbeherrschenden Unternehmens am Schutz der wirtschaftlichen Handlungsfreiheit und des geistigen Eigentums mit dem allgemeinen Interesse am Schutz des freien Wettbewerbs abgewogen werden muss.[1083] Diese Forderung entspricht dem grundlegenden Komplementärverhältnis von Wettbewerbs- und Immaterialgüterschutz und ist zugleich Handlungsanweisung für die Rechtsanwendung.[1084]

1. Grundlagen

Immaterialgüterrechte verleihen ihrem Inhaber alle ausschließlichen Nutzungs- und Verwertungsrechte an Schöpfungen oder Erfindungen. Entscheidet er sich dafür, Dritten keine Lizenz zu erteilen, ist diese Entscheidung zunächst von dem gewährten Eigentumsrecht gedeckt.[1085] Deswegen ist die Verweigerung einer Lizenz grundsätzlich auch keine missbräuchliche Verhaltensweise im Sinne des Art. 102 AEUV,[1086] sondern es müssen außergewöhnliche Umstände hinzutreten.[1087]

2. Stand der Rechtsprechung nach dem Microsoft-*Urteil*

Die letzte Entscheidung, in welcher gegen ein Unternehmen eine Zwangslizenz über Art. 102 AEUV verhängt wurde, fällte das EuG im Jahr 2007 in der Rechtssache *Microsoft*. Die Richter stellten ihrer Beurteilung eine Zusammenfassung des Rechtsprechungsstandes bis zu diesem Verfahren voran.[1088] Interessanterweise untersuchte die Kommission in ihrer Abstellungsverfügung nicht, ob die von der Zwangslizenz betroffenen Schnittstelleninformationen immaterialgüterrechtlich geschützt waren, sondern legte dies als Prüfungshypothese zugrunde. Dies sei die für Microsoft günstigste Grundannahme gewesen, weil damit die

---

1083 EuGH, Rs. C-418/01, Slg. 2004, I-5039 (Rn. 48) – IMS Health.

1084 Zum Komplementärverhältnis o. 1. Kapitel, § 4.

1085 Grundlegend EuGH, Rs. 238/87, Slg. 1988, 6211 (Rn. 8) – Volvo.

1086 EuG, Rs. T-201/04, Slg. 2007, II-3601 (Rn. 330 f.) – Microsoft/Kommission; EuGH, Rs. C-418/01, Slg. 2004, I-5039 (Rn. 48) – IMS Health; verb. Rs. C-241 u. 242/91 P, Slg. 1995, I-743 (Rn. 49) – RTE u. ITP/Kommission („Magill"); Rs. 238/87, Slg. 1988, 6211 (Rn. 7 f.) – Volvo.

1087 EuG, Rs. T-201/04, Slg. 2007, II-3601 (Rn. 330 f.) – Microsoft/Kommission.

1088 EuG, Rs. T-201/04, Slg. 2007, II-3601 (Rn. 330 ff.) – Microsoft/Kommission.

denkbar strengsten Voraussetzungen für ein Eingreifen von Art. 102 AEUV erfüllt sein mussten. Das EuG beanstandete diese Herangehensweise nicht.[1089]

Eine Zwangslizenz kann demnach gemäß Art. 102 AEUV verhängt werden, wenn sich eine Lizenzverweigerung anhand von vier Prüfungspunkten als missbräuchlich erweist: Zunächst ist (1) die Unerlässlichkeit eines verweigerten Inputs (d.h. der immaterialgüterrechtlich geschützten Informationen) für eine Tätigkeit auf einem nachgelagerten Produktmarkt erforderlich und dies muss (2) die Ausschaltung jeglichen wirksamen Wettbewerbs zur Folge haben. Hinzutreten muss (3), dass dies die technische Entwicklung zum Schaden der Verbraucher einschränkt. Zudem darf die Lizenzverweigerung des von der Entscheidung betroffenen Unternehmens (4) nicht objektiv gerechtfertigt sein.[1090] Diese Voraussetzungen wurden in den Entscheidungen *IMS-Health* und *Microsoft* kumulativ geprüft.[1091] Einzelne Argumente, insbesondere die Ausführungen zu den Markt- und Wettbewerbsbedingungen, sind dabei für mehrere Voraussetzungen relevant.

a) Unerlässlichkeit des verweigerten immateriellen Inputs

aa) Grundlagen

Ein Immaterialgüterrecht ist unerlässlich für die Tätigkeit auf einem nachgelagerten Markt, wenn Konkurrenten des marktbeherrschenden Rechteinhabers die geschützte Information zwingend für eine wirksame Teilnahme am Wettbewerb benötigen (auch als essential facility bzw. wesentliche Einrichtung[1092] bezeichnet).[1093] Es dürfen daher keine Substitute für diesen Input verfügbar sein. Der Entwicklung von Substituten müssen unzumutbare tatsächliche, rechtliche oder wirtschaftliche Hindernisse entgegenstehen.[1094] Es ist dabei an alle Alternativen zur Zwangslizenzierung zu denken, die eine wirksame Teilnahme am Wettbewerb ermöglichen könnten. In der Entscheidung *Volvo*[1095] wurde eine

1089 EuG, Rs. T-201/04, Slg. 2007, II-3601 (Rn. 283 ff.) – Microsoft/Kommission.

1090 EuG, Rs. T-201/04, Slg. 2007, II-3601 (Rn. 332 f.) – Microsoft/Kommission.

1091 EuGH, Rs. C-418/01, Slg. 2004, I-5039 (Rn. 38) – IMS Health; EuG, Rs. T-201/04, Slg. 2007, II-3601 (Rn. 332 f.) – Microsoft/Kommission.

1092 Hierzu in Zusammenhang mit Google Search *Körber*, WRP 2012, 761 (765 f.).

1093 S. EuG, Rs. T-504/93, Slg. 1997, II-923 (Rn. 131) – Tiercé Ladbroke/Kommission.

1094 Diese Grundsätze wurden in EuGH, Rs. C-7/97, Slg. 1998, I-7791 (Rn. 42 ff.) – Bronner anhand eines Sachverhalts aufgestellt, der keine immaterialgüterrechtlichen Berührungspunkte hatte; auf dieses Urteil Bezug nehmend EuGH, Rs. C-418/01, Slg. 2004, I-5039 (Rn. 28 f., 40 ff.) – IMS Health.

1095 EuGH, Rs. 238/87, Slg. 1988, 6211 – Volvo.

Lieferpflicht für immaterialgüterrechtlich geschützte Ersatzteile als Abstellungsmaßnahme ausgesprochen. Eine Zwangslizenzierung war insofern nicht erforderlich und es fehlte an der Unerlässlichkeit des verweigerten immaterialgüterrechtlich geschützten Inputs. Die Lieferpflicht in Bezug auf ein Produkt, in welchem die geschützte technische Lehre zur Anwendung kommt, ist insofern als milderes Mittel anzusehen.[1096]

bb) Microsoft-Entscheidung

In Bezug auf die *Microsoft*-Entscheidung des EuG mussten die von der Zwangslizenz betroffenen Schnittstelleninformationen von Windows für Client PCs unerlässlich für eine wirksame Teilnahme am Wettbewerb auf dem Markt für Arbeitsgruppenserver-Betriebssysteme sein. Schnittstelleninformationen betreffen die Kommunikation zwischen Betriebssystemen von Client PCs und denen von Servern innerhalb eines Arbeitsgruppennetzwerks. In einem Netzwerk von Client PCs koordinieren übergeordnete Arbeitsgruppenserver die gemeinsame Nutzung von Hard- und Software durch alle Teilnehmer. Ein Beispiel ist der Zugriff aller Client PCs auf einen zentralen Drucker innerhalb eines solchen Netzwerks. Die Interoperabilität zwischen den Betriebssystemen auf den Client PCs und denen auf den Servern ist von wesentlicher Bedeutung, um einen reibungslosen Arbeitsablauf im gesamten Netzwerk zu gewährleisten.

Die Kommission definierte den Begriff Interoperabilitätsinformationen als alle „vollständigen und genauen Spezifikationen für alle Protokolle, die in Windows-Betriebssystemen für Arbeitsgruppenserver implementiert und von Windows-Arbeitsgruppenservern genutzt werden, um den Windows-Arbeitsgruppennetzwerken Daten- und Druckdienste sowie Gruppen- und Nutzerverwaltungsdienste einschließlich der Dienste Windows-Domänenkontrolle, Active Directory und Group Policy zur Verfügung zu stellen“[1097].

Microsoft setzte damals wie heute mit seinen Schnittstelleninformationen für die Kommunikation zwischen Client PC-Betriebssystemen und Server-Betriebssystemen einen de facto-Standard für Interoperabilität innerhalb von Arbeitsgruppennetzwerken. Dies ist darauf zurückzuführen, dass der Marktanteil von Windows für Client PCs zum Entscheidungszeitpunkt über 90% betrug und eine quasi Monopolstellung begründete.[1098] Die immaterialgüterrechtlich geschützten

---

1096 Vgl. EuGH, Rs. 238/87, Slg. 1988, 6211 (Rn. 8 f.) – Volvo; hierzu *Leistner* ZWeR 2005, 138 (152).

1097 S. EuG, Rs. T-201/04, Slg. 2007, II-3601 (Rn. 37) – Microsoft/Kommission.

1098 S. C(2004) 900 final, COMP/C-3/C-37.792, (Rn. 779) – Microsoft.

Schnittstelleninformationen waren das sog. bottleneck für den Zugang von Konkurrenten zum Markt für Arbeitsgruppenserver-Betriebssysteme. Die Wettbewerber von Microsoft konnten ohne diese Informationen nicht gewährleisten, dass ihre Arbeitsgruppenserver-Betriebssysteme fehlerfrei mit Windows für Client PCs kommunizieren, was im Endeffekt einer wirksamen Teilnahme am Wettbewerb im Wege stand. Die Abnehmer sind schlichtweg auf die reibungslose Kommunikation zwischen beiden Betriebssystemen angewiesen.

Ob ein hinreichendes Maß an Interoperabilität zwischen Windows für Client PCs und der Software von Drittanbietern bestand, war im Gegensatz zur Unerlässlichkeit des Inputs in den Fällen *Magill* und *IMS-Health* eine graduelle Frage.[1099] Die Kommission prüfte dies in zwei Schritten:[1100] Zunächst ermittelte sie, welcher Grad an Interoperabilität erforderlich ist, damit Unternehmen auf dem Markt für Arbeitsgruppenserver-Betriebssysteme wirksam am Wettbewerb teilnehmen können. Dabei musste die Interoperabilität in zweierlei Hinsicht gewährleistet sein und betraf die Kommunikation zwischen Client PCs und Arbeitsgruppenservern sowie die zwischen mehreren Arbeitsgruppenservern. In einem weiteren Schritt ergründete die Kommission, ob die von Microsoft verweigerten Interoperabilitätsinformationen für die Erreichung dieses Interoperabilitätsgrades unerlässlich waren und nicht auch auf anderem Wege Interoperabilität hergestellt werden konnte. Zunächst wurde also ein abstrakter Interoperabilitätsgrad als Ausgangspunkt festgelegt, um darauffolgend zu prüfen, ob es den Wettbewerbern im Sinne der *Bronner*-Rechtsprechung[1101] möglich war, diesen unter angemessenen eigenen wirtschaftlichen und technischen Anstrengungen zu erreichen. Es kam darauf an, dass es aus objektiver Sicht keinem Unternehmen möglich gewesen wäre, aufgrund dieser Hindernisse selbst Alternativen zu entwickeln und wirksam am Wettbewerb teilzunehmen.[1102]

1099 Vgl. EuG, Rs. T-201/04, Slg. 2007, II-3601 (Rn. 210) – Microsoft/Kommission.

1100 EuG, Rs. T-201/04, Slg. 2007, II-3601 (Rn. 207) – Microsoft/Kommission. Dieses Vorgehen wurde vom EuG a.a.O. (Rn. 373 f.) bestätigt.

1101 EuGH, Rs. C-7/97, Slg. 1998, I-7791 – Bronner.

1102 EuGH, Rs. C-418/01, Slg. 2004, I-5039 (Rn. 28) – IMS Health unter Verweis auf Rs. C-7/97, Slg. 1998, I-7791 (Rn. 43 f.) – Bronner. Im Fall *Bronner* wurde jedoch a.a.O. (Rn. 45 ff.) die Missbräuchlichkeit im Sinne des Art. 102 AEUV verneint. Es war lediglich für den in diesem Fall Zugang zu einem landesweiten Hauszustellungssystem für Tageszeitungen begehrenden Verleger aufgrund der geringen Auflagenzahl wirtschaftlich nicht möglich, ein eigenes Vertriebssystem aufzubauen.

(a) Vorausgesetzter Interoperabilitätsgrad

Microsoft rügte, dass der von der Kommission geforderte Interoperabilitätsgrad nur hätte erreicht werden können, wenn die Wettbewerber dazu befähigt gewesen wären, Microsofts Betriebssysteme für Arbeitsgruppenserver zu klonen bzw. zu reproduzieren.[1103] Allerdings war es überhaupt nicht möglich, die Funktionen der Microsoft Produkte zu imitieren, da die von der Zwangslizenz betroffenen Interoperabilitätsinformationen nicht den Quellcode umfassten. Dies räumte Microsoft selbst ein.[1104] Die Kommission zielte mit ihrer Entscheidung lediglich darauf ab, dass ein Arbeitsgruppenserver-Betriebssystem eines Konkurrenten in gleicher Weise wie Windows für Arbeitsgruppenserver mit den Client PCs in einem Netzwerk kommunizieren kann. Der geforderte Grad an Interoperabilität wurde so hoch angesetzt, wie ihn windowseigene Betriebssysteme in ihrer Kommunikation untereinander erreichen.

(b) Unerlässlichkeit der Interoperabilitätsinformationen

Die Kommission stützte sich auf verschiedene Marktumfragen, um die Rolle von Interoperabilität im Wettbewerb zu analysieren. Diese Umfragen bestätigten die Schlüsselrolle für die Kaufentscheidung zugunsten eines Betriebssystems.[1105] Zugleich schloss die Kommission aus, dass es Alternativen zur Offenlegung und Lizenzierung der Interoperabilitätsinformationen gab, welche den Konkurrenten von Microsoft das für die wirksame Teilnahme am Wettbewerb geforderte Maß an Interoperabilität ermöglicht hätten.[1106] Den Wettbewerbern war es nämlich unmöglich, einen vergleichbaren Grad an Interoperabilität zwischen ihrer Software und den Microsoft Betriebssystemen selbst herzustellen.[1107] Die von Art. 6 RL 91/250[1108] (aktuell gilt die kodifizierte Fassung in Art. 6 ComputerprogrammRL)

1103 EuG, Rs. T-201/04, Slg. 2007, II-3601 (Rn. 212) – Microsoft/Kommission.

1104 EuG, Rs. T-201/04, Slg. 2007, II-3601 (Rn. 241) – Microsoft/Kommission.

1105 EuG, Rs. T-201/04, Slg. 2007, II-3601 (Rn. 426 i.V.m. 381 ff.) – Microsoft/Kommission.

1106 Zu den fünf von Microsoft vorgeschlagenen Alternativen zur Herstellung von Interoperabilität, welche jedoch allesamt den von der Kommission hoch angesetzten Interoperabilitätsstandard nicht erfüllen konnten, EuG, Rs. T-201/04, Slg. 2007, II-3601 (Rn. 346) – Microsoft/Kommission.

1107 S. EuG, Rs. T-201/04, Slg. 2007, II-3601 (Rn. 427 i.V.m. 411) – Microsoft/Kommission; ausf. zur Analyse, ob es mögliche Substitute für die Interoperabilitätsinformationen von Microsoft gab, C(2004) 900 final, COMP/C-3/C-37.792, (Rn. 666 ff.) – Microsoft.

1108 RL 91/250/EWG vom 14.5.1991 über den Rechtsschutz von Computerprogrammen, ABl. 1991 L 122, S. 42.

eingeräumte Möglichkeit der Dekompilierung bzw. des reverse engineering reichte nicht aus.[1109] Eine solche Vorgehensweise wäre sehr kosten- und zeitaufwendig gewesen und die Bemühungen hätte Microsoft mittels einfacher Updates des dekompilierten Programmcodes wieder nutzlos machen können.[1110]

cc) Resümee

Die enorme Bedeutung von Interoperabilität und die fehlende Substituierbarkeit der Schnittstelleninformationen führten dazu, dass diese Informationen als unerlässlich für die wirksame Teilnahme am Wettbewerb angesehen wurden. Das EuG bestätigte die Herangehensweise der Kommission.[1111] Wettbewerber von Microsoft können nicht wirksam am Wettbewerb teilnehmen, wenn ihre Produkte nicht die gleiche Interoperabilität mit Windows für Client PCs aufweisen wie die hauseigenen Microsoft Produkte.[1112]

Der Marktanteil von Microsoft auf dem Markt für Client PC-Betriebssysteme lag bei über 90%, was eine de facto-Monopolstellung begründete und die Schnittstelleninformationen zum technischen Standard machte.[1113] Die daraus resultierenden lock in-Effekte erstreckten sich auf alle komplementären Produkte, so dass sie auch den Markt für Arbeitsgruppenserver-Betriebssysteme erfassten und zu verschließen drohten.[1114] Es handelt sich hierbei um die Hebelwirkung zwischen zwei Produktmärkten.

b) Ausschaltung des wirksamen Wettbewerbs

aa) Grundlagen

Durch die verweigerte Lizenzierung der unerlässlichen Schnittstelleninformationen müsste der wirksame Wettbewerb auf einem nachgelagerten Produktmarkt ausgeschaltet worden sein. Hierfür waren alle relevanten Markt- und Wettbewerbsbedingungen auf dem Markt für Arbeitsgruppenserver-Betriebssysteme zu analysieren. Ein wichtiger Indikator war im *Microsoft*-Fall die Marktanteilsentwicklung, welche auf eine drohende Marktverschließung hindeutete. Die

---

1109 Vgl. in Bezug auf Linux EuG, Rs. T-201/04, Slg. 2007, II-3601 (Rn. 432) – Microsoft/Kommission.

1110 C(2004) 900 final, COMP/C-3/C-37.792, (Rn. 454 ff., 683 ff., 743 ff.) – Microsoft; hierauf verweisend *Heinemann*, IIC 2005, 63 (67, Fn. 19).

1111 EuG, Rs. T-201/04, Slg. 2007, II-3601 (Rn. 375 i.V.m. 234 ff.; 421 f.) – Microsoft/Kommission.

1112 EuG, Rs. T-201/04, Slg. 2007, II-3601 (Rn. 421 f.) – Microsoft/Kommission.

1113 EuG, Rs. T-201/04, Slg. 2007, II-3601 (Rn. 387) – Microsoft/Kommission.

1114 EuG, Rs. T-201/04, Slg. 2007, II-3601 (Rn. 386 ff., 650, 662) – Microsoft/Kommission.

übrigen Besonderheiten und Wettbewerbsbedingungen wie Netzwerk- und lock in-Effekte nahmen ebenfalls eine hervorgehobene Rolle ein,[1115] wie schon bei der Analyse der marktbeherrschenden Stellung. Neben diesen einzelfallbezogenen Gesichtspunkten der Anwendungsebene ist zudem die Auslegung des Art. 102 AEUV, wann überhaupt von einem Ausschluss des Wettbewerbs auszugehen ist, ein zentraler Streitpunkt gewesen.[1116]

bb) Microsoft-Entscheidung

Microsoft trug im Verfahren vor dem EuG vier Argumente vor, weshalb der Kommission nicht der Nachweis gelungen sei, dass Microsoft durch die verweigerte Lizenzierung den Wettbewerb ausgeschaltet habe. Die Kommission habe den relevanten Produktmarkt falsch abgegrenzt und infolgedessen die Marktanteile fehlerhaft bestimmt, welche den Ausschluss des wirksamen Wettbewerbs indizierten. Zudem sei der Auslegungsmaßstab für den Ausschluss des Wettbewerbs auf dem Produktmarkt sowie die Beurteilung der Marktgegebenheiten und der besonderen Wettbewerbssituation nicht überzeugend gewesen.[1117]

(a) Marktabgrenzung

Microsoft war der Meinung, die Kommission habe den Markt für Arbeitsgruppenserver-Betriebssysteme zu eng gefasst. Bei dieser Beurteilung der Kommission handelt es sich in ständiger Rechtsprechung um eine komplexe wirtschaftliche Sachfrage, welche nur auf offensichtliche Fehler hin überprüft wird. Die gerichtliche Kontrolle beschränkt sich darauf, ob die Kommission die für die Beurteilung relevanten Daten berücksichtigt hat und ob diese Daten zutreffend, zuverlässig und kohärent sind.[1118] Die Kommission untersuchte in diesem Zusammenhang die Nachfrage- und die Angebotssubstituierbarkeit.[1119]

1115 EuG, Rs. T-201/04, Slg. 2007, II-3601 (Rn. 565) – Microsoft/Kommission; vgl. auch Durchsetzungsprioritäten (2009), Rn. 85 („sind die… aufgeführten Voraussetzungen [für die Unerlässlichkeit] erfüllt, ist nach Auffassung der Kommission die Lieferverweigerung eines marktbeherrschenden Unternehmens generell geeignet, den wirksamen Wettbewerb auf dem nachgelagerten Markt unmittelbar oder im Laufe der Zeit auszuschalten").

1116 EuG, Rs. T-201/04, Slg. 2007, II-3601 (Rn. 560 ff.) – Microsoft/Kommission.

1117 S. EuG, Rs. T-201/04, Slg. 2007, II-3601 (Rn. 437 ff., insb. 479) – Microsoft/Kommission.

1118 EuG, Rs. T-201/04, Slg. 2007, II-3601 (Rn. 482) – Microsoft/Kommission.

1119 EuG, Rs. T-201/04, Slg. 2007, II-3601 (Rn. 484) – Microsoft/Kommission; C(2004) 900 final, COMP/C-3/C-37.792, (Rn. 344 ff., 388 f.) – Microsoft.

(aa) Nachfragesubstituierbarkeit

Die Kommission stellte in Bezug auf die Nachfragesubstituierbarkeit darauf ab, welches Gesamtpaket an Funktionen ein Käufer eines Arbeitsgruppenserver-Betriebssystems voraussetzt. Hierfür berief sie sich hauptsächlich auf Marktumfragen und differenzierte an diesen ausgerichtet zwischen Betriebssystemen für Arbeitsgruppenserver und denen für sonstige Server.[1120] Durch diese enge Marktabgrenzung wurde der Marktanteil von Microsoft auf dem relevanten Markt für Arbeitsgruppenserver-Betriebssysteme hoch eingeschätzt.

Die große Preisspanne zwischen den verschiedenen Microsoft Betriebssystemen für Server legte eine Differenzierung in verschiedene Märkte für Server-Betriebssysteme nahe.[1121] Nicht zuletzt die besondere Bedeutung von Interoperabilität zwischen Arbeitsgruppenserver-Betriebssystemen und Client PCs, die so für die übrigen Server-Betriebssysteme nicht festgestellt werden konnte, stützte diese relativ enge Marktabgrenzung.[1122] Um dies zu untermauern, bezog sich die Kommission auf zwei Marktumfragen.[1123] Das EuG bestätigte im Endeffekt die Begrenzung des Marktes auf Betriebssysteme für Arbeitsgruppenserver.[1124]

(bb) Angebotssubstituierbarkeit

Die Prüfung der Angebotssubstituierbarkeit führte ebenfalls zu keiner anderen Beurteilung. Potenzielle Wettbewerber, die überhaupt keine Betriebssysteme für Server anboten, würden vor einem Markteintritt aufgrund der langen Entwicklungszeiten und hohen Kosten zurückschrecken („first copy costs"[1125]).[1126] Anbieter von anderen Server-Betriebssystemen konnten, entgegen der Behauptung Microsofts, ebenfalls nicht ohne Weiteres ihre Produktion auf Betriebssysteme für Arbeitsgruppenserver umstellen.[1127] Die Entwicklung, insbesondere im Hinblick auf die Herstellung von Interoperabilität, wäre zu aufwendig gewesen.[1128]

1120 C(2004) 900 final, COMP/C-3/C-37.792, (Rn. 349 ff.) – Microsoft.

1121 C(2004) 900 final, COMP/C-3/C-37.792, (Rn. 382) – Microsoft.

1122 C(2004) 900 final, COMP/C-3/C-37.792, (Rn. 383 ff.) – Microsoft.

1123 C(2004) 900 final, COMP/C-3/C-37.792, (Rn. 384 ff.) – Microsoft.

1124 EuG, Rs. T-201/04, Slg. 2007, II-3601 (Rn. 487 ff., 503 ff., 516ff., 524 ff., 530 ff.) – Microsoft/Kommission.

1125 S.o. 3. Kapitel, § 2 A. IV. 2.

1126 C(2004) 900 final, COMP/C-3/C-37.792, (Rn. 393 f.) – Microsoft.

1127 C(2004) 900 final, COMP/C-3/C-37.792, (Rn. 395 ff.) – Microsoft.

1128 C(2004) 900 final, COMP/C-3/C-37.792, (Rn. 396 f.) – Microsoft.

Die Kommission legte ein Szenario zugrunde, in welchem eine dauerhafte geringfügige Preiserhöhung potenzielle Wettbewerber zum Markteintritt animieren könnte und führte damit den SSNIP-Test[1129] auf Anbieterseite durch.[1130] Die Marktzutrittsbarrieren aufgrund des hohen Entwicklungsaufwandes wurden als zu hoch angesehen, als dass ein genügendes Maß an Substituierbarkeit hätte identifiziert werden können, woraus gleichzeitig auch mangelnder Wettbewerbsdruck abgeleitet wurde. Das EuG sah in den Erwiderungen von Microsoft hierauf, die Angebotsumstellung sei in vielen Fällen nahezu ohne zusätzliche Kosten zeitnah möglich, nur eine allgemeine und nicht weiter untermauerte Behauptung. Microsoft gelang es daher nicht, die Einschätzung der Kommission zu widerlegen.[1131]

(b) Berechnung der Marktanteile

Die Kommission grenzte in Bezug auf die missbräuchliche Lizenzverweigerung zwei relevante Produktmärkte voneinander ab, nämlich den Markt für Client PC-Betriebssysteme und den Markt für Arbeitsgruppenserver-Betriebssysteme. Auf beiden Märkten nahm die Kommission eine marktbeherrschende Stellung von Microsoft an.[1132] Die Marktanteile ermittelte die Kommission sowohl anhand der Stückzahl der verkauften Software als auch anhand des Umsatzes. Die beherrschende Stellung auf dem Markt für Client PC-Betriebssysteme war dabei unstrittig. Auf dem Markt für Arbeitsgruppenserver-Betriebssysteme belief sich die vorsichtige Schätzung der Kommission auf einen Marktanteil von mindestens 60%.[1133] Das EuG sah die von der Kommission verwandte Berechnungsmethode nicht als fehlerhaft an.[1134]

Darüber hinaus verstärkten neben den verkauften Einheiten und dem Umsatz die Marktzutrittsbarrieren aufgrund der Netzwerk- und lock in-Effekte die Einschätzung, dass Microsoft eine beherrschende Stellung auf dem Markt für Arbeitsgruppenserver-Betriebssysteme einnahm.[1135] Diese Aspekte hätten selbst bei einer fehlerhaften Analyse der Marktanteile die Feststellung einer

---

1129 Vgl. hierzu bereits o. 3. Kapitel, § 2 A. III. 1., allerdings in Bezug auf die Marktdefinition und die dort relevante Substitutionsbeziehung zwischen verschiedenen Produkten.

1130 C(2004) 900 final, COMP/C-3/C-37.792 (Rn. 388) – Microsoft.

1131 EuG, Rs. T-201/04, Slg. 2007, II-3601 (Rn. 527 ff., insb. 529) – Microsoft/Kommission.

1132 EuG, Rs. T-201/04, Slg. 2007, II-3601 (Rn. 23 ff.) – Microsoft/Kommission.

1133 EuG, Rs. T-201/04, Slg. 2007, II-3601 (Rn. 33) – Microsoft/Kommission.

1134 Näher EuG, Rs. T-201/04, Slg. 2007, II-3601 (Rn. 533 ff.) – Microsoft/Kommission.

1135 EuG, Rs. T-201/04, Slg. 2007, II-3601 (Rn. 558) – Microsoft/Kommission.

beherrschenden Stellung weiter aufrechterhalten. Die Hebelwirkungen, ausgehend vom Markt für Client PC-Betriebssysteme, waren insofern ausschlaggebend: „Das Microsoft zur Last gelegte missbräuchliche Verhalten hat mit anderen Worten seinen Ursprung in ihrer beherrschenden Stellung auf dem erstgenannten Produktmarkt (Markt der Betriebssysteme für Client PCs)“[1136].

(c) Auslegungsmaßstab für den Ausschluss des Wettbewerbs

Neben den auf die Anwendung des Art. 102 AEUV bezogenen Rügen im Hinblick auf die Marktabgrenzung und die Berechnung der Marktanteile trug Microsoft des Weiteren vor, dass die Kommission zu geringe Anforderungen an die wettbewerbsschädlichen Auswirkungen der Lizenzverweigerung gestellt habe. Aus der Rechtsprechung ergebe sich, dass eine solche geeignet sein müsse, jeglichen Wettbewerb auf dem abgeleiteten Markt auszuschließen.[1137] Der Wortlaut der Entscheidungen *Magill* und *IMS-Health* lege insofern ein strenges Verständnis nahe.[1138] Die Kommission habe hingegen lediglich geprüft, ob die verweigerte Lizenzierung droht, den wirksamen Wettbewerb auszuschalten.[1139] Das EuG sieht hierin eine irrelevante terminologische Spitzfindigkeit und ordnet beiden Formulierungen keine unterschiedlichen Beweismaßstäbe zu. Die Kommission müsse nicht abwarten, bis Wettbewerber systematisch vom Markt gedrängt worden sind, sondern sie könne einer solchen Gefahr bereits im Vorfeld begegnen.[1140]

Dieser Einschätzung ist zuzustimmen. Der Wettbewerbsschutz über Art. 102 AEUV greift auch präventiv ein und es muss nicht abgewartet werden, bis der Wettbewerb auf einem Markt Schaden nimmt und zum Erliegen kommt. Das Aufbrechen einer bereits vermachteten Marktstruktur bedürfte noch stärkerer Eingriffe, etwa in die Struktur von Unternehmen. Des Weiteren legt bereits die Formulierung in *Magill* und *IMS-Health*, dass eine Lizenzverweigerung zum Ausschluss wirksamen Wettbewerbs geeignet sein müsse, einen solchen Maßstab nahe. Die abstrakte Eignung, ohne dass ein tatsächlicher Schadenseintritt nachgewiesen werden muss, lässt die Nähe zum ordoliberalen Wettbewerbsverständnis und den ergebnisoffenen Wettbewerbstheorien erkennen.[1141] Die Auswirkungen

---

1136 EuG, Rs. T-201/04, Slg. 2007, II-3601 (Rn. 559) – Microsoft/Kommission.
1137 Vgl. EuG, Rs. T-201/04, Slg. 2007, II-3601 (Rn. 560) – Microsoft/Kommission.
1138 So *Hötte*, Die kartellrechtliche Zwangslizenz im Patentrecht, 2011, S. 89.
1139 EuG, Rs. T-201/04, Slg. 2007, II-3601 (Rn. 560) – Microsoft/Kommission.
1140 EuG, Rs. T-201/04, Slg. 2007, II-3601 (Rn. 561, 563) – Microsoft/Kommission.
1141 Auf den ordoliberalen Einschlag dieser und ähnlicher Formulierungen in der Rechtsprechung hinweisend *Dittert*, EuR 2012, 570 (579 f.), u.a. in Bezug auf das Urteil EuGH, Rs. 209/10, Urt. v. 27.3.2012 – Post Danmark.

müssen nicht schon tatsächlich eingetreten sein. Vor dem Hintergrund, dass solche Prognosen stets mit Unsicherheiten verbunden sind, sollte der Kommission auch nicht der Nachweis einer besonders hohen Wahrscheinlichkeit eines Schadenseintritts abverlangt werden.[1142] Ansonsten liefe man Gefahr, systematisch Fehler zweiter Art bei der Durchsetzung der Wettbewerbsregeln zu begehen.[1143] Diese Einschätzung verstärken die Besonderheiten im *Microsoft*-Fall. Die Netzwerk- und lock in-Effekte hätten die Schädigung des Wettbewerbs derart verfestigt, dass dies ex post mit den Mitteln des Wettbewerbsrechts nur äußerst schwer wieder zu korrigieren gewesen wäre.[1144] Für einen effektiven Schutz ist daher die abstrakte Eignung zum Ausschluss des wirksamen Wettbewerbs ausreichend.

(d) Analyse der Marktgegebenheiten und der Wettbewerbssituation

Das EuG setzte sich in seinem Urteil entsprechend dem Vorbringen von Microsoft hauptsächlich mit der Frage auseinander, ob der Wettbewerb drohte, ausgeschaltet zu werden.[1145] Die Kommission stützte ihre Prüfung wesentlich auf die dynamische Entwicklung der Marktanteile auf dem Markt für Arbeitsgruppenserver-Betriebssysteme. Microsoft ist auf diesem Markt erst relativ spät tätig geworden, konnte seine Marktanteile jedoch rasant zwischen 1996 und 2002 um fast 40% auf insgesamt über 60% erhöhen.[1146]

Der Anstieg der Marktanteile wurde in Relation zur Entwicklung der Interoperabilität analysiert. Dies gelang, da Microsoft zunächst für die ersten Versionen seines Arbeitsgruppenserver-Betriebssystems noch die relevanten Schnittstelleninformationen offenlegte und an Dritte lizenzierte. Hierdurch konnte Kompatibilität zwischen Windows für Client PCs und den Server-Betriebssystemen der Drittanbieter gewährleistet werden, was der Verbreitung von Windows für Client PCs in Arbeitsgruppennetzwerken zuträglich war.[1147] Microsoft bediente sich auf diesem Wege der positiven Auswirkungen von Netzwerkeffekten. Darüber hinaus ermöglichte die Software NDS for NT, die von Novell mittels reverse engineering entwickelt wurde, ein hinreichendes Maß an Interoperabilität zwischen Windows für Arbeitsgruppenserver und anderen Server-Betriebssystemen.[1148]

1142 Dieser Meinung war allerdings Microsoft, s. EuG, Rs. T-201/04, Slg. 2007, II-3601 (Rn. 560) – Microsoft/Kommission.

1143 Dazu o. 2. Kapitel, § 1 C. V. 1. b).

1144 EuG, Rs. T-201/04, Slg. 2007, II-3601 (Rn. 562) – Microsoft/Kommission.

1145 EuG, Rs. T-201/04, Slg. 2007, II-3601 (Rn. 566) – Microsoft/Kommission.

1146 EuG, Rs. T-201/04, Slg. 2007, II-3601 (Rn. 570) – Microsoft/Kommission.

1147 *Thyri*, WuW 2005, 388 (399).

1148 EuG, Rs. T-201/04, Slg. 2007, II-3601 (Rn. 572) – Microsoft/Kommission.

Ab der Version Windows 2000 sank die Interoperabilität jedoch rapide.[1149] Die reverse engineering-Software von Novell war mit Windows 2000 nicht kompatibel und auch die Schnittstelleninformationen stellte Microsoft keinem Wettbewerber mehr zur Verfügung. Nach dieser Zäsur, in deren Folge erhebliche Interoperabilitätsprobleme zwischen den Microsoft Produkten und der Software von Drittanbietern auftraten, stieg der Marktanteil von Microsoft auf dem Markt für Arbeitsgruppenserver-Betriebssysteme stark an.[1150] Die aufgrund von lock in-Effekten zu diesem Zeitpunkt bereits maßgeblich auf Windows für Client PCs festgelegten Nachfrager waren weiterhin zwingend auf Interoperabilität angewiesen. Zwar verblieben noch Wettbewerber auf dem Markt, sie mussten sich allerdings mit Marktnischen begnügen. Dass ein geringfügiges Maß an Wettbewerb bestehen bleibt, spricht ohnehin nicht dagegen, dass der wirksame Wettbewerb droht, ausgeschaltet zu werden.[1151]

Microsoft berief sich darauf, dass eine Marktumfrage eine zukünftig stärkere Präsenz von Linux Betriebssystemen habe erwarten lassen.[1152] Insofern hätte ein ernstzunehmender Wettbewerber auftreten und gleichzeitig die Ausschaltung des wirksamen Wettbewerbs in Frage stellen können. Die Kommission widerlegte diese Einschätzungen und wies darauf hin, dass die herangezogenen Marktumfragen und -analysen eine solche Annahme nicht gestützt hätten. Die Anzahl der befragten Unternehmen, die planten, Linux verstärkt zu nutzen, sei zu gering gewesen. Darüber hinaus habe die zugrunde gelegte Marktumfrage nicht die Umstiegsabsicht der befragten Kundenunternehmen quantifiziert.[1153] Weiterhin legten Studien nahe, dass eine Migration zu Linux Produkten nicht zu Lasten von Microsoft gegangen wäre, sondern zuvorderst die ohnehin geschwächte Konkurrenz von Microsoft betroffen hätte.[1154] Da Microsoft seinen Wettbewerbern die nötigen Interoperabilitätsinformationen nicht mehr zur Verfügung stellte, war vielmehr eine stetig steigende Anzahl an Unternehmen an eine „homogene Windows-Lösung für Arbeitsgruppennetzwerke“[1155] gebunden.

1149 Zur Entwicklung EuG, Rs. T-201/04, Slg. 2007, II-3601 (Rn. 432, 570 ff., 606, 612) – Microsoft/Kommission.

1150 EuG, Rs. T-201/04, Slg. 2007, II-3601 (Rn. 571) – Microsoft/Kommission.

1151 EuG, Rs. T-201/04, Slg. 2007, II-3601 (Rn. 593) – Microsoft/Kommission.

1152 EuG, Rs. T-201/04, Slg. 2007, II-3601 (Rn. 595 ff.) – Microsoft/Kommission.

1153 Zum Ganzen EuG, Rs. T-201/04, Slg. 2007, II-3601 (Rn. 597 ff., 602 ff.) – Microsoft/Kommission.

1154 EuG, Rs. T-201/04, Slg. 2007, II-3601 (Rn. 591, 605) – Microsoft/Kommission.

1155 EuG, Rs. T-201/04, Slg. 2007, II-3601 (Rn. 606) – Microsoft/Kommission.

Trotz der noch verbliebenen Wettbewerber wurde daher auf einen drohenden Ausschluss jeglichen wirksamen Wettbewerbs geschlossen.[1156]

cc) Resümee

Die Einschätzung der Kommission im Hinblick auf den drohenden Ausschluss des wirksamen Wettbewerbs betrifft komplexe wirtschaftliche Analysen. Die Marktabgrenzung und Berechnung der Marktanteile sowie die Analyse der Marktgegebenheiten und der Wettbewerbssituation sind Sach- und keine Rechtsfragen, weswegen der Kommission erhebliche Entscheidungsspielräume zustehen.[1157]

Die Kommission stützte ihre Ausführungen maßgeblich auf Marktumfragen und -analysen. Dabei berücksichtigte sie die Wettbewerbsbedingungen aufgrund der Netzwerk- und lock in-Effekte sowie die Hebelwirkung zwischen dem Markt für Client PC-Betriebssysteme und dem für Arbeitsgruppenserver-Betriebssysteme. Zudem ermittelte sie anhand der dynamischen Wettbewerbsentwicklung in Relation zur Interoperabilitätsentwicklung vor und nach Einführung von Windows 2000 für Arbeitsgruppenserver umfassend die Auswirkungen der Lizenzverweigerung auf den wirksamen Wettbewerb. Diese Herangehensweise ist begrüßenswert und ermöglichte auch eine Prognose der zukünftigen Marktentwicklung. Solche Prognosen aufgrund vergangener Entwicklungen bleiben allerdings mit Unsicherheiten behaftet. Gerade die Korrelation zwischen dem Anstieg der Marktanteile von Microsoft und der abnehmenden Interoperabilität

---

1156 EuG, Rs. T-201/04, Slg. 2007, II-3601 (Rn. 618) – Microsoft/Kommission; *Hausmann*, MMR 2008, 381 (384 f.), sieht diesen Nachweis hier nicht als erbracht an, gewichtet allerdings die Bedeutung der statisch ermittelten Marktanteile Microsofts von 60% auf dem Markt für Arbeitsgruppenserver-Betriebssysteme zu stark. Die dynamische Marktentwicklung und die rapide angestiegenen Marktanteile von Microsoft sind vielmehr entscheidend gewesen. Der signifikante Anstieg der Marktanteile nahm mit der Markteinführung von Windows 2000 seinen Lauf. Zu diesem Zeitpunkt hörte Microsoft auf, seinen Wettbewerbern die Schnittstelleninformationen zur Verfügung zu stellen. Die statische Betrachtung der Marktanteil greift hier offensichtlich zu kurz und widerspricht einer dynamischen Betrachtung der Wettbewerbsprozesse.

1157 Vgl. zu den Entscheidungsspielräumen EuGH, Rs. 56/64 u. 58/64, Slg. 1966, 321 (396) – Consten u. Grundig/Kommission; Rs. 71/74, Slg. 1975, 563 (Rn. 43) – Frubo/Kommission; Rs. 42/84, Slg. 1985, 2545 (Rn. 34) – Remia u. a./ Kommission; Rs. C-12/03 P, Slg. 2005, I-987 (Rn. 39) – Tetra Laval/Kommission; Rs. C-525/04 P, Slg. 2007, I-9947 (Rn. 56 f.) – Spanien; Rs. C-389/10, Urt. v. 8.12.2011 (Rn. 118 ff.) – KME/Kommission; EuG, Rs. T-201/04, Slg. 2007, II-3601 (Rn. 649, 665) – Microsoft/ Kommission.

überzeugt indes, wenn man sich die Bedeutung vor Augen führt, welche die Nachfrageseite der Interoperabilität beimisst.

Diese auswirkungsbasierte Analyse liegt auf einer Linie mit dem von der Kommission verfolgten more economic approach, ohne sich den Vorwurf einer normativen Überformung gefallen lassen zu müssen. Es handelt sich um eine positiv ökonomische Sachverhaltsermittlung, ausgerichtet an der normativen Prägung der europäischen Wettbewerbsverfassung, wirksamen Wettbewerb zu gewährleisten und missbräuchliche Marktverdrängung zu verhindern. Eine unmittelbar am Verbraucherwohl ausgerichtete Beweisführung blieb aus.

Einzig der Beurteilungsmaßstab, wann wirksamer Wettbewerb ausgeschaltet wird, betraf die Auslegung und nicht die Anwendung von Art. 102 AEUV. Das EuG bestätigte im Hinblick auf die frühere Rechtsprechung, dass es ausreicht, wenn der wirksame Wettbewerb ausgeschaltet zu werden droht. Zum Teil wurde dies kritisch bewertet, da das Unerlässlichkeitskriterium darauf hindeutet, dass jeglicher Wettbewerb ausgeschaltet werden müsse. Ansonsten fehle es bereits an der Unerlässlichkeit eines benötigten Inputs auf dem nachgelagerten Markt.[1158] Anknüpfungspunkt für die Unerlässlichkeit ist jedoch ebenfalls der wirksame Wettbewerb bzw. die wirksame Teilnahme an diesem. Es kommt darauf an, dass *wirksamer* und nicht *jeglicher* Wettbewerb droht, ausgeschaltet zu werden.[1159] Unerlässlichkeit liegt nämlich bereits dann vor, wenn ein Substitut nur unter unzumutbaren Umständen rechtlicher, wirtschaftlicher oder technischer Art von Wettbewerbern entwickelt werden kann.[1160] Allein die faktische Möglichkeit ist dementsprechend nicht ausschlaggebend, sondern der Aufwand, den die Wettbewerber zu bewältigen haben. Dieser darf nicht so groß sein, dass eine effektive Teilnahme am Wettbewerb nicht mehr möglich ist. Die Entwicklung muss für ein Unternehmen mit vergleichbarem Produktabsatz wie dem des marktbeherrschenden Unternehmens unrentabel sein.[1161] Immaterialgüterrechtliche Wertungen begründen im Hinblick auf die praktische Wirksamkeit des Wettbewerbsschutzes keinen strengeren Maßstab, wenn der Komplementärthese entsprechend der Wettbewerb und seine positiven Auswirkungen auf den Innovationsprozess konkret gefährdet sind.[1162]

1158 So *Hötte*, Die kartellrechtliche Zwangslizenz im Patentrecht, 2011, S. 89.

1159 S. EuG, Rs. T-201/04, Slg. 2007, II-3601 (Rn. 332, 563) – Microsoft/Kommission.

1160 EuGH, Rs. C-418/01, Slg. 2004, I-5039 (Rn. 28) – IMS Health.

1161 EuGH, Rs. C-418/01, Slg. 2004, I-5039 (Rn. 28) – IMS Health; Rs. C-7/97, Slg. 1998, I-7791 (Rn. 43 f.) – Bronner.

1162 Zur Komplementärthese o. 1. Kapitel, § 4.

Ebenso ist die präventive Anwendung von Art. 102 AEUV zu befürworten. Ohne diese Möglichkeit würde Art. 102 AEUV stets zu spät greifen und es müssten Maßnahmen ergriffen werden, um bereits aufgetretene Auswirkungen rückgängig zu machen. Insbesondere Marktgegebenheiten wie lock in-Effekte können nur schwer wieder beseitigt werden. Um wirksamen Wettbewerb wieder herzustellen, bedürfte es eingriffsintensiver Maßnahmen, nämlich im Extremfall einer Korrektur der Marktstruktur. Eine präventiv eingreifende Wettbewerbskontrolle ist im Vergleich hierzu trotz der Unwägbarkeiten ökonomischer Zukunftsprognosen vorzuziehen.

c) Einschränkung der technischen Entwicklung zum Schaden der Verbraucher

aa) Grundlagen

Die Einschränkung der technischen Entwicklung als Voraussetzung einer Zwangslizenz gemäß Art. 102 AEUV ist der entscheidende Prüfungspunkt, an welchem die immaterialgüterrechtlichen Wertungen nach der Rechtsprechung einbezogen werden. In der Rechtssache *Magill* wurde tatsächlich das Auftreten eines neuen Produkts, nämlich einer senderübergreifenden Wochenzeitschrift für Fernsehprogramme, von den Inhabern der Sendeinformationen durch ihre Lizenzverweigerung verhindert.[1163] Dieses Produkt boten die Inhaber der Urheberrechte an den Sendungsinformationen (d. h. die Fernsehsender selbst) selbst nicht an.

Die Rechtssache *IMS-Health* zeigte sich mit dieser als neue Produkt-Regel bezeichneten Voraussetzung auf einer Linie. Der EuGH stellte darauf ab, dass die Wettbewerber sich nicht darauf beschränken dürften, das gleiche Produkt oder die gleiche Dienstleistung wie der Inhaber des benötigten Immaterialgüterrechts anzubieten. Sie müssten vielmehr „beabsichtigen, neue Erzeugnisse oder Dienstleistungen anzubieten, die der Inhaber nicht anbietet und für die eine potenzielle Nachfrage der Verbraucher besteht"[1164]. Ausführlicher begründete *GA Tizzano* in dieser Rechtssache, dass es sich insofern auch um Substitute handeln dürfe, allerdings mit anderen qualitativen Merkmalen. Damit soll also lediglich der Imitationswettbewerb (d. h. der Wettbewerb anhand nahezu identischer Produkte) ausgeschlossen werden, nicht hingegen der Substitutionswettbewerb um die

---

1163 EuGH, verb. Rs. C-241 u. 242/91 P, Slg. 1995, I-743 (Rn. 54) – RTE u. ITP/Kommission („Magill").

1164 EuGH, Rs. C-418/01, Slg. 2004, I-5039 (Rn. 49) – IMS Health.

Befriedigung der gleichen Nachfrage innerhalb eines Marktes.[1165] Insofern greift die Zwangslizenzierung bereits, wenn Wettbewerber ein vergleichbares Produkt mit anderen Merkmalen herstellen wollen, was auch der *Microsoft*-Entscheidung zugrunde lag. Im Gegensatz zur Sachlage in der *Magill*-Entscheidung bot IMS Health als Inhaber des unerlässlichen Immaterialgüterrechts auf dem nachgelagerten Markt bereits ein entsprechendes Produkt an (Berichte für Pharmaunternehmen auf Basis der 1860er Struktur), welches auch Konkurrenten unter der Verwendung der geschützten Informationen anbieten wollten. Durch die verweigerte Lizenzierung sicherte sich IMS Health auf dem nachgelagerten Markt für Berichte über Pharmaunternehmen selbst alle Gewinnmöglichkeiten. Dies lenkt die *IMS-Health*-Entscheidung in eine andere Richtung, nämlich die Förderung des Substitutionswettbewerbs unter Ausklammerung des Imitationswettbewerbs.[1166] Da es sich um ein Vorabentscheidungsverfahren gemäß Art. 267 AEUV handelte, blieb die konkrete Auseinandersetzung mit dem Sachverhalt allerdings aus. Es musste nicht ergründet werden, ob Wettbewerber tatsächlich ein Produkt mit anderen Wesensmerkmalen auf Grundlage der von der Zwangslizenzierung betroffenen Immaterialgüterrechte entwickeln konnten.

bb) Microsoft-Entscheidung

Die neue Produkt-Regel hat mit der *Microsoft*-Entscheidung eine grundlegende Modifikation erfahren, die den Beweismaßstab erheblich entschärfte.

(a) Auslegung der neuen Produkt-Regel durch das EuG

Im Hinblick auf Art. 102 Abs. 2 lit. b) AEUV reichte es bereits aus, dass der technische Fortschritt zum Schaden der Verbraucher durch eine Lizenzverweigerung behindert wurde.[1167] Es muss also nicht nachgewiesen werden, dass die Vermarktung eines konkreten neuen Produkts verhindert wird. Allein, dass die Bemühungen von Wettbewerbern um innovative Produkte unterbunden und diese vom Markt ferngehalten wurden, senkte bereits die Innovationsrate und erfüllte damit den Maßstab des Art. 102 Abs. 2 lit. b) AEUV.[1168]

1165 *GA Tizzano*, EuGH, Rs. C-418/01, Slg. 2004, I-5039 (Rn. 62) – IMS Health.

1166 S. zu diesem Unterschied näher *Conde Gallego*, GRUR Int. 2006, 16 (26).

1167 EuG, Rs. T-201/04, Slg. 2007, II-3601 (Rn. 643) – Microsoft/Kommission.

1168 EuG, Rs. T-201/04, Slg. 2007, II-3601 (Rn. 647 f.) – Microsoft/Kommission unter Verweis auf die Ausführungen der Kommission in C(2004) 900 final, COMP/C-3/C-37.792, (Rn. 693 ff., 702 ff., 782) – Microsoft.

(b) Anwendung der neuen Produkt-Regel durch die Kommission

Für die Beweisführung, wann der technische Fortschritt zu Lasten der Verbraucher behindert wird, stehen der Kommission die bekannten Entscheidungsspielräume bei der Anwendung des Art. 102 AEUV zu.[1169]

Die Erwägungen der Kommission bezogen sich insbesondere darauf, dass die Verbraucher aufgrund der mangelnden Interoperabilität eher zu einer homogenen Microsoft-Lösung sowohl für Arbeitsgruppenserver als auch für Client PCs tendierten. Diese hätten sich aufgrund des lock in-Effekts nicht für die Arbeitsgruppenserver-Betriebssysteme von Drittanbietern entscheiden können, selbst wenn deren spezielle Funktionen eigentlich ihren Präferenzen eher entsprachen. Dies resultierte aus dem de facto-Monopol von Microsoft auf dem Markt für Client PC-Betriebssysteme und dem durch die Schnittstelleninformationen gesetzten de facto-Standard für die Interoperabilität.[1170] Infolgedessen sanken die Innovationsanreize der Wettbewerber, da sie trotz vermeintlich besserer Produkteigenschaften im Wettbewerb nicht bestehen konnten.[1171] Allein für Microsoft hätten insofern noch Innovationsanreize bestanden.[1172]

Bis zur Produktgeneration Windows 2000 für Arbeitsgruppenserver, ab welcher erhebliche Interoperabilitätsprobleme auftraten, entwickelten die Wettbewerber von Microsoft innovative Software für Arbeitsgruppennetzwerke. Seit Windows 2000 blieben jedoch solche follow on-Innovationen aus.[1173] Die Kommission ist davon ausgegangen, dass die Wettbewerber bei Zugriff auf die Schnittstelleninformationen eigene Software herstellen können, die sich qualitativ in ihrer Benutzerfreundlichkeit, Arbeitseffizienz und Skalierbarkeit erheblich von der Microsoft Software unterscheidet.[1174] Der Zugang zu den Schnittstelleninformationen fördere insofern die Produktvielfalt innerhalb eines Marktes, nicht im Sinne des Imitations- sondern des Substitutionswettbewerbs. In ihrem US-Settlement, mit welchem dortige Wettbewerbsbedenken beseitigt wurden, gestand Microsoft selbst die positiven Auswirkungen von Interoperabilität auf die Produktvielfalt und die Wahlmöglichkeiten der Verbraucher ein.[1175]

1169 EuG, Rs. T-201/04, Slg. 2007, II-3601 (Rn. 649, 665) – Microsoft/Kommission.

1170 C(2004) 900 final, COMP/C-3/C-37.792, (Rn. 694, 697) – Microsoft.

1171 C(2004) 900 final, COMP/C-3/C-37.792, (Rn. 694) – Microsoft.

1172 C(2004) 900 final, COMP/C-3/C-37.792, (Rn. 700) – Microsoft.

1173 C(2004) 900 final, COMP/C-3/C-37.792, (Rn. 696) – Microsoft.

1174 C(2004) 900 final, COMP/C-3/C-37.792, (Rn. 698) – Microsoft unter Verweis auf einen Marktreport.

1175 C(2004) 900 final, COMP/C-3/C-37.792, (Rn. 703) – Microsoft.

Hieraus ergab sich in einem weiteren Schritt der Schaden für die Verbraucher, welchen Art. 102 Abs. 2 lit. b) AEUV im Hinblick auf den Schutz des technischen Fortschritts fordert. Die aufgrund einer geschwächten Wettbewerbsstruktur abnehmende Produktvielfalt verringert die Auswahlmöglichkeiten. Die verbliebenen Konkurrenzprodukte waren aufgrund der Interoperabilitätsprobleme und lock in-Effekte ebenfalls nur bedingt konkurrenzfähig. An den Konkurrenzprodukten interessierte Abnehmer mussten sich zudem über den Grad an Interoperabilität mit Windows für Client PCs informieren, um abzuwägen, ob sie Defizite hierbei hinnehmen wollen.[1176] Eine solche Analyse wird für die Verbraucher indes nicht hinreichend transparent möglich sein und ist mit eigenen Risiken verbunden. Bereits für den Prozess der Produktauswahl entsteht in solchen Fällen ein mit Kosten verbundener hoher Suchaufwand. Bei einer homogenen Microsoft-Lösung entsteht dieser Mehraufwand aufgrund der gewährleisteten Interoperabilität für die Softwarekäufer nicht.

cc) Resümee

Mit der *Microsoft*-Entscheidung entschärfte das EuG unter Bestätigung der Kommissionsentscheidung das neue Produkt-Kriterium erheblich und gab ihm eine stärker auf die Wettbewerbsstruktur und funktionierende Wettbewerbsprozesse abzielende Richtung.[1177] Die Vorenthaltung eines konkreten neuen Produkts, nach welchem eine (hypothetische) Nachfrage besteht, wurde nicht eingefordert. Es kam vielmehr auf Innovationsanreize und die wirksame Teilnahme der Wettbewerber am Substitutionswettbewerb an. Die diesem institutionell verstandenen Schutzkonzept folgende Durchsetzung der Wettbewerbsregeln kommt den Verbrauchern mittelbar zugute.[1178] Wenn Wettbewerber vom Markt gedrängt werden oder nur noch in Marktnischen überleben können, wird es auf längere Sicht gesehen auch keinen funktionierenden Innovationswettbewerb mehr geben.[1179] Implizit schlägt hier die konsequente Ausrichtung der europäischen Wettbewerbsverfassung am ordoliberal geprägten Schutz des Wettbewerbs als Institution durch, da funktionierende Wettbewerbsprozesse auf Anbieterseite bereits den Innovationswettbewerb fördern, ohne dass die Verhinderung eines

---

1176 Vgl. C(2004) 900 final, COMP/C-3/C-37.792, (Rn. 704) – Microsoft.

1177 Vgl. EuG, Rs. T-201/04, Slg. 2007, II-3601 (Rn. 650 ff, 663 f.) – Microsoft/Kommission.

1178 S. C(2004) 900 final, COMP/C-3/C-37.792, (Rn. 704) – Microsoft unter Verweis auf EuGH, Rs. 85/76, Slg. 1979, 461 (Rn. 125) – Hoffmann-La Roche/Kommission.

1179 EuG, Rs. T-201/04, Slg. 2007, II-3601 (Rn. 636) – Microsoft/Kommission; s. auch C(2004) 900 final, COMP/C-3/C-37.792, (Rn. 700) – Microsoft.

neuen Produkts konkret herbeigeführt werden müsste. Es reicht aus, dass innerhalb eines bestehenden Produktmarktes von Wettbewerbern verbesserte Substitute entwickelt werden können, wobei diese Verbesserungen auf wesentlichen eigenen Bemühungen beruhen müssen.[1180] Mit dieser Abgrenzung anhand der eigenen Bemühungen der Wettbewerber wird verhindert, dass Zwangslizenzen zur Produktimitation verwendet werden.

Dahingehende Bedenken entkräftete die Kommission durch das Argument, dass die Wettbewerber von Microsoft überhaupt keinen Anreiz dazu hätten, Microsoft Produkte zu imitieren. Sie müssten sich vielmehr durch eigene innovative Produkteigenschaften von Microsoft abgrenzen.[1181] Die Reproduktion anhand der von der Zwangslizenz betroffenen Schnittstelleninformationen wurde zudem ohnehin als technisch nicht möglich eingestuft, was Microsoft selbst anerkannte.[1182] Microsoft musste nämlich lediglich die Schnittstellenprotokolle offenlegen und nicht die Quellcodes der Programme.[1183] Des Weiteren argumentierte die Kommission, dass bis zum Auftreten der Interoperabilitätsprobleme mit der Einführung von Windows 2000 die Wettbewerber von Microsoft im Bereich Arbeitsgruppenserver-Betriebssysteme innovative Produkte mit Mehrwert für die Kunden entwickelt hätten.[1184] Daher sei auch in Zukunft bei gewährleisteter Interoperabilität wieder mit mehr Innovationen in diesem Segment zu rechnen.[1185]

Der auf die Wettbewerbsstruktur und Wettbewerbsprozesse gerichtete institutionenschützende Einschlag der *Microsoft*-Entscheidung entspricht dem Konzept der europäischen Wettbewerbsverfassung. Die positiven Auswirkungen von funktionierendem Wettbewerb kommen dem Verbraucherwohl zugute, ohne dass dieses unmittelbar als Schutzziel angesteuert werden müsste.[1186] Das EuG bestätigte insofern vollumfänglich die Beweisführung der Kommission. Die technische Entwicklung von Substituten im Sinne des Art. 102 Abs. 2 lit. b) AEUV auf dem Markt für Arbeitsgruppenserver-Betriebssysteme wurde durch die verweigerte Lizenzierung der Schnittstelleninformationen durch Microsoft zum Schaden der Verbraucher behindert.[1187] Weshalb jedoch weiterhin teilweise

1180 S. EuG, Rs. T-201/04, Slg. 2007, II-3601 (Rn. 631) – Microsoft/Kommission.
1181 EuG, Rs. T-201/04, Slg. 2007, II-3601 (Rn. 658) – Microsoft/Kommission.
1182 EuG, Rs. T-201/04, Slg. 2007, II-3601 (Rn. 657, 700) – Microsoft/Kommission.
1183 EuG, Rs. T-201/04, Slg. 2007, II-3601 (Rn. 241) – Microsoft/Kommission.
1184 S. EuG, Rs. T-201/04, Slg. 2007, II-3601 (Rn. 654) – Microsoft/Kommission; C(2004) 900 final, COMP/C-3/C-37.792, (Rn. 696) – Microsoft.
1185 EuG, Rs. T-201/04, Slg. 2007, II-3601 (Rn. 656) – Microsoft/Kommission.
1186 Zum Schutzkonzept der europäischen Wettbewerbsverfassung o. 2. Kapitel, § 1.
1187 EuG, Rs. T-201/04, Slg. 2007, II-3601 (Rn. 649, 665) – Microsoft/Kommission.

auf den Wortlaut „Verhinderung eines neuen Produkts“ Bezug genommen wird, ist vor diesem Hintergrund nicht ersichtlich.[1188] Dies legt einen strengeren Maßstab nahe und lenkt vom grundlegenden Fokus, nämlich dem Schutz des wirksamen Wettbewerbs, ab.[1189]

d) Keine objektive Rechtfertigung

aa) Allgemeines

Bei der Anwendung von Art. 102 AEUV prüft die Kommission, ob das Verhalten eines marktbeherrschenden Unternehmens objektiv gerechtfertigt ist oder ob hieraus erhebliche Effizienzvorteile folgen, welche die wettbewerbsbeschränkenden Auswirkungen überwiegen.[1190] Das Unternehmen trägt hierfür die Darlegungs- und Beweislast.[1191] Trägt ein Unternehmen Effizienzargumente vor, wägt die Kommission diese mit den zu erwartenden wettbewerbsschädigenden Auswirkungen ab.[1192]

bb) Microsoft-Entscheidung

Microsoft stützte seine Argumente auf Rechtfertigungsebene hauptsächlich auf sinkende Innovationsanreize. Wenn das Unternehmen dazu gezwungen würde, seine geheimen Schnittstelleninformationen offenzulegen und zu lizenzieren, gingen solche Anreize verloren. Exklusive Immaterialgüterrechte würden gerade vom Gedanken der Innovationsförderung getragen und dürften nicht aufgeweicht werden.[1193] Die Wettbewerber würden eigene Innovationsanstrengungen unterlassen, da sie sich darauf ausruhen könnten, die Früchte der Forschungs- und Entwicklungsarbeit von Microsoft zu nutzen. Umgekehrt würden ausschließliche Immaterialgüterrechte auch die Wettbewerber dazu anspornen, selbst innovative Produkte zu entwickeln. Die Kommission habe in diesem Zusammenhang nicht die negativen Auswirkungen einer Zwangslizenz auf das Innovationsverhalten der Wettbewerber quantifiziert.[1194]

1188 Vgl. EuG, Rs. T-201/04, Slg. 2007, II-3601 (Rn. 665 a. E.) – Microsoft/Kommission.

1189 Vgl. hierzu aber EuG, Rs. T-201/04, Slg. 2007, II-3601 (Rn. 229 a. E.) – Microsoft/Kommission.

1190 Durchsetzungsprioritäten (2009), Rn. 28 ff.

1191 EuG, Rs. T-201/04, Slg. 2007, II-3601 (Rn. 688) – Microsoft/Kommission; vgl. auch Durchsetzungsprioritäten (2009), Rn. 28, 31.

1192 Durchsetzungsprioritäten (2009), Rn. 31; zur Abwägung s. auch *Stopper*, ZWeR 2005, 87 (103 f.).

1193 EuG, Rs. T-201/04, Slg. 2007, II-3601 (Rn. 689) – Microsoft/Kommission.

1194 EuG, Rs. T-201/04, Slg. 2007, II-3601 (Rn. 670) – Microsoft/Kommission.

Darüber hinaus bestünden überhaupt keine Anreize, den Markt für Arbeitsgruppenserver-Betriebssysteme über eine Hebelwirkung vom Markt für Client PC-Betriebssysteme auch noch zu monopolisieren. Hierfür stützte sich Microsoft auf die sog. one monopoly profit-Theorie, wonach das faktische Monopol auf dem Markt für Client PC-Betriebssysteme bereits ausreichen würde, um dort alle Monopolgewinne zu realisieren. Die Kommission folgte dem nicht und verwies auf die im vorliegenden Fall nicht gegebenen Modellannahmen der one monopoly profit-Theorie. Es bestünden vielmehr Anreize, auch den Markt für Arbeitsgruppenserver-Betriebssysteme zu vermachten, um so die Stellung auf dem Markt für Client PC-Betriebssysteme wechselseitig abzusichern.[1195] Wie aus internen Dokumenten hervorging, befürchtete Microsoft zudem, dass die Verbraucher ganz auf Client PC-Betriebssysteme verzichten und alle Client PCs und Server mit Server-Betriebssystemen ausstatten könnten, weswegen Anreize zur Vermachtung des Marktes für Server-Betriebssysteme bestanden.[1196] Nicht zuletzt ging aus dem internen Schriftverkehr hervor, dass Microsoft Möglichkeiten gesehen hat, die bestehende Hebelwirkung auf weitere benachbarte Märkte auszudehnen, etwa den für die Benutzeroberfläche von Datenbank- und Webservern.[1197]

Die Kommission führte zudem die bereits in den anderen Prüfungspunkten aufgegriffenen Argumentationslinien an. So habe Microsoft unberücksichtigt gelassen, dass die Interoperabilitätsprobleme in Zusammenschau mit dem de facto-Monopol von Microsoft auf dem Markt für Client PC-Betriebssysteme bereits Innovationsanreize hemmen würden. Die Wettbewerber seien nicht zur Entwicklung eigener Kommunikationsprotokolle in der Lage gewesen, so dass sie nicht wirksam am Wettbewerb teilnehmen konnten.[1198] Dies habe den Wettbewerbsdruck für Microsoft gesenkt, was auch die Innovationsanreize von Microsoft verringert habe.[1199] Zudem könne die Microsoft Software nicht anhand der Schnittstellenprotokolle geklont und imitiert werden, weswegen dem Argument sinkender Innovationsanreize im Hinblick auf Microsoft kein großes Gewicht beikomme.[1200] Microsoft war anfangs selbst um Interoperabilität bemüht, um sein Betriebssystem für Arbeitsgruppenserver in der Anlaufphase für die Verbraucher attraktiv zu machen und die Bedeutung von Windows für

1195 Zum Ganzen C(2004) 900 final, COMP/C-3/C-37.792, (Rn. 764 ff.) – Microsoft.
1196 C(2004) 900 final, COMP/C-3/C-37.792, (Rn. 770 ff.) – Microsoft.
1197 C(2004) 900 final, COMP/C-3/C-37.792, (Rn. 776) – Microsoft.
1198 EuG, Rs. T-201/04, Slg. 2007, II-3601 (Rn. 684) – Microsoft/Kommission.
1199 C(2004) 900 final, COMP/C-3/C-37.792, (Rn. 725) – Microsoft.
1200 EuG, Rs. T-201/04, Slg. 2007, II-3601 (Rn. 699 ff.) – Microsoft/Kommission.

Client PCs in Arbeitsgruppennetzwerken zu stärken.[1201] Die anfängliche Offenlegung der Schnittstelleninformationen habe die Innovationsanreize von Microsoft nicht gemindert. Ferner hat Microsoft in dem US-Settlement bereits Server-Client-Protokolle offengelegt, ohne dass sinkende Innovationsanreize ausgemacht werden konnten.[1202] Hingewiesen wurde auch auf die Wertung, die Art. 6 RL 91/250 (Art. 6 ComputerprogrammRL) zugrunde liegt, wonach der Unionsgesetzgeber die Offenlegung von Interoperabilitätsinformationen als innovationsfördernd ansieht, sofern ansonsten die wirksame Teilnahme am Wettbewerb verhindert wird.[1203]

cc) Resümee

Das EuG stellte fest, dass Erwägungen zum immaterialgüterrechtlichen Schutzkonzept zunächst stets gegen eine wettbewerbsrechtliche Zwangslizenz sprechen würden,[1204] ganz im Sinne einer Immunität.[1205] Das öffentliche Interesse am Schutz des wirksamen Wettbewerbs überwiege jedoch unter den für eine Zwangslizenz aufgestellten außergewöhnlichen Umständen den Schutz von Immaterialgütern über Ausschließlichkeitsrechte.[1206] Dass die Schnittstelleninformationen geheim, von großem Wert und innovativ seien, ist insofern im Hinblick auf den Wettbewerbsschutz unerheblich.[1207] Zudem berief sich Microsoft nur auf allgemeine theoretische Argumente, ohne konkret darzulegen, dass die Innovationsanreize tatsächlich abnehmen könnten.[1208] Es ist durchaus branchenüblich, Interoperabilitätsinformationen offenzulegen. Dies zeigt auch das anfängliche Verhalten von Microsoft auf dem Markt für Arbeitsgruppenserver-Betriebssysteme. Hier konnten ebenfalls keine Auswirkungen auf Innovationsanreize festgestellt werden.[1209] Das Bestehen von Immaterialgüterrechten sowie deren Bedeutung für Innovationsanreize sprechen nicht gegen Zwangslizenzen, zumal wenn die Entrichtung von angemessenen Lizenzgebühren als

---

1201 EuG, Rs. T-201/04, Slg. 2007, II-3601 (Rn. 702) – Microsoft/Kommission.

1202 EuG, Rs. T-201/04, Slg. 2007, II-3601 (Rn. 687, 703) – Microsoft/Kommission unter Bestätigung von C(2004) 900 final, COMP/C-3/C-37.792, (Rn. 728 f.) – Microsoft.

1203 EuG, Rs. T-201/04, Slg. 2007, II-3601 (Rn. 686, 710) – Microsoft/Kommission.

1204 EuG, Rs. T-201/04, Slg. 2007, II-3601 (Rn. 690) – Microsoft/Kommission.

1205 Vgl. dazu o. 1. Kapitel, § 4.

1206 EuG, Rs. T-201/04, Slg. 2007, II-3601 (Rn. 691) – Microsoft/Kommission.

1207 EuG, Rs. T-201/04, Slg. 2007, II-3601 (Rn. 692 ff.) – Microsoft/Kommission.

1208 EuG, Rs. T-201/04, Slg. 2007, II-3601 (Rn. 697) – Microsoft/Kommission.

1209 S. EuG, Rs. T-201/04, Slg. 2007, II-3601 (Rn. 702) – Microsoft/Kommission und C(2004) 900 final, COMP/C-3/C-37.792, (Rn. 732 ff.) – Microsoft.

Entschädigung des Rechteinhabers vorgesehen ist und es sich insofern lediglich um eine Aufweichung des Ausschließlichkeitsrechts handelt.

3. Rezeption der Zwangslizenzkriterien in der Literatur und Bewertung

Die *Microsoft*-Entscheidung des EuG lässt die Anwendung des Art. 102 AEUV auf andere Fallkonstellationen der Lizenzverweigerung vom Wortlaut her offen.[1210] Ein über die Rechtsprechung hinausgehender abstrakter Maßstab folgt auch nicht aus einer Zusammenschau mit den Entscheidungen *IMS-Health* und *Magill*, was zu einigen Vorschlägen führte, wie allgemein mit solchen Fällen umgegangen werden sollte. Das Prüfungsprogramm der Rechtsprechung wurde in der Literatur zum Teil als zu eng angesehen.[1211] So würden die Kriterien, dass die verweigerte Lizenz den Wettbewerb auf einem nachgelagerten Markt auszuschließen droht und zusätzlich die Entstehung eines neuen Produkts verhindert wird, eigentlich zwei unterschiedliche Missbrauchsvorwürfe beinhalten. Die Unerlässlichkeit eines verweigerten immateriellen Inputs basiere nämlich auf dem Vorwurf des Hebelmissbrauchs, wenn zwei Produktmärkte betroffen sind.[1212] Dem ist zuzustimmen, da der Hebelmissbrauch allein schon ein Verstoß gegen Art. 102 AEUV begründet,[1213] wie die *Télémarketing*-Entscheidung zeigt.[1214] Wenn der technische Fortschritt tatsächlich behindert wird, begründet dies einen eigenen Missbrauchsvorwurf im Sinne des Art. 102 Abs. 2 lit. b) AEUV, für welchen es nicht auf die Hebelwirkung ankommt.

Das neue Produkt-Kriterium kann jedoch auch in den Fällen zu eng sein, in denen keine Hebelwirkung zwischen zwei Produktmärkten besteht.[1215] Denkbar ist, dass ein Patent nicht lizenziert wird, aber auch vom Rechteinhaber ungenutzt bleibt und allein dazu dient, weitere Forschungstätigkeiten Dritter zu unterbinden.

1210 EuG, Rs. T-201/04, Slg. 2007, II-3601 (Rn. 332) – Microsoft/Kommission.

1211 *Heinemann*, in: Immenga/Mestmäcker, Wettbewerbsrecht, Bd. 1 EU/Teil 1, 5. Aufl. 2012, VII. Abschnitt, B. Rn. 58 ff.; *Leistner*, ZWeR 2005, 138 (150 f.).

1212 *Conde Gallego/Riziotis*, IIC 2004, 564 (571 f.); *Heinemann*, Immaterialgüterschutz in der Wettbewerbsordnung, 2002, S. 494, 514.

1213 Aktuell in Bezug auf einen möglichen Hebelmissbrauch durch Google näher *Körber*, WRP 2012, 761 (767 f.), zum Vorwurf, dass Google seine Machtstellung bei der allgemeinen Internetsuche vertikal auf den Bereich spezieller Suchmaschinen (z. B. für Flugpreise) ausdehnt, indem es eigenen Diensten einen bevorzugten Rang bei der allgemeinen Suchfunktion zuweist. Zu den einzelnen Vorwürfen s. Pressemitteilung der Kommission, IP/10/1624 vom 30.11.2010, http://europa.eu/rapid/press-release_IP-10-1624_de.htm.

1214 EuGH, Rs. 311/84, Slg. 1985, 3261 (Rn. 23, 26 f.) – Télémarketing (CBEM).

1215 Hierauf verweisend *Leistner*, ZWeR 2005, 138 (150 f.).

In einem solchen Fall ist noch nicht abzusehen, inwiefern die so verhinderte innovative Tätigkeit Dritter in ein (neues) Produkt einfließt. Ein hypothetischer Produktmarkt kann daher noch nicht abgegrenzt werden und es ist lediglich ein potenzieller Lizenzmarkt vorhanden. In solchen Sperrpatentkonstellationen sollte es ausreichen, dass vom Rechteinhaber weitere Forschungstätigkeiten zum Nachteil der Verbraucher im Sinne des Art. 102 Abs. 2 lit. b) AEUV unterbunden werden.[1216] Diese Fallgruppe zeigt zugleich, weswegen die Abgrenzung eines potenziellen Lizenzmarktes in manchen Konstellationen im Rahmen des Art. 102 AEUV unabdinglich ist, selbst wenn zunächst die Analyse der beherrschenden Stellung auf Produktmärkten im Vordergrund stehen sollte. Diese Gesichtspunkte sprechen dafür, den Ausschluss des wirksamen Wettbewerbs und die neue Produkt-Regel alternativ und nicht kumulativ anzuwenden.[1217] Die kumulative Anwendung misst Immaterialgüterrechten im Vergleich zum Sacheigentum und Dienstleistungen in sonstigen Lieferverweigerungsfällen einen überhöhten Stellenwert bei.[1218]

Andere Stimmen in der Literatur befürworten hingegen, die Hebelwirkung und die Behinderung des technischen Fortschritts als kumulative Voraussetzungen einer Zwangslizenz anzuwenden. Es wird darauf verwiesen, dass ansonsten den Zwecken des Immaterialgüterrechts entgegenlaufend der Nachahmungswettbewerb eröffnet würde.[1219] Die neue Produkt-Regel sei hierfür ein notwendiges Abgrenzungskriterium, um auszuschließen, dass eine Zwangslizenz zu Imitationswettbewerb führe und nicht lediglich den Substitutionswettbewerb fördere.[1220] Fraglich

---

1216 Zu diesem Beispiel näher *Zech*, ZWeR 2011, 312 (329 ff.), welcher sich a.a.O. (332) dafür ausspricht, auch die abstrakte Behinderung des technischen Fortschritts als Verstoß gegen Art. 102 AEUV anzusehen; vgl. auch *Leistner*, ZWeR 2005, 138 (150 f.), zu den Fallstricken des Zwei-Märkte Konzepts als zwingende Voraussetzung einer Zwangslizenz.

1217 *Leistner*, ZWeR 2005, 138 (150 f.); *Heinemann*, GRUR 2006, 705 (713); *ders.*, in: Immenga/Mestmäcker, Wettbewerbsrecht, Bd. 1 EU/Teil 1 EU/Teil 1, 5. Aufl. 2012, VII. Abschnitt, B. Rn. 59.

1218 Für eine Gleichbehandlung: *Heinemann*, in: Immenga/Mestmäcker, Wettbewerbsrecht, Bd. 1 EU/Teil 1, 5. Aufl. 2012, VII. Abschnitt, B. Rn. 59; *ders.*, GRUR 2006, 705 (713), unter Hinweis auf die a. A.: bei *Höppner*, GRUR Int. 2005, 457 (460).

1219 *Wielsch*, EuZW 2005, 391 (394 f.); *Wilhelmi*, WRP 2009, 1431 (1438 ff.); *Lang*, Immaterialgüterrechtliche Lizenzierung und kartellrechtliche Verhaltenskontrolle, 2009, S. 278 ff.

1220 S. *GA Tizzano*, EuGH, Rs. C-418/01, Slg. 2004, I-5039 (Rn. 62 f.) – IMS Health; Vgl. auch *Hötte*, Die kartellrechtliche Zwangslizenz im Patentrecht, 2011, S. 84 ff., allerdings unter Hinweis darauf, dass keine allzu hohen Anforderungen an die neue Produkt-Regel gestellt werden dürften, sondern auch kleine Innovationsschritte

erscheint indes, ob diese Abgrenzung in Fällen des Hebelmissbrauchs relevant sein sollte, da hier Immaterialgüterrechte nur ein Instrument für den missbräuchlichen Marktmachttransfer sind. Für die wettbewerbsrechtlichen Bedenken ist die Hebelwirkung relevant und nicht der immaterialgüterrechtliche Einschlag. Dieser Sichtweise steht auch die von der Rechtsprechung entwickelte Einteilung in erlaubten Leistungs- und verbotenen Nichtleistungswettbewerb näher.[1221] Diese Unterscheidung macht die neue Produkt-Regel in Fällen des Hebelmissbrauchs obsolet. Dienen Immaterialgüterrechte einem marktbeherrschenden Unternehmen lediglich dazu, Wettbewerber am Substitutionswettbewerb zu hindern, ist dies nicht vom Leistungswettbewerb gedeckt und als Missbrauch im Sinne des Art. 102 AEUV zu werten.[1222] Die Möglichkeit, wirksam am Substitutionswettbewerb teilzunehmen, setzt eigene Innovationsanreize für die Wettbewerber. Es besteht insofern Zielkonvergenz zwischen Immaterialgüter- und Wettbewerbsrecht. Die Aufweichung von Immaterialgüterrechten steht insofern gerade nicht in Widerspruch zu deren Regelungszweck. Damit fließen auch die ökonomischen Wertungen des Immaterialgüterrechts im Sinne der Komplementärthese mit ein. Auf Ebene der Festlegung angemessener Lizenzgebühren für die Nutzung der zwangslizenzierten Immaterialgüter kann in einem weiteren Schritt die Belohnungsreichweite im Hinblick auf getätigte Investitionen sowie die Innovationshöhe Berücksichtigung finden.[1223]

Im *Microsoft*-Fall entschieden sich die Verbraucher trotz zum Teil besserer Funktionen und Eigenschaften nicht für die Konkurrenzprodukte von Windows für Arbeitsgruppenserver. Von einer grundlegenden technischen Überlegenheit der Microsoft Produkte ist nicht auszugehen, sondern von besserer Interoperabilität als nicht-qualitätsrelevante Eigenschaft. Schnittstelleninformationen und Kommunikationsprotokolle sind typischerweise lediglich Nebenprodukte bei der Entwicklung innovativer Software und weisen nahezu keinen eigenständigen schöpferischen Gehalt auf.[1224]

---

innerhalb eines Produktmarktes erfasst sein sollten. Gegen eine solche Aufweichung und für eine strengere Anwendung der neuen Produkt-Regel spricht sich *Hausmann*, MMR 2008, 381 (383 f.), aus.

1221 Vgl. zur Orientierung am Gedanken des Leistungswettbewerbs, allerdings in Bezug auf die neue Produkt-Regel, *Wielsch*, Zugangsregeln, 2008, S. 184 m.w.N. aus der Lit.

1222 Zu diesem Konzept *Thyri*, WuW 2005, 388 (397 ff.).

1223 *Hötte*, Die kartellrechtliche Zwangslizenz im Patentrecht, 2011, S. 93 ff.

1224 S. *Ensthaler/Bock*, GRUR 2009, 1 (5 f.); *Arnold*, Marktmachtmissbrauch und Monopolisierung durch das Verbergen von Innovationen, 2008, S. 276, unter Verweis auf *Thyri*, WuW 2005, 388 (398 f.), und *Eilmansberger*, CMLR 42 (2005), 129 (165).

C. Ergebnis

Die *Microsoft*-Entscheidung weist im Vergleich zur vorangehenden Rechtsprechung einige Besonderheiten auf. Die marktbeherrschende Stellung wird nicht im Hinblick auf einen (hypothetischen) Lizenzmarkt festgestellt, sondern bezogen auf zwei Produktmärkte. Beachtlich ist darüber hinaus, dass Erwägungen zur marktbeherrschenden Stellung eine besondere Rolle innerhalb der Verhaltensprüfung einnahmen, wie bei der Unerlässlichkeitsprüfung in Bezug auf die marktverschließenden Auswirkungen. Zudem orientierte sich die Bewertung des Ausschlusses wirksamen Wettbewerbs stark an Marktanteilsanalysen und der dynamischen Marktentwicklung. Microsoft berief sich in diesem Rahmen auf die fehlerhafte Marktabgrenzung und Berechnung der Marktanteile durch die Kommission, ebenso wie die konkreten Markt- und Wettbewerbsbedingungen.

Die Grenzen zwischen den Tatbestandsmerkmalen des Art. 102 AEUV verwischen bei einer solchen Herangehensweise und die Verhaltensprüfung richtet sich erheblich auf den Schutz der Wettbewerbsstruktur. Gleichzeitig schwächt dies die Bedeutung der Aussage ab, dass die Lizenzverweigerung durch ein Unternehmen in marktbeherrschender Stellung nur unter außergewöhnlichen Umständen missbräuchlich ist. Je stärker die Marktposition und je weiter sie sich auf verbundene Märkte erstreckt, desto eher ist von einer missbräuchlichen Verhaltensweise auszugehen. Es handelt sich also um eine graduell an der Stärke der marktbeherrschenden Stellung und den Wettbewerbsbedingungen auf einem Markt ausgerichtete Beurteilung.

Das neue Produkt-Kriterium wurde bis zum *Microsoft*-Urteil, angefangen bei der Entscheidung *Magill*, sehr streng ausgelegt. Es musste tatsächlich die Entstehung eines neuen Produkts bzw. neuer Erzeugnisse oder Dienstleistungen verhindert werden, um eine Zwangslizenz zu rechtfertigen. Nunmehr kommt es lediglich darauf an, dass abstrakt der technische Fortschritt zum Schaden der Verbraucher im Sinne des Art. 102 Abs. 2 lit. b) AEUV behindert wird. Dieser Aufweichung der neuen Produkt-Regel liegt die Annahme zugrunde, dass wirksamer Wettbewerb selbst den entscheidenden Druck auf die Marktteilnehmer ausübt und dazu anspornt, innovativ tätig zu werden. Damit einhergehend sinken nicht nur die Beweishürden, sondern die Prüfung richtet sich qualitativ stärker auf den Schutz funktionierender Wettbewerbsprozesse über den Schutz der Wettbewerbsstruktur. Ausschlaggebend ist die Hebelwirkung zwischen den Produktmärkten, welche im *Microsoft*-Fall an der Interoperabilität festgemacht werden konnte. Die Aufweichung der neuen Produkt-Regel fokussiert die Prüfung auf die negativen Auswirkungen dieser Hebelwirkung. Hiervon ging auch das EuG aus, indem es feststellte, dass das Microsoft zur Last gelegte missbräuchliche

Verhalten auf dem Markt für Arbeitsgruppenserver-Betriebssysteme seinen Ursprung in der beherrschenden Stellung auf dem Markt für Client PC-Betriebssysteme hatte.[1225]

Weshalb weiterhin auf die Verhinderung eines neuen Produkts Bezug genommen wird, ist insofern wenig verständlich.[1226] In diesem Zusammenhang wies das EuG explizit auf den Schutz der Wettbewerbsstruktur hin,[1227] wobei hier primär der Schutz funktionierender Wettbewerbsprozesse hineinzulesen ist.[1228] Beide Aspekte sind miteinander verwoben. Im *Microsoft*-Verfahren zeigte sich die Ausrichtung auf den Schutz funktionierender Wettbewerbsprozesse an den Stellen, an denen erwähnt wurde, dass die Wettbewerber von Microsoft trotz qualitativ zum Teil überlegener Produkte nicht wirksam am Wettbewerb teilnehmen konnten. Die Verbraucher bevorzugten nicht das Produkt mit den besten Eigenschaften, sondern berücksichtigten anstatt dessen die Interoperabilität der Softwareprodukte mit Windows für Client PCs.

Sieht man die Ausrichtung der Konsumentenentscheidung an der Interoperabilität als Störfaktor einer funktionierenden Verbraucherwahl für das „beste" Angebot an, hebt eine Zwangslizenz über Art. 102 AEUV diese Wirkung auf. Dies ermöglicht eine freie Entscheidung der Verbraucher anhand der Funktionalität sowie der sonstigen Eigenschaften und schützt insofern die funktionierenden Marktprozesse auf Nachfragerseite. Ein in die Marktentscheidung aufgrund des verfälschten Wettbewerbs internalisierter Aspekt (d. h. die Interoperabilität) wird so wieder aufgehoben, so dass man von einer Externalisierung

---

1225 EuG, Rs. T-201/04, Slg. 2007, II-3601 (Rn. 559) – Microsoft/Kommission.

1226 Vgl. *Heinemann*, in: Immenga/Mestmäcker, Wettbewerbsrecht, Bd. 1 EU/Teil 1. 5. Aufl. 2012, VII. Abschnitt, B. Rn. 61, welcher im Vorfeld der *Microsoft (II)*-Entscheidung diese als Möglichkeit sah, von dem neuen Produkt-Kriterium abzuweichen.

1227 EuG, Rs. T-201/04, Slg. 2007, II-3601 (Rn. 664) – Microsoft/Kommission.

1228 So *Drexl*, Wettbewerbsverfassung, in: von Bogdandy/Bast, Europäisches Verfassungsrecht, 2. Aufl. 2009, S. 905 (952), in Bezug auf EuGH, verb. Rs. C-501 u. a./06 P, Slg. 2009, I-9291 (Rn. 63) – GlaxoSmithKline Services u. a./Kommission und das grundlegende Urteil Rs. 6-72, Slg. 1973, 215 (Rn. 25) – Continental Can/Kommission, auf welchem die Betonung des Schutzes der Wettbewerbsstruktur beruht. *Continental Can* müsse jedoch als Ausnahmekonstellation eingestuft werden, da über eine Unternehmensfusion anhand des Art. 86 EWG (Art. 102 AEUV) entschieden wurde und zu diesem Zeitpunkt noch keine Fusionskontrollverordnung bestand. Die *Continental Can*-Entscheidung sollte laut *Drexl* nicht auf die typischen Fälle des Behinderungsmissbrauchs übertragen werden, da zuvorderst der Schutz funktionierender Wettbewerbsprozesse maßgeblich sei.

sprechen könnte.[1229] Dem Vorwurf eines fehlgeleiteten Schutzes der Wettbewerber zu Lasten des Wettbewerbs muss sich der so verstandene Schutz wirksamer Wettbewerbsprozesse nicht ausgesetzt sehen.

§ 3 Rechtsfolge

Der Marktmachtmissbrauch nach Art. 102 AEUV enthält ein unmittelbar geltendes Verbot. Liegen seine Voraussetzungen vor, ohne dass ein Rechtfertigungsgrund eingreift, muss das jeweilige Unternehmen sein missbräuchliches Verhalten abstellen. Hierfür kann die Kommission gemäß Art. 7 VO (EG) Nr. 1/2003 alle erforderlichen Maßnahmen treffen. Daneben besteht die Möglichkeit, dass die Kommission Verpflichtungszusagen von betroffenen Unternehmen gemäß Art. 9 VO (EG) Nr. 1/2003 annimmt und für verbindlich erklärt, wodurch eine Abstellungsverfügung im Sinne des Art. 7 VO (EG) Nr. 1/2003 vermieden werden kann. Falls ernsthafte Schäden für den Wettbewerb drohen, besteht für die Kommission gemäß Art. 8 VO (EG) Nr. 1/2003 die Möglichkeit, einstweilige Maßnahmen anzuordnen. So erließ die Kommission im Verfahren *IMS-Health* die einstweilige Anordnung, dass IMS-Health „allen Unternehmen, die derzeit am deutschen Markt für regionale Absatzdatendienste tätig sind, auf Antrag unverzüglich eine Lizenz auf nichtdiskriminierender Grundlage … zu erteilen“[1230] hat. Diese Anordnung nahm sie jedoch später zurück.[1231]

Grundlage einer solchen einstweiligen Anordnung ist eine Abwägung zwischen dem öffentlichen Interesse an einer einstweiligen Anordnung und den Interessen des betroffenen Unternehmens.[1232] Falls ein Unternehmen einer Anordnung der Kommission nicht nachkommt, besteht über Art. 24 VO (EG) Nr. 1/2003 die Möglichkeit, Zwangsgelder zu verhängen. Unabhängig hiervon erlässt die Kommission gemäß Art. 23 VO (EG) Nr. 1/2003 Bußgelder für fahrlässige und vorsätzliche Verstöße gegen Art. 102 AEUV. Diese können enorm sein, wie die *Intel*-Entscheidung zeigt, in welcher das Rekordbußgeld von 1,06 Mrd. Euro verhängt wurde.[1233]

1229 Vgl. im Gegensatz hierzu o. 1. Kapitel, § 3 B. I. 3., zur Internalisierung externer Effekte.

1230 EuG, Rs. T-184/01, Slg. 2005, II-817 (Rn. 11) – IMS Health/Kommission.

1231 Hierzu *Bulst*, in: Langen/Bunte, Bd. 2, 11. Aufl. 2010, Art. 82 EGV Rn. 390.

1232 Vgl. EuGH, Rs. C-481/01 P (R), Slg. 2002, I-3401 (Rn. 20) – NDC Health/Kommission u. IMS Health.

1233 KOME, 13.5.2009, COMP/37.990 (Zsfg.), ABl. 2009 C 227, S. 13 (Rn. 44) – Intel; kritisch zur Verhängung von Bußgeldern, welche regelmäßig über höhere Preise auf die Verbraucher umgewälzt werden, *I. Schmidt*, WuW 2012, 223; s. allerdings auch

A. Die Zwangslizenz als Abstellungsmaßnahme

Die Kommission ist bei der Wahl ihrer Abstellungsmaßnahmen gemäß Art. 7 bzw. Art. 9 VO (EG) Nr. 1/2003 nicht eingeschränkt und kann sowohl verhaltensorientierte als auch strukturelle Vorgaben treffen. Zwangslizenzen sind dem Unionsrecht nicht fremd, wie Art. 17 EAGV für den Bereich der Kernenergieforschung oder Art. 12 RL 98/44/EG[1234] in Bezug auf biologische Erfindungen zeigen.[1235] Eine Ausnahme von ausschließlichen Verfügungsrechten an Schnittstelleninformationen sieht zudem Art. 6 ComputerprogrammRL vor. Aus dessen Vorgängernorm leitete die Kommission in der *Microsoft*-Entscheidung ab, dass der freie Zugang zu Schnittstelleninformationen vom europäischen Gesetzgeber als innovationsfördernd angesehen wird. Im Wettbewerbsrecht sind Zwangslizenzen eine anerkannte und geeignete Maßnahme, um den wirksamen Wettbewerb durch Aufhebung der Ausschließlichkeitswirkung von Immaterialgüterrechten zu fördern.[1236]

B. Zwangslizenzbedingungen im *Microsoft*-Fall

Für die festgestellte missbräuchliche Lizenzverweigerung sowie einen zweiten Missbrauch in Bezug auf die Kopplung von Windows für Client PCs mit dem Windows Media Player verhängte die Kommission gegen Microsoft insgesamt eine Geldbuße über 497 Mio. Euro.[1237] Microsoft wurde im Rahmen der Abstellungsverfügung gemäß Art. 7 VO (EG) Nr. 1/2003 verpflichtet, innerhalb von 120 Tagen die nötigen Interoperabilitätsinformationen zusammenzustellen und ein Bewertungsverfahren für die Festlegung der Lizenzgebühren zu angemessenen und nichtdiskriminierenden Bedingungen aufzustellen. Nach diesem Schritt sollte Microsoft den an einer Lizenzierung interessierten Unternehmen alle relevanten Interoperabilitätsinformationen zu diesen Bedingungen zugänglich

BGHZ 190, 145 ff. zur sog. passing on defense bei Schadensersatzklagen, auf welche sich Kartellanten berufen können, wenn die durch die Preisabsprachen geschädigten Zwischenhändler die höheren Preise an die nächste Verwertungsstufe bzw. den Endverbraucher durchgereicht haben und den Zwischenhändlern insofern kein Schaden entstanden ist.

1234 RL 98/44/EG vom 6.7.1998 über den rechtlichen Schutz biotechnologischer Erfindungen, ABl. 1998 L 213, S. 13.

1235 Näher *Koikkara*, Der Patentschutz und das Institut der Zwangslizenz in der Europäischen Union, 2010, S. 102 ff.

1236 Beachte: Die Zwangslizenz zu angemessenen Bedingungen war ein zentraler Kompromiss, um die Einführung des Patentrechts gegen dessen Kritiker durchzusetzen, zur Entwicklung s. *Machlup*, An Economic Review of the Patent System, 1958, S. 5.

1237 C(2004) final, COMP/C-3/C-37.792, (Rn. 1078) – Microsoft.

machen.[1238] Um die Einhaltung der Abstellungsverfügung zu überwachen, wurde zudem die Einsetzung eines unabhängigen Überwachungsbeauftragten beschlossen. Dieser sollte auch als Schiedsstelle bei Streitigkeiten über die Lizenzgebühren fungieren. Wenn zu hohe Gebühren verlangt werden, handelt es sich nämlich um eine konstruktive Geschäftsverweigerung,[1239] welche im Kontext einer Abstellungsverfügung als Nichtbeachtung derselben ausgelegt wird.[1240]

C. Angemessene Lizenzgebühren: Das Urteil *Microsoft (II)*

Die Kommission warf Microsoft im Anschluss an das *Microsoft*-Urteil vor, seinen Verpflichtungen aus der Abstellungsverfügung nicht nachgekommen zu sein. Microsoft habe nicht alle relevanten Informationen offengelegt und zum Teil unangemessene Lizenzgebühren verlangt.[1241] Für die Erhebung der Lizenzgebühren schuf Microsoft fünf verschiedene Lizenzmodelle, welche in unterschiedlichem Umfang die Nutzung der Schnittstelleninformationen erlaubten.[1242] Die Kommission verhängte für den Zeitraum vom 21. Juni 2006 bis zum 21. Oktober 2007 ein Zwangsgeld von insgesamt 899 Mio. Euro,[1243] welches darauf gestützt wurde, dass die No-Patent-Vereinbarung im Rahmen des Lizenzmodells unangemessene Bedingungen vorsah.[1244] In dieser Vereinbarung waren auch Gebühren für nicht patentierte Technologien festgesetzt, denen die Kommission zum größten Teil keinen innovativen Wert zusprach.[1245] Microsoft machte zuvor verschiedene

---

1238 Zur Abstellungsmaßnahme EuG, Rs. T-201/04, Slg. 2007, II-3601 (Rn. 806 ff.) – Microsoft/Kommission; C(2004) final, COMP/C-3/C-37.792, (Rn. 1005 ff., sowie Art. 5 des Entscheidungstenors) – Microsoft.

1239 *Bulst*, in: Langen/Bunte, Bd. 2, 11. Aufl. 2010, Art. 82 EGV Rn. 255.

1240 K(2008) 764 endg. (Rn. 135) – Microsoft.

1241 K(2008) 764 endg. (Rn. 10) – Microsoft.

1242 Dies sind die All-IP-Lizenzvereinbarung, die Vereinbarung für die Bewertung der technischen Dokumentation im Rahmen des Programms für die Kommunikations-Protokolle von Microsoft (drei Tage), die Vereinbarung für die Bewertung der technischen Dokumentation im Rahmen des Programms für die Kommunikations-Protokolle von Microsoft (30 Tage), die No-Patent-Lizenzvereinbarung und die Patents-Only-Lizenzvereinbarung, hierzu näher EuG, Rs. T-167/08, Urt. v. 27.6.2012 (Rn. 23) – Microsoft/Kommission (II).

1243 EuG, Rs. T-167/08, Urt. v. 27.6.2012 (Rn. 55) – Microsoft/Kommission (II) unter Bestätigung von K(2008) 764 endg. (Rn. 299 f.).

1244 EuG, Rs. T-167/08, Urt. v. 27.6.2012 (Rn. 46, 83) – Microsoft/Kommission (II).

1245 Dies galt für 166 von 173 Technologien, welche Microsoft im Rahmen der No-Patent-Vereinbarung als innovativ ansah, s. EuG, Rs. T-167/08, Urt. v. 27.6.2012 (Rn. 50 ff.) – Microsoft/Kommission (II).

Vorschläge über ein Vergütungssystem im Hinblick auf angemessene und nichtdiskriminierende Preisfindungsgrundsätze für die Schnittstelleninformationen. Im Jahr 2007 stellte das Unternehmen bei der Kommission eine Anfrage, ob das Vergütungssystem den von der Kommission vorgegebenen Lizenzierungsmaßgaben entspräche. Die Kommission antwortete hierauf, dass es nicht ihre Aufgabe sei, die genauen Vergütungssätze festzulegen, sondern sie müsse sich lediglich vergewissern, dass die von Microsoft verlangten Gebühren angemessen und nichtdiskriminierend seien.[1246] Das Risiko, dass die vorgeschlagenen Lizenzbedingungen möglicherweise einen Verstoß gegen die Abstellungsverfügung darstellen, trug damit Microsoft.

Gegen die Zwangsgeldentscheidung legte Microsoft Nichtigkeitsklage ein, über welche Mitte 2012 vom EuG entschieden wurde.[1247] Das Unternehmen stützte seine Klage unter anderem darauf, dass die Abstellungsverfügung in Bezug auf die Angemessenheit der Lizenzgebühren nicht näher durch die Kommission konkretisiert wurde. Zudem seien die vorgeschlagenen Lizenzbedingungen der No-Patent-Vereinbarung nicht unangemessen und der innovative Charakter der nicht patentierten Technologien sei nicht ausreichend berücksichtigt worden.[1248] Im Zentrum der Kommissionsentscheidung stand damit die von Microsoft den lizenzwilligen Wettbewerbern angebotene No-Patent-Vereinbarung.[1249]

I. Preisfindungsgrundsätze für angemessene Lizenzbedingungen

Die Kommission und Microsoft einigten sich im Laufe eines regen Schriftverkehrs im Anschluss an die Abstellungsverfügung aus dem Jahre 2004 auf allgemeine Preisfindungsgrundsätze für die Lizenzierung der Schnittstelleninformationen.[1250] Diese sollten allerdings nur zum Zuge kommen, wenn Microsoft sich mit potenziellen Lizenznehmern nicht von sich aus einig würde, unter Hinzuziehung des Überwachungsbeauftragten als Schiedsstelle.[1251] Die Kommission

1246 S. EuG, Rs. T-167/08, Urt. v. 27.6.2012 (Rn. 27) – Microsoft/Kommission (II).

1247 EuG, Rs. T-167/08, Urt. v. 27.6.2012 – Microsoft/Kommission (II).

1248 EuG, Rs. T-167/08, Urt. v. 27.6.2012 (Rn. 71) – Microsoft/Kommission (II), auf die übrigen dort genannten Klagegründe wird im weiteren Verlauf aufgrund des thematischen Zuschnitts dieser Arbeit nicht näher eingegangen.

1249 Vgl. EuG, Rs. T-167/08, Urt. v. 27.6.2012 (Rn. 83) – Microsoft/Kommission (II).

1250 Im Einzelnen K(2008) 764 endg. (Rn. 16 ff., 111 ff.) – Microsoft; EuG, Rs. T-167/08, Urt. v. 27.6.2012 (Rn. 23, 25) – Microsoft/Kommission (II).

1251 S. K(2008) 764 endg. (Rn. 121 f.) – Microsoft; EuG, Rs. T-167/08, Urt. v. 27.6.2012 (Rn. 25) – Microsoft/Kommission (II), in welchem auch darauf hingewiesen wurde, dass die Entscheidungen des Überwachungsbeauftragten hinsichtlich der

war trotzdem der Meinung, dass die Preisfindungsgrundsätze auch dazu dienen sollten, die Angemessenheit der Lizenzbedingungen im Hinblick auf die Einhaltung der Abstellungsverfügung im Sinne des Art. 7 VO (EG) Nr. 1/2003 zu beurteilen.[1252] Im Einzelnen stützten sich die zwischen der Kommission und Microsoft ausgehandelten Preisfindungsgrundsätze auf drei rahmengebende Kriterien,[1253] welche das EuG allesamt bestätigte.[1254]

1. Eigene Innovationsleistung

Das erste Kriterium der Preisfindungsgrundsätze legte fest, dass nur eigene Innovationsleistungen eine Lizenzgebühr rechtfertigen können. Damit sollten jegliche Lizenzgebühren für Innovationen ausgeschlossen werden, die nicht auf einer eigenen schöpferischen Leistung von Microsoft beruhten. Insbesondere die in die Schnittstellenprotokolle implementierten öffentlichen Standards sollten unberücksichtigt bleiben (z. B. die IETF- oder W3C-Standards).[1255] Diese sind unstreitig frei verfügbare öffentliche Güter.[1256]

2. Innovativer Charakter der lizenzierten Technologie

Als zweites Kriterium sollte Microsoft nur Lizenzgebühren verlangen, sofern die Schnittstellenprotokolle auch tatsächlich innovativ sind. Die Protokolle mussten daher neu sein und durften nicht dem Stand der Technik entsprechen oder sich für einen Fachmann offensichtlich aus diesem ableiten lassen. Zudem musste der Wert der Schnittstellenprotokolle ihrem innovativen Charakter entsprechen und über den Wert hinausgehen, welchen allein die Herstellung der Interoperabilität widerspiegelt.[1257] Die Kommission zog mit der Neuheit und Nichtoffensichtlichkeit zwei etablierte Kriterien des Immaterialgüterrechts heran,[1258] welche erst die Belohnung für Forschungs- und Entwicklungsarbeit rechtfertigen.[1259] Die

---

Lizenzgebühren vom High Court of Justice (England and Wales) für vollstreckbar erklärt werden können.

1252 K(2008) 764 endg. (Rn. 119, 128) – Microsoft.

1253 Zum Verlauf s. K(2008) 764 endg. (Rn. 16 ff.) – Microsoft.

1254 Vgl. EuG, Rs. T-167/08, Urt. v. 27.6.2012 (Rn. 101 ff.) – Microsoft/Kommission (II).

1255 K(2008) 764 endg. (Rn. 117) – Microsoft.

1256 K(2008) 764 endg. (Rn. 129) – Microsoft.

1257 K(2008) 764 endg. (Rn. 134) – Microsoft.

1258 K(2008) 764 endg. (Rn. 130 f.) – Microsoft.

1259 Zur Belohnungstheorie und dem Anreizgedanken o. 1. Kapitel, § 3 B. III.

Herstellung von Interoperabilität sollte ausgeklammert bleiben, da diese lediglich den strategischen Wert der Schnittstelleninformationen ausmacht.[1260]

Wenn bereits ein Patent für eine schnittstellenrelevante Information erteilt wurde, sprach die Kommission dem eine Vermutungswirkung dafür zu, dass sie neu und nicht offensichtlich war und damit durfte sie in die Berechnung der Lizenzgebühren mit einfließen.[1261] Microsoft wendete sich in der Befürchtung, dass der Wert von Know-how und nicht patentierten Geschäftsgeheimnissen außen vor bleibe, gegen diese Vorgehensweise. Dafür stützte sich das Unternehmen auf eine ökonomische Studie (LECG-Report) über den wirtschaftlichen Wert von Geschäftsgeheimnissen, die nicht die Voraussetzungen für eine Patentierung erfüllen.[1262] Die Kommission sah den wirtschaftlichen Wert von Geschäftsgeheimnissen als nicht ausschlaggebend an und berücksichtigte lediglich deren tatsächlichen innovativen Charakter. Der wirtschaftliche Wert von Geschäftsgeheimnissen sei nämlich häufig der strategische Wert der Informationen. Die Kriterien der Neuheit und Nichtoffensichtlichkeit legte die Kommission daher auch für nicht patentierte oder patentierbare Geschäftsgeheimnisse zugrunde, um den innovativen Charakter zu ermitteln.[1263] Zugleich schloss die Kommission damit nicht kategorisch aus, dass Geschäftsgeheimnisse innovativen Charakter haben können.

3. *Marktwert der Technologien unter Ausschluss des strategischen Wertes*

Die Marktbewertung der Schnittstelleninformationen unter Ausschluss ihres strategischen Wertes ist eng mit den Kriterien der Neuheit und Nichtoffensichtlichkeit verknüpft. Microsoft ging in seiner Argumentation davon aus, dass die Anforderungen an die Innovationshöhe zu streng waren. Zudem habe die Kommission nicht berücksichtigt, dass auch die neuartige Kombination von bereits bekannten Technologien innovativ sein könne.[1264] Für beide Argumente stützte sich Microsoft im Schriftverkehr mit der Kommission wiederum auf den LECG-Report und zusätzlich auf zwei Mitteilungen der Kommission zur europäischen Innovationsstrategie.[1265]

1260 K(2008) 764 endg. (Rn. 138) – Microsoft.
1261 K(2008) 764 endg. (Rn. 132) – Microsoft.
1262 K(2008) 764 endg. (Rn. 133) – Microsoft.
1263 K(2008) 764 endg. (Rn. 138) – Microsoft.
1264 K(2008) 764 endg. (Rn. 141) – Microsoft.
1265 K(2008) 764 endg. (Rn. 142) – Microsoft unter Verweis auf *Gambardella/Layne-Farrar/Lerner*, Assessing Innovation: An Economic Analysis of Licensing Intellectual Property, 2007, Annex C – Microsofts Response to the Statement of Objections;

Die Kommission entgegnete dem ersten Vorbringen, dass im Hinblick auf die andauernde Behinderung des wirksamen Wettbewerbs durch unangemessen hohe Lizenzgebühren ein strenger Maßstab für die Innovationshöhe gelten müsse. Nur geringfügige technische Verbesserungen durften hiernach nicht einbezogen werden. Diesen würden die potenziellen Lizenznehmer auch nur einen vernachlässigbaren Wert beimessen, der allenfalls strategischer Natur sei.[1266] Dem zweiten Vorbringen von Microsoft hielt die Kommission die Entscheidungspraxis des Europäischen Patentamtes entgegen.[1267] Hiernach sei die Kombination von bereits bekannten technischen Lösungen zwar zu berücksichtigen, allerdings nur, wenn es für einen Fachmann nicht offensichtlich wäre, eine solche Kombination auszuprobieren.[1268] Dem schlossen sich auch der Überwachungsbeauftragte und eine Expertengruppe von TAEUS bei der Bewertung des innovativen Charakters der Microsoft Technologien an.[1269]

4. Bewertung

Die Preisfindungsgrundsätze richten sich grundlegend nach den Maßstäben des Immaterialgüterrechts. Die Kriterien der eigenen Innovationsleistung und des tatsächlichen innovativen Charakters sind spiegelbildlich der Belohnungs- und Ansporntheorie geschuldet. Für eigene Innovationen, die im Sinn des Allgemeinwohls den Innovationsprozess fördern, soll eine Belohnung erfolgen, welche jedoch in Zwangslizenzfällen nicht durch die Verleihung eines Ausschließlichkeitsrechts geschieht (property rule), sondern in Form eines Vergütungsrechts für die Nutzung (liability rule). In abgeschwächter Form findet auf diesem Wege auch die Eigentumstheorie Berücksichtigung, indem ein durchsetzbarer Anspruch auf Grundlage des geistigen Eigentums gewährt wird. Der

KOM (2006) 502 endg., Mitteilung der Kommission an den Rat, Das Europäische Parlament, den Europäischen Wirtschafts- und Sozialausschuss und den Ausschuss der Regionen, Kenntnisse in die Praxis umsetzen: Eine breit angelegte Innovationsstrategie für die EU (nicht im ABl. veröffentlicht); KOM (2003) 112 endg., Mitteilung der Kommission an den Rat, Das Europäische Parlament, den Europäischen Wirtschafts- und Sozialausschuss und den Ausschuss der Regionen, Innovationspolitik: Anpassung des Ansatzes der Union im Rahmen der Lissabon-Strategie (nicht im ABl. veröffentlicht).

1266 K(2008) 764 endg. (Rn. 141 ff.) – Microsoft.

1267 K(2008) 764 endg. (Rn. 146) – Microsoft.

1268 K(2008) 764 endg. (Rn. 146, Fn. 169) – Microsoft.

1269 K(2008) 764 endg. (Rn. 148 ff.) – Microsoft; zur Bewertung des innovativen Charakters im Einzelnen K(2008) 764 endg. (Rn. 169 ff.) – Microsoft.

Offenbarungstheorie, welche sich auf die Wissensdiffusion durch Offenlegung von Immaterialgütern bezieht, ist bereits durch die in der Abstellungsverfügung festgelegte Offenlegungspflicht genüge getan.[1270] Die Marktbewertung als Grundlage der Lizenzgebühren sowie der Ausschluss des strategischen Werts für die lizenzrelevanten Immaterialgüter als äußere Grenze der Gebühren spiegelt in einem weiteren Schritt grundlegende Wertungen des Wettbewerbsrechts wider. Der strategische Wert ist gerade der Gebührenaufschlag, den ein Unternehmen verlangen kann, weil es sich über die Zwänge funktionierender Marktprozesse hinwegsetzen kann. Das Unternehmen kann damit Konditionen auf Grundlage seiner Marktstellung und seines Einflusses auf Handelspartner verlangen, die in der Terminologie des EuGH nicht dem Leistungswettbewerb entsprechen.[1271] Der Kriterienkatalog für angemessene Lizenzgebühren mit Positivkriterien aus dem Immaterialgüterrecht und dem Negativkriterium aus dem Wettbewerbsrecht entspricht daher insgesamt der Komplementärthese zum Verhältnis von Immaterialgüter- und Wettbewerbsrecht.[1272] Da bereits ein Verstoß gegen Art. 102 AEUV festgestellt wurde, sollten insofern die Vorgaben des Wettbewerbsrechts im Mittelpunkt stehen, unter Heranziehung der Wertungen des Immaterialgüterrechts.[1273] Dies wird durch die Ausklammerung des strategischen Wertes einer Information erreicht, welche selbst im Hinblick auf innovative Informationen greifen muss.

II. Rechtliche Würdigung durch das EuG

Gegen die Anwendung der Preisfindungsgrundsätze durch die Kommission, insbesondere in Bezug auf die No-Patent-Vereinbarung, berief sich Microsoft sowohl auf die Unbestimmtheit der Vorgaben der Kommission als auch auf falsche Maßstäbe bei der Ermittlung der angemessenen Lizenzgebührenhöhe.[1274] Die No-Patent-Vereinbarung wurde von Microsoft als lizenzgebührenpflichtig vorgeschlagen, obwohl sie ausschließlich die Nutzung nicht patentierter Schnittstelleninformationen betraf. Die Kommission sah es als grundlegend an, dass

---

1270 Vgl. zu den Patentrechtstheorien o. 1. Kapitel, § 3 B. III.

1271 Hierzu o. 2. Kapitel, § 1 C. III.

1272 Näher dazu o. 1. Kapitel, § 4.

1273 Vgl. o. 1. Kapitel, § 5.

1274 S. EuG, Rs. T-167/08, Urt. v. 27.6.2012 (Rn. 71) – Microsoft/Kommission (II). Die übrigen drei im weiteren Verlauf nicht berücksichtigten Klagegründe betrafen die als rechtswidrig gerügte Heranziehung des Überwachungsbeauftragten, die Verletzung der Verteidigungsrechte sowie die Unverhältnismäßigkeit des Zwangsgeldes sowie die fehlende Rechtsgrundlage hierfür.

die im Rahmen der Preisfindungsgrundsätze festgelegten Lizenzierungstypen die Möglichkeit einer Vereinbarung vorsahen, die ohne die Einbeziehung von Patentrechten auskam. Hätte Microsoft lediglich einen Vereinbarungstyp unter Einbeziehung aller patentierten und nicht patentierten Technologien angeboten, hätte es sich um ein missbräuchliches Kopplungsgeschäft in Bezug auf die patentierten Technologien gehandelt.[1275] Microsoft griff diese Einschätzung nicht direkt an, sondern berief sich darauf, dass die Kommission die Unangemessenheit der No-Patent-Lizenzgebühren und den innovativen Charakter der enthaltenen Informationen fehlerhaft beurteilt habe.

1. Unbestimmtheit der Preisfindungsgrundsätze der No-Patent-Vereinbarung

Der gegen Microsoft geäußerte Vorwurf der Kommission betraf Art. 5 lit. a) der Abstellungsverfügung von 2004 im Hinblick auf angemessene und nichtdiskriminierende Lizenzgebühren.[1276] Was Microsoft unter angemessenen Bedingungen zu verstehen hatte, wurde nicht näher konkretisiert, obwohl Microsoft entsprechende Anfragen bei der Kommission stellte.[1277] Microsoft war der Ansicht, dass die Kommission in einer rechtsbehelfsfähigen Entscheidung hätte festlegen müssen, welche Vergütungssätze sie für angemessen gehalten habe.[1278]

a) Unbestimmte Rechtsbegriffe in Abstellungsverfügungen

Das EuG sah keinen Rechtsfehler in der Vorgehensweise der Kommission und bestätigte, dass die offene Festlegung der Abstellungsverfügung auf angemessene und nichtdiskriminierende Lizenzbedingungen rechtmäßig war. Abhilfemaßnahmen dürfen nach ständiger Rechtsprechung, auch der des EGMR zur strafrechtlichen Verantwortlichkeit, unbestimmte Rechtsbegriffe enthalten. Dies gilt unabhängig davon, ob sie zivilrechtlicher, verwaltungsrechtlicher oder strafrechtlicher Natur sind.[1279] Es reicht also aus, dass die Betroffenen anhand des Wortlauts und unter Heranziehung der Rechtsprechung erkennen können,

1275 S. EuG, Rs. T-167/08, Urt. v. 27.6.2012 (Rn. 210, 215 f.) – Microsoft/Kommission (II).

1276 EuG, Rs. T-167/08, Urt. v. 27.6.2012 (Rn. 83) – Microsoft/Kommission (II).

1277 S. EuG, Rs. T-167/08, Urt. v. 27.6.2012 (Rn. 75) – Microsoft/Kommission (II).

1278 EuG, Rs. T-167/08, Urt. v. 27.6.2012 (Rn. 83) – Microsoft/Kommission (II).

1279 EuG, Rs. T-167/08, Urt. v. 27.6.2012 (Rn. 84) – Microsoft/Kommission (II) unter Verweis auf EuGH, Rs. C-303/05, Slg. 2007, I-3633 (Rn. 50) – Advocaten voor de Wereld; Rs. C-266/06 P, Urt. v. 22.5.2008, nicht in amtl. Slg. (Rn. 39) – Evonik Degussa/Kommission.

welche Handlungen von ihnen verlangt werden.[1280] Abstellungsverfügungen gemäß Art. 7 VO (EG) Nr. 1/2003 sind vor diesem Hintergrund in Zusammenhang mit den Entscheidungsgründen der Kommission durch die betroffenen Unternehmen unter Berücksichtigung der Rechtsprechung auszulegen.[1281]

b) Selbsteinschätzung in Bezug auf die Herstellung wirksamen Wettbewerbs

Microsoft war damit grundlegend auf eine Selbsteinschätzung in Bezug auf die Höhe der Lizenzgebühren für die Schnittstelleninformationen angewiesen, um einen Verstoß gegen die Abstellungsverfügung der Kommission aus 2004 zu vermeiden. Die in diesem Rahmen mit der Kommission ausgehandelten Preisfindungsgrundsätze boten laut EuG hinreichend bestimmte Anhaltspunkte für diese Selbsteinschätzung. Es musste insofern zwischen dem eigenständigen Wert einer Technologie aufgrund des innovativen Charakters und dem strategischen Wert, resultierend aus der marktbeherrschenden Stellung, unterschieden werden.[1282] Microsoft sollte sicherstellen, dass die Wettbewerber aufgrund der durch die Zwangslizenz hergestellten Interoperabilität langfristig konkurrenzfähige eigene Betriebssysteme herstellen können.[1283]

2. *Angemessenheit der Lizenzgebühren der No-Patent-Vereinbarung*

Das EuG war der Ansicht, dass in Bezug auf die Interoperabilitätsinformationen strikt zwischen innovativen und nicht innovativen Technologien unterschieden werden müsse, um den strategischen Wert auszuklammern.[1284]

a) Strategischer Wert der geschützten Technologie

Der Maßstab für die Differenzierung zwischen dem strategischen Wert von Interoperabilitätsinformationen und dem Eigenwert aufgrund des innovativen

---

1280 EuG, Rs. T-167/08, Urt. v. 27.6.2012 (Rn. 84) – Microsoft/Kommission (II); in Bezug auf die strafrechtliche Verantwortung EuGH, Rs. C-303/05, Slg. 2007, I-3633 (Rn. 50) – Advocaten voor de Wereld unter Verweis auf EGMR, Urt. v. 22.6.2000, Coëme u.a./Belgien, RJD 2000-VII, S. 1, § 145; EuGH, Rs. C-266/06 P, Urt. v. 22.5.2008, nicht in amtl. Slg. (Rn. 39) – Evonik Degussa/Kommission.

1281 EuG, Rs. T-167/08, Urt. v. 27.6.2012 (Rn. 85) – Microsoft/Kommission (II) m.w.N. aus der Rspr., wie etwa EuGH, Rs. C-497/99 P, Slg. 2001, I-5333 (Rn. 15) – Irish Sugar/Kommission.

1282 EuG, Rs. T-167/08, Urt. v. 27.6.2012 (Rn. 87) – Microsoft/Kommission (II).

1283 EuG, Rs. T-167/08, Urt. v. 27.6.2012 (Rn. 85) – Microsoft/Kommission (II).

1284 EuG, Rs. T-167/08, Urt. v. 27.6.2012 (Rn. 135 f., 143) – Microsoft/Kommission (II).

Charakters ist für die Angemessenheit der Lizenzgebühren entscheidend gewesen.[1285] Laut EuG ist es dabei unbeachtlich, dass eine Technologie geheim ist, weil dies lediglich den strategischen Wert und nicht den innovativen Charakter beträfe.[1286] Der Maßstab des innovativen Charakters sei fundamental, um die Angemessenheit der Lizenzgebühren zu bestimmen.[1287] Anderenfalls würden die „Vorteile des Missbrauchs in eine Vergütung für die Erteilung von Lizenzen"[1288] umgewandelt und der wirksame Wettbewerb auf dem Markt für Arbeitsgruppenserver-Betriebssysteme würde nachhaltig gefährdet. Der strategische Wert soll im Einzelfall anhand einer Marktbewertung vergleichbarer Technologien festgemacht werden.[1289] Diese Bewertung führte im konkreten Fall zu der Feststellung, dass vergleichbare Technologien anderer Anbieter zu deutlich geringeren Gebühren oder sogar kostenlos angeboten wurden, weswegen die Lizenzgebühren von Microsoft zu hoch gewesen seien.[1290] Dieses Vorgehen entspricht dem Vergleichsmarktkonzept, welches eine etablierte Methode zur Feststellung von preisbezogenem Behinderungsmissbrauch ist. Man benötigt hierfür nicht zwingend die Geschäftszahlen und internen Dokumente der jeweiligen Unternehmen, sondern orientiert sich am Marktpreis. Dies ist ein Vorteil gegenüber dem as efficient competitor test, der zuvorderst auf Grundlage von Unternehmensdaten die Unternehmenseffizienz analysiert.[1291] Auf der anderen Seite ist es regelmäßig schwierig, vergleichbare Märkte zu identifizieren, worunter die Treffgenauigkeit einer solchen Analyse leidet. Die Wahrscheinlichkeit eines Entscheidungsfehlers steigt.

b) Innovativer Charakter als zentraler Anknüpfungspunkt

Der innovative Charakter einer Technologie kann nicht ohne Weiteres festgestellt werden. Für patentierte Technologien vermutete die Kommission in der *Microsoft (II)*-Entscheidung, dass diese Voraussetzung erfüllt war. Insofern bestand kein Konflikt zwischen der Kommission und Microsoft im Hinblick auf die Angemessenheit der Lizenzgebühren. Für die Technologien im Rahmen der No-Patent-Vereinbarung, die nicht immaterialgüterrechtlich geschützt waren,

---

1285 Vgl. EuG, Rs. T-167/08, Urt. v. 27.6.2012 (Rn. 143) – Microsoft/Kommission (II).
1286 EuG, Rs. T-167/08, Urt. v. 27.6.2012 (Rn. 144) – Microsoft/Kommission (II).
1287 EuG, Rs. T-167/08, Urt. v. 27.6.2012 (Rn. 138, 141) – Microsoft/Kommission (II).
1288 EuG, Rs. T-167/08, Urt. v. 27.6.2012 (Rn. 142) – Microsoft/Kommission (II).
1289 EuG, Rs. T-167/08, Urt. v. 27.6.2012 (Rn. 144 i.V.m. 134 f.) – Microsoft/Kommission (II).
1290 EuG, Rs. T-167/08, Urt. v. 27.6.2012 (Rn. 144) – Microsoft/Kommission (II).
1291 Hierzu o. 2. Kapitel, § 1 C. III. 3.

gestaltete sich die Feststellung des innovativen Charakters hingegen umso schwieriger. Die Kommission erkannte insgesamt 166 Technologien der No-Patent-Vereinbarung den innovativen Charakter ab.[1292] Dabei griff sie auf die aus dem Patentrecht bekannten Kriterien der Neuheit und Nichtoffensichtlichkeit zurück. Die Kommission definierte in ihrer Entscheidung eine Technologie als neu, wenn sie nicht zum Stand der Technik gehört, und als nicht offensichtlich, wenn sie für einen Fachmann nicht auf der Hand liegt. Dies entspricht den Definitionen der Art. 54 bzw. 56 EPÜ.[1293]

Grundsätzlich wehrte sich Microsoft nicht direkt gegen diesen Maßstab, allerdings war das Unternehmen der Meinung, dass hierdurch alle Technologien und Geschäftsgeheimnisse pauschal entwertet würden, die nicht im Vorfeld immaterialgüterrechtlich geschützt worden seien.[1294] Zudem seien die Kriterien zu restriktiv angewandt worden, so dass nur echte Pioniererfindungen dem Kommissionsmaßstab entsprechend überhaupt als innovativ eingestuft werden könnten. Gleiches sei in Bezug auf die Kombination von Technologien und deren innovativen Wert festzustellen.[1295] Allerdings trug Microsoft keinen alternativen Beurteilungsmaßstab vor und richtete sich auch nicht gegen die konkrete Analyse der Neuheit und Nichtoffensichtlichkeit der jeweiligen Technologien.[1296] Es wurden weder eigene Beweismittel noch konkrete Einzelheiten vorgetragen.[1297] Microsoft kam damit seiner Darlegungs- und Beweispflicht nicht nach. Die pauschalen Kritikpunkte im Hinblick auf die Anwendung der Kriterien der Neuheit und Nichtoffensichtlichkeit wurden daher vom EuG zurückgewiesen.[1298]

D. Ergebnis

Legt man den durch das EuG bestätigten Maßstab zugrunde, sind verschiedene angemessene Lizenzgebühren denkbar, solange sie nur wirksamen Wettbewerb gewährleisten. Die Kommission hat sich weder dazu verpflichtet, Microsoft konkrete Lizenzbedingungen aufzugeben,[1299] noch wäre ihr dies möglich gewesen.

1292 Vgl. EuG, Rs. T-167/08, Urt. v. 27.6.2012 (Rn. 147) – Microsoft/Kommission (II).

1293 EuG, Rs. T-167/08, Urt. v. 27.6.2012 (Rn. 149) – Microsoft/Kommission (II).

1294 EuG, Rs. T-167/08, Urt. v. 27.6.2012 (Rn. 150) – Microsoft/Kommission (II).

1295 EuG, Rs. T-167/08, Urt. v. 27.6.2012 (Rn. 154 f.) – Microsoft/Kommission (II).

1296 EuG, Rs. T-167/08, Urt. v. 27.6.2012 (Rn. 147, 151) – Microsoft/Kommission (II).

1297 EuG, Rs. T-167/08, Urt. v. 27.6.2012 (Rn. 153, 155, 161) – Microsoft/Kommission (II).

1298 EuG, Rs. T-167/08, Urt. v. 27.6.2012 (Rn. 153, 155, 157, 161 f.) – Microsoft/Kommission (II).

1299 S. EuG, Rs. T-167/08, Urt. v. 27.6.2012 (Rn. 92) – Microsoft/Kommission (II).

Der tatsächliche Wert der Schnittstelleninformationen, wie er sich im freien Wettbewerb herausgebildet hätte, ließ sich nicht eindeutig ermitteln.

An sich steht den von einer Zwangslizenz betroffenen Unternehmen bei der Wahl zwischen verschiedenen angemessenen Lizenzbedingungen eigenes Ermessen zu, selbst wenn die Kommission der Ansicht ist, dass es „noch angemessenere" Vergütungssätze gebe.[1300] Problematisch ist hierbei jedoch, dass dieses Ermessen nicht davor schützt, fahrlässig zu hohe Lizenzgebühren anzusetzen. Ein Unternehmen kann im Gegensatz zur Kommission nicht auf die zurückhaltende gerichtliche Kontrolle in solchen wirtschaftlich komplexen Sachfragen vertrauen. Aus diesem Grunde wird es regelmäßig für betroffene Unternehmen opportun sein, sich über die Vergütungssätze mit interessierten Wettbewerbern im Vorfeld zu einigen. Die mit dem eigenen Ermessen verbundene Rechtsunsicherheit darf nicht unterschätzt werden. Microsoft musste selbst einen as efficient competitor test in Bezug auf die Lizenzgebühren durchführen. Dies ist aufgrund des äußerst schwer bestimmbaren Wertes von Immaterialgüterrechten mit enormen Unsicherheiten verbunden. Selbst wenn ein Unternehmen zu dem Schluss gelangt, dass die verlangten Lizenzgebühren dem Preis entsprechen, welcher auf einem Markt mit funktionierendem Wettbewerb verlangt werden könnte, ist es möglich, dass die Kommission anderer Meinung ist. Dann drohen wiederum hohe Bußgelder, was marktbeherrschende Unternehmen dazu bewegen könnte, von Anfang an eher zu niedrige Lizenzgebühren zu verlangen, um jedenfalls nicht die Schwelle zur Unangemessenheit zu übertreten. Der Hinweis in der Rechtsprechung darauf, dass durch eine offene Abstellungsverfügung im Hinblick auf angemessene Lizenzgebühren die Vertragsfreiheit gewahrt bleibe,[1301] vermag nicht zu verdecken, dass den betroffenen Unternehmen mit konkreten Maßgaben im Sinne der Rechtssicherheit eher gedient wäre. Etwas anderes könnte allenfalls gelten, wenn den Unternehmen selbst eine gewisse Einschätzungsprärogative zustehen würde und sie zumindest für fahrlässige Verstöße kein Bußgeld fürchten müssten. Hierunter könnte jedoch die Zweckmäßigkeit leiden, da der Nachweis eines grob fahrlässigen oder gar vorsätzlichen Verstoßes gegen Art. 102 AEUV durch die Kommission im Einzelfall schwer zu führen ist. So müsste etwa bei missbräuchlichen Kampf- oder Monopolpreisen ausgeschlossen werden, dass die Unternehmensführung es aus Nachlässigkeit versäumt hat, kosteneffiziente Preise zu verlangen.

1300 Hierzu s. EuG, Rs. T-167/08, Urt. v. 27.6.2012 (Rn. 95) – Microsoft/Kommission (II) unter Verweis auf Rs. T-24/90, Slg. 1992, II-2223 (Rn. 52) – Automec/Kommission.

1301 S. EuG, Rs. T-24/90, Slg. 1992, II-2223 (Rn. 51 f.) – Automec/Kommission.

Der zweigliedrige Ansatz der Kommission zur Beurteilung, ob Lizenzgebühren im Rahmen einer Zwangslizenzierung gemäß Art. 102 AEUV angemessen sind, ist vor dem Hintergrund der Komplementärthese zu begrüßen. Die Entscheidung für eine Zwangslizenz ist auf den Schutz des wirksamen Wettbewerbs gerichtet und zielt darauf ab, dass sich die Verbraucher auf Grundlage der eigenen Präferenzen für ein Produkt entscheiden können und nicht aufgrund der aus der Marktstruktur folgenden Zwänge (im Falle Microsofts: Interoperabilität). Auf Ebene des „Wie" der Zwangslizenz, also der angemessenen Lizenzbedingungen, greift die Kommission in erheblichem Maße auf die Wertungen des Immaterialgüterrechts und den innovativen Charakter zurück. Zugleich wird der strategische und nicht aus dem innovativen Charakter folgende Wert einer Technologie ausgeklammert. Als obere Kappungsgrenze ist ein Betrag zu wählen, welcher jedenfalls eine wirksame Teilnahme effizienter Wettbewerber am Wettbewerbsgeschehen erlaubt. Der genaue Wert einer Innovation kann dabei unmöglich ermittelt werden. Der Konflikt zwischen Rechtssicherheit, Einzelfallgerechtigkeit und Zweckmäßigkeit wird im Rahmen der Beurteilung der Angemessenheit von Lizenzgebühren also tendenziell auf Kosten der Rechtssicherheit der betroffenen Unternehmen entschieden. Diese Unsicherheit trifft letztendlich sowohl das von der Zwangslizenz betroffene marktbeherrschende Unternehmen als auch die lizenzwilligen Konkurrenten, die für sich den Wert der Immaterialgüterrechte in Relation zur Lizenzgebühr einschätzen müssen. Inwiefern diese Gewichtung sich auf die Einzelfallgerechtigkeit (sowohl im Hinblick auf das marktbeherrschende Unternehmen als auch in Bezug auf die übrigen Marktteilnehmer) auswirkt, lässt sich erst ex post anhand der zukünftigen Marktentwicklung beurteilen. Damit ist der Prüfungsmaßstab der Kommission für die Höhe angemessener Lizenzgebühren im Hinblick auf einen Fehler erster oder zweiter Art zunächst wertungsneutral.[1302]

§ 4 Zusammenfassung

Die *Microsoft*-Entscheidung führte zu einer Weiterentwicklung der Zwangslizenzvoraussetzungen gemäß Art. 102 AEUV, wie sie in den Urteilen *Magill* und *IMS-Health* aufgestellt wurden. Demnach muss ein Unternehmen in marktbeherrschender Stellung lizenzwilligen Dritten den Zugang zu seinen Immaterialgüterrechten gewähren, wenn:

1302 Vgl. zur Fehleranalyse anhand des Trias der Rechtsidee, bestehend aus Rechtssicherheit, Einzelfallgerechtigkeit und Zweckmäßigkeit o. 2. Kapitel, § 1 C. V. 2.

(1) Das verweigerte Immaterialgut unerlässlich für die Teilnahme am Wettbewerb ist,
(2) die Ausschaltung wirksamen Wettbewerbs auf einem nachgelagerten Produktmarkt droht,
(3) die technische Entwicklung zum Schaden der Verbraucher eingeschränkt wird und
(4) keine objektive Rechtfertigung für die Lizenzverweigerung besteht.

In Bezug auf das „Ob" der Zwangslizenz über Art. 102 AEUV hat es eine Aufweichung der neuen Produkt-Regel gegeben. Die Kommission geht nunmehr (bestätigt durch die Rechtsprechung) davon aus, dass die abstrakte Behinderung des technischen Fortschritts ausreichend ist für eine missbräuchliche Verhaltensweise. Dies entspricht ganz der ordoliberalen Tradition der europäischen Wettbewerbsregeln und der Annahme, dass funktionierende Wettbewerbsprozesse innovationsfördernd sind. Aus diesem Grund hätte jedoch auch auf die Bezugnahme zum neuen Produkt-Kriterium verzichtet werden können, da Microsoft letztendlich ein Hebelmissbrauch nachgewiesen werden konnte. Bei solchen liegt der Missbrauch in dem Marktmachttransfer von einem Produktmarkt auf einen benachbarten Produktmarkt. Dass dies bereits missbräuchlich ist, zeigt die *Télémarketing*-Rechtsprechung. Stellt man auf die abstrakte Behinderung des technischen Fortschritts ab, welche jeder Marktverschluss aufgrund sinkenden Innovationsdrucks mit sich bringt, ist die Verhinderung eines konkreten neuen Produkts nicht notwendig, wie auch das *Microsoft*-Urteil zeigt. Die Terminologie suggeriert lediglich die hervorgehobene Bedeutung von Immaterialgüterrechten gegenüber materiellen Waren und Dienstleistungen. Auch der Verweis auf Art. 102 Abs. 2 lit. b) AEUV ist insofern nicht zwingend. Der immaterialgüterrechtlich vermittelte Hebelmissbrauch sollte unabhängig vom Missbrauchsvehikel (d. h. unabhängig davon, ob von einem materiellen oder immateriellen Gut ausgehend) als Verstoß gegen Art. 102 AEUV gewertet werden. Für eine Sonderbehandlung von Immaterialgüterrechten sind sowohl rechtlich als auch ökonomisch keine durchgreifenden Argumente ersichtlich.

Liegt eine missbräuchliche Lizenzverweigerung vor, muss das marktbeherrschende Unternehmen die betroffenen Immaterialgüter zu angemessenen Gebühren lizenzieren. Angemessen sind Lizenzgebühren, wenn die Informationen bzw. Technologien:

(1) Auf eigenen Innovationsleistungen beruhen,
(2) Innovativen Charakter haben und
(3) kein strategischer Wert in der Lizenzgebühr enthalten ist.

Das „Wie" der Zwangslizenz orientiert sich zunächst an immaterialgüterrechtlichen Wertungen, indem auf die eigene Leistung und den innovativen Charakter abgestellt wird. Die Ansporn-, Belohnungs- und Eigentumstheorie finden auf diese Weise Berücksichtigung, allerdings im Vergleich zu den ursprünglich gewährten Ausschließlichkeitsrechten in abgeschwächter Form, wie sie auch in der Lehre von den Verfügungsrechten angelegt ist.[1303] Die Pflicht zur Offenlegung und Erläuterung der relevanten Immaterialgüter im Rahmen der Abstellungsverfügung entspricht zudem der Offenbarungstheorie. Die Nachvollziehbarkeit der Informationen im Sinne der Wissensdiffusion hätte im Falle Microsofts nicht auf anderem Wege erreicht werden können.

Der Rückbezug auf die grundlegenden Wertungen des Immaterialgüterrechts zeigt, dass die Entscheidungen *Microsoft* und *Microsoft (II)* diesen entsprachen und ein Versagen des Ordnungsrahmens punktuell behoben wurde. Etwas anderes kann über Art. 102 AEUV auch nicht erfolgen. Dessen Schutzzweck ist letztendlich ausschlaggebend, wie der Ausschluss des strategischen Wertes der Immaterialgüter als obere Kappungsgrenze zeigt. Entscheidend ist, dass die Wettbewerber des von der Zwangslizenz betroffenen marktbeherrschenden Unternehmens wirksam am Wettbewerb teilnehmen können. Das Verhältnis von Wettbewerbs- und Immaterialgüterrecht auf den Stufen des „Ob" und des „Wie" der Zwangslizenz gemäß Art. 102 AEUV entspricht im Endeffekt der Komplementärthese.[1304]

1303 Hierzu ausf. o. 1. Kapitel, § 3 B. II.

1304 Vgl. zur Komplementärthese grundlegend o. 1. Kapitel, § 4.

4. Kapitel: Zum Verhältnis von Recht und Ökonomik bei Art. 102 AEUV

Die Entscheidungen der Kommission gegen Microsoft beruhen in sehr hohem Maße auf ökonomischen Erwägungen und den Auswirkungen der missbräuchlichen Lizenzverweigerung gemäß Art. 102 AEUV auf den wirksamen Wettbewerb sowie den Innovationsprozess. Diese Eckpunkte gaben auch den beiden Urteilen *Microsoft* und *Microsoft (II)* die Richtung vor und die Kommission berief sich bei der Einführung des more economic approach explizit auf das *Microsoft*-Urteil des EuG. Zugleich folgen aus dieser Entscheidungspraxis und der zurückhaltenden gerichtlichen Kontrolle in wirtschaftlichen Sachfragen eigene ökonomische Auswirkungen. Diese werden im Folgenden in Zusammenschau mit dem theoretischen Fundament der europäischen Wettbewerbsverfassung skizziert.

§ 1 Wettbewerbstheoretische Analyse

Die Modifikation der neuen Produkt-Regel und ihre Ausrichtung an der Behinderung des technischen Fortschritts im Sinne des Art. 102 Abs. 2 lit. b) AEUV richtet das Augenmerk auch in Lizenzverweigerungsfällen stärker auf den Schutz funktionierender Wettbewerbsprozesse. Die Konkurrenten eines marktbeherrschenden Unternehmens müssen effektiv am Wettbewerb teilnehmen können und dürfen nicht mit Mitteln des Nichtleistungswettbewerbs hiervon abgehalten werden. Erst dann können sich die positiven Auswirkungen des wirksamen Wettbewerbs für den Innovationsprozess, die Produkt- und Servicequalität sowie die Marktpreise einstellen.[1305] Wenn Wettbewerber missbräuchlich im Sinne des Art. 102 AEUV von einer wirksamen Teilnahme am Wettbewerb abgehalten werden, schränkt dies die Wahlmöglichkeiten der Verbraucher ein. Zudem muss das marktbeherrschende Unternehmen sich nicht mehr ausschließlich anhand der Wettbewerbsparameter Preis, Qualität, Service und Innovativität auf dem Markt behaupten.

1305 Näher o. 1. Kapitel, § 2 E. II.

A. Schutz der Wahlfreiheit der Verbraucher

Im *Microsoft*-Fall zeigte sich die eingeschränkte Wahlfreiheit daran, dass sich die Verbraucher maßgeblich an der Interoperabilität eines Arbeitsgruppenserver-Betriebssystems mit Windows für Client PCs bei ihrer Kaufentscheidung orientieren mussten. Sie verzichteten auf die Produkte der Microsoft Konkurrenten, obwohl sie diesen zum Teil bessere Eigenschaften im Hinblick auf Verlässlichkeit und Sicherheit zusprachen.[1306] Die mangelnde Interoperabilität behinderte demnach die Herstellung und den Absatz von wettbewerbsfähigen Konkurrenzprodukten. Diese Argumentation muss indes nicht allein auf die Behinderung des technischen Fortschritts im Sinne des Art. 102 Abs. 2 lit. b), 3. Alt. AEUV abstellen, sondern enthält auch Berührungspunkte zur Einschränkung der Produktion gemäß Art. 102 Abs. 2 lit. b), 1. Alt. AEUV. Solche Erwägungen liegen auch dem *IBM*-Fall aus dem Jahr 1985 zugrunde. IBM weigerte sich zunächst die Schnittstelleninformationen für Datenverarbeitungsanlagen offenzulegen, was die Produktion von kompatiblen Peripheriegeräten für diese Anlagen durch Wettbewerber verhinderte. Dieses Verfahren wurde auf informellem Wege über Verpflichtungszusagen beendet.[1307]

Die systemtheoretisch aufgeladene Argumentation in Bezug auf funktionierende Wettbewerbsprozesse und daraus folgenden Innovationsdruck steht im Einklang mit einem systemtheoretischen Wettbewerbsverständnis. Dementsprechend ist die Aufweichung der neuen Produkt-Regeln konsequent am wettbewerbsrechtlichen Schutzzweck ausgerichtet, ohne dass Immaterialgüterrechten ein übersteigerter Sonderstatus zuerkannt würde. Deren Schutz wird lediglich aufgeweicht und nicht kompensationslos gestrichen, da angemessene Lizenzgebühren entrichtet werden müssen. Wenn tatsächlich die Verhinderung eines neuen Produkts in der Strenge der *Magill*-Entscheidung für alle Lizenzverweigerungsfälle verlangt würde, käme dies einer Pflicht zum Nachweis eines unmittelbaren Verbraucherschadens gleich. Dieser ist offensichtlich, wenn die Produktwahl wie im *Magill*-Fall unmittelbar und konkret eingeschränkt wird. Eine solche Nachweispflicht lehnte der EuGH in anderen

---

1306 C(2004) final, COMP/C-3/C-37.792, (Rn. 699) – Microsoft.

1307 S. Kommission, Vierzehnter Bericht über die Wettbewerbspolitik, 1985, S. 87 Rn. 94 ff.; den *IBM*-Fall unter die Fallgruppe der Einschränkung der Erzeugung von Produkten anderer Unternehmen fassend, *Bunte*, in: Langen/Bunte, Bd. 2, 11. Aufl. 2010, Art. 82 EGV Rn. 195; s. auch *Hujo*, Die wettbewerbsrechtliche Beurteilung von einseitigem Missbrauchsverhalten („Unilateral Conduct") in den USA und der EU, 2013, S. 234 ff.

Fallkonstellationen jedoch explizit ab und verweist auf den Schutz des Wettbewerbs als Institution, wie die Entscheidung *GlaxoSmithKline Services P* zeigt.[1308] Eine entsprechende Passage findet sich auch in der *Microsoft*-Entscheidung bei den Erwägungen zur Verhinderung eines neuen Produkts.[1309] Ein unmittelbar auf das Verbraucherwohl gerichteter Ansatz ist mit dieser Rechtsprechung ebenso wenig vereinbar, wie die Pflicht zum Nachweis eines unmittelbaren Verbraucherschadens durch die Kommission.[1310] Der more economic approach der Kommission bei Art. 102 AEUV hat zu keiner Schutzzielverschiebung geführt. Das Verbraucherwohl wird lediglich mittelbar durch den Schutz des Wettbewerbs als Institution gemehrt.[1311] Aus diesem Grund ist in Bezug auf die Zwangslizenzierung gemäß Art. 102 AEUV zu begrüßen, dass kein konkretes neues Produkt durch die missbräuchliche Lizenzverweigerung verhindert werden muss, da diese hohe Hürde der Pflicht zum Nachweis eines unmittelbaren Verbraucherschadens gleichkommt.

B. Ökonomische Beweisführung

Aus der systemtheoretisch begründbaren Aufweichung der neuen Produkt-Regel folgt zugleich eine starke Ausrichtung an Prognosen über mögliche bzw. wahrscheinliche Wettbewerbsentwicklungen.[1312] In der *Magill*-Entscheidung bedurfte es keiner Prognosen darüber, ob der technische Fortschritt behindert wird, da das konkret verhinderte neue Produkt Marktreife besaß und auf eine tatsächliche Nachfrage traf. Die Auswirkungen der Lizenzverweigerung auf die Wahlmöglichkeit der Verbraucher war deshalb ohne Weiteres feststellbar.

In der *Microsoft*-Entscheidung war die Verknüpfung von Interoperabilität und Marktentwicklung der entscheidende Faktor für das Einschreiten der Kommission. Sie analysierte den drohenden Marktverschluss auf dem Markt für Arbeitsgruppenserver-Betriebssysteme anhand der Entwicklung der Marktanteile in Relation zur Interoperabilität vor und nach Einführung von Windows 2000.[1313] Hieraus konnte der drohende Ausschluss des wirksamen Wettbewerbs abgeleitet werden. Eine sinkende Innovationsrate konnte

1308 EuGH, verb. Rs. C-501 u. a./06 P, Slg. 2009, I-9291 (Rn. 63) – GlaxoSmithKline Services u. a./Kommission.

1309 EuG, Rs. T-201/04, Slg. 2007, II-3601 (Rn. 664) – Microsoft/Kommission.

1310 Vgl. *Dreher*, EWiR 2008, 137 (138); ausf. auch o. 2. Kapitel, § 1 C. II. 4.

1311 S.o. 2. Kapitel, § 1 C. II. 4.

1312 Vgl. für Zukunftsprognosen durch die Kommission Durchsetzungsprioritäten (2009), Rn. 19 ff.

1313 Hierzu o. 3. Kapitel, § 2 B. III. 2. b).

ebenfalls festgestellt werden, da follow on-Innovationen seit Einführung von Windows 2000 ausblieben. Die Wettbewerber von Microsoft hatten insgesamt weniger Innovationsanreize, da selbst hochwertige Software mangels Interoperabilität nur begrenzt konkurrenzfähig war. Eine Verstetigung dieser Entwicklung für die Zukunft spiegelte der rasante Anstieg der Marktanteile Microsofts wider. Auf Ebene der objektiven Rechtfertigung ergründete die Kommission die Auswirkungen einer Zwangslizenz auf die Innovationsanreize von Microsoft und die seiner Wettbewerber. Sie kam zu dem Schluss, dass Microsoft weiterhin Anreize besitzt, innovativ tätig zu werden, vermittelt durch den Wettbewerbsdruck der Konkurrenten. Dies ergaben die Erfahrungen mit dem US-Settlement, in welchem bereits Schnittstelleninformationen offengelegt wurden, ohne dass dies die Innovationsanreize von Microsoft für die Zukunft beeinträchtigt hätte.

C. Schlussfolgerung

Über die entschärfte neue Produkt-Regel sowie die umfassende Marktanalyse und Prognose der Wettbewerbsentwicklung wurde die Zwangslizenzierung über Art. 102 AEUV deutlicher in den Kontext der systemtheoretischen Grundlagen der europäischen Wettbewerbsverfassung gerückt. Die Kommission ermittelte die Auswirkungen der Zwangslizenz im *Microsoft*-Fall anhand der Bedeutung der Interoperabilität für den Softwaremarkt und konnte dies an der dynamischen Marktentwicklung festmachen. Insofern lagen tatsächliche Anhaltspunkte für einen drohenden Marktverschluss und damit einhergehend einen Verstoß gegen Art. 102 AEUV vor. Die positiv ökonomisch gewonnenen Erkenntnisse über die Marktentwicklung in Relation zur Interoperabilität in der Vergangenheit standen insofern in Einklang mit dem normativen Schutzkonzept. Der more economic approach ist ganz im Sinne eines effects based approach zur Anwendung gekommen. Die dargelegte ökonomische Beweisführung im *Microsoft*-Fall ist nicht unumstritten und es wurden in diesem Zusammenhang starke Bedenken laut, dass einer überbordenden Anwendung des Art. 102 AEUV Tür und Tor geöffnet worden seien. Dies ist nicht ganz unbegründet, da ökonomische Mustervorhersagen ohne quantitative Hinterlegung nur schwer bestritten werden können. Dieses Problem besteht jedoch zuvorderst im Hinblick auf die weiten Entscheidungsspielräume der Kommission, welche durchaus zurückhaltender eingesetzt werden könnten. Innerhalb der Richterschaft war die *Microsoft*-Entscheidung aus diesen Gründen heftig umstritten. In der Presse wurde verbreitet, dass das Stimmenverhältnis der Richter mit 7:6 für die Rechtmäßigkeit der

Kommissionsentscheidung denkbar knapp ausfiel.[1314] Die zurückhaltende gerichtliche Kontrolle bei der Anwendung von Art. 102 AEUV durch die Kommission ist hier der maßgebliche Anknüpfungspunkt für Kritik. Diese Spielräume sollten auch im Hinblick auf die mit Abstellungsverfügungen einhergehenden Grundrechtsbeeinträchtigungen überdacht werden, nicht zuletzt wegen des neuformulierten und in seiner Bedeutung verstärkten Art. 6 EUV.

§ 2 Analyse im Lichte der Verfügungsrechtelehre

Für eine ökonomische Analyse der *Microsoft*-Entscheidung und insbesondere der neuen Produkt-Regel bietet sich ein Abgleich mit der Lehre von den Verfügungsrechten an. Diese setzt sich mit der Zuordnung von Verfügungsrechten bzw. Handlungsrechten in einer marktwirtschaftlich geprägten Gesellschaft auseinander.[1315]

A. Aufweichung der property rule zur liability rule

Die Anreizfunktion ist ein entscheidender Begründungsstrang für ausschließliche Rechte an Schöpfungen oder Erfindungen. Der Innovator soll dem Grunde nach allein über die Verwertung seiner Schöpfungen und Erfindungen entscheiden können und darf daher Dritte von der Nutzung ausschließen (property rule). Verfügungsrechte können allerdings auch derart verliehen werden, dass dem Rechteinhaber lediglich ein Recht auf Entschädigung für die Nutzung durch Dritte zusteht (liability rule).[1316] Eine hoheitlich verhängte Zwangslizenz über Art. 102 AEUV bewirkt eine Aufweichung der property rule zur liability rule. Die Zuordnung des Rechts bleibt hiervon jedoch unberührt. Der Schöpfer oder Erfinder ist als Empfänger der Lizenzgebühren weiterhin Inhaber des (aufgeweichten) Immaterialgüterrechts. Damit stellt eine Zwangslizenz nicht die Belohnung für innovative Tätigkeit an sich in Frage, sondern modifiziert lediglich die Ausgestaltung dieser Belohnung. Demzufolge berührt die Abschwächung des Ausschließlichkeitsrechts nicht die grundlegende Primärzuordnung von Immaterialgütern zu den Personen, die sie geschaffen haben. Die Aufweichung zur liability rule beruht zudem mit Art. 102 AEUV auf einer tauglichen Rechtsquelle und ergibt sich aus der verfassungsmäßigen europäischen Werteordnung. Ferner

1314 S. The New York Times: „Microsoft lost big case in EU court by 7–6 vote“, u. a. mit einem Kommentar von *Jestaedt*, abrufbar unter: http://www.nytimes.com/2008/09/05/business/worldbusiness/05iht-msft.4.15928575.html?_r=0.

1315 Zu den Grundlagen o. 1. Kapitel, § 3 B.

1316 Hierzu und zum Vorgenannten o. 1. Kapitel, § 3 B. II.

kommt sie nur in Ausnahmefällen zum Schutz des wirksamen Wettbewerbs zur Anwendung. Da es der Union gemäß Art. 345 AEUV lediglich untersagt ist in die Primärzuordnung von Eigentumsrechten einzugreifen, besteht kein Kompetenzkonflikt zwischen Union und Mitgliedstaaten.[1317] Anderenfalls dürfte der Unionsgesetzgeber auch keine Regelungen wie das Dekompilierungsrecht in Art. 6 ComputerprogrammRL auf Unionsebene schaffen.

B. Widerspruch zum Internalisierungsgedanken?

Die Internalisierung der externen Effekte von Immaterialgütern bleibt insofern ebenfalls bestehen,[1318] da der Rechteinhaber einen Anspruch auf angemessene Lizenzgebühren hat. Die zur Zahlung der Lizenzgebühren verpflichteten Nutzer sind keine „Trittbrettfahrer"[1319], die ohne eigene Anstrengungen oder Aufwendungen Immaterialgüter nutzen. Sie müssen in ihr unternehmerisches Kalkül den Kompensationsanspruch des Rechteinhabers einfließen lassen und beurteilen, ob sie das geschützte Wissen produktionseffizient in wettbewerbsfähige Produkte umsetzen können. Dies erhöht ihre Herstellungskosten gegenüber denen des Rechteinhabers. Zwar hat der Rechteinhaber möglicherweise hohe Anfangsinvestitionen zu tragen, diese verteilen sich aber über die Stückkostendegression im Laufe der Zeit auf die einzelnen Produkteinheiten.[1320] Im Gegensatz hierzu bleiben die Lizenzgebühren grundsätzlich konstant und es kommt zu keiner Stückkostendegression, so dass die Produktionskosten der Lizenznehmer nicht kontinuierlich sinken. Dies verschafft bei erfolgreichen Produkten dem Rechteinhaber zugleich den Wettbewerbsvorsprung, den Immaterialgüterrechte dem Anreizgedanken entsprechend herstellen sollen. Der Belohnungsfunktion wird durch Lizenzgebühren ebenfalls Rechnung getragen. Der persönlichkeitsrechtliche Einschlag von Immaterialgüterrechten rückt durch die kommerzielle und entpersonalisierte Nutzung durch Konzerne in den Hintergrund, er kann und sollte allerdings in der Einzelfallabwägung im Rahmen der Verhältnismäßigkeitsprüfung Berücksichtigung finden. Entscheidend ist jedoch der monetäre Wert von Schöpfungen und Erfindungen. Diesem Gedanken genügt auch die liability rule und es besteht bei angemessener Kompensationshöhe kein Bedarf an einem Ausschließlichkeitsrecht. Zwar sind ausschließliche Rechte an Gütern der

1317 Näher o. 2. Kapitel, § 2.
1318 Vgl. o. 1. Kapitel, § 3 B. I. 3.
1319 S. hierzu o. 1. Kapitel, § 3 B. I. 2.
1320 Näher o. 3. Kapitel, § 2 A. IV. 2. a).

Regelfall in einer freien Marktwirtschaft und sie stellen sicher, dass Immaterialgüter ähnlich den materiellen Gütern gehandelt werden können. Allerdings vollziehen sich die für diese Wirtschaftsform typischen Wettbewerbsprozesse auch beim Aushandeln der Lizenzgebühren. Darüber hinaus sind Immaterialgüterrechte trotz der liability rule weiterhin auf Dritte übertragbar. Die Aufweichung des exklusiven Ausschließlichkeitsrechts führt daher zu keiner Desintegration von Immaterialgütern aus dem Wettbewerbsgeschehen.

Analog zur Internalisierung der besonderen Eigenschaften von Immaterialgütern in die Entscheidungen der Marktteilnehmer hat die Zwangslizenzierung über Art. 102 AEUV eine Externalisierung der marktmachtbedingten Effekte zur Folge. Im Fall *Microsoft* sollte durch die Offenlegung und Lizenzierung der Schnittstelleninformationen sichergestellt werden, dass die Verbraucher sich für die Software entscheiden können, die ihre Bedürfnisse am besten befriedigt. Die mangelnde Interoperabilität von Arbeitsgruppenserver-Betriebssystemen mit Windows für Client PCs sollte nicht in die Marktentscheidung der Verbraucher einfließen und wurde durch die Zwangslizenz aus dieser Entscheidung normativ ausgegliedert (d.h. externalisiert).

C. Verhältnis zwischen Innovationshöhe und Marktbedeutung

Die Öffnung für Aufweichungen der property rule, wie sie durch die Zwangslizenzierung von Immaterialgüterrechten über Art. 102 AEUV geschieht, kann überdies ökonomisch aus der stark auseinanderfallenden Bedeutung solcher Rechte für den Wettbewerb hergeleitet werden. Immaterialgüterrechte sind schließlich Bestandteil der Wettbewerbsordnung, wie *von Weizsäcker* grundlegend in seinem Mehrebenenmodell herausgearbeitet hat.[1321] Ein unmittelbarer Zusammenhang zwischen der Innovationshöhe und dem tatsächlichen Nutzen eines Immaterialguts für die Allgemeinheit auf der einen und den Auswirkungen auf den Wettbewerb auf der anderen Seite ist jedoch nicht feststellbar bzw. abstrakt messbar. Die Auswirkungen auf die Marktposition folgen aus den Eigenschaften des Produkts, in welchem die jeweilige Idee zum Einsatz kommt und mit welchem der Rechteinhaber um die Verbraucherseite konkurriert.[1322] Ein prägnantes Beispiel hierfür ist die Grundlagenforschung, welche häufig auf staatliche Finanzierung angewiesen ist und regelmäßig noch nicht zu produktionsreifen Ergebnissen führt. Die Ergebnisse der Grundlagenforschung, seien sie noch so innovativ und langfristig von Wert, können damit in vielen Fällen

1321 Hierzu o. 1. Kapitel, § 5.

1322 Vgl. o. 1. Kapitel, § 2 E. II.

zunächst gar nicht über Produkte im Markt- und Wettbewerbsgeschehen verwertet werden.[1323] Ihren wertvollen Beitrag zum Allgemeinwohl stellt dies jedoch nicht in Frage.[1324]

Der derzeitige Patent- und Urheberrechtsschutz basiert auf formellen Kriterien und schützt Erfindungen und Schöpfung gleichwertig, ohne die Innovationshöhe oder auch entstehende Marktzutrittsbarrieren zu berücksichtigen, wodurch die Innovations- und Wettbewerbsrelevanz nicht gewichtet werden.[1325] Besonders kritisch ist in diesem Zusammenhang, wenn eine niedrige Innovationshöhe auf eine raumgreifende marktverschließende Wirkung trifft. Dafür sind das Patent- und das Urheberrecht in unterschiedlichem Maße anfällig. Das Urheberrecht schützt nur die konkrete Darstellung einer Idee, während ein Patent jegliche technische Umsetzung der Idee schützt.[1326] Schließlich ist es denkbar, dass immaterialgüterrechtlich geschütztes Wissen selbst nur ein Nebenprodukt ohne besondere innovative Leistung darstellt, aber dennoch zu erheblichen Marktzutrittsschranken führt, wie im *Microsoft*-Fall die interoperabilitätsrelevanten Schnittstelleninformationen.[1327] Die eigentlichen Innovationen sind im Quellcode enthalten und nicht in den Kommunikationsprotokollen. Auf der anderen Seite gehen von den an sich nur geringfügig innovativen Schnittstellenprotokollen enorme Marktzutrittsschranken aus.

Der Fall *Microsoft* ist insofern ein Paradebeispiel dafür, dass kein zwingender Zusammenhang zwischen dem tatsächlichen Nutzen einer Innovation und der durch ein Schutzrecht entstehenden Marktmacht besteht. So genießen hochkomplexe Softwareinnovationen den gleichen Schutz wie einfache Schnittstellenprotokolle, welche selbst keine innovativen Programmfunktionen mit sich bringen, sondern lediglich die Softwarekompatibilität gewährleisten.[1328] Genauso wenig sind die in der *Magill*-Entscheidung[1329] des EuGH relevanten Programminformationen für

---

1323 Zum dargestellten Beispiel der Grundlagenforschung näher *Wielsch*, Zugangsregeln, 2008, S. 14.

1324 Vgl. auch o. 1. Kapitel, § 3 B. I. 3. c), zum im Einzelfall entstehenden Marktversagen aufgrund der monetären Ausrichtung der Marktwirtschaft.

1325 Zum Ganzen *Ensthaler/Bock*, GRUR 2009, 1 (5 f.).

1326 *Wielsch*, Zugangsregeln, 2008, S. 122.

1327 *Drexl*, Immaterialgüterrechte zwischen Innovationsförderung durch Monopole und Wettbewerbsbeschränkungen, in: FIW, Innovation und Wettbewerb, 2009, S. 21 (28).

1328 *Drexl*, Immaterialgüterrechte zwischen Innovationsförderung durch Monopole und Wettbewerbsbeschränkungen, in: FIW, Innovation und Wettbewerb, 2009, S. 21 (28).

1329 EuGH, verb. Rs. C-241 u. 242/91 P, Slg. 1995, I-743 – RTE u. ITP/Kommission („Magill“).

Fernsehsendungen (z. B. die Sendezeit oder der Titel) innovativ.[1330] Die Verleihung der Schutzrechte folgt dem sog. all or nothing-Prinzip[1331] und bezieht die Innovationshöhe nicht mit ein. Solange die Unzulänglichkeiten von ex ante gewährten Immaterialgüterrechten im Einzelfall derart eklatant sind, ist eine ex post erfolgende Korrektur über das Wettbewerbsrecht im Dienste des wirksamen Wettbewerbs unumgänglich. Dies ist ganz im Sinne der Komplementärthese und deckt darüber hinaus Regelungsbedarf für den Gesetzgeber in Bezug auf die extensive Verleihung von Immaterialgüterrechten auf.

D. Kritikpunkt: Verhandlungsasymmetrien bei der Kompensation

Die zwangslizenzbedingte Wandlung der property rule in eine liability rule geht nicht einseitig zu Lasten der Rechteinhaber, wenn ihnen eine angemessene Kompensation in Form von Lizenzgebühren zugestanden wird. Dies entspricht dem Anreizgedanken und der Belohnungsfunktion von Immaterialgüterrechten. Im Anschluss bleibt jedoch die Frage offen, wie die Höhe der Lizenzgebühren bestimmt werden sollte.

Denkbar wäre es, die Kompensationshöhe zentral per hoheitlicher Entscheidung festzulegen, was allerdings voraussetzen würde, dass der Wert der geschützten Immaterialgüter zentral ermittelt werden kann.[1332] Eleganter und näher an die dezentrale Steuerung des Wettbewerbsgeschehens in einer Verkehrswirtschaft angelehnt ist es, die Lizenzgebühren den Verhandlungen der involvierten Unternehmen zu überlassen. Dies entspricht dem Grundgedanken der systemtheoretischen Wettbewerbstheorien und der ordoliberalen Linie der europäischen Wettbewerbsverfassung. Das Marktergebnis (d. h. die Höhe der Lizenzgebühren) wird also über ergebnisoffene und marktwirtschaftliche Prozesse dezentral generiert.[1333] Neben dieser ökonomisch fundierten Begründung scheint die Eingriffsintensität außerdem zunächst weniger stark, wenn die Wettbewerbsbehörden keine konkreten Maßgaben treffen. Letztgenannte Begründung wurde in der

---

1330 Mit Vergleich zwischen dem urheberrechtlichen Schutz von Computerprogrammen und der Auflistung von Fernsehprogrammen im Fall EuGH, verb. Rs. C-241 u. 242/91 P, Slg. 1995, I-743 (Rn. 58) – RTE u. ITP/Kommission („Magill") *Drexl*, Immaterialgüterrechte zwischen Innovationsförderung durch Monopole und Wettbewerbsbeschränkungen, in: FIW, Innovation und Wettbewerb, 2009, S. 21 (27 f.).

1331 Grundlegend zu diesem Prinzip in seinem Report an den US-Kongress *Machlup*, An Economic Review of the Patent System, 1958, S. 80.

1332 Kritisch dazu o. 1. Kapitel, § 3 B. I. 4.

1333 Vgl. *Meessen*, ZVglRWiss 111 (2012), 273 (285), in Bezug auf die Regelungsdichte wirtschaftsrechtlicher Gesetze.

Microsoft (II)-Entscheidung angeführt und ist auch aus früheren Entscheidungen bekannt.[1334] Microsoft sollte zunächst unmittelbar mit interessierten Lizenznehmern verhandeln, unter Hinzuziehung einer Schiedsstelle. Erst im Anschluss an ergebnislose Verhandlungen sollte auf die Preisfindungsgrundsätze und die unterschiedlichen zuvor im Austausch mit der Kommission festgelegten Lizenzvereinbarungen wie etwa die umstrittene No-Patent-Vereinbarung zurückgegriffen werden.[1335]

Eine derart offene Abstellungsverfügung vermag daher zunächst insgesamt vorteilhaft erscheinen. Allerdings sind die Verhandlungspositionen ungleich verteilt, da der Rechteinhaber die Nutzung Dritter letztendlich nicht verhindern kann. Die Verhandlungen um die Höhe der Lizenzgebühren zwischen dem marktbeherrschenden Unternehmen und den Wettbewerbern finden im Fall der Zwangslizenz gemäß Art. 102 AEUV nicht auf Augenhöhe statt. Bereits fahrlässig zu hoch angesetzte Lizenzgebühren führen zu Bußgeldern, da dann ein Verstoß gegen die Wettbewerbsregeln und die Abstellungsverfügung im Sinne des Art. 7 VO (EG) Nr. 1/2003 vorliegt. Die sozialen Kosten dieser Rechtsunsicherheit tragen die betroffenen marktbeherrschenden Unternehmen, da sie allein von den Bußgeldern bedroht sind. Diese Unwägbarkeiten hat ein marktbeherrschendes Unternehmen bei Verhandlungen über Lizenzgebühren genauso zu beachten wie bei der Festlegung auf vorformulierte Lizenzbedingungen, die sie bei der Kommission einreicht. Im Gleichschritt erhöht sich die Verhandlungsmacht der potenziellen Lizenznehmer.[1336] Sie könnten sogar versucht sein, die Verhandlungen absichtlich scheitern zu lassen, um das marktbeherrschende Unternehmen der Gefahr eines Bußgelds auszusetzen und ihre Bedingungen flankiert durch die Wettbewerbsbehörden durchzusetzen. Der Maßstab für einen Verstoß oder zumindest die Verhängung von Bußgeldern sollte daher bei zu hoch angesetzten Lizenzgebühren nicht über Gebühr streng sein. Es kommt wie so häufig auf eine detaillierte Einzelfallanalyse an.

E. Schlussfolgerung

Zwangslizenzen sind lediglich eine Aufweichung der property rule zur liability rule, gegen welche keine grundlegenden Einwände aus der Verfügungsrechtelehre abgeleitet werden können. Eine angemessene Nutzungsentschädigung in

1334 EuG, Rs. T-24/90, Slg. 1992, II-2223 (Rn. 51 f.) – Automec/Kommission.

1335 S.o. 3. Kapitel, § 3 C.

1336 Zu dieser Argumentationslinie s. den Parteivortrag von Microsoft in EuG, Rs. T-167/08, Urt. v. 27.6.2012 (Rn. 102) – Microsoft/Kommission (II).

Form von Lizenzgebühren genügt dem Anreizgedanken. Innovationen sind zwar schwer planbar und entsprechende Bemühungen können auch fruchtlos bleiben. Dies gilt allerdings auch für Investitionen in die Produktion materieller Güter und Bereitstellung von Infrastruktureinrichtungen, wie z. B. die Ölgewinnung auf hoher See oder die Errichtung von Offshore-Windparks.

Der Erfolg von Investitionsvorhaben hängt stets davon ab, dass genügend Nachfrage besteht. Das unternehmerische Risiko ist nicht spezifisch an die Unterscheidung in materielle und immaterielle Güter gekoppelt und Forschung- und Entwicklung sind nicht zwingend mit einem höheren unternehmerischen Risiko verbunden. Wenn über Art. 102 AEUV einem marktbeherrschenden Unternehmen aufgegeben wird, Zugang zu einer wesentlichen Infrastruktureinrichtung zu gewähren oder Wettbewerber zwangsweise mit einem bestimmten Produkt zu versorgen, sinken ebenfalls Investitionsanreize.[1337] Ein hohes Investitionsrisiko kann gegebenenfalls ex post bei der angemessenen Höhe der Lizenzgebühren berücksichtigt werden, allerdings als Spiegelbild des unternehmerischen Risikos und nicht der formalistischen Einteilung in Immaterialgüter und Sacheigentum. Lizenzverweigerungsfälle a priori über die neue Produkt-Regel an schärfere Maßgaben zu knüpfen, überzeugt vor diesem Hintergrund jedenfalls nicht.[1338] Dies gilt umso stärker für Immaterialgüter deren innovativer Wert nicht besonders groß ist und die auch keine Produktimitation ermöglichen. Für die Schnittstelleninformationen im *Microsoft*-Fall wurden beide Aspekte festgestellt. Solche Informationen haben zuvorderst wettbewerbsstrategische Bedeutung und sind kein Ergebnis von Innovationsanreizen.[1339] Für Schnittstelleninformationen tritt zudem auf europäischer Ebene hinzu, dass sich aus Art. 6 ComputerprogrammRL die normative Wertung ableiten lässt, dass ein offener Zugriff auf solche Informationen als innovationsfördernd angesehen werden kann, wenn ansonsten die wirksame Teilnahme am Wettbewerb verhindert wird. Abgesehen von ökonomischen Erwägungen legt auch Art. 17 EGRC nichts anderes Nahe. Aus diesem lässt sich nicht entnehmen, dass Sacheigentum und Immaterialgüter grundlegend unterschiedliche behandelt werden sollten, was als normative Grundentscheidung im Rahmen des Art. 102 AEUV berücksichtigt werden kann.

1337 S. *GA Jacobs*, EuGH, Rs. C-7/97, Slg. 1998, I-7791 (Rn. 57) – Bronner zu den Auswirkungen eines Kontrahierungszwangs; Durchsetzungsprioritäten (2009), Rn. 75.

1338 So auch *O' Donoghue/Padilla*, The Law and Economics of Article 82 EC, 2. Aufl. 2008, S. 421 ff.

1339 Vgl. zum Ganzen o. 3. Kapitel, § 3 C. I.

§ 3 Analyse möglicher Entscheidungsfehler

Die Durchsetzung der Wettbewerbsregeln geht stets mit der Gefahr einher, dass es zu Fehlentscheidungen und damit ungerechtfertigten Sanktionen sowie wettbewerbsschädigenden Auswirkungen kommt. Man unterscheidet zwischen Fehlern erster (überschießende Durchsetzung) und zweiter (unterlassene Durchsetzung) Art.[1340] Eine Entscheidung für oder gegen die Bevorzugung einer bestimmten Art von Fehlern ist ohne normative Basis nicht möglich. Legt man zugrunde, dass ausschließliche Immaterialgüterrechte grundsätzlich positive Effekte haben, deutet dies zunächst auf einen zurückhaltenden Einsatz der Zwangslizenzierung gemäß Art. 102 AEUV hin.[1341] Dies würde die Annahme stützen, eher Fehler zweiter Art hinzunehmen. Im *Microsoft*-Fall folgt jedoch aus der ComputerprogrammRL eine ganz konkrete Maßgabe dahingehend, dass der freie Zugriff auf Schnittstelleninformationen als innovationsfördernd angesehen wird, sofern die Teilnahme am Wettbewerb anderenfalls ausgeschlossen wäre. Gegen die Zwangslizenzierung von Schnittstelleninformationen spricht deswegen bereits vom normativen Ausgangspunkt her weniger als gegen die Zwangslizenzierung anderer Immaterialgüter. Eine stärker auf die Auswirkungen im Einzelfall gerichtete Analyse sollte indes nicht bei der normativen Grundausrichtung verharren und mögliche Gefahren einer Fehlentscheidung umfassend bewerten. In der *Microsoft*-Entscheidung kam dabei den marktverschließenden Wirkungen der Lizenzverweigerung eine besondere Rolle zu und auch der Besonderheit, dass die Nutzung der Schnittstelleninformationen keine Imitation der Microsoft Software zuließ. Aus der diagnostizierten marktverschließenden Wirkung folgt eine normative Maßgabe der Wettbewerbsregeln, und zwar die Beseitigung dieser Wirkung zum Schutze des Wettbewerbs. Diese Wertung ist hier ausschlaggebend und relativiert die grundlegenden Entscheidung für ausschließliche Verfügungsrechte.

Das Zusammentreffen dieser beiden normativ fundierten Ansätze spricht für eine umfassende und aufwendige ökonomische Analyse durch die Kommission. Sie entscheidet im gesamten Verfahrensverlauf und auch bei der gerichtlichen Kontrolle faktisch über das Gewicht der einzelnen ökonomischen Argumente.

1340 Hierzu bereits o. 2. Kapitel, § 1 C. V.

1341 Vgl. *O' Donoghue/Padilla*, The Law and Economics of Article 82 EC, 2. Aufl. 2008, S. 420 f., unter Hinweis darauf, dass Zwangslizenzen grundsätzlich negative Auswirkungen auf die gesellschaftliche Wohlfahrt nach sich ziehen. Allerdings treten hier die altbekannten Messbarkeitsprobleme auf, welche in besonderem Maße für dynamische Effizienzanalysen gelten, dazu o. 1. Kapitel, § 2 C.

Selbst wenn betroffene Unternehmen Rechtsmittel gegen eine Kommissionsentscheidung einlegen wird nämlich in der Gerichtsentscheidung die ökonomische Einschätzung des jeweiligen Einzelfalls nur auf offensichtliche Fehler hin überprüft.[1342] Die Kommission trifft also ein hohes Maß an Verantwortung. Falls zwischen ökonomischen Argumentationslinien ein Theorienkonflikt besteht, wird dieser gerichtsfest von der Kommission gelöst. Die Selektion ökonomischer Theorien erfolgt insofern einseitig durch die Kommission als Exekutivbehörde.[1343]

§ 4 Grundrechte und Verhältnismäßigkeitsprinzip

Die europäischen Wettbewerbsregeln begründen keine subjektiv-öffentlichen Rechte, die über das Beschwerderecht gemäß Art. 7 Abs. 2 VO (EG) Nr. 1/2003 hinausgehen.[1344] Die Wirtschaftsgrundrechte in Art. 15 ff. EGRC hingegen schon. Diese Grundrechte gehören neben den Grundfreiheiten und Wettbewerbsregeln zu den zentralen Bestandteilen der europäischen Wettbewerbsverfassung.[1345] Sie schützen im Gegensatz zu den Wettbewerbsregeln die individuelle wirtschaftliche Handlungsfreiheit der Marktteilnehmer.[1346]

A. Grundrechtsbindung der Kommission als Wettbewerbsbehörde

Dem europäischen Grundrechtsschutz steht mit der Neuausgestaltung von Art. 6 EUV ein nicht zu unterschätzender Entwicklungsschritt bevor. Die Auswirkungen auf die Auslegung und Anwendung der Wettbewerbsregeln sowie die Ausgestaltung der Abstellungsmaßnahmen im Sinne der Art. 7 und 9 VO (EG) Nr. 1/2003 sind nur schwer vorhersehbar. Unstrittig ist die Kommission in ihren

1342 S. z. B. EuG, Rs. T-296/09, Urt. v. 24.11.2011 (Rn. 40) – EFIM/Kommission m.w.N. aus der Rspr.

1343 Zur asymmetrischen Machtverteilung bei der Theorienselektion s. bereits o. 2. Kapitel, § 1 C. IV. 4.

1344 S.o. 2. Kapitel, § 1 B. II. 3 und § 2 B. III.

1345 *Nowak*, EuR 2009 Beiheft 1, 129 (149).

1346 So auch *Drexl*, Wettbewerbsverfassung, in: von Bogdandy/Bast, Europäisches Verfassungsrecht, 2. Aufl. 2009, S. 905 (953); *Frenz*, Europarecht 2, 2006, Rn. 114 ff., welcher zudem a.a.O. (Rn. 38 ff.) überzeugend eine aus der Wettbewerbsfreiheit, den Grundfreiheiten und diversen Einzelbestimmungen konstruierte subjektiv-rechtliche „allgemeine Marktfreiheit" ablehnt; hingegen für einen subjektiven Schutzgehalt der Wettbewerbsregeln *Birk*, Das Prinzip des unverfälschten Wettbewerbs und seine Bedeutung im europäischen Gemeinschaftsrecht, 2000, S. 151, 168 f.; *Mestmäcker*, Die Interdependenz von Recht und Ökonomie in der Wettbewerbspolitik, in: Monopolkommission, Zukunftsperspektiven der Wettbewerbspolitik, 2005, 19 (27 f.).

Handlungen an die Grundrechte gebunden, was für die EGRC im Besonderen aus Art. 51 Abs. 1 EGRC folgt.[1347] Nicht zuletzt bringt Art. 6 EUV selbst ein solches Verständnis zum Ausdruck und dürfte noch stärker auf eine explizite und umfassende Prüfung der Grundrechte im Wettbewerbsrecht hoffen lassen.[1348] So findet sich z. B. im 37. Erwägungsgrund der VO (EG) Nr. 1/2003 der Hinweis, dass diese Verordnung in Übereinstimmung mit den Grundrechten auszulegen und anzuwenden sei. Die Kommission nimmt in ihren Abstellungsverfügungen gemäß Art. 7 VO (EG) Nr. 1/2003 jedoch in aller Regel keinen Bezug auf die betroffenen Grundrechte oder führt gar eine inhaltliche Verhältnismäßigkeitsprüfung durch. Parallel hierzu scheint der Gerichtshof der EU die Verhältnismäßigkeit von Abstellungsmaßnahmen unumstößlich anzunehmen. Dies gilt zwar nicht für die Höhe der verhängten Bußgelder, welche nach Art. 31 VO (EG) Nr. 1/2003 einer umfassenden Rechtskontrolle unterliegen. Allerdings liegt es Nahe, auch die Handlungsanweisungen im Rahmen der Art. 7 und 9 VO (EG) Nr. 1/2003 stärker an den Grundrechten zu messen. Diese greifen unmittelbar in die wirtschaftliche Handlungsfreiheit der betroffenen Unternehmen ein. Da alle Unionsrechtsakte im Hinblick auf die Grundrechtsbeeinträchtigungen verhältnismäßig sein müssen,[1349] ist nicht ersichtlich, weshalb dies nicht auch für Kommissionsentscheidungen in Wettbewerbssachen gelten sollte.

B. Verhältnismäßigkeitsprüfung

Das Rechtsmittelverfahren *Magill* sowie eine der ihr zugrunde liegenden Rechtssachen, nämlich die *ITP*-Entscheidung[1350] des EuG, bieten Negativbeispiele für

---

1347 *Nowak*, in: Heselhaus/Nowak, Handbuch der Europäischen Grundrechte, 2006, § 6 Rn. 28 f.

1348 Vgl. zur stärkeren Bedeutung der Grundrechte in der Wettbewerbskontrolle, speziell in Bezug auf Art. 6 Abs. 1 EUV i.V.m. Art. 16 EGRC, *Drexl*, Wettbewerbsverfassung, in: von Bogdandy/Bast, Europäisches Verfassungsrecht, 2. Aufl. 2009, S. 905 (953); in Bezug auf die Zwangslizenzierung über Art. 102 AEUV die Verhältnismäßigkeitskontrolle bereits als Bestandteil der Tatbestandsprüfung einstufend EuG, Rs. T-76/89, Slg. 1991, II-575 (Rn. 80 f.) – ITP/Kommission, bestätigt durch EuGH, verb. Rs. C-241 u. 242/91 P, Slg. 1995, I-743 (Rn. 93 f.) – RTE u. ITP/Kommission („Magill"), ohne dass explizit ein Rekurs auf die betroffenen Grundrechte erfolgt wäre.

1349 EuGH, Rs. C-92/09 u. 93/09, Slg. 2010, I-11063 (Rn. 74) – Schecke u. a.

1350 EuG, Rs. T-76/89, Slg. 1991, II-575 – ITP/Kommission. Beachte: Mit der Rechtsmittelsache wurde EuG, Rs. T-69/89, Slg. 1991, II-485 (Rn. 67 ff.) – RTE/Kommission mit einbezogen.

den Umgang mit Grundrechten im europäischen Wettbewerbsrecht. Es handelt sich um richtungsweisende Fälle der Zwangslizenzierung über Art. 102 AEUV, in welchen die Verhältnismäßigkeit in Bezug auf die Abstellungsmaßnahmen nicht eigens auf Rechtsfolgenseite berücksichtigt wurde.[1351] Auch in den *Microsoft*-Entscheidungen findet sich keine grundrechtsbezogene Prüfung der Verhältnismäßigkeit.

I. *Verhältnismäßigkeitsprüfung in den Fällen* Magill *und* ITP

In der *ITP*-Entscheidung führte das von der Zwangslizenz betroffene Unternehmen an, die Kommission habe die aus dem Urheberrechtsschutz folgenden Vorteile (namentlich das Ausschließlichkeitsrecht) bei der Verhältnismäßigkeitsprüfung nicht hinreichend gewürdigt.[1352] Damit war die Steilvorlage für eine Grundrechtsprüfung gegeben. Das EuG ging in diesem Rahmen nicht auf das Eigentumsgrundrecht ein,[1353] obwohl es zu diesem Zeitpunkt jedenfalls als allgemeiner Rechtsgrundsatz auf Unionsebene anerkannt war.[1354]

Noch stärker verwundern jedoch die Ausführungen zur Verhältnismäßigkeit der Abstellungsverfügung der Kommission, mit welcher sie das betroffene Unternehmen zur Lizenzierung der urheberrechtlich geschützten Fernsehprogramminformationen verpflichtete. Es mag zunächst dahinstehen, dass solche Informationen an sich keinen innovativen Wert besitzen, was ohne Weiteres auf Ebene der Verhältnismäßigkeitsprüfung hätte berücksichtigt werden können. Die Richter wiesen zunächst in den allgemeinen Ausführungen darauf hin, dass die Verhältnismäßigkeit von Abstellungsverfügungen sichergestellt sein muss, sogar unter Hinweis auf die Angemessenheit der Maßnahme.[1355] Das Vorbringen im Rahmen der Verhältnismäßigkeit überschneide sich aber mit der inhaltlichen Prüfung des Tatbestands des Wettbewerbsverstoßes gemäß Art. 102 AEUV. Allgemein sei der Verhältnismäßigkeitsgrundsatz bei einer Abstellungsverfügung

1351 Vgl. den Ansatz in EuG, Rs. T-201/04, Slg. 2007, II-3601, (Rn. 1207, 1214 i.V.m. 1216 ff.) – Microsoft/Kommission, nach welchem die separat in Bezug auf die Unverhältnismäßigkeit der Abstellungsverfügung gerichteten Argumente von Microsoft als schon von der Prüfung der objektiven Rechtfertigung auf Tatbestandsebene umfasst eingestuft wurden.

1352 EuG, Rs. T-76/89, Slg. 1991, II-575 (Rn. 78) – ITP/Kommission.

1353 Vgl. EuG, Rs. T-76/89, Slg. 1991, II-575 (Rn. 78 ff.) – ITP/Kommission.

1354 S.o. 2. Kapitel, § 2 B. I.

1355 EuGH, verb. Rs. C-241 u. 242/91 P, Slg. 1995, I-743 (Rn. 93) – RTE u. ITP/Kommission („Magill"); EuG, Rs. T-76/89, Slg. 1991, II-575 (Rn. 80) – ITP/Kommission m.w.N. aus der Rspr.

im Sinne des Art. 7 VO (EG) Nr. 1/2003 „nämlich implizit in dieser Vorschrift enthalten, die die Kommission ermächtigt, den betroffenen Unternehmen mit dem alleinigen Ziel, die Zuwiderhandlung abzustellen, Verpflichtungen aufzuerlegen."[1356] Das EuG verwies insofern schlichtweg darauf, dass Abstellungsverfügung rechtmäßig sind, wenn im Sinne des effet utile keine andere Beurteilung durchgreifen könne. Dies geschah ohne eine Auseinandersetzung mit dem Gewicht der Grundrechtsbeeinträchtigung, obwohl die Grundrechte ebenfalls unionsrechtlich verbürgt und damit dem Argument der praktischen Wirksamkeit zugänglich sind. In späteren Entscheidungen wurden die Grundrechte auch „Verfassungsgrundsätze"[1357] genannt. Spätestens die primärrechtliche Verankerung der Grundrechte über Art. 6 EUV durch den Vertrag von Lissabon sollte diesen Ansatz in Frage stellen. Die Ausführungen in der *ITP*-Entscheidung blieben im Rechtsmittelverfahren unbeanstandet.[1358]

II. Verhältnismäßigkeit in den Microsoft-*Urteilen*

Die *Microsoft*-Entscheidung des EuG enthält in Bezug auf die Zwangslizenzierung gemäß Art. 102 AEUV ebenfalls keine eigenständige Prüfung der Verhältnismäßigkeit. Lediglich der parallel abgehandelte Kopplungsmissbrauch aufgrund der Einbindung des Windows Media Players in das Windows-Betriebssystem weist knappe Ausführungen zur Verhältnismäßigkeit der Abstellungsverfügung auf. Die von Microsoft vorgetragenen Argumente wurden unter Hinweis darauf, dass diese schon bei der Prüfung der objektiven Rechtfertigung auf Tatbestandsebene abgehandelt wurden, abgetan.[1359] In der Kommissionsentscheidung selbst wurden zwar umfangreiche Ausführungen zur Verhältnismäßigkeit der Zwangslizenz formuliert, auch wenn diese keine explizite Prüfung in eingegriffene Grundrechte enthielt.[1360] Im Verfahren vor

---

1356 EuG, Rs. T-76/89, Slg. 1991, II-575 (Rn. 80) – ITP/Kommission unter Verweis auf die Vorgängervorschrift des Art. 7 VO (EG) Nr. 1/2003 (Art. 3 Abs. 1 VO Nr. 17: Erste Durchführungsverordnung zu den Artikeln 85 und 86 des Vertrages, ABl. 1962 13, S. 204 ff.).

1357 EuGH, Rs. C-402 u. 415/05 P, Slg. 2008, I-6351 (Rn. 285, 303 f.) – Kadi und Al Barakaat.

1358 EuGH, verb. Rs. C-241 u. 242/91 P, Slg. 1995, I-743 (Rn. 91) – RTE u. ITP/Kommission („Magill"), allerdings hilfsweise darauf hinweisend, dass die Zwangslizenz das einzige Mittel zur Abstellung der Zuwiderhandlungen gewesen sei.

1359 Vgl. EuG, Rs. T-201/04, Slg. 2007, II-3601, (Rn. 1193 ff., 1207, 1214 i.V.m. 1216 ff.) – Microsoft/Kommission.

1360 C(2004) 900 final, COMP/C-3/C-37.792, (Rn. 998 ff.) – Microsoft.

dem EuG wurden diese Passagen jedoch nicht mehr eingebracht oder aufgegriffen. Dabei hätte gerade diese Entscheidung verdeutlichen können, dass eine umfassende Rechtmäßigkeitsprüfung der Abstellungsverfügung, verstanden als Kontrolle der Recht- und nicht der Zweckmäßigkeit, nicht zu Lasten der Anwendung der Wettbewerbsregeln gehen muss. Ein Eingriff in die wirtschaftliche Handlungsfreiheit des von einer Abstellungsverfügung betroffenen Unternehmens kann aus freiheitsrechtlicher Perspektive seine Rechtfertigung daraus ziehen, dass die Freiheitssphäre Dritter (d.h. der Wettbewerber und Verbraucher) geschützt werden muss.[1361]

Diese Sichtweise stützt auch die *Microsoft (II)*-Entscheidung. Ausgangspunkt der Prüfung, ob die Lizenzgebühren für die patent- und urheberrechtlich geschützten Schnittstelleninformationen angemessen waren, bildete deren innovativer Charakter. Auf dieser Ebene wurde also zunächst das individuelle Interesse Microsofts vor dem Hintergrund der Anreiz- und Belohnungstheorie berücksichtigt. Eine Obergrenze wurde allerdings durch den Ausschluss des strategischen Wertes gezogen, wodurch der wirksame Wettbewerb übergeordnet wurde, dessen Schutz im Sinne des Art. 102 AEUV im Vordergrund stand. Das EuG verwies insofern nicht auf die Grundrechte, dabei hätte diese Argumentation ohne Weiteres mit grundrechtlichen Wertungen und der Abwägung der Freiheitssphären von Microsoft und seinen Wettbewerbern verstärkt werden können.

Ein derart auf die Freiheitsverwirklichung gerichteter Ansatz stünde ganz im Einklang mit dem wettbewerbsrechtlichen Schutzkonzept, welches auf funktionierende Marktprozesse abstellt und damit auf die Handlungsfreiheit aller Marktteilnehmer angewiesen ist. Das grundsätzlich systemtheoretische Wettbewerbskonzept und der Schutz individueller Handlungsfreiheit könnten so gleichermaßen verwirklicht werden. Die von der EGRC verbürgte wirtschaftliche Handlungsfreiheit lässt zwar keine grundrechtliche Schutzpflicht der Kommission in Bezug auf die Wettbewerber entstehen.[1362] Dies spricht jedoch nicht dagegen, deren Freiheitssphäre in eine umfassende Interesseabwägung im Rahmen der Verhältnismäßigkeit von Kommissionsentscheidungen einfließen zu lassen und hierüber auch aus freiheitsrechtlicher Perspektive Wettbewerbsentscheidungen zu begründen. Ansonsten kann der wirksame Wettbewerb seiner Rolle bei der Verwirklichung individueller Freiheitsrechte nicht gerecht werden.[1363]

1361 S. *Wurmnest*, Marktmacht und Verdrängungsmissbrauch, 2. Aufl. 2012, S. 255, unter Verweis auf dieses Zitat bei *Zäch/Künzler*, ZWeR 2009, 269 (281).

1362 Ausf. o. 2. Kapitel, § 2 B. III.

1363 S. zu dieser Funktion o. 2. Kapitel, § 3.

III. Vergleich zur Verhältnismäßigkeitsprüfung bei den Grundfreiheiten

Die eigenständige Beachtung grundrechtsrelevanter Fragen im Zuge der Verhältnismäßigkeitsprüfung als eigene Rechts- und nicht bloß untergeordnete Sachfrage könnte ein Vergleich mit den Grundfreiheiten stützen. Den ersten Anhaltspunkt bietet das Gebot, dass die Grundfreiheiten zusammen mit den Wettbewerbsregeln auf eine kohärente Entwicklung und Wahrung des Binnenmarktes gerichtet sind.[1364] Das Leitprinzip ist, einen freien Wirtschafts- und Handelsverkehr zu sichern.[1365] Beide Regelungsbereiche weisen nach einem abgestuften Verständnis zumindest einen engen „Funktionszusammenhang"[1366] auf. Für die Mitgliedstaaten bestehen in einigen Bereichen umfassende Spielräume, um Beschränkungen der Grundfreiheiten zu rechtfertigen.[1367] Auf Ebene der Schranken-Schranke wirken hier die Grundrechte als „Grundfreiheitenverstärker"[1368] gegenüber grundfreiheitsbeeinträchtigenden Maßnahmen der Mitgliedstaaten. Damit vergrößern die Grundrechte den Wirkungsradius der Grundfreiheiten und stärken das Unionsrecht gegenüber mitgliedstaatlichen Interessen, die im Rahmen der zwingenden Gründe des Allgemeininteresses zur Beschränkung der Grundfreiheiten herangezogen werden. Es ist kein Grund ersichtlich, weshalb für Kommissionsentscheidungen bei der Anwendung der Wettbewerbsregeln die Grundrechte nicht herangezogen werden sollten, zumal Art. 6 EUV die Kommission unmittelbar bindet. Die Grundrechte sind in jedem Bereich des Unionsrechts sowohl von der Union als auch von den Mitgliedstaaten zu beachten und gelten umfassend, was nicht zuletzt Art. 6 Abs. 1 EUV i.V.m. Art. 51 Abs. 1 EGRC verdeutlicht.

C. Schlussfolgerung

Die Verhältnismäßigkeit von Abstellungsverfügungen wird allenfalls implizit bei der materiellen Prüfung eines Verstoßes gegen Art. 102 AEUV berücksichtigt. Für eine separate Verhältnismäßigkeitsprüfung könnte daher zunächst wenig sprechen, da die relevanten Aspekte bereits in der materiellen Prüfung der Abstellungsverfügung berücksichtigt werden. In der Sachentscheidung kann

---

1364 Zum Ganzen o. 2. Kapitel, § 1 B. II.

1365 *Frenz*, Europarecht 2, 2006, Rn. 40.

1366 *Frenz*, Europarecht 2, 2006, Rn. 33 ff.; *Nowak*, EuR 2009 Beiheft 1, 129 (157).

1367 Vgl. zur Rechtsprechung in Bezug auf das Fremdbesitzverbot bei Apotheken und mitgliedstaatliche Glücksspielmonopole *Frenz/Ehlenz*, EuR 2010, 490 (510 ff., insb. 513).

1368 *Mayer*, EuR 2009 Beiheft 1, 87 (98 f.).

die Kommission ihre Begründung jedoch auf weite Entscheidungsspielräume stützen, wenn sie komplexe technische oder wirtschaftliche Beurteilungen vornimmt.[1369] Sofern man die Perspektive wechselt und auf die Beeinträchtigung der Grundrechte abstellt, würde sich dies zumindest relativieren. Eine an den Grundrechten ausgerichtete separate Prüfung der Verhältnismäßigkeit könnte, falls die wirtschaftlichen Aspekte in dem von der Kommission beigemessenem Gewicht als durch ökonomische Beweisführung begründete Tatsachen anerkannt werden, letztendlich dennoch eine rechtliche Frage darstellen. Dies gilt zwar nicht für die Geeignetheit und Erforderlichkeit einer Maßnahme, welche sich schwerpunktmäßig danach richtet, wie der verfolgte wettbewerbsrechtliche Zweck erreicht werden kann. Die Angemessenheit einer Maßnahme betrifft jedoch die konkordante Verwirklichung zweier Bestandteile des Unionsrechts, nämlich des Wettbewerbsschutzes und der Grundrechte. Diese Belange könnten im Rahmen der Verhältnismäßigkeit zusammengeführt werden. Dann wäre in Bezug auf die Angemessenheit eine auf evidente Fehler beschränkte gerichtliche Kontrolle nicht mehr haltbar. Das Gewicht der unterschiedlichen ökonomischen Argumente müsste hierbei nicht hinterfragt werden, sofern die Kommission die Gewichtung nachvollziehbar und transparent für die Gerichtsbarkeit aufarbeitet. Dann könnten die Unionsrichter die wettbewerbsrechtlichen Implikationen den mit einer Abstellungsverfügung einhergehenden Grundrechtsbeeinträchtigungen gegenüberstellen und diese miteinander abwägen.

Die Grundrechte sollten nicht implizit in der Sachprüfung aufgehen, ohne auf Ebene der Rechtsfolgen und der Verhältnismäßigkeit eigens thematisiert zu werden. Die weiten Entscheidungsspielräume der Kommission sind insofern mehr als problematisch. Die Kommission verfolgt als Exekutivbehörde Wettbewerbsverstöße, entscheidet über deren Abstellung und sanktioniert zugleich begangene Verstöße mit Bußgeldern. Sie ist daher verfolgende und strafende Institution in einem. Damit überwacht sie weitgehend autonom die eigene Einhaltung der Grundrechte in ihren Entscheidungen, sofern sich die Judikative einer umfassenden rechtlichen Überprüfung der Verhältnismäßigkeit und insbesondere der Angemessenheit entzieht. Als Abwehrrechte gegenüber staatlicher Hoheitsgewalt werden die Grundrechte auf diesem Wege jedoch ihrer Schutzfunktion beraubt. Darüber hinaus widerspricht dies dem Auftrag der Rechtsprechung gemäß Art. 19 Abs. 1 UAbs. 1 S. 2 EUV, die Wahrung des Unionsrechts zu überwachen.

1369 EuG, Rs. T-201/04, Slg. 2007, II-3601, (Rn. 87 f.) – Microsoft/Kommission m.w.N. aus der Rspr.; s. auch EuGH, Rs. C-389/10, Urt. v. 8.12.2011 (Rn. 118 ff.) – KME/Kommission; Rs. C-525/04 P, Slg. 2007, I-9947 (Rn. 56 f.) – Spanien; Rs. C-12/03 P, Slg. 2005, I-987 (Rn. 39) – Tetra Laval/Kommission.

Ob sich eine solche Sichtweise in Zusammenhang mit der stärkeren Bedeutung der Unionsgrundrechte und Art. 6 EUV durchsetzen wird, muss abgewartet werden. Allerdings zeigen jüngere Entwicklungen, wie das Urteil *Schecke u. a.*, dass es mit dem Vertrag von Lissabon zu einer strengeren Rechtskontrolle von Unionsrechtsakten am Maßstab der Grundrechte gekommen ist.[1370]

Darüber hinaus hat die zurückhaltende Überprüfung von Entscheidungen in Wettbewerbssachen auch faktische Auswirkungen. Die Erfolgsaussichten für betroffene Unternehmen vor Gericht sind im Rahmen des Art. 102 AEUV äußerst gering. Wenn die Kommission Wettbewerbsbedenken äußert, sind die Unternehmen zunehmend bemüht, die Bedenken einvernehmlich mit der Kommission zu lösen. Dies zeigt der starke Anstieg von Verpflichtungszusagen gemäß Art. 9 VO (EG) Nr. 1/2003 und die Abnahme von Abstellungsverfügungen im Sinne des Art. 7 VO (EG) Nr. 1/2003.[1371] Daher nehmen auch die Klagen im Bereich des Art. 102 AEUV ab und allenfalls die auch von den Verpflichtungszusagen betroffenen Wettbewerber richten sich gegen diese. Die Erfolgsaussichten dieser Klagen sind indes noch geringer, wie die Entscheidung des EuGH in der Rechtssache *Alrosa P*[1372] gezeigt hat.[1373] Das EuG nahm zunächst eine umfassende rechtliche Kontrolle der Kommissionsentscheidung vor und erklärte diese für unwirksam.[1374] Der EuGH hob jedoch die Entscheidung des EuG auf und senkte hierbei den Umfang der Rechtmäßigkeitskontrolle von Verpflichtungszusagen gemäß Art. 9 VO (EG) Nr. 1/2003 noch unter den von Abstellungsverfügungen gemäß Art. 7 VO (EG) Nr. 1/2003. So muss die Kommission die Verhältnismäßigkeit von Verpflichtungszusagen nur insofern prüfen, als dass sie zwischen verschiedenen von den betroffenen vorgeschlagenen Zusagen die verhältnismäßigste wählt,[1375] selbst wenn sie allesamt objektiv unverhältnismäßig sind.

Falls sich die Entwicklung hin zur einvernehmlichen Lösung zwischen Kommission und betroffenen Unternehmen verstetigt, könnte dies zu einer noch stärkeren Abnahme von Klagen beim Marktmachtmissbrauch gemäß Art. 102 AEUV führen. Dann würde der Gerichtshof der EU weniger Möglichkeiten haben, die Kommissionsentscheidungen in diesem Bereich rechtlich zu überprüfen. Die zurückgenommene gerichtliche Kontrolldichte bei der Anwendung des Art. 102 AEUV und die damit einhergehende häufigere einvernehmliche

---

1370 EuGH, Rs. C-92/09 u. 93/09, Slg. 2010, I-11063 (Rn. 74) – Schecke u. a.

1371 Hierzu bereits o. 2. Kapitel, § 1 C. V. 4.

1372 EuGH, Rs. C-441/07 P, Slg. 2010, I-5949 – Alrosa/Kommission.

1373 Vgl. bereits o. 2. Kapitel, § 3.

1374 EuG, Rs. T-170/06, Slg. 2007, II-2601 (Rn. 98 ff.; 112 ff.) – Alrosa/Kommission.

1375 EuGH, Rs. C-441/07 P, Slg. 2010, I-5949 (Rn. 48) – Alrosa/Kommission.

Erledigung von Wettbewerbsbedenken über Verpflichtungszusagen gemäß Art. 9 VO (EG) Nr. 1/2003 könnte dazu führen, dass der Gerichtshofs der EU faktisch sein Auslegungsmonopol gemäß Art. 19 EUV im Hinblick auf Art. 102 AEUV gefährdet. Frei nach dem Grundsatz „wo kein Kläger, da kein Richter" begünstigen die geringen Erfolgsaussichten gegen Entscheidung im Rahmen des Art. 102 AEUV eine solche Entwicklung. Abgefedert wird dies lediglich durch Vorlagefragen der mitgliedstaatlichen Gerichte in Bezug auf die Auslegung der Art. 101 ff. AEUV.

§ 5 Gesamtschau

Bereits einleitend wurde auf die außerordentliche Bedeutung des *Microsoft*-Urteils für den more economic approach und das Verständnis der Kommission bei der Neuausrichtung von Art. 102 AEUV hingewiesen. Nimmt man die *Magill*-Entscheidung und die dortigen Ausführungen zum Verhältnismäßigkeitsgrundsatz hinzu, schließt sich der thematische Kreis und hinterlässt Klärungsbedarf. Welchen Stellenwert nehmen Grundrechte und insbesondere die Verhältnismäßigkeitsprüfung im wettbewerbsrechtlichen Prüfungskonzept ein bzw. welchen Stellenwert sollten sie einnehmen, und zwar nicht nur im Hinblick auf Verfahrensgrundsätze, sondern auch in Bezug auf die materielle Begründung von Kommissionsentscheidungen? Dies gilt insbesondere bei Art. 102 AEUV, für den Lizenzverweigerungsfälle eine ertragreiche Erkenntnisquelle bieten. Den von einer Zwangslizenz betroffenen Unternehmen wird aus der ex ante Perspektive regelmäßig nicht bewusst sein, ob ihr Verhalten Wettbewerbsbedenken auslöst. Hierin unterscheidet sich Art. 102 AEUV maßgeblich von Art. 101 AEUV, welcher trotz des offenen Tatbestands näher bestimmt, welches Verhalten als wettbewerbswidrig angesehen wird. Es geht übergeordnet um die Koordinierung zwischen Wettbewerbern, auch wenn die Art und Weise der Koordinierung im Einzelfall sehr unterschiedlich aussehen kann. Art. 102 AEUV erfasst hingegen alle „missbräuchlichen" Verhaltensweisen, ohne nähere Rückschlüsse auf die Verhaltensweise selbst zuzulassen. Jegliches Verhalten, sowohl im Vertikal- als auch im Horizontalverhältnis, kann einschlägig sein, sofern es sich wettbewerbsverschließend auswirkt. Der Maßstab der Auswirkungsanalyse ist zudem denkbar offengehalten.[1376] Anknüpfungspunkt beim Behinderungsmissbrauch sind die Auswirkungen eines Verhaltens auf den wirksamen Wettbewerb. Auf diesem Wege können selbst solche konstitutiven Elemente des freien Wettbewerbs wie die Eigentums- und die

1376 S. Durchsetzungsprioritäten (2009), Rn. 19 ff.

Vertragsfreiheit eingeschränkt werden, wie dies bei der Zwangslizenzierung von Immaterialgüterrechten geschieht. Hinzutritt, dass zwischen marktbeherrschender Stellung und Missbrauch kein Kausalzusammenhang bestehen muss,[1377] was die Selbsteinschätzung für Unternehmen umso schwieriger macht.

Die ökonomische Bewertung solcher Sachverhalte durch die Kommission trifft in einem weiteren Schritt auf normativ wirkende verfassungsrechtliche Maßgaben. Das individualrechtliche Spiegelbild der Eigentums- und Vertragsfreiheit als funktionelle Grundvoraussetzung für den Wettbewerb als Institution sind die Grundrechte, welche nach Art. 6 EUV als eigenständige Grenze von Unionsmaßnahmen und solchen der Mitgliedstaaten fungieren. Die weitere Entwicklung der Rechtsprechung im Zuge der *Schecke*-Entscheidung hin zu einer stärker an den Grundrechten ausgerichteten Kontrolle von Unionsmaßnahmen ist insofern sorgfältig zu beobachten. Die Wettbewerbsregeln sollten von diesen Entwicklungen nicht ausgenommen werden. Hierfür lassen sich im Hinblick auf Art. 2 f. EUV und Art. 6 EUV keine hinreichenden Gründe formulieren, auch nicht der einseitig betonte effet utile zugunsten des Wettbewerbsschutzes. Eine auch grundrechtliche Interessen gewichtende Entscheidung in Wettbewerbssachen muss nicht zwingend zu Lasten der Durchsetzung der Wettbewerbsregeln gehen, wenn das Leitbild der Wettbewerbsfreiheit zugrunde gelegt wird. Die Verhältnismäßigkeitsprüfung von Abstellungsverfügungen könnte hiernach die Auswirkungen auf die Freiheitssphären des unmittelbar betroffenen Unternehmens, der Verbraucher und auch der Wettbewerber mit einbeziehen. Hier schließt sich der Kreis zwischen dem individuellem Schutz der Freiheit der Marktteilnehmer und dem institutionellen Schutz der Freiheit des Wettbewerbs.[1378] Zugleich sollten Wettbewerbsentscheidungen der Kommission zumindest im Hinblick auf die Angemessenheit als Rechtsfrage behandelt und einer strengen Rechtmäßigkeitskontrolle unterworfen werden. Dies würde der Entwicklung entgegentreten, dass immer mehr Verfahren einvernehmlich mit der Kommission gelöst werden und es bei Konflikten tendenziell nicht mehr zu einer gerichtlichen Überprüfung von Kommissionsentscheidungen im Rahmen des Art. 102 AEUV kommt. Der Gerichtshof der EU gefährdet durch seine Rechtsprechung im Hinblick auf die weiten Entscheidungsspielräume der Kommission in komplexem wirtschaftlichen Sachfragen sein Auslegungsmonopol für Art. 102 AEUV und entzieht sich damit faktisch seiner Wächterfunktion im Sinne des Art. 19 EUV.

1377 EuGH, Rs. 6-72, Slg. 1973, 215 (Rn. 27) – Continental Can/Kommission.

1378 Vgl. *Drexl*, Wettbewerbsverfassung, in: von Bogdandy/Bast, Europäisches Verfassungsrecht, 2. Aufl. 2009, S. 905 (953 f.).

Schlussbetrachtung

Die nachfolgenden Thesen stellen eine Zusammenfassung der in den einzelnen Kapiteln herausgearbeiteten Erkenntnisse dar.

Effizienz und Gesellschaftsordnung

1. Die Verteilungsgerechtigkeit und ein bestimmtes Maß an gesellschaftlicher Partizipation sind im Einklang mit dem Wohlfahrtsgedanken anzustreben.
2. Diese Parameter können eine aktive Durchsetzung einfordern, um materielle Chancengleichheit für die Selbstverwirklichung zu schaffen.
3. Freiheits- und Gleichheitsrechte vermögen ohne Weiteres auch ineffiziente politische Entscheidungen zu rechtfertigen.
4. Das Recht ist kein Hilfsmittel zur ökonomischen Wohlfahrtssteigerung, sondern die Ökonomik ein Hilfsmittel zur Durchsetzung des gesellschaftlichen Ordnungsrahmens sowie der grundrechtlich verbürgten Freiheits- und Gleichheitsrechte.

Wettbewerbs- und Immaterialgüterordnung

5. Das Phänomen Wettbewerb ist keiner abschließenden positiven Definition zugänglich.
6. Als überaus dynamischer und komplexer Prozess muss der rechtliche Schutz des Wettbewerbs generalklauselartig offen ausgestaltet sind, da sein Schutzbereich nicht abschließend antizipiert werden kann.
7. Ein allgemeingültiges ökonomisches Wettbewerbskonzept für alle Marktsituationen und Branchen lässt sich nicht ausarbeiten.
8. Die Vielfalt des Wettbewerbs schlägt auf die Auslegung und Anwendung der Wettbewerbsregeln durch und wird zum Unsicherheitsfaktor für die Rechtsanwender.
9. Normativ wohlfahrtsökonomische Zweckmäßigkeitserwägungen sollten allenfalls in einem engen Rahmen berücksichtigt werden und ein systemtheoretisch geprägter ergebnisoffener Grundansatz in der Wettbewerbspolitik ist vorzugswürdig.
10. Die positiven und negativen externen Effekte des Immaterialgüterrechts als Teil der Wettbewerbsordnung offenbaren ein grundlegendes Dilemma: Je stärker der Schutz ist, desto stärker ist der Anreiz, Immaterialgüter zu schaffen und Produktionsmittel hierauf zu verwenden; in gleichem Maße wird

der Innovationsprozess jedoch ge-hemmt, indem andere von der Nutzung geschützter Idee ausgeschlossen werden.

11. Für Immaterialgüter besteht im Hinblick auf verschiedene Branchen, Märkte und Innovationsbedingungen dem Grunde nach ein heterogenes Regelungsbedürfnis, welchem ex ante verliehene Schutzrechte nicht in jedem Fall gerecht werden.
12. Eine ex post erfolgende Korrektur über andere Bereiche des Ordnungssystems und damit auch das Wettbewerbsrecht kann trotz Einschnitten in die Rechtssicherheit ökonomisch und rechtlich sinnvoll sein, um normativ unerwünschte Folgen des Immaterialgüterschutzes einzudämmen.
13. Reibungspunkte zwischen immaterialgüterrechtlichen Wertungen und solchen des Wettbewerbsrechts sollten im Sinne der Komplementärthese in praktischer Konkordanz gelöst werden.
14. Ausschließliche Verfügungsrechte an Immaterialgütern sind nicht unantastbar und je nach Sachlage kann ein Recht auf Nutzungsentschädigung aus rechtlichen und ökonomischen Gründen zweckmäßig sein.
15. In einem marktwirtschaftlichen System folgt aus der Verleihung von Verfügungsrechten an Immaterialgütern, dass sie als handelbares Gut in das Markt- und Wettbewerbsgeschehen integriert werden.
16. Wettbewerbs- und Immaterialgüterordnung sind ein Teil des gesellschaftlichen Ordnungsrahmens, weswegen verfassungsmäßige Wertungen und insbesondere die Grundrechte sie ausfüllen.

Europäische Wettbewerbsverfassung

17. Der Schutz des freien Wettbewerbs dient neben dem funktionellen Ziel, wirksamen Wettbewerb zu gewährleisten, als binnenmarktbezogenes Integrationsinstrument.
18. Trotz der ordoliberalen Tradition lässt sich die europäische Wettbewerbsverfassung keiner Theorienschule eindeutig zuordnen und Argumentationsmuster aus unterschiedlichen Wettbewerbstheorien finden Berücksichtigung.
19. Der Schutz des wirksamen Wettbewerbs im Sinne der europäischen Wettbewerbsverfassung ist in erster Linie auf den Schutz von Wettbewerbsstrukturen und Wettbewerbsprozessen gerichtet und somit auf den Erhalt des Wettbewerbs als Institution.
20. Die Wettbewerbsfreiheit ist ein Garant dafür, dass der dezentrale Steuerungsmechanismus des Wettbewerbs einen möglichst effizienten Markt im systemtheoretischen Sinne generiert.

21. Die Verbraucher werden nach diesem Konzept mittelbar über funktionierenden (d. h. wirksamen) Wettbewerb geschützt, ebenso wie die Wettbewerber auf Anbieterseite.
22. Eine Schutzzielverschiebung hin zur unmittelbaren Maximierung des Verbraucherwohls ist nicht erkennbar, wohl aber eine stärkere Ausrichtung an diesem.
23. Die Ökonomisierung des Wettbewerbsrechts sollte zuvorderst auf die Analyse von Gefahren für den wirksamen Wettbewerb im systemtheoretischen Sinne und die ökonomische Beweisführung gerichtet sein.
24. Wohlfahrtsökonomische Effizienz im Sinne der Verbraucherwohlmaximierung sollte dem Schutz des Wettbewerbs als Institution nicht übergeordnet werden.

Marktmachtmissbrauch gemäß Art. 102 AEUV

25. Beim Marktmachtmissbrauch steht der Schutz vor marktverschließenden Verhaltensweisen im Mittelpunkt; eine unmittelbare Schädigung des Verbraucherwohls muss nicht nachgewiesen werden.
26. Die Unterscheidung zwischen Leistungs- und Nichtleistungswettbewerb zur Kategorisierung von wettbewerbsrelevanten Verhaltensweisen bleibt im Hinblick auf die verschiedenen Missbrauchsarten weitgehend konturenlos.
27. Die Ausrichtung des Aufgreifermessens am Verbraucherwohl könnte das marktprozesstheoretische Gleichgewicht zwischen der Freiheit der Anbieter und der Freiheit der Nachfrager gefährden, falls Wettbewerbsbeeinträchtigungen auf Anbieterseite systematisch vernachlässigt werden sollten.
28. Die Effizienzrechtfertigung im Rahmen des Art. 102 AEUV auf Kosten des wirksa-men Wettbewerbs ist grundsätzlich abzulehnen, da sie primärrechtlich nicht verankert ist; alle Argumente, die ein Unternehmen zur Verteidigung seines Verhaltens vorbringt, werden ohnehin auf Tatbestandsebene berücksichtigt.
29. Je größer die Marktmacht ist, desto größer ist die Verantwortung eines Unternehmens für den wirksamen Wettbewerb und desto eher zeitigt sein Verhalten marktverschließende Auswirkungen.
30. Zwischen der Stärke der marktbeherrschenden Stellung und der Missbräuchlichkeit einer Verhaltensweise besteht ein gradueller Zusammenhang, was eine wechselseitige Abhängigkeit der Tatbestandsmerkmale des Art. 102 AEUV bedingt.
31. Die ökonomische Einschätzung des eigenen Marktverhaltens in Relation zur Marktmacht ist für Unternehmen mit großen Unsicherheiten verbunden.

Voraussetzungen der Zwangslizenzierung gemäß Art. 102 AEUV

32. Ein Unternehmen in marktbeherrschender Stellung muss lizenzwilligen Dritten die Nutzung seiner Immaterialgüterrechte gewähren, wenn (1) das verweigerte Immaterialgut unerlässlich für die Teilnahme am Wettbewerb ist, (2) die Ausschaltung wirksamen Wettbewerbs auf einem nachgelagerten Produktmarkt droht, (3) die technische Entwicklung zum Schaden der Verbraucher eingeschränkt wird und (4) keine objektive Rechtfertigung für die Lizenzverweigerung besteht.
33. Die Marktabgrenzung im Rahmen der Zwangslizenzierung sollte zuvorderst auf Produktmärkte bezogen erfolgen und nur hilfsweise auf einen (hypothetischen) Lizenzmarkt im Sinne des Zwei-Märkte Konzepts.
34. In Fällen des Missbrauchs von Hebelwirkungen zwischen zwei Produktmärkten bedarf es keiner Abgrenzung des (hypothetischen) Lizenzmarktes.
35. Der Missbrauchsvorwurf folgt aus der Ausdehnung von Marktmacht auf einen benachbarten Markt (Strukturmissbrauch im Sinne der *Télémarketing*-Rechtsprechung), unabhängig davon, ob immaterialgüterrechtlich vermittelt oder nicht.
36. Die *Microsoft*-Entscheidung ist positiv hervorzuheben, da hier nicht auf einen Lizenzmarkt abgestellt wurde, sondern auf die Hebelwirkung zwischen zwei Produktmärkten aufgrund von immaterialgüterrechtlich geschützten Interoperabilitätserfordernissen.
37. Maßgeblich ist, dass eine Lizenzverweigerung *wirksamen* und nicht *jeglichen* Wettbewerb auszuschalten droht, wofür es darauf ankommt, ob Konkurrenten ein Substitut zum unerlässlichen Immaterialgut nur unter unzumutbaren Umständen entwickeln können.
38. Mit dem *Microsoft*-Fall wurden die Voraussetzungen für eine Zwangslizenz entschärft, indem nicht mehr konkret die Verhinderung eines neuen Produkts verlangt wurde, sondern abstrakt die Einschränkung der technischen Entwicklung zum Schaden der Verbraucher gemäß Art. 102 Abs. 2 lit. b) AEUV.
39. Der Wandel des neuen Produkt-Kriteriums hin zur Behinderung des technischen Fortschritts entspricht der ordoliberalen Tradition der europäischen Wettbewerbsregeln.
40. Würde tatsächlich die Verhinderung eines neuen Produkts für eine Zwangslizenzierung verlangt, käme dies einer Pflicht zum Nachweis eines unmittelbaren Verbraucherschadens gleich, da dieser aus der Vorenthaltung eines

konkreten neuen Produkts unmittelbar folgt; eine solche Nachweispflicht lehnte der EuGH in anderen Konstellationen ausdrücklich ab.

41. Wenn der technische Fortschritt behindert wird, begründet dies einen eigenen Missbrauchsvorwurf, für welchen es nicht auf Hebelwirkungen ankommt, sondern auf die Einschränkung des technischen Fortschritts im Sinne des Art. 102 Abs. 2 lit. b) AEUV; für beide Fallgruppen könnten unterschiedliche Missbrauchskriterien im Sinne zweier theories of harm aufgestellt werden.
42. In Fällen des Hebelmissbrauchs im Sinne der *Télémarketing*-Rechtsprechung sollte gänzlich auf das Kriterium verzichtet werden, dass der technische Fortschritt behindert wird, da der Marktverschluss nach systemtheoretischem Verständnis in der Regel von sich aus zu sinkendem Wettbewerbs- und damit Innovationsdruck führt.
43. Die Sonderbehandlung von Immaterialgüterrechten in Fällen des Marktmachtmissbrauchs ist aus rechtlichen und ökonomischen Gründen abzulehnen, ganz im Sinne der Komplementärthese.
44. Eine systematische Korrektur von zu extensiven Immaterialgüterrechten ist aus Gründen der effizienten Durchsetzung der Wettbewerbsregeln und des insofern primär bestehenden gesetzgeberischen Handlungsbedarfs abzulehnen und die wettbewerbsrechtliche Zwangslizenz muss eine Ausnahme bleiben.
45. Die *Microsoft*-Entscheidung des EuG lässt die Anwendung des Art. 102 AEUV auf andere Konstellationen der Lizenzverweigerung vom Wortlaut her offen.

Angemessene Lizenzbedingungen im Sinne des Art. 102 AEUV

46. Liegt eine missbräuchliche Lizenzverweigerung vor, muss das marktbeherrschende Unternehmen die betroffenen Immaterialgüter zu angemessenen Bedingungen lizenzieren.
47. Lizenzgebühren sind angemessen, wenn die von einer Lizenz betroffenen Informationen bzw. Technologien (1) auf eigenen Innovationsleistungen beruhen, (2) innovativen Charakter haben und (3) nicht den strategischen Wert widerspiegeln.
48. Die Angemessenheit von Lizenzgebühren bei einer Zwangslizenzierung orientiert sich zuvorderst an immaterialgüterrechtlichen Wertungen, indem fundamental auf die eigene Leistung und den innovativen Charakter – ausdrücklich im Sinne der Art. 54 und 56 EPÜ – abgestellt wird, wodurch die Ansporn-, Belohnungs- und Eigentumstheorie Berücksichtigung finden.

49. Der innovative Charakter wird bei patentierten Technologien vermutet, umgekehrt gilt für nicht geschützte Immaterialgüter die Vermutung, dass sie nicht innovativ sind; letztendlich kommt es hier auf die aus dem Patentrecht stammenden Kriterien der Neuheit und Nichtoffensichtlichkeit im Sinne der Art. 54 und 56 EPÜ an.
50. Es ist unbeachtlich, ob eine Technologie geheim ist, weil dies lediglich den strategischen Wert und nicht den innovativen Charakter betrifft.
51. Der Wert eines Immaterialgüterrechts soll anhand des Marktpreises vergleichbarer Technologien und somit des Vergleichsmarktkonzepts ermittelt werden, wobei die Frage, wie treffgenau für einzelne Immaterialgüter ein vergleichbarer Markt identifiziert werden kann, offen bleibt.
52. Der Ausschluss des strategischen Wertes als obere Kappungsgrenze zeigt, dass die wirksame Teilnahme der Konkurrenten am Wettbewerb entscheidend ist und insofern verschiedene angemessene Lizenzbedingungen denkbar sind.
53. Die Kommission darf nicht konkret vorschreiben, welche Lizenzbedingungen sie für angemessen hält, weswegen im Sinne der Vertragsfreiheit nur eine offene Abstellungsverfügung in Bezug auf die Zwangslizenzierung möglich ist.
54. Ausreichend ist, dass die Betroffenen anhand des Wortlauts und unter Heranziehung der Rechtsprechung sowie der Entscheidungsgründe der Kommission erkennen können, welche Handlungen eine Abstellungsverfügung von ihnen verlangt.
55. Mit offenen Abstellungsverfügungen ist die Gefahr verbunden, fahrlässig zu hohe Lizenzgebühren zu verlangen, worunter die Rechtssicherheit der betroffenen Unternehmen leidet und nicht zuletzt die Gefahr von Bußgeldern entsteht.
56. In Fällen, in denen immaterialgüterrechtlich geschützte Ideen zusammen mit nicht geschützten Ideen von einer Zwangslizenz erfasst sind, müssen Lizenzmodelle angeboten werden, die ohne die Einbeziehung der geschützten Ideen auskommen; anderenfalls handelt es sich möglicherweise um eine missbräuchliche Kopplungs- bzw. Bündelungsstrategie in Bezug auf die geschützten Ideen und hierfür erhobene Gebühren.

Ökonomische Analyse der Durchsetzung der Wettbewerbsregeln

57. Aus dem systemtheoretischen Leitbild der europäischen Wettbewerbspolitik folgt die Rolle der Ökonomik als Erkenntnisquelle für die Durchsetzung des

Wettbewerbsrechts; sie dient primär dazu, die Zielgenauigkeit und Effizienz der Rechtsanwendung zu erhöhen und Fehlentscheidungen zu vermeiden.

58. Der Konflikt zwischen Gerechtigkeit, Zweckmäßigkeit und Rechtssicherheit offenbart, dass das richtige Verhältnis von auswirkungsbasierter Einzelfallbeurteilung und per se-Verboten erstrebenswert ist.
59. Ein rechtsverbindlicher ökonomischer Beweisstandard existiert im europäischen Wettbewerbsrecht nicht und die Rechtsanwender können grundsätzlich alle qualitativen und quantitativen ökonomischen Argumentationsstränge einbringen.
60. Treffen verschiedene ökonomische Theorien bei der Sachverhaltsermittlung aufeinander, kommt es zum Theorienkonflikt, den es zu lösen gilt („Identifikationsproblem“).
61. Die gerichtsfesten Entscheidungsspielräume der Kommission bedingen eine einseitige Theorienselektion und die Kommission hat ein faktisches Identifikationsmonopol in Bezug auf die einer Entscheidung zugrunde liegenden Theorien und Studien.
62. Die aus der Theorienvielfalt folgenden ökonomischen Unwägbarkeiten gehen vor dem Hintergrund nicht auszuschließender Fehlentscheidungen einseitig zu Lasten der Rechtssicherheit betroffener Unternehmen.
63. Die Minimierung von Entscheidungsfehlern im Spannungsfeld von Gerechtigkeit, Zweckmäßigkeit und Rechtssicherheit sollte indes auch nicht auf Kosten der effizienten Durchsetzung der Wettbewerbsregeln gehen.
64. Im Einzelfall bedarf es einer Abwägung zwischen der Wahrscheinlichkeit und den Folgen eines Entscheidungsfehlers, in Zusammenschau mit dem entstehenden Ermittlungsaufwand, sofern prognostizierbar.
65. Eine systematisch überschießende oder zurückhaltende Wettbewerbskontrolle im Hinblick auf Entscheidungsfehler ist den Verträgen normativ nicht zu entnehmen.

Recht und Ökonomik im Rahmen der Zwangslizenzierung

66. Die *Microsoft*-Entscheidung ist ein positives Beispiel für eine ökonomisch fundierte Beweisführung anhand von Marktgegebenheiten.
67. Die Kommission stützte die Feststellung der missbräuchlichen Lizenzverweigerung maßgeblich auf Marktumfragen sowie eine Analyse der dynamischen Entwicklung des Wettbewerbs und des Innovationsprozesses in Relation zur Interoperabilität, unter Einbeziehung der Netzwerk- und lock in-Effekte sowie der Hebelwirkungen.

68. Entscheidend war die Korrelation zwischen dem dynamischen Anstieg der Marktanteile von Microsoft und der stetig abnehmenden Interoperabilität zwischen Windows für Client PCs und den Server-Betriebssystemen von Drittanbietern im Laufe der Jahre.
69. Wenn die Wahl der Verbraucher nicht von Merkmalen wie Preis, Qualität und Service bestimmt ist, sondern von der Interoperabilität mit Softwareprodukten eines marktbeherrschenden Unternehmens, begründet dies marktverschließende Wirkungen, da die Wahl für das „beste" Angebot nicht frei erfolgen kann.
70. Die Zwangslizenzierung von Immaterialgüterrechten zu angemessenen und nichtdiskriminierenden Bedingungen ist ein Musterbeispiel für die Umsetzung der Komplementärthese in der Praxis.
71. Das „Ob" der Zwangslizenzierung folgt primär dem Schutz des Wettbewerbs und steht bei marktverschließenden Auswirkungen einer Lizenzverweigerung im Vordergrund.
72. Das „Wie" der Zwangslizenzierung und damit die Angemessenheit von Lizenzbedingungen orientiert sich hingegen zuvorderst an immaterialgüterrechtlichen Wertungen, unter Ausschluss des wettbewerbsstrategischen Wertes.
73. Eine Zwangslizenzierung weicht lediglich die property rule zur liability rule auf, wovon die Primärzuordnung der Immaterialgüterrechte sowie die Belohnung für innovative Tätigkeit dem Grunde nach unberührt bleiben.
74. Ein Verstoß gegen Art. 345 AEUV, welcher der Union lediglich untersagt, in die Primärzuordnung von Eigentumsrechten einzugreifen, liegt nicht vor und die Zwangslizenzierung beruht mit Art. 102 AEUV auf einer tauglichen Rechtsgrundlage.
75. Die Internalisierung der externen Effekte von Immaterialgütern sowie die Einfügung in das Markt- und Wettbewerbsgeschehen bleiben insofern ebenfalls bestehen.
76. Der derzeitige Patent- und Urheberrechtsschutz basiert auf formellen Kriterien und schützt Erfindungen und Schöpfung gleichwertig, ohne die Innovationshöhe oder Marktzutrittsbarrieren zu berücksichtigen, weswegen es im Einzelfall im Sinne der Komplementärthese einer Korrektur durch das Wettbewerbsrecht bedarf.
77. Ein hohes Investitionsrisiko kann bei der angemessenen Höhe der Lizenzgebühren berücksichtigt werden, allerdings als Spiegelbild des unternehmerischen Risikos und nicht der formalistischen Einteilung in materielle und immaterielle Güter.

78. Sacheigentum und Immaterialgüter sollten im wettbewerbsrechtlichen Kontext gleich behandelt werden, nichts anderes legen Art. 17 EGRC aus rechtlicher und die Komplementärthese aus ökonomischer Perspektive nahe.
79. Problematisch ist, dass in Zwangslizenzfällen die Verhandlungsmacht ungleich verteilt ist, da der marktbeherrschende Rechteinhaber die Nutzung lizenzwilliger Dritter letztendlich nicht verhindern kann und sich stets der Gefahr eines Bußgeldes aussetzt.
80. Der Konflikt zwischen Rechtssicherheit, Einzelfallgerechtigkeit und Zweckmäßigkeit wird im Rahmen der Beurteilung der Angemessenheit von Lizenzgebühren tendenziell auf Kosten der Rechtssicherheit der betroffenen Unternehmen gelöst, da diese keine Vorabkontrolle durch die Kommission im Hinblick auf ihre Lizenzmodelle erhalten.

Wettbewerbsschutz und Grundrechte im Rahmen der Zwangslizenzierung

81. Es besteht kein subjektiv-öffentliches Recht auf Schutz vor wettbewerbswidrigen Verhaltensweisen und der Schutz der individuellen Freiheit der Marktteilnehmer folgt aus dem Schutz des Wettbewerbs als Institution.
82. Das Aufgreifermessen der Kommission sollte sich allerdings nicht allein am Verbraucherwohl orientieren, sondern die Auswirkungen eines Einschreitens oder Nichteinschreitens auf die Freiheitssphäre aller Marktteilnehmer (d. h. auch der marktbeherrschenden Unternehmen) berücksichtigen.
83. Bei Nichtigkeitsklagen gegen durch die Kommission verhängte Zwangslizenzen nach Art. 102 AEUV wurden bisweilen weder das Eigentumsrecht noch die Vertragsfreiheit in ihrem individualschützenden Gehalt ausdrücklich berücksichtigt.
84. Für das Vorabentscheidungsverfahren *IMS-Health* gilt dies nicht so eindeutig, da die Richter hier darauf hinwiesen, dass die wirtschaftliche Handlungsfreiheit und das Eigentumsrecht eines Inhabers von Immaterialgüterrechten mit der Wettbewerbsfreiheit abgewogen werden müssen, wenn eine Zwangslizenz verhängt wird.
85. Es ist nicht nachvollziehbar, weshalb dieser auf die individuellen Interessen bezogene Maßstab nicht explizit auch bei Nichtigkeitsklagen gegen Kommissionsentscheidungen angewandt wird, da alle Unionsrechtsakte im Hinblick auf Grundrechtsbeeinträchtigungen verhältnismäßig sein müssen.
86. Das Eigentumsrecht und die Vertragsfreiheit enden nach einem an wettbewerblichen Freiheitssphären ausgerichteten Verständnis dort, wo die Freiheit der übrigen Marktteilnehmer bedroht ist.

87. Kommissionsentscheidungen in Wettbewerbssachen sollten auch im Hinblick auf die Bedeutung von Art. 6 EUV strenger am Maßstab der Grundrechte kontrolliert werden, da es sich letztendlich nicht ausschließlich um wirtschaftliche Sachfragen, sondern gleichermaßen um grundrechtsbezogene Rechtsfragen handelt, für welche es einer umfassenden Verhältnismäßigkeitsprüfung bedarf.
88. Die Einbeziehung und Gewichtung ökonomischer Argumente durch die Kommission könnte hierfür gerichtsfest berücksichtigt werden, sofern diese nachvollziehbar und transparent für die rechtliche Abwägung durch die Richter aufgearbeitet werden.
89. Eine umfassende Rechtmäßigkeitsprüfung von Abstellungsverfügungen, verstanden als Kontrolle der Recht- und nicht der Zweckmäßigkeit, muss nicht zu Lasten der Anwendung der Wettbewerbsregeln gehen und ein Eingriff in die wirtschaftliche Handlungsfreiheit des von einer Abstellungsverfügung betroffenen Unternehmens kann aus freiheitsrechtlicher Perspektive seine Rechtfertigung daraus ziehen, dass die Freiheitssphäre Dritter (d. h. der Wettbewerber und Verbraucher) geschützt werden muss; dies sichert zugleich den wirksamen Wettbewerb als Institution.
90. Die zurückhaltende gerichtliche Kontrolle im Rahmen des Art. 102 AEUV hat dazu geführt, dass die Zahl an Nichtigkeitsklagen in diesem Bereich stetig abgenommen hat und Unternehmen zu einvernehmlichen Lösungen mit der Kommission tendieren; letztendlich erhält der Gerichtshof der EU daher immer seltener die Möglichkeiten, Kommissionsentscheidungen im Rahmen des Art. 102 AEUV zu überprüfen, wodurch sein in Art. 19 EUV verbürgtes Auslegungsmonopol im Hinblick auf Art. 102 AEUV faktisch gefährdet wird.

Literaturverzeichnis

Albers, Michael: Der *„More Economic Approach"* bei Verdrängungsmissbräuchen: Zum Stand der Überlegungen der Kommission, Vortrag anlässlich des Hamburger Kartellrechtssymposiums 2006, abrufbar unter: http://ec.europa.eu/competition/antitrust/art82/albers.pdf; zit.: *Albers*, Der *„More Economic Approach"* bei Verdrängungsmissbräuchen, 2006.

Albert, Carsten F.: Patente in der Fusionskontrolle, Tübingen 2011; zit.: *Albert*, Patente in der Fusionskontrolle, 2011.

Anweiler, Jochen: Die Auslegungsmethoden des Gerichtshofs der Europäischen Gemeinschaften, Frankfurt am Main u. a. 1997; zit.: *Anweiler*, Die Auslegungsmethoden des Gerichtshofs der Europäischen Gemeinschaften, 1997.

Areeda, Phillip / Turner, Donald F.: Predatory Pricing and Related Practices under Section 2 of the Sherman Act, in: Harvard Law Review 88 (1975), pp. 697–733.

Arnold, Bastian T.: Marktmachtmissbrauch und Monopolisierung durch das Verbergen von Innovationen: Eine Studie zum europäischen und US-amerikanischen Recht, Berlin 2008; zit.: *Arnold*, Marktmachtmissbrauch und Monopolisierung durch das Verbergen von Innovationen, 2008.

Barnett, Jonathan M.: Is Intellectual Property Trivial?, in: University of Pennsylvania Law Review 157 (2009), pp. 1691–1742.

Barnett, Jonathan M.: Property as Process: How Innovation Markets Select Innovation Regimes, in: Yale Law Journal 119 (2009), pp. 384–456.

Bartl, Ulrich: Immaterialgüterrechtliche Marktzutrittsschranken im System des Art. 82 EG: Lizenzverweigerung als Missbrauch einer beherrschenden Stellung - Zugleich eine kritische Würdigung der Entscheidung der Europäischen Kommission in der Rechtssache IMS-Health, Baden-Baden 2005; zit.: *Bartl*, Immaterialgüterrechtliche Marktzutrittsschranken im System des Art. 82 EG, 2005.

Bartosch, Andreas: Die neue Allgemeine Gruppenfreistellungsverordnung im EG-Beihilfenrecht, in: NJW 2008, S. 3612–3617.

Basedow, Jürgen: Das Sozialmodell von Lissabon: Solidarität statt Wettbewerb?, in: EuZW 2008, S. 225.

Basedow, Jürgen: Introduction, in: ders. / Wurmnest, Wolfgang (Hrsg.), Structure and Effects in EU Competition Law: Studies on Exclusionary Conduct and State Aid, Kluwer Law International, Alphen aan den Rijn 2011, S. 3–8; zit.: *Basedow*, Introduction, in: ders./Wurmnest, Structure and Effects in EU Competition Law, 2011.

Bauer, Lukas: Der Europäische Gerichtshof als Verfassungsgericht?, Baden-Baden 2008; zit.: *Bauer*, Der Europäische Gerichtshof als Verfassungsgericht?, 2008.

Beater, Axel: Nachahmen im Wettbewerb: Eine rechtsvergleichende Untersuchung zu § 1 UWG, Tübingen 1995; zit.: *Beater*, Nachahmen im Wettbewerb, 1995.

Bechtold, Stefan: Die Grenzen zwingenden Vertragsrechts: Ein rechtsökonomischer Beitrag zu einer Rechtsetzungslehre des Privatrechts, Tübingen 2010; zit.: *Bechtold*, Die Grenzen zwingenden Vertragsrechts, 2010.

Bechtold, Stefan: Zur rechtsökonomischen Analyse im Immaterialgüterrecht, in: GRUR Int. 2008, S. 484–488.

Bechtold, Rainer / Bosch, Wolfgang / Brinker, Ingo / Hirsbrunner, Simon: EG-Kartellrecht, Kommentar, 2. Aufl., München 2009; zit. *Bechtold/Bosch/Brinker/Hirsbrunner*, EG-Kartellrecht, 2. Aufl. 2009.

Behrens, Peter: Kommentar: Consumer Choice statt Consumer Welfare – neue (alte) Töne aus den USA, in: WuW 2011, S. 897.

Behrens, Peter: Der Wettbewerb im Vertrag von Lissabon, in: EuZW 2008, S. 193.

Birk, Axel: Das Prinzip des unverfälschten Wettbewerbs und seine Bedeutung im europäischen Gemeinschaftsrecht, Baden-Baden 2000; zit.: *Birk*, Das Prinzip des unverfälschten Wettbewerbs und seine Bedeutung im europäischen Gemeinschaftsrecht, 2000.

Bishop, Simon / Walker, Mike: The Economics of EC Competition Law: Concepts, Application and Measurement, 3rd Ed., London 2010; zit.: *Bishop/Walker*, The Economics of EC Competition Law, 3. Aufl. 2010.

Böge, Ulf: Diskussionsbeitrag, in: Monopolkommission (Hrsg.), Zukunftsperspektiven der Wettbewerbspolitik: Colloquium anlässlich des 30-jährigen Bestehens der Monopolkommission am 5. November 2004 in der Humboldt-Universität zu Berlin, Baden-Baden 2005, S. 90–92; zit.: *Böge*, Diskussionsbeitrag, in: Monopolkommission, Zukunftsperspektiven der Wettbewerbspolitik, 2005.

Boldrin, Michele / Levine, David K.: Against Intellectual Monopoly, Cambridge 2008; zit.: *Boldrin/Levine*, Against Intellectual Monopoly, 2008.

Borchardt, Knut / Fikentscher, Wolfgang: Wettbewerb, Wettbewerbsbeschränkung, Marktbeherrschung, Stuttgart 1957; zit.: *Borchardt/Fikentscher*, Wettbewerb, Wettbewerbsbeschränkungen, Marktbeherrschung, 1957.

Böni, Franz / Palzer, Christoph: Auf einem Auge blind: Das EU-Kartellrecht und die Nachfragemacht, in: RIW 2012, S. 528–534.

Bowman, Ward S.: Patent and Antitrust Law: A Legal and Economic Appraisal, Chicago 1973; zit.: *Bowman*, Patent and Antitrust Law: A Legal and Economical Appraisal, 1973.

Brinkhof, Jan J.: Einige Gedanken über Äquivalente, in: GRUR Int. 1991, S. 435–439.

Brittan, Leon: Competition Policy and Merger Control in the Single European Market, Cambridge 1991; zit.: *Brittan*, European Competition Policy, 1991.

Brouwer, Onno W.: An Improved Framework for Refusal to Supply Cases, Global Competition Law Centre, Second Annual Conference, Juni 2005, abrufbar unter: http://www.coleurope.eu/content/gclc/documents/GCLC%20Refusal%20to%20deal.DOC zit.: *Brouwer*, An Improved Framework for Refusal to Supply Cases, 2005.

Budzinski, Oliver: Modern Industrial Economics: Open Problems and Possible Limits, in: Drexl, Josef / Kerber, Wolfgang / Podszun, Rupprecht (Hrsg.), Competition Policy and the Economic Approach, Cheltenham 2011, S. 111–139; zit.: *Budzinski*, Modern Industrial Economics: Open Problems and Possible Limits, in: Drexl/Kerber/Podszun, Competition Policy and the Economic Approach, 2011.

Budzinski, Oliver / Christiansen, Arndt: The Oracle/PeopleSoft Case: Unilateral Effects, Simulation Models and Econometrics in Contemporary Merger Control, Working Paper – Marburger volkswirtschaftliche Beiträge No. 2007 (2), abrufbar unter: http://www.econstor.eu/bitstream/10419/29860/1/525552812.PDF; zit.: *Budzinksi/Christiansen*, Unilateral Effects, Simulation Models and Econometrics in Contemporary Merger Control, 2007.

BKartA: Standards für ökonomische Gutachten vom 20.10.2010, abrufbar unter: http://www.bundeskartellamt.de/wDeutsch/download/pdf/Merkblaetter/Merkblaetter_deutsch/Bekanntmachung_Standards_final.pdf.; zit.: BKartA, Standards für ökonomische Gutachten, 2010.

BKartA: Wettbewerbsschutz und Verbraucherinteressen im Lichte neuerer ökonomischer Methoden, Diskussionspapier für die Sitzung des Arbeitskreises Kartellrecht am 27. September 2004, abrufbar unter: http://www.bundeskartellamt.de/wDeutsch/download/pdf/Diskussionsbeitraege/04_AKK.pdf; zit.: BKartA, Wettbewerbsschutz und Verbraucherinteressen im Lichte neuerer ökonomischer Methoden, 2004.

Bunte, Hermann-Josef: Kartellrecht: Lehrbuch für Studium und Praxis, 2. Aufl., München 2008; zit.: *Bunte*, Kartellrecht, 2. Aufl. 2008.

Calliess, Christian / Ruffert, Matthias (Hrsg.): EUV/AEUV: das Verfassungsrecht der Europäischen Union mit Europäischer Grundrechtecharta, 4. Aufl., München 2011; zit.: Bearbeiter, in: Calliess/Ruffert, EUV/AEUV, 4. Aufl. 2011.

Calliess, Gralf-Peter: Die Zukunft der Privatautonomie: Zur neueren Entwicklung eines gemeineuropäischen Rechtsprinzips, in: Jud, Brigitte / Bachner, Thomas / Bollenberger, Raimund / Halbwachs, Verena / Kalss, Susanne / Meissel, Franz-Stefan / Ofner, Helmut / Rabl, Christian (Hrsg.), Prinzipien des Privatrechts und Rechtsvereinheitlichung, Jahrbuch Junger Zivilrechtswissenschaftler, Stuttgart u.a. 2001, S. 85–110; zit.: *G. P. Calliess*, Die Zukunft der Privatautonomie, in: Jud/Bachner/Bollenberg/Halbwachs/Kalss/Meissel/Ofner/Rabl, Jahrbuch Junger Zivilrechtswissenschaftler, 2001.

Christiansen, Arndt: Der „More Economic Approach" in der EU-Fusionskontrolle: Entwicklung, konzeptionelle Grundlagen und kritische Analyse, Frankfurt am Main u.a. 2010; zit.: *Christiansen*, Der „More Economic Approach" in der EU-Fusionskontrolle, 2010.

Christiansen, Arndt: Die „Ökonomisierung" der EU-Fusionskontrolle: Mehr Kosten als Nutzen?, in: WuW 2005, S. 285–293.

Christiansen, Arndt / Locher, Liselotte: Die neuen Standards des Bundeskartellamts für ökonomische Gutachten in der Kartellrechtsanwendung, in: WuW 2011, S. 444–453.

Coase, Ronald H.: The Firm, the Market, and the Law, Chicago 1988; zit.: *Coase*, The Firm,the Marktet, and the Law, 1988.

Coase, Ronald H.: The Problem of Social Cost, in: Journal of Law and Economics 3 (1960), pp. 1–44.

Conde Gallego, Beatriz: Die Anwendung des kartellrechtlichen Missbrauchsverbots auf „unerlässliche" Immaterialgüterrechte im Lichte der IMS Health- und Standard-Spundfass-Urteile, in: GRUR Int. 2006, S. 16–28.

Corsten, Hans / Gössinger, Ralf: Dienstleistungsmanagement, 5. Aufl., München 2007; zit.: *Corsten/Gössinger*, Dienstleistungsmanagement, 5. Aufl. 2007.

Dauses, Manfred A. (Hrsg.): Handbuch des EU-Wirtschaftsrechts, 32. EL, München 2013; zit.: Bearbeiter, in: Dauses, Handbuch des EU-Wirtschaftsrechts, EL, Jahr.

De la Mano, Miguel/Durand, Benoît: A Three-Step Structured Rule of Reason to Assess Predation under Article 102, Office of the Chief Economist Discussion Paper, 2010, abrufbar unter: http://ec.europa.eu/dgs/competition/economist/delamano_durand_predation_paper.pdf; zit.: *De la Mano/Durand*, A Three-Step Structured Rule of Reason to Assess Predation under Article 102, 2010.

Devlin, Alan / Jacobs, Michael: Antitrust Divergence and the Limits of Economics, in: Northwestern University Law Review 104 (2010), pp. 253–291.

Di Fabio, Udo: Wettbewerbsprinzip und Verfassung, in: ZWeR 2007, S. 266–276.

Dittert, Daniel: Missbrauch einer marktbeherrschenden Stellung: Auf dem Weg zu einem „More Economic Approach" in der Rechtsprechung des EuGH? – Anmerkung zum Urteil des EuGH vom 27. März 2012, Rs. C-209/10 (Post Danmark), in: EuR 2012, S. 570–583.

Dreher, Meinrad: Die Kontrolle des Wettbewerbs in Innovationsmärkten – Marktabgrenzung und Marktbeherrschung in innovationsgeprägten Märkten, in: FIW (Hrsg.), Innovation und Wettbewerb: Referate des XLII. FIW-Symposions, Köln 2009, S. 73–103; zit.: *Dreher*, Die Kontrolle des Wettbewerbs in Innovationsmärkten – Marktabgrenzung und Marktbeherrschung in innovationsgeprägten Märkten in: FIW, Innovation und Wettbewerb, 2009.

Dreher, Meinrad: Zur Essential-Facilities-Doktrin, in: EWiR 2008, S. 137–138.

Dreher, Meinrad: Die Zukunft der Missbrauchsaufsicht in einem ökonomischen Kartellrecht, in: WuW 2008, S. 23–27.

Dreher, Meinrad / Adam, Michael: The More Economic Approach to Art. 82 EC and the Legal Process, in: ZWeR 2006, S. 259–278.

Dreher, Meinrad / Lange, Martin: Die europäische Wirtschaftsverfassung nach dem Vertrag von Lissabon, in: FIW (Hrsg.), Wettbewerbspolitik und Kartellrecht in der Marktwirtschaft, 50 Jahre FIW: 1960 bis 2010, Köln 2010, S. 161–175; zit.: *Dreher/Lange*, Die europäische Wirtschaftsverfassung nach dem Vertrag von Lissabon, in: FIW, Wettbewerbspolitik und Kartellrecht in der Marktwirtschaft, 2010.

Dreher, Meinrad / Thomas, Stefan: Rechts- und Tatsachenirrtümer unter der neuen VO (EG) 1/2003, in: WuW 2004, S. 8–18.

Dreier, Thomas / Leistner, Matthias: Urheberrecht im Internet: Die Forschungsherausforderungen, in: GRUR 2013, S. 881–897.

Dreier, Thomas / Schulze, Gernot (Hrsg.): Urheberrechtsgesetz, Urheberrechtswahrnehmungsgesetz, Kunsturhebergesetz, 4. Aufl., München 2013; zit.: Bearbeiter, in: Dreier/Schulze, UrhG, 4. Aufl. 2013.

Drexl, Josef: Ronald Dworkin, ökonomische Effizienz und das Kartellrecht, in: FIW (Hrsg.), Wettbewerbspolitik und Kartellrecht in der Marktwirtschaft, 50 Jahre FIW: 1960 bis 2010, Köln 2010, S. 175–192; zit.: *Drexl*, Ronald Dworkin, ökonomische Effizienz und das Kartellrecht, in: FIW, Wettbewerbspolitik und Kartellrecht in der Marktwirtschaft, 2010.

Drexl, Josef: Immaterialgüterrechte zwischen Innovationsförderung durch Monopole und Wettbewerbsbeschränkungen, in: FIW (Hrsg.), Innovation und Wettbewerb – Referate des XLII.FIW-Symposions, Köln 2009, S. 21–51; zit.: *Drexl*, Immaterialgüterrechte zwischen Innovationsförderung durch Monopole und Wettbewerbsbeschränkungen, in: FIW, Innovation und Wettbewerb, 2009.

Drexl, Josef: Wettbewerbsverfassung, in: Bogdandy, Armin von / Bast, Jürgen (Hrsg.), Europäisches Verfassungsrecht, 2. Aufl., Berlin u. a. 2009, S. 905–961; zit.: *Drexl*, Wettbewerbsverfassung, in: von Bogdandy/Bast, Europäisches Verfassungsrecht, 2. Aufl. 2009.

Drexl, Josef: Die neue Gruppenfreistellungsverordnung über Technologietransfer-Vereinbarungen im Spannungsfeld von Ökonomisierung und Rechtssicherheit, in: GRUR Int. 2004, S. 716–727.

Drexl, Josef: Intellectual Property and Antitrust Law: IMS Health and Trinko – Antitrust Placebo for Consumers Instead of Sound Economics in Refusal-to-Deal Cases, in: IIC 2004, S. 788–808.

Drexl, Josef: Die wirtschaftliche Selbstbestimmung des Verbrauchers: Eine Studie zum Privat- und Wirtschaftsrecht unter Berücksichtigung gemeinschaftsrechtlicher Bezüge, Tübingen 1998; zit.: *Drexl*, Die wirtschaftliche Selbstbestimmung des Verbrauchers, 1998.

Ehlers, Dirk (Hrsg.): Europäische Grundrechte und Grundfreiheiten, 3. Aufl., Berlin 2009; zit.: Bearbeiter, in: Ehlers, Europäische Grundrechte und Grundfreiheiten, 3. Aufl. 2009.

Eidenmüller, Horst: Effizienz als Rechtsprinzip: Möglichkeiten und Grenzen der ökonomischen Analyse des Rechts, 3. Aufl., Tübingen 2005; zit.: *Eidenmüller*, Effizienz als Rechtsprinzip, 3. Aufl. 2005.

Eidenmüller, Horst: Effizienz als Rechtsprinzip: Möglichkeiten und Grenzen der ökonomischen Analyse des Rechts, 2. Aufl., Tübingen 1998; zit.: *Eidenmüller*, Effizienz als Rechtsprinzip, 2. Aufl. 1998.

Eilmansberger, Thomas: How to Distinguish Good from Bad Competition under Article 82 EC: In Search of Clearer and More Coherent Standards for Anti-Competitive Abuses, in: CMLR 42 (2005), pp. 129–177.

Ellger, Reinhard: Bereicherung durch Eingriff: Das Konzept des Zuweisungsgehalts im Spannungsfeld von Ausschließlichkeitsrecht und Wettbewerbsfreiheit, Tübingen 2002; zit.: *Ellger*, Bereicherung durch Eingriff, 2002.

Engel, Christoph: Geistiges Eigentum als Anreiz zur Innovation – Die Grenzen des Arguments, Preprints of the Max Planck Institute for Research on Collective Goods, 2007, abrufbar unter: http://www.coll.mpg.de/pdf_dat/2007_04bonline.pdf;zit.: *Engel*, Geistiges Eigentum als Anreiz zur Innovation – Grenzen des Arguments, 2007.

Englert, Markus: Verhaltensökonomie, in: Towfigh, Emanuel V. / Petersen, Niels (Hrsg.), Ökonomische Methoden im Recht, Tübingen 2010, S. 165–201; zit.: *Englert*, Verhaltensökonomie, in: Towfigh/Petersen, Ökonomische Methoden im Recht, 2010.

Ensthaler, Jürgen / Bock, Leonie: Verhältnis zwischen Kartellrecht und Immaterialgüterrecht am Beispiel der Essential-Facility-Rechtsprechung von EuGH und EuG, in: GRUR 2009, S. 1–6.

Eucken, Walter: Grundsätze der Wirtschaftspolitik, 5. Aufl., Tübingen 1952; zit.: *Eucken*, Grundsätze der Wirtschaftspolitik, 5. Aufl. 1952.

Eucken, Walter: Die Wettbewerbsordnung und ihre Verwirklichung, in: ORDO: Jahrbuch für die Ordnung von Wirtschaft und Gesellschaft Bd. 2, Stuttgart 1949, S. 1–99; zit.: *Eucken*, ORDO 2 (1949).

Ewald, Christian: Ökonomie im Kartellrecht: Vom More Economic Approach zu sachgerechten Standards forensischer Ökonomie, in: ZWeR 2011, S. 15–48.

Ewald, Christian: Paradigmenwechsel bei der Abgrenzung relevanter Märkte? – Ansatzpunkte und Grenzen eines „More Economic Approach" der Marktabgrenzung am Beispiel des „trans-o-flex"-Beschlusses des OLG Düsseldorf, in: ZWeR 2004, S. 512–544.

Fabry, Bernd: Die Harmonisierung der europäischen Patentrechtsprechung – Notwendiges Übel – oder üble Notwendigkeit?, in: GRUR 2008. S. 7–11.

Felderer, Bernhard / Homburg, Stefan: Makroökonomik und neue Makroökonomik, 9. Aufl., Berlin u. a. 2005; zit.: *Felderer/Homburg*, Makroökonomik und neue Makroökonomik, 9. Aufl. 2005.

Fikentscher, Wolfgang: Finanzkrise, Wettbewerb und Regulierung, in: GRUR Int. 2009, S. 635–646.

Fikentscher, Wolfgang: Recht und wirtschaftliche Freiheit, Bd. 2: Transnationales Marktrecht, Tübingen 1993; zit.: *Fikentscher*, Recht und wirtschaftliche Freiheit, Bd. 2, 1993.

Fikentscher, Wolfgang: Recht und wirtschaftliche Freiheit, Bd. 1: Die Freiheit des Wettbewerbs, Tübingen 1992; zit.: *Fikentscher*, Recht und wirtschaftliche Freiheit, Bd. 1, 1992.

Fischmann, Filipe: Die Pflicht zur Lizenzerteilung in Patent-Ambush-Fällen nach deutschem und europäischem Kartellrecht, in: GRUR Int. 2010, S. 185–195.

Foray, Dominique: The Economics of Knowledge, Cambridge MA (USA) 2004; zit.: *Foray*, Economics of Knowledge, 2004.

Frank, Torben: Der Schutz von Unternehmensgeheimnissen im Öffentlichen Recht, Frankfurt am Main u. a. 2009; zit.: *Frank*, Der Schutz von Unternehmensgeheimnissen im Öffentlichen Recht, 2009.

Fremuth, Michael: Vereinbarkeit mitgliedstaatlicher Glücksspielmonopole mit dem EG-Wettbewerbsrecht illustriert am Entwurf eines Glücksspielstaatsvertrags der Länder vom 13. 12. 2006, in: EuZW 2007, S. 565–569.

Frenz, Walter: Handbuch Europarecht, Bd. 1: Europäische Grundfreiheiten, 2. Aufl., Berlin u. a. 2012; zit.: *Frenz*, Europarecht 1, 2. Aufl. 2012.

Frenz, Walter: Handbuch Europarecht, Bd. 6: Institutionen und Politiken, Berlin u. a. 2011; zit.: *Frenz*, Europarecht 6, 2011.

Frenz, Walter: Handbuch Europarecht, Bd. 4: Europäische Grundrechte, Berlin u. a. 2009; zit.: *Frenz*, Europarecht 4, 2009.

Frenz, Walter: Handbuch Europarecht, Bd. 2: Europäisches Kartellrecht, Berlin u. a. 2006; zit.: *Frenz*, Europarecht 2, 2006.

Frenz, Walter / Ehlenz, Christian: Defizitäre gerichtliche Wettbewerbskontrolle durch More-Economic-Approach und Vermutungen?, in: EuR 2010, S. 490–517.

Frenz, Walter / Ehlenz, Christian: Die Verhältnismäßigkeit im Wettbewerbsrecht – „Alrosa", in: EWS 2010, S. 305–308.

Friederiszick, Hans W.: Marktabgrenzung und Marktmacht, in: Schwarze, Jürgen (Hrsg.), Recht und Ökonomie im Europäischen Wettbewerbsrecht, Baden-Baden 2006; zit.: *Friederiszick*, Marktabgrenzung und Marktmacht, in: Schwarze, Recht und Ökonomie im Europäischen Wettbewerbsrecht, 2006.

Friederiszick, Hans W. / Röller, Lars-Hendrik: Ökonomische Analyse in der EU Wettbewerbspolitik, Neueste Entwicklungen im europäischen und internationalen Kartellrecht – 11. St. Gallener Internationales Kartellrechtsforum 2004, abrufbar unter: http://ec.europa.eu/dgs/competition/economist/oekonomi sche_analyse.pdf; zit.: *Friederiszik/Röller*, Ökonomische Analyse in der EU Wettbewerbspolitik, 2004.

Fritsch, Michael: Ökonomische Ansätze zur Legitimation kollektiven Handelns, Berlin 1983; zit.: *Fritsch*, Ökonomische Ansätze zur Legitimation kollektiven Handelns, 1983.

Fritzsche, Alexander: Ermessen und institutionelles Gleichgewicht: Die Kompetenzteilung zwischen Europäischer Kommission und Gericht erster Instanz bei der Anwendung von Art. 81 EG, Köln 2008; zit.: *Fritzsche*, Ermessen und institutionelles Gleichgewicht, 2008.

Früh, Fredi / Lichtenegger, Moritz: Immaterialgüterrecht und „Schlüsselgegenstände" – Zur schutzrechtsübergreifenden Behandlung von Gegenständen mit erhöhter Relevanz für die Allgemeinheit, in: ZGE 2010, S. 119–164.

Fuchs, Andreas: Entwicklung und Praktizierung von Industriestandards im Spannungsfeld von Imma-terialgüter- und Kartellrecht, in: Lange, Knut W. / Klippel, Diethelm / Ohly, Ansgar (Hrsg.), Geistiges Eigentum und Wettbewerb, Tübingen 2009, S. 147–177; zit.: *Fuchs*, Entwicklung und Praktizierung von Industriestandards im Spannungsfeld von Immaterialgüter- und Kartellrecht, in: Lange/Klippel/Ohly, Geistiges Eigentum und Wettbewerb, 2009.

Galle, René: Ein wirtschaftlicher Ansatz im Kartellrecht: Ein Rechtsvergleich zwischen dem europäischen Wettbewerbsrecht unter dem Einfluss des „More Economic Approach“ und dem US-amerikanischen Kartellrecht, Baden-Baden 2010; zit.: *Galle*, Ein wirtschaftlicher Ansatz im Kartellrecht, 2010.

Gloy, Wolfgang / Loschelder, Michael / Erdmann, Willi (Hrsg.): Handbuch des Wettbewerbsrechts, 4. Aufl., München 2010; zit.: Bearbeiter, in: Gloy/Loschelder/ Erdmann, Handbuch des Wettbewerbsrechts, 4. Aufl. 2010.

Götting, Horst-Peter: Der Begriff des Geistigen Eigentums, in: GRUR 2006, S. 353–358.

Grabenwarter, Christoph: Die Charta der Grundrechte für die Europäische Union, in: DVBl 2001, S. 1–13.

Grabitz, Eberhard / Hilf, Meinhard / Nettesheim, Martin (Hrsg.): Das Recht der Europäischen Union, 50. EL, München 2013; zit.: Bearbeiter, in: Grabitz/Hilf/ Nettesheim, Recht der EU, EL Jahr.

Groeben, Hans von der / Schwarze, Jürgen (Hrsg.): Kommentar zum Vertrag über die Europäische Union und zur Gründung der Europäischen Gemeinschaft, 6. Aufl., Baden-Baden 2003; zit.: Bearbeiter, in: von der Groeben/Schwarze, EUV/EGV, 6. Aufl. 2003.

Gual, Jordi / Hellwig, Martin / Perrot, Anne / Polo, Michele / Rey, Patrick / Schmidt, Klaus / Stenbacka, Rune: An Economic Approach to Art. 82, Report by the EAG-CP, 2005, abrufbar unter: http://ec.europa.eu/dgs/competition/economist/eag cp_july_21_05.pdf; zit.: *Gual/Hellwig/Perrot/Polo/Rey/Schmidt/Stenbacka*, An Economic Approach to Art. 82 EGV, EAGCP-Gutachten, 2005.

Häberle, Peter: Die europäische Verfassung: Wandel von der Markt- zur Werteordnung, in: Tsatsos, Dimitris Th. (Hrsg.), Die Unionsgrundordnung, Berlin 2010, S. 221–231; zit.: *Häberle*, Die europäische Verfassung: Wandel von der Markt- zur Werteordnung, in: Tsatsos, Die Unionsgrundordnung, 2010.

Hatje, Armin: Wirtschaftsverfassung im Binnenmarkt, in: Bogdandy, Armin von / Bast, Jürgen (Hrsg.), Europäisches Verfassungsrecht, 2. Aufl., Berlin u. a. 2009, S. 801–855; zit.: *Hatje*, Wirtschaftsverfassung im Binnenmarkt, in: von Bogdandy/Bast, Europäisches Verfassungsrecht, 2. Aufl. 2009.

Hayek, Friedrich A. von: Die Theorie komplexer Phänomene, in: ders., Die Anmaßung von Wissen, Tübingen 1996; zit.: *Von Hayek*, Die Theorie komplexer Phänomene, in: ders., Die Anmaßung von Wissen, 1996.

Hayek, Friedrich A. von: Der Wettbewerb als Entdeckungsverfahren, Institut für Weltwirtschaft, Kiel 1968; zit.: *Von Hayek*, Der Wettbewerb als Entdeckungsverfahren, 1968.

Hausmann, Hans-Christian: Das Microsoft-Urteil: Zwischen Kartellrecht und gewerblichen Schutzrechten, in: MMR 2008, S. 381–385.

Heckman, James J.: Micro Data, Heterogeneity, and the Evaluation of Public Policy: Nobel Lecture, in: Journal of Political Economy Vol. 109 (2001), pp. 673–748; zit.: *Heckman*, Micro Data, Heterogeneity, and the Evaluation of Public Policy: Nobel Lecture, Journal of Political Economy 109 (2001).

Heidrich, Thomas: Das evolutorisch-systemtheoretische Paradigma in der Wettbewerbstheorie: Alternatives Denken zu dem More Economic Approach, Baden-Baden 2009; zit.: *Heidrich*, Das evolutorisch-systemtheoretische Paradigma in der Wettbewerbstheorie, 2009.

Heinemann, Andreas: Gefährdung von Rechten des geistigen Eigentums durch Kartellrecht? Der Fall „Microsoft“ und die Rechtsprechung des EuGH, in: GRUR 2006, S. 705–713.

Heinemann, Andreas: Compulsory Licences and Product Integration in European Competition Law – Assessment of the European Commission's Microsoft Decision, in: IIC 2005, S. 63–82.

Heinemann, Andreas: Immaterialgüterschutz in der Wettbewerbsordnung, Tübingen 2002; zit.: *Heinemann*, Immaterialgüterschutz in der Wettbewerbsordnung, 2002.

Hennig, Thomas T.: Die Bedeutung des Verhältnismäßigkeitsgrundsatzes bei der Annahme von Verpflichtungszusagen durch die Kommission nach Art. 9 VO (EG) 1/2003, in: ZWeR 2010, S. 440–453.

Heselhaus, Sebastian / Nowak, Carsten (Hrsg.): Handbuch der Europäischen Grundrechte, München 2006; zit.: Bearbeiter, in: Heselhaus/Nowak, Handbuch der Europäischen Grundrechte, 2006.

Hildebrand, Doris: Der „More Economic Approach“ in der Wettbewerbspolitik, in: WuW 2005, S. 513–520.

Hilf, Meinhard / Hörmann, Saskia: Der Grundrechtsschutz von Unternehmen im europäischen Verfassungsverbund, in: NJW 2003, S. 1–9.

Hilty, Reto / Jaeger, Thomas / Kitz, Volker: Geistiges Eigentum: Herausforderung Durchsetzung, Berlin u.a. 2008;zit.: *Hilty/Jaeger/Kitz*, Geistiges Eigentum: Herausforderung Durchsetzung, 2008.

Hirsbrunner, Simon / Litzenberger, Ines: Ein bisschen Almunia im Monti-Kroes-Paket? – Die Reform der beihilferechtlichen Vorschriften betreffend Dienstleistungen von allgemeinem wirtschaftlichem Interesse, in: EuZW 2011, S. 742–746.

Hoeren, Thomas / Sieber, Ulrich / Holznagel, Bernd (Hrsg.): Handbuch Multimedia-Recht: Rechtsfragen des elektronischen Geschäftsverkehrs, 35. EL, München 2013; zit.: Bearbeiter, in: Hoeren/Sieber, Multimedia-Recht, EL Jahr.

Höppner, Thomas: Die Pflicht interne Produktionsmittel zu vermarkten – zugleich Anmerkung zum EuGH-Urteil IMS-Health, in: EuZW 2004, S. 748–752.

Hötte, Daniel Antonius: Die kartellrechtliche Zwangslizenz im Patentrecht, Münster 2011; zit.: *Hötte*, Die kartellrechtliche Zwangslizenz im Patentrecht, 2011.

Hujo, Philipp: Die wettbewerbsrechtliche Beurteilung von einseitigem Missbrauchsverhalten („Unilateral Conduct") in den Vereinigten Staaten von Amerika und der Europäischen Union: Eine Untersuchung im Bereich des Preismissbrauchs und der Zugangsverweigerung unter besonderer Berücksichtigung der institutionellen und verfahrensrechtlichen Unterschiede, München 2013; zit.: *Hujo*, Die wettbewerbsrechtliche Beurteilung von einseitigem Missbrauchsverhalten („Unilateral Conduct") in den USA und der EU, 2013.

Hüschelrath, Kai: Competition Policy Analysis – An Integrated Approach, in: ZEW Economic Studies Bd. 41, Heidelberg 2009; zit.: *Hüschelrath*, Competition Policy Analysis: An Integrated Approach, 2009.

Immenga, Ulrich: Beihilfenkontrolle: Ein Spagat zwischen Gemeinwohl und Wettbewerbsschutz?, in: EuZW 2011, S. 729–730.

Immenga, Ulrich: Ökonomie und Recht in der europäischen Wettbewerbspolitik, in: ZWeR 2006, S. 346–365.

Immenga, Ulrich: Die Wettbewerbspolitik der Kommission und ihr Richter, in: EuZW 2010, S. 601.

Immenga, Ulrich / Mestmäcker, Ernst-Joachim (Hrsg.): Wettbewerbsrecht, Bd. 1. EU/Teil 1, 5. Aufl., München 2012; zit.: Bearbeiter, in: Immenga/Mestmäcker, Wettbewerbsrecht, Bd. 1 EU/Teil 1, 5. Aufl. 2012.

Italianer, Alexander: Competition Policy for Consumers' and Citizens' Welfare, European Competition and Consumer Day, Dublin 2013, abrufbar unter: http://ec.europa.eu/competition/speeches/text/sp2013_04_en.pdf; zit.: *Italianer*, Competition Policy for Consumers' and Citizens' Welfare, 2013.

Jaeger, Thomas: Vier Jahre Beihilfereform – Eine Bilanz, in: EuZW 2010, S. 47–53.

Jarass, Hans D.: Charta der Grundrechte der Europäischen Union: Unter Einbeziehung der vom EuGH entwickelten Grundrechte und der Grundrechtsregelungen der Verträge, München 2010; zit.: *Jarass*, Charta der Grundrechte der Europäischen Union, 2010.

Jungheim, Stephanie: Medienordnung und Wettbewerbsrecht im Zeitalter der Digitalisierung und Globalisierung, Tübingen 2012; zit.: *Jungheim*, Medienordnung und Wettbewerbsrecht im Zeitalter der Digitalisierung und Globalisierung, 2012.

Kaestner, Jan: Missbrauch von Immaterialgüterrechten: Europäische Rechtsprechung von Magill bis IMS-Health, München 2005; zit.: *Kaestner*, Missbrauch von Immaterialgüterrechten, 2005.

Kamann, Hans-Georg / Gey, Peter: Innovationsschutz und Erstattungsrecht – Off-Label Use, Aut-idem und verordnungssteuernde Maßnahmen im Lichte europäischer Vorgabe, in: PharmR 2011, S. 368–374.

Kampmann, Ricarda / Walter, Johann: Mikroökonomie: Markt, Wirtschaftsordnung, Wettbewerb, München 2010; zit.: *Kampmann/Walter*, Mikroökonomie, 2010.

Katz, Michael L. / Shelanski, Howard A.: Analysis and the Treatment of Uncertainty: Should We Expect Better, in: Antitrust Law Journal 74 (2007), pp. 537–574.

Kesselring, Thomas: Entwicklungshilfe und Entwicklungspolitik aus ethischer Perspektive, in: Ihne, Hartmut / Wilhelm, Jürgen (Hrsg.), Einführung in die Entwicklungspolitik, 2. Aufl., Münster 2006, S. 323–346; zit.: *Kesselring*, Entwicklungshilfe und Entwicklungspolitik aus ethischer Perspektive, in: Ihne/Wilhelm, Einführung in die Entwicklungspolitik, 2006.

Kilian, Wolfgang / Heussen, Benno (Hrsg.): Computerrechtshandbuch, Informationstechnologie in der Rechts- und Wirtschaftspraxis, 31. EL, München 2009; zit.: Bearbeiter, in: Kilian/Heussen, Computerrechtshandbuch, EL Jahr.

Kirchgässner, Gebhard: Is the Economic Crisis a Crisis of Economics as well?, in: Homo Oeconomicus Bd. 27, München 2010; zit.: *Kirchgässner*, Homo Oeconomicus 27 (2010).

Kirchgässner, Gebhard: Homo Oeconomicus: Das ökonomische Modell individuellen Verhaltens und seine Anwendung in den Wirtschafts- und Sozialwissenschaften, 3. Aufl., Tübingen 2008; zit.: *Kirchgässner*, Homo Oeconomicus, 3. Aufl. 2008.

Kirchgässner, Gebhard: Ökonomische Theorie der Verfassung, Discussion Paper No. 2004 – 17, abrufbar unter: http://www1.vwa.unisg.ch/RePEc/usg/dp2004/dp17_kir.pdf; zit.: *Kirchgässner*, Ökonomische Theorie der Verfassung, Discussion Paper No. 2004–17.

Kirchner, Christian: Die ökonomische Theorie, in: Riesenhuber, Karl (Hrsg.), Europäische Methodenlehre: Handbuch für die Ausbildung und Praxis, 2. Aufl., Berlin 2010, S. 143–160: zit.: *Kirchner*, Die ökonomische Theorie, in: Riesenhuber, Europäische Methodenlehre, 2. Aufl. 2010.

Klees, Andreas: Das Instrument der Zusagenentscheidung der Kommission und der Fall „E.ON" – Ein (weiterer) Sündenfall, in: WuW 2009, S. 374–382.

Kleinewefers, Henner: Einführung in die Wohlfahrtsökonomie: Theorie – Anwendung – Kritik, Stuttgart 2008; zit.: *Kleinewefers*, Einführung in die Wohlfahrtsökonomie, 2008.

Kleißl, Katharina: Lizenzkartellrecht in der amerikanischen und europäischen Rechtsordnung: Rechts-vergleichende Analyse des Spannungsverhältnisses zwischen geistigem Eigentum und Kartellrecht mit Schwerpunkt auf Technologietransfer-Vereinbarungen, Münster 2008; zit.: *Kleißl*, Lizenzkartellrecht in der amerikanischen und europäischen Rechtsordnung, 2008.

Kling, Michael: Die Rechtskontrolle von Netzentgelten im Energiesektor: Entgeltbestimmung durch „simulierten Wettbewerb" und Missbrauchskontrolle nach Regulierungsrecht, Kartellrecht und Zivilrecht, Tübingen 2013; zit.: *Kling*, Die Rechtskontrolle von Netzentgelten im Energiesektor, 2013.

Kling, Michael / Thomas, Stefan: Kartellrecht, München 2007; zit.: *Kling/Thomas*, Kartellrecht, 2007.

Klump, Rainer: Wirtschaftspolitik: Instrumente, Ziele und Institutionen, 2.Aufl., London 2011; zit.: *Klump*, Wirtschaftspolitik, 2. Aufl. 2011.

Knieps, Günter: Wettbewerbsökonomie: Regulierungstheorie, Industrieökonomie, Wettbewerbspolitik, 3. Aufl., Berlin u. a. 2008; zit.: *Knieps*, Wettbewerbsökonomie, 3. Aufl. 2008.

Knight, Frank H.: Risk, Uncertainty and Profit, Boston u. a. 1921; zit.: *Knight*, Risk, Uncertainty and Profit, 1921.

Koenig, Christian: Verspielen die Mitgliedstaaten ihr gemeinschaftsrechtliches Monopolglück?, in: EuZW 2007, S. 33.

Kohler, Christian / Malferrari, Luigi: Um letzte und vorletzte Worte: Zum geplanten Zusammenwirken von EGMR und EuGH nach dem Beitritt der EU zur EMRK, in: EuZW 2011, S. 849–850.

Koikkara, Sonia E.: Der Patentschutz und das Institut der Zwangslizenz in der Europäischen Union, Tübingen 2010; zit.: *Koikkara*, Der Patentschutz und das Institut der Zwangslizenz in der Europäischen Union, 2010.

Körber, Torsten: Google im Fokus des Kartellrechts, in: WRP 2012, S. 761–772.

Körber, Torsten: Wettbewerb in dynamischen Märkten zwischen Innovationsschutz und Machtmissbrauch, in: WuW 2007, S. 1209–1218.

Körber, Torsten: Machtmissbrauch durch Multimedia?, in: RIW 2004, S. 568–579.

Kraßer, Rudolf: Patentrecht: Ein Lehr- und Handbuch zum deutschen Patent- und Gebrauchsmusterrecht, europäischen und internationalen Patentrecht, 6. Aufl., München 2009; zit.: *Kraßer*, Patentrecht, 6. Aufl. 2009.

Kroes, Neelie: Exclusionary Abuses of Dominance – the European Commission's Enforcement Priorities, Speech at the Fordham University Symposium, New York 2008, SPEECH/08/457, abrufbar unter: http://europa.eu/rapid/press-release_SPEECH-08-457_en.htm; zit.: *Kroes*, Exclusionary Abuses of Dominance, SPEECH/08/457, 2008.

Kroes, Neelie: Preliminary Thoughts on Policy Review of Article 82, Speech at the Fordham Corporate Law Institute, New York 2005, SPEECH/05/537, abrufbar unter: http://europa.eu/rapid/pressReleasesAction.do?reference=SPEECH/05/537&format=HTML&aged=1&language=EN&guiLanguage=de; zit.: *Kroes*, Preliminary Thoughts on Policy Review of Article 82, SPEECH/05/537, 2005.

Kühling, Jürgen: Grundrechte, in: Bogdandy, Armin von / Bast, Jürgen (Hrsg.), Europäisches Verfassungsrecht, 2. Aufl., Berlin u. a. 2009, S. 657–705; zit.: *Kühling*, Grundrechte, in: von Bogdandy/Bast, Europäisches Verfassungsrecht, 2. Aufl. 2009.

Kühling, Jürgen: Die Kommunikationsfreiheit als europäisches Gemeinschaftsgrundrecht, Berlin 1999;zit.: *Kühling*, Die Kommunikationsfreiheit als europäisches Gemeinschaftsgrundrecht, 1999.

Künzler, Adrian: Effizienz oder Wettbewerbsfreiheit? Zur Frage nach den Aufgaben des Rechts gegen private Wettbewerbsbeschränkungen, Tübingen 2008; zit.: *Künzler*, Effizienz oder Wettbewerbsfreiheit?, 2008.

Ladeur, Karl-Heinz / Vesting, Thomas: Geistiges Eigentum im Netzwerk – Anforderungen und Entwicklungslinien, in: Eifert, Martin / Hoffmann-Riehm, Wolfgang (Hrsg.), Geistiges Eigentum und Innovation: Innovation und Recht I, Berlin 2008, S. 123–145; zit.: *Ladeur/Vesting*, Geistiges Eigentum im Netzwerk, in: Eifert/Hoffmann-Riehm, Geistiges Eigentum und Innovation, 2008.

Lamadrid, Alfonso: Cases that never will be (I) – Hynix (Case T-148/10), Blogeintrag vom 21.6.2013, abrufbar unter: http://chillingcompetition.com/?s=hynix; zit.: *Lamadrid*, Cases that never will be (I) – Hynix, 2013.

Lang, Thomas: Immaterialgüterrechtliche Lizenzierung und kartellrechtliche Verhaltenskontrolle: Eine Untersuchung der Reichweite gemeinschaftskartellrechtlicher Eingriffsbefugnisse in Immaterialgüterrechtspositionen vor dem Hintergrund der schutzrechtsspezifischen wettbewerblichen Ausschließlichkeit, Frankfurt am Main 2009; zit.: *Lang*, Immaterialgüterrechtliche Lizenzierung und kartellrechtliche Verhaltenskontrolle, 2009.

Lange, Knut W.: Europäisches Kartellrecht und geistiges Eigentum – der Fall Microsoft, in: ders. / Klippel, Diethelm / Ohly, Ansgar (Hrsg.), Geistiges Eigentum und Wettbewerb, Tübingen 2009; zit.: *Lange*, Europäisches Kartellrecht und geistiges Eigentum – der Fall Microsoft, in: ders./Klippel/Ohly, Geistiges Eigentum und Wettbewerb, 2009.

Langen, Eugen / Bunte, Hermann-Josef (Hrsg.): Kommentar zum deutschen und europäischen Kartellrecht, Bd. 2: Europäisches Kar-tellrecht, 11. Aufl., München 2010; zit.: Bearbeiter, in: Langen/Bunte, Bd. 2, 11. Aufl. 2010.

Leistner, Matthias: Richtiger Vertrag und lauterer Wettbewerb: Eine grundlagenorientierte Studie unter besonderer Berücksichtigung der europäischen

Perspektive, Tübingen 2007; zit.: *Leistner*, Richtiger Vertrag und lauterer Wettbewerb, 2007.

Leistner, Matthias: Intellectual Property and Competition Law: The European Development from Magill to IMS Health Compared to Recent German and US Case Law, in: ZWeR 2005, S. 138–163.

Leistner, Matthias / Hansen, Gerd: Die Begründung des Urheberrechts im digitalen Zeitalter: Versuch einer Zusammenführung von individualistischen und utilitaristischen Rechtfertigungsbemühungen, in: GRUR 2008, S. 479–490.

Lenz, Carl Otto / Borchardt, Klaus-Dieter (Hrsg.): EU-Verträge: EUV/AEUV/GRCh, 6. Aufl., Köln 2013; zit.: Bearbeiter, in: Lenz/Borchardt, EUV, 6. Aufl. 2013.

Leupold, Henning / Pautke, Stephanie: IMS Health vs. Microsoft – Befindet sich die Kommission bei kartellrechtlichen Zwangslizenzen erneut auf Konfrontationskurs mit dem EuGH?, in: EWS 2005, S. 108–116.

Lévêque, François / Ménière, Yann: The Economics of Patents and Copyright, Berkeley 2004, abrufbar unter: http://papers.ssrn.com/sol3/papers.cfm?abstract_id=642622; zit.: *Lévêque/Ménière*, The Economics of Patents and Copyright, 2004.

Lì, Lǐ: Potenzial und Grenzen der Missbrauchskontrollregelung in der Europäischen Union und in der Volksrepublik China. Eine rechtsvergleichende Analyse am Beispiel der Kampfpreisstrategien im Lichte historischer, kultureller und ökonomischer Besonderheiten, Frankfurt am Main 2014; zit.: *Lì*, Potenzial und Grenzen der Missbrauchskontrollregelung in der Europäischen Union und in der Volksrepublik China, 2014.

Lianos, Ioannis: Judging Economists: Economic Expertise in Competition Law Litigation – A European View, in: Kokkoris, Ioannis / Lianos, Ioannis (Hrsg.), The Reform of EC Competition Law: New Challenges, Alphen aan den Rijn 2010, S. 185–321; zit.: *Lianos*, Judging Economists: Economic Expertise in Competition Law Litigation, in: Kokkoris/Lianos, The Reform of EC Competition Law: New Challenges, 2010.

Loest, Thomas / Bartlik, Martin: Standards und Europäisches Wettbewerbsrecht, in: ZWeR 2008, S. 41–58.

Loewenheim, Ulrich / Meessen, Karl M. / Riesenkampff, Alexander (Hrsg.): Kartellrecht: Europäisches und Deutsches Recht, Kommentar, 2. Aufl., München 2009; zit.: Bearbeiter, in: Loewenheim/Meessen/Riesenkampff, Kartellrecht, 2. Aufl. 2009.

Löhr, Dirk: Eigentumsrechte und Allokationseffizienz, in: Fragen der Freiheit Bd. 272, 2005, S. 1–34; zit.: *Löhr*, Fragen der Freiheit 272 (2005).

Machlup, Fritz: Die wirtschaftlichen Grundlagen des Patentrechts – 1. Teil, in: GRUR Ausl. 1961, S. 373–390.

Machlup, Fritz: An Economic Review of the Patent System: Study of the Subcommittee on Patents, Trademarks, and Copyrights of the Committee on the Judiciary – United States Senate, 55th Congress, 2nd Session, Study No. 15, United States Government Printing Office, Washington 1958, abrufbar unter: http://library.mises.org/books/Fritz%20Machlup/An%20Economic%20Review%20of%20the%20Patent%20System_Vol_3.pdf; zit.: *Machlup*, An Economic Review of the Patent System, 1958.

Mäger, Thorsten (Hrsg.): Europäisches Kartellrecht, 2. Aufl., Baden-Baden 2011; zit.: Bearbeiter, in: Mäger, Europäisches Kartellrecht, 2. Aufl. 2011.

Mathis, Klaus: Effizienz statt Gerechtigkeit?, 3. Aufl., Berlin 2009; zit.: *Mathis*, Effizienz statt Gerechtigkeit?, 3. Aufl. 2009.

Mayer, Franz C.: Der Vertrag von Lissabon und die Grundrechte, in: EuR Beiheft 1, S. 87–102.

Mayer, Franz C.: Die Rückkehr der Europäischen Verfassung? Ein Leitfaden zum Vertrag von Lissabon, in: ZaöRV 2007, S. 1141–1217.

Mecke, Ingo: Stichwort: Wettbewerbstheorie, in: Gabler (Hrsg.), Wirtschaftslexikon, 2013, abrufbar unter: http://wirtschaftslexikon.gabler.de/Definition/wettbewerbstheorie.html; zit.: *Mecke*; Stichwort: Wettbewerbstheorie, in: Gabler, Wirtschaftslexikon, 2013.

Meessen, Karl M.: Auf der Suche nach einem der Wirtschaft gemäßen Wirtschaftsrecht, in: ZVglRWiss Bd. 111, 2012, S. 273–295; zit.: *Meessen*, ZVglRWiss 111 (2012).

Merges, Robert P. / Nelson, Richard R.: On the Complex Economics of Patent Scope, in: Columbia Law Review Vol. 90, 1990, pp. 839–916; zit.: *Merges/Nelson*, On the Complex Economics of Patent Scope, Columbia Law Review 90 (1990).

Mestmäcker, Ernst-Joachim: Die Interdependenz von Recht und Ökonomie in der Wettbewerbspolitik, in: Monopolkommission (Hrsg.), Zukunftsperspektiven der Wettbewerbspolitik: Colloquium anlässlich des 30-jährigen Bestehens der Monopolkommission am 5. November 2004 in der Humboldt-Universität zu Berlin, Baden-Baden 2005; zit.: *Mestmäcker*, Die Interdependenz von Recht und Ökonomie in der Wettbewerbspolitik, in: Monopolkommission, Zukunftsperspektiven der Wettbewerbspolitik, 2005.

Mestmäcker, Ernst Joachim / Schweitzer, Heike: Europäisches Wettbewerbsrecht, 2. Aufl., München 2004; zit.: *Mestmäcker/Schweitzer*, Europäisches Wettbewerbsrecht, 2. Aufl. 2004.

Meyer, Jürgen (Hrsg.): Charta der Grundrechte der Europäischen Union, 3. Aufl., Baden-Baden 2011; zit.: Bearbeiter, in: Meyer, Charta der Grundrechte der Europäischen Union, 3. Aufl. 2011.

Montagnani, Maria Lillá: Predatory and Exclusionary Innovation: Which Legal Standard for Software Integration in the Context of the Competition versus Intellectual Property Rights Clash?, in: IIC 2006, S. 304–335.

Monti, Giorgio: EC Competition Law, Cambridge 2007; zit.: *G. Monti*, EC Competition Law, 2007.

Monti, Giorgio: DG Competition Discussion Paper on the Application of Article 82 of the Treaty to Exclusionary Abuses (December 2005) – Comments, abrufbar unter: http://ec.europa.eu/competition/antitrust/art82/065.pdf; zit.: *G. Monti*, DG Competition Discussion Paper – Comment, 2005.

Monti, Giorgio: The Dominance Threshold in Article 102 TFEU, in: Basedow, Jürgen / Wurmnest, Wolfgang (Hrsg.), Structure and Effects in EU Competition Law: Studies on Exclusionary Conduct and State Aid, Alphen aan den Rijn 2011, S. 57–82; zit.: *G. Monti*, The Dominance Threshold in Article 102 TFEU, in: Basedow/Wurmnest, Structure and Effects in EU Competition Law, 2011.

Monti, Mario: Eine neue Strategie für den Binnenmarkt – Bericht an den Präsidenten der Europäischen Kommission José Manuel Barroso, 2010, abrufbar unter: http://ec.europa.eu/bepa/pdf/monti_report_final_10_05_2010_de.pdf; zit.: *M. Monti*, Eine neue Strategie für den Binnenmarkt, 2010.

Müller-Graff, Peter-Christian: Das verschleierte Antlitz der Lissabonner Wirtschaftsverfassung, in: ZHR 173 (2009), S. 443–453.

Mylly, Ulla-Maija: An Evolutionary Economics Perspective on Computer Program Interoperability and Copyright, in: IIC 2010, S. 284–315.

Neven, Damien / De Coninck, Raphaël: Best Practices on the Submission of Economic Evidence and Data Collection – Publications by the DG Competition (The Chief Competition Economist), abrufbar unter: http://ec.europa.eu/dgs/competition/economist/neven_deconinck_best_practices.pdf; zit.: *Neven/De Coninck*, Best Practices on the Submission of Economic Evidence, 2010.

Nicklisch, Andreas / Petersen, Niels: Vertragstheorie, in: Towfigh, Emanuel V. / Petersen, Niels (Hrsg.), Ökonomische Methoden im Recht, Tübingen 2010, S. 117–133; zit.: *Nicklisch/Petersen*, Vertragstheorie, in: Towfigh/Petersen, Ökonomische Methoden im Recht, 2010.

Nowak, Carsten: Europarecht nach Lissabon, Baden-Baden 2011; zit.: Nowak, Europarecht nach Lissabon, 2011.

Nowak, Carsten: Binnenmarktziel und Wirtschaftsverfassung der Europäischen Union vor und nach dem Reformvertrag von Lissabon, in: EuR 2009 Beiheft 1, S. 129–192.

Ockenfels, Axel: Fairneß, Reziprozität und Eigennutz: Ökonomische Theorie und experimentelle Evidenz, Tübingen 1999; zit.: *Ockenfels*, Fairness, Reziprozität und Eigennutz, 1999.

O' Donoghue, Robert / Padilla, A. Jorge: The Law and Economics of Article 82 EC, 2nd Ed., Oxford 2008; zit.: *O' Donoghue/Padilla*, The Law and Economics of Article 82 EC, 2. Aufl. 2008.

Ohly, Ansgar: Geistiges Eigentum und Gemeinfreiheit: Forschungsperspektiven, in: ders. / Klippel, Diethelm (Hrsg.), Geistiges Eigentum und Gemeinfreiheit, Tübingen 2007; zit.: *Ohly*, Geistiges Eigentum und Gemeinfreiheit: Forschungsperspektiven, in: ders./Klippel, Geistiges Eigentum und Gemeinfreiheit, 2007.

Ohly, Ansgar: Geistiges Eigentum und Wettbewerbsrecht – Konflikt oder Symbiose?, in: Oberender, Peter (Hrsg.), Wettbewerb und geistiges Eigentum, Berlin 2007, S. 47–67; zit.: *Ohly*, Geistiges Eigentum und Wettbewerbsrecht, in: Oberender, Wettbewerb und geistiges Eigentum, 2007.

Osterrieth, Christian: Patentrecht, 4. Aufl., München 2010; zit.: *Osterrieth*, Patentrecht, 4. Aufl. 2010.

Pache, Eckhard / Rösch, Franziska: Europäischer Grundrechtsschutz nach Lissabon – die Rolle der EMRK und der Grundrechtecharta in der EU, in: EuZW 2008, S. 519–522.

Penrose, Edith E.: The Economics of the International Patent System, Baltimore 1951; zit.: *Penrose*, The Economics of the International Patent System, 1951.

Petit, Nicolas: Antitrust Quote of the Day, Blogeintrag vom 14.7.2011, abrufbar unter: http://chillingcompetition.com/2011/07/14/; zit.: *Petit*, Antitrust Quote of the Day, 2011.

Peukert, Alexander: Güterzuordnung als Rechtsprinzip, Tübingen 2008; zit.: *Peukert*, Güterzuordnung als Rechtsprinzip, 2008.

Piekenbrock, Dirk: Stichwort: Grenzkosten, in: Gabler (Hrsg.), Wirtschaftslexikon, 2013, abrufbar unter: http://wirtschaftslexikon.gabler.de/Definition/grenzkosten.html; zit.: *Piekenbrock*, Stichwort: Grenzkosten, in: Gabler, Wirtschaftslexikon, 2013.

Podszun, Rupprecht: Paradigmenwechsel in der kartellbehördlichen Befugnisausübung: Grundlagen, Gefahren, Grenzen, in: ZWeR 2012, S. 48–70.

Posner, Richard A.: Economic Analysis of Law, Boston 1973; zit.: *Posner*, Economic Analysis of Law, 1973.

Radbruch, Gustav: Rechtsphilosophie, 3. Aufl., Leipzig 1932; zit.: *Radbruch*, Rechtsphilosophie, 3. Aufl. 1932.

Ramb, Bernd-Thomas / Suchanek, Andreas / Lin-Hi, Nick / Thommen, Jean-Paul: Stichwort: Methodologie, in: Gabler (Hrsg.), Wirtschaftslexikon, 2013, abrufbar unter: http://wirtschaftslexikon.gabler.de/Archiv/1793/methodologie-v9.html; zit.: *Ramb/Suchanek/Lin-Hi/Thommen*; Stichwort: Methodologie, in: Gabler, Wirt-schaftslexikon, 2013.

Régibeau, Pierre / Rockett, Katharine: The Relationship Between Intellectual Property Law and Competition Law: An Economic Approach, 2004, abrufbar unter: http://www.essex.ac.uk/economics/discussion-papers/papers-text/dp581.pdf; zit.: *Régibeau/Rockett*, The Relationship Between Intellectual Property Law and Competition Law, 2004.

Ress, Georg: Konsequenzen des Beitritts der EU zur EMRK, in: EuZW 2010, S. 841.

Riesenkampff, Alexander: Vom Wettbewerbsschutz zum Verbraucherschutz?, in: Bechtold, Stefan / Jickeli, Joachim / Rohe, Mathias (Hrsg.), Recht, Ordnung und Wettbewerb: Festschrift zum 70. Geburtstag von Wernhard Möschel, Baden-Baden 2011, S. 489–503; zit.: *Riesenkampff*, Vom Wettbewerbsschutz zum Verbraucherschutz?, in: Bechtold/Jickeli/Rohe, Recht, Ordnung und Wettbewerb, FS Möschel, 2011.

Richter, Rudolf / Furubotn, Eirik Grundtvig: Neue Institutionenökonomik: Eine Einführung und kritische Würdigung, 4. Aufl., Tübingen 2010; zit.: *Richter/Furubotn*, Neue Institutionenökonomik, 4. Aufl. 2010.

Rittner, Fritz / Dreher, Meinrad: Europäisches und deutsches Wirtschaftsrecht: Eine systematische Darstellung, 3. Aufl., Heidelberg 2008; zit.: *Rittner/Dreher*, Europäisches und deutsches Wirtschaftsrecht, 3. Aufl. 2008.

Röller, Lars Hendrik: Der ökonomische Ansatz in der europäischen Wettbewerbspolitik, in: Monopolkommissionen (Hrsg.), Zukunftsperspektiven der Wettbewerbspolitik: Colloquium anlässlich des 30-jährigen Bestehens der Monopolkommission am 5. November 2004 in der Humboldt-Universität zu Berlin, Baden-Baden 2005; zit.: *Röller*, Der ökonomische Ansatz in der europäischen Wettbewerbspolitik, in: Monopolkommission, Zukunftsperspektiven der Wettbewerbspolitik, 2005.

Röller, Lars Hendrik: Economic Analysis and Competition Policy Enforcement in Europe, in: Bergeijk, Peter A. G. van / Kloosterhuis, Erik (Hrsg.), Modelling European Mergers: Theory, Competition Policy and Case Studies, Cheltenham 2005, S. 13–27; zit.: *Röller*, Economic Analysis and Competition Policy Enforcement in Europe, in: van Bergeijk/Kloosterhuis, Modelling European Mergers, 2005.

Röller, Lars-Hendrik / Friederiszick, Hans W.: Ökonomische Analyse in der EU Wettbewerbspolitik. Ein erstes Résumé, abrufbar unter: http://www.e-ca.com/sites/default/files/2007_okonomische_analyse_in_der_eu_wett-bewerbspolitik.pdf; zit.: *Röller/Friederiszick*, Ökonomische Analyse in der EU Wettbewerbspolitik. Ein erstes Résumé, 2007.

Roth, Wulf-Henning: Effet utile im europäischen Kartellrecht, in: WRP 2013, S. 257–265.

Säcker, Franz Jürgen (Hrsg.): TKG: Telekommunikationsgesetz, 3. Aufl., Frankfurt am Main 2013; zit.: Bearbeiter, in: Säcker, TKG, 3. Aufl. 2013.

Samuelson, Paul Anthony / Nordhaus, William D.: Volkswirtschaftslehre: Das internationale Standardwerk der Makro- und Mikroökonomie, übersetzt aus dem Englischen von Regina Berger und Brigitte Hilgner, 4. Aufl., München 2010; zit.: *Samuelson/Nordhaus*, Volkswirtschaftslehre, 4. Aufl. 2010.

Schäfer, Hans-Bernd / Ott, Claus: Lehrbuch der ökonomischen Analyse des Zivilrechts, 5. Aufl., Berlin u. a. 2012; zit.: *Schäfer/Ott*, Lehrbuch der ökonomischen Analyse des Zivilrechts, 5. Aufl. 2012.

Schelling, Thomas C.: Ökonomische Vernunft und politische Ethik, in: ORDO: Jahrbuch für die Ordnung von Wirtschaft und Gesellschaft Bd. 60, Stuttgart 2009, S. 495–519; zit.: *Schelling*, ORDO 60 (2009).

Seiler, Wolfgang: Verbraucherschutz auf elektronischen Märkten: Untersuchung zu Möglichkeiten und Grenzen eines regulativen Paradigmenwechsels im internetbezogenen Verbraucherprivatrecht, Tübingen 2006; zit.: *Seiler*, Verbraucherschutz auf elektronischen Märkten, 2006.

Scheuer, Jochen: Technologietransfer im Kartellrecht: Eine rechtsökonomische und rechtsvergleichende Perspektive, Wiesbaden 2008; zit.: *Scheuer*, Technologietransfer im Kartellrecht, 2008.

Schlösser, Hans Jürgen: Ökonomik und Menschenbild, in: Loerwald, Dirk / Wiesweg, Maik / Zoerner, Andreas (Hrsg.), Ökonomik und Gesellschaft: Festschrift für Gerd-Jan Krol, Wiesbaden 2008, S. 131–143; zit.: *Schlösser*, Ökonomik und Menschenbild, in: Loerwald/Wiesweg/Zoerner, Ökonomik und Gesellschaft, FS Krol, 2008.

Schmidt, André: Ordnungsökonomische Wettbewerbskonzepte: Die Wettbewerbspolitik im Spannungsfeld zwischen Freiheit und Effizienz, in: ORDO: Jahrbuch für die Ordnung von Wirtschaft und Gesellschaft Bd. 59, Stuttgart 2008, S. 209–236; zit.: *A. Schmidt*, ORDO 59 (2008).

Schmidt, Ingo: Wettbewerbspolitik und Kartellrecht: Eine interdisziplinäre Einführung, München 2012; zit.: *I. Schmidt*, Wettbewerbspolitik und Kartellrecht, 9. Aufl. 2012.

Schmidt, Ingo: Kommentar: Sind Bußgeldverfahren das adäquate Instrument bei Verstößen gegen das Kartellverbot?, in: WuW 2012, S. 223.

Schmidt, Ingo: Kernpunkte des Referates zum More Economic Approach, 2007, abrufbar unter: http://www.diw.de/documents/dokumentenarchiv/17/diw_01.c.76025.de/20071129_schmi-dt-rtiw2.pdf. zit.: *I. Schmidt*, Kernpunkte des Referates zum More Economic Approach, 2007.

Schmidt, Frederik: Die unternehmerische Freiheit im Unionsrecht, Berlin 2010; zit.: *F. Schmidt*, Die unternehmerische Freiheit im Unionsrecht, 2010.

Schmidt-Preuß: Der Wandel der Energiewirtschaft vor dem Hintergrund der europäischen Eigentumsordnung, in: EuR 2006, S. 463–488.

Schmidt, André / Voigt, Stefan: Der „More Economic Approach" in der Missbrauchsaufsicht – Eine kritische Anmerkung zu den Vorschlägen der Generaldirektion Wettbewerb, in: WuW 2006, S. 1097–1106.

Schmidtchen, Dieter: Kommentar: Heilige Kuh – Abgrenzung des relevanten Marktes, in: WuW 2011, 923.

Schmidtchen, Dieter: Zur Beziehung zwischen dem Recht geistigen Eigentums und dem Wettbewerbsrecht – eine ökonomische Analyse, in: Lange, Knut W. / Klippel, Diethelm / Ohly, Ansgar (Hrsg.), Geistiges Eigentum und Wettbewerb, Tübingen 2009, S. 27–53; zit.: *Schmidtchen*, Zur Beziehung zwischen dem Recht geistigen Eigentums und dem Wettbewerbsrecht, in: Lange/Klippel/Ohly, Geistiges Eigentum und Wettbewerb, 2009.

Schmidtchen, Dieter: Die Beziehung zwischen dem Wettbewerbsrecht und dem Recht des geistigen Eigentums – Konflikt, Harmonie oder Arbeitsteilung, in: Oberender, Peter (Hrsg.), Wettbewerb und geistiges Eigentum, Berlin 2007, S. 9–47; zit.: *Schmidtchen*, Die Beziehung zwischen dem Wettbewerbsrecht und dem Recht des geistigen Eigentums, in: Oberender, Wettbewerb und geistiges Eigentum, 2007.

Schmidtchen, Dieter: Wettbewerbsschutz durch regelgeleitete Wettbewerbspolitik – Anmerkungen zum institutionenökonomisch-evolutionären Wettbewerbsleitbild, in: ORDO: Jahrbuch für die Ordnung von Wirtschaft und Gesellschaft Bd. 57, Stuttgart 2006, S. 165–189; zit.: *Schmidtchen*, ORDO 57 (2006).

Schmidtchen, Dieter: Der „More Economic Approach" in der Wettbewerbspolitik, in: WuW 2006, S. 6–17.

Schmidtchen, Dieter: Funktionen und Schutz von „Property Rights": Eine ökonomische Analyse, Discussion Paper 9804, Center for the Study of Law and Economics, Saarbrücken 1998, abrufbar unter: http://www.uni-saarland.de/fak1/fr12/csle/publications/9804prop.PDF; zit.: *Schmidtchen*, Funktionen und Schutz von „Property Rights", Discussion Paper 9804, 1998.

Schmitz, Thomas: Die EU-Grundrechtecharta aus grundrechtsdogmatischer und grundrechtstheoretischer Sicht, in: JZ 2001, S. 833–843.

Schorkopf, Frank: Die Europäische Union im Lot – Karlsruhes Rechtsspruch zum Vertrag von Lissabon, in: EuZW 2009, S. 718–724.

Schulz, Norbert: Wettbewerbspolitik: Eine Einführung aus industrieökonomischer Perspektive, Tübingen 2003; zit.: *Schulz*, Wettbewerbspolitik, 2003.

Schwalbe, Ulrich / Zimmer, Daniel: Kartellrecht und Ökonomie: Moderne ökonomische Ansätze in der europäischen und deutschen Zusammenschlusskontrolle, 2. Aufl., Frankfurt am Main 2011; zit.: *Schwalbe/Zimmer*, Kartellrecht und Ökonomie, 2. Aufl. 2011.

Schwarze, Jürgen (Hrsg.): EU-Kommentar, 3. Aufl., Baden-Baden 2012; zit.: Bearbeiter, in: Schwarze, EU-Kommentar, 3. Aufl. 2012.

Schwarze, Jürgen: Der Grundrechtsschutz für Unternehmen in der Europäischen Grundrechtecharta, in: EuZW 2001, S. 517–524.

Schwarze, Jürgen: Der Schutz des geistigen Eigentums im europäischen Wettbewerbsrecht Anmerkungen zur jüngsten Entscheidungspraxis, in: EuZW, S. 75–81.

Schweitzer, Heike: Controlling the Unilateral Exercise of Intellectual Property Rights. A Multitude of Approaches but No Way Ahead?, in: Govaere, Inge / Ullrich, Hanns (Hrsg.), Intellectual Property, Market Power and the Public Interest, Frankfurt am Main 2008, S. 59–97; zit.: *Schweitzer*, Controlling the Unilateral Exercise of Intellectual Property Rights, in: Govaere/Ullrich, Intellectual Property, Market Power and the Public Interest, 2008.

Schweyer, Florian: Die rechtliche Bewertung des Reverse Engineering in Deutschland und den USA: Eine rechtsvergleichende Abgrenzung zwischen geistigem Eigentum und Gemeinfreiheit bei der Analyse von Konkurrenzprodukten, Tübingen 2011; zit.: *Schweyer*, Die rechtliche Bewertung des Reverse Engineering in Deutschland und den USA, 2012.

Schwier, Henning: Der Schutz der „Unternehmerischen Freiheit" nach Artikel 16 der Charta der Grundrechte der Europäischen Union: Eine Darstellung der tatsächlichen Reichweite und Intensität der grundrechtlichen Gewährleistung aus rechtsvergleichender Perspektive, Frankfurt am Main u. a. 2008; zit.: *Schwier*, Der Schutz der „Unternehmerischen Freiheit" nach Art. 16 der Charta der Grundrechte der Europäischen Union, 2007.

Scotchmer, Suzanne: Innovation and Incentives, Cambridge MA (USA) 2004; zit.: *Scotchmer*, Innovation and Incentives, 2004.

Sen, Amartya Kumar: Die Idee der Gerechtigkeit, München 2010; zit.: *Sen*, Die Idee der Gerechtigkeit, 2010.

Smith, Adam: Der Wohlstand der Nationen: Eine Untersuchung seiner Natur und seiner Ursachen, aus dem Englischen neu übertragen nach der 5. Aufl. (letzter Hand, 1789) von Horst Claus Recktenwald, München 1974; zit.: *Smith*, Der Wohlstand der Nationen, Buch IV, 1789.

Stopper, Martin: Der Microsoft-Beschluss des EuG: Anwendung des kartellrechtlichen Missbrauchsverbots auf ein durch gewonnenen Innovationswettbewerb entstandenes „natürliches" Monopol innerhalb eines dynamischen Marktes, in: ZWeR 2005, S. 87–111.

Streinz, Rudolf (Hrsg.): EUV/AEUV – Vertrag über die Europäische Union und Vertrag über die Arbeitsweise der Europäischen Union, 2. Aufl., München 2012; zit.: Bearbeiter, in: Streinz, EUV/AEUV, 2. Aufl. 2012.

Streinz, Rudolf: Der Vertrag von Lissabon – eine Verfassung für Europa, in: FPR 2010, S. 481–485.

Strohm, Andreas: International unterschiedliche Eingreifkriterien im Wettbewerbsrecht und ökonomische Konsequenzen, Publications by the DG Competition (The Chief Competition Economist), 2006, abrufbar unter: http://ec.europa.eu/dgs/competition/economist/strohm1.pdf; zit.: *Strohm*, International unterschiedliche Eingreifkriterien im Wettbewerbsrecht und ökonomische Konsequenzen, 2006.

Thyri, Peter: Immaterialgüterrechte und Zugang zur wesentlichen Einrichtung, in: WuW 2005, S. 388–399.

Ullrich, Hanns: Lizenzkartellrecht auf dem Weg zur Mitte, in: GRUR Int. 1996, S. 555–568.

Tettinger, Peter J. / Stern, Klaus (Hrsg.): Kölner Gemeinschaftskommentar zur Europäischen Grundrechte-Charta, München 2006; zit.: Bearbeiter, in: Tettinger/Stern, Kölner Gemeinschaftskommentar zur Europäischen Grundrechte-Charta, 2006.

Vanberg, Victor J.: Rationalität, Regelbefolgung und Emotionen: Zur Ökonomik moralischer Präferenzen, in: Goldschmidt, Nils / Wohlgemuth, Michael (Hrsg.), Victor J. Vanberg: Wettbewerb und Regelordnung, Tübingen 2008, S. 241–269; zit.: *Vanberg*, Rationalität, Regelbefolgung und Emotionen, in: Goldschmidt/Wohlgemuth, Victor J. Vanberg: Wettbewerb und Regelordnung, 2008.

Vanberg, Victor J.: Die Ökonomik ist keine zweite Physik, in: Goldschmidt, Nils / Wohlgemuth, Michael (Hrsg.), Victor J. Vanberg: Wettbewerb und Regelordnung, Tübingen 2008, S. 289–317; zit.: *Vanberg*, Die Ökonomik ist keine zweite Physik, in: Goldschmidt/Wohlgemuth, Victor J. Vanberg: Wettbewerb und Regelordnung, 2008.

Voigt, Stefan: Institutionenökonomik, 2. Aufl., Paderborn 2009; zit.: *Voigt*, Institutionenökonomik, 2. Aufl. 2009.

Weber, Albrecht: Vom Verfassungsvertrag zum Vertrag von Lissabon, in: EuZW 2008, S. 7–14.

Wegehenkel, Lothar / Walterscheid, Heike: Rechtsstruktur und Evolution von Wirtschaftssystemen – Pfadabhängigkeit in Richtung Zentralisierung?, in:

ORDO: Jahrbuch für die Ordnung von Wirtschaft und Gesellschaft Bd. 59, Stuttgart 2008, S. 313–341; zit.: *Wegehenkel/Walterscheid*, ORDO 59 (2008).

Weizsäcker, C. Christian von: Konsumentenwohlfahrt und Wettbewerbsfreiheit: Über den tieferen Sinn des „Economic Approach", in: WuW 2007, S. 1078–1084.

Weizsäcker, C. Christian von: Recht und Verhältnisse in der modernen Wirtschaftslehre, in: Kyklos Vol. 34, Basel 1981, S. 345–376; zit.: *Von Weizsäcker*, Kyklos 34 (1981).

Wernsmann, Rainer: Bindung Privater an Diskriminierungsverbote durch Gemeinschaftsrecht, in: JZ 2005, S. 224–233.

Wiedemann, Gerhard (Hrsg.): Handbuch des Kartellrechts, 2. Aufl., München 2008; zit.: Bearbeiter, in: Wiedemann, Kartellrecht, 2. Aufl. 2008.

Wielsch, Dan: Zugangsregeln: Die Rechtsverfassung der Wissensteilung, Tübingen 2008; zit.: *Wielsch*, Zugangsregeln, 2008.

Wielsch, Dan: Wettbewerbsrecht als Immaterialgüterrecht, in: EuZW 2005, S. 391–396.

Wilhelmi, Rüdiger: Lizenzverweigerung als Missbrauch einer marktbeherrschenden Stellung in der Gemeinschaftsrechtsprechung, in: WRP 2009. S. 1431–1445.

WIPO: Intellectual Property Handbook, 2nd Ed., WIPO Publication, 2004 (Reprinted 2008), abrufbar unter: http://www.wipo.int/export/sites/www/freepublications/en/intproperty/489/wipo_pub_489.pdf; zit.: WIPO, Intellectual Property Handbook, 2. Aufl. 2008.

WIPO: Understanding Copyright and Related Rights, WIPO Free Information Products, abrufbar unter:http://www.wipo.int/export/sites/www/freepublica tions/en/intproperty/909/wipo_pub_909.pdf; zit.: WIPO, Understanding Copyright and Related Rights.

WIPO: Understanding Industrial Property, WIPO Free Information Products, abrufbar unter: http://www.wipo.int/export/sites/www/freepublications/en/intpro perty/895/wipo_pub_895.pdf; zit.: WIPO, Understanding Industrial Property.

Wirtz, Markus M. / Holzhäuser, Michael: Die kartellrechtliche Zwangslizenz, in: WRP 2004, S. 683–694.

Wittman, Donald: Why Theory Choosing is Better than Hypothesis Testing, in: Homo Oeconomicus Bd. 26, München 2010; zit.: *Wittman*, Homo Oeconomicus 26 (2009).

Wurmnest, Wolfgang: Marktmacht und Verdrängungsmissbrauch: Eine rechtsvergleichende Neubestimmung des Verhältnisses von Recht und Ökonomik in der Missbrauchsaufsicht über marktbeherrschende Unternehmen, 2. Aufl., Tübingen 2012; zit.: *Wurmnest*, Marktmacht und Verdrängungsmissbrauch, 2. Aufl. 2012.

Zäch, Roger / Künzler, Adrian: Efficiency or Freedom to Compete? Towards an Axiomatic Theory of Competition Law, in: ZWeR 2009, S. 269–289.

Zech, Herbert: „Defensive Patentstrategien" und technischer Fortschritt im Wettbewerbsrecht – Einsatz von Sperrpatenten als Behinderungsmissbrauch?, in: ZWeR 2011, S. 312–333.

Zimmer, Daniel: Der rechtliche Rahmen für die Implementierung moderner ökonomischer Ansätze, in: WuW 2007, S. 1198–1209.

Zimmerlich, Antje: Der Fall Microsoft, in: WRP 2004, S. 1260–1272.

Schriften zum internationalen und zum öffentlichen Recht

Herausgegeben von Gilbert Gornig

Band 1 Michael Waldstein: Das Asylgrundrecht im europäischen Kontext. Wege einer europäischen Harmonisierung des Asyl- und Flüchtlingsrechts. 1993.

Band 2 Axel Linneweber: Einführung in das US-amerikanische Verwaltungsrecht. Kompetenzen, Funktionen und Strukturen der „Agencies" im US-amerikanischen Verwaltungsrecht. 1994.

Band 3 Tai-Nam Chi: Das Herrschaftssystem Nordkoreas unter besonderer Berücksichtigung der Wiedervereinigungsproblematik. 1994.

Band 4 Jörg Rösing: Beamtenstatut und Europäische Gemeinschaften. Eine Untersuchung zu den gemeinschaftsrechtlichen Anforderungen an die Freizügigkeit der Arbeitnehmer im Bereich des öffentlichen Dienstes. 1994.

Band 5 Wolfgang Wegel: Presse und Rundfunk im Datenschutzrecht. Zur Regelung des journalistischen Umgangs mit personenbezogenen Daten. 1994.

Band 6 Sven Brandt: Eigentumsschutz in europäischen Völkerrechtsvereinbarungen. EMRK, Europäisches Gemeinschaftsrecht, KSZE – unter Berücksichtigung der historischen Entwicklung. 1995.

Band 7 Alejandro Alvarez: Die verfassunggebende Gewalt des Volkes unter besonderer Berücksichtigung des deutschen und chilenischen Grundgesetzes. 1995.

Band 8 Martin Thies: Zur Situation der gemeindlichen Selbstverwaltung im europäischen Einigungsprozeß. Unter besonderer Berücksichtigung der Vorschriften des EG-Vertrages über staatliche Beihilfen und der EG-Umweltpolitik. 1995.

Band 9 Rolf-Oliver Schwemer: Die Bindung des Gemeinschaftsgesetzgebers an die Grundfreiheiten. 1995.

Band 10 Holger Kremser: „Soft Law" der UNESCO und Grundgesetz. Dargestellt am Beispiel der Mediendeklaration. 1996.

Band 11 Michael Silagi: Staatsuntergang und Staatennachfolge: mit besonderer Berücksichtigung des Endes der DDR. 1996.

Band 12 Reinhard Franke: Der gerichtliche Vergleich im Verwaltungsprozeß. Auch ein Beitrag zum verwaltungsrechtlichen Vertrag. 1996.

Band 13 Christoph Eichhorn: Altlasten im Konkurs. 1996.

Band 14 Dietrich Ostertun: Gewohnheitsrecht in der Europäischen Union. Eine Untersuchung der normativen Geltung und der Funktion von Gewohnheitsrecht im Recht der Europäischen Union. 1996.

Band 15 Ulrike Pieper: Neutralität von Staaten. 1997.

Band 16 Harald Endemann: Kollektive Zwangsmaßnahmen zur Durchsetzung humanitärer Normen. Ein Beitrag zum Recht der humanitären Intervention. 1997.

Band 17 Jochen Anweiler: Die Auslegungsmethoden des Gerichtshofs der Europäischen Gemeinschaften. 1997.

Band 18 Henrik Ahlers: Grenzbereich zwischen Gefahrenabwehr und Strafverfolgung. 1998.

Band 19 Heinrich Hahn: Der italienische Verwaltungsakt im Lichte des Verwaltungsverfahrensgesetzes vom 7. August 1990 (Nr. 241/90). Eine rechtsvergleichende Darstellung. 1998.

Band 20 Christoph Deutsch: Elektromagnetische Strahlung und Öffentliches Recht. 1998.

Band 21 Cordula Fitzpatrick: Künstliche Inseln und Anlagen auf See. Der völkerrechtliche Rahmen für die Errichtung und den Betrieb künstlicher Inseln und Anlagen. 1998.

Band 22 Hans-Tjabert Conring: Korporative Religionsfreiheit in Europa. Eine rechtsvergleichende Betrachtung. Zugleich ein Beitrag zu Art. 9 EMRK. 1998.

Band 23 Jörg Karenfort: Die Hilfsorganisation im bewaffneten Konflikt. Rolle und Status unparteiischer humanitärer Organisationen im humanitären Völkerrecht. 1999.

Band 24 Matthias Schote: Die Rundfunkkompetenz des Bundes als Beispiel bundesstaatlicher Kulturkompetenz in der Bundesrepublik Deutschland. Eine Untersuchung unter besonderer Berücksichtigung natürlicher Kompetenzen und der neueren Entwicklung im Recht der Europäischen Union. 1999.

Band 25 Hermann Rothfuchs: Die traditionellen Personenverkehrsfreiheiten des EG-Vertrages und das Aufenthaltsrecht der Unionsbürger. Eine Gegenüberstellung der vertraglichen Gewährleistungen. 1999.

Band 26 Frank Alpert: Zur Beteiligung am Verwaltungsverfahren nach dem Verwaltungsverfahrensgesetz des Bundes. Die Beteiligtenstellung des § 13 Abs. 1 VwVfG. 1999.

Band 27 Matthias Reichart: Umweltschutz durch völkerrechtliches Strafrecht. 1999.

Band 28 Nikolas von Wrangell: Globalisierungstendenzen im internationalen Luftverkehr. Entwicklung der Regulierung und Liberalisierung unter Berücksichtigung strategischer Allianzen und des Code-Sharing. 1999.

Band 29 Marietta Hovehne: Ein demokratisches Verfahren für die Wahlen zum Europäischen Parlament. Legitimation gemeinschaftlicher Entscheidungsstrukturen im europäischen Integrationsprozeß. 1999.

Band 30 Nina Kaden: Der amerikanische Clean Air Act und das deutsche Luftreinhalterecht. Eine rechtsvergleichende Untersuchung. 1999.

Band 31 Brigitte Daum: Grenzverletzungen und Völkerrecht. Eine Untersuchung der Rechtsfolgen von Grenzverletzungen in der Staatenpraxis und Folgerungen für das Projekt der International Law Commission zur Kodifizierung des Rechts der Staatenverantwortlichkeit. 1999.

Band 32 Andreas Fürst: Die bildungspolitischen Kompetenzen der Europäischen Gemeinschaft. Umfang und Entwicklungsmöglichkeiten. 1999.

Band 33 Gilles Despeux: Die Anwendung des völkerrechtlichen Minderheitenrechts in Frankreich. 1999.

Band 34 Michael Reckhard: Die rechtlichen Rahmenbedingungen der Sanktionierung von Beitragsverweigerung im System der Vereinten Nationen. 1999.

Band 35 Carsten Pagels: Schutz- und förderpflichtrechtliche Aspekte der Religionsfreiheit. Zugleich ein Beitrag zur Auslegung eines speziellen Freiheitsrechts. 1999.

Band 36 Bernhard Mehner: Die grenzüberschreitende Wirkung direktempfangbaren Satellitenfernsehens aus völkerrechtlicher Sicht. 2000.

Band 37 Karl-Josef Ulmen: Pharmakologische Manipulationen (Doping) im Leistungssport der DDR. Eine juristische Untersuchung. 2000.

Band 38 Jochen Starke: Die verfassungsgerichtliche Normenkontrolle durch den Conseil constitutionnel. Zum Kompetenztitel des Art. 61 der französischen Verfassung. 2000.

Band 39 Marco Herzog: Rechtliche Probleme einer Inhaltsbeschränkung im Internet. 2000.

Band 40 Gilles Despeux: Droit de la délimitation maritime. Commentaire de quelques décisions plutoniennes. 2000.

Band 41 Christina Hackel: Der Untergang des Landes Braunschweig und der Anspruch auf Restitution nach der Wiedervereinigung Deutschlands. 2000.

Band 42 Peter Aertker: Europäisches Zulassungsrecht für Industrieanlagen. Die Richtlinie über die integrierte Vermeidung und Verminderung der Umweltverschmutzung und ihre Auswirkungen auf das Anlagenzulassungsrecht der Bundesrepublik Deutschland. 2000.

Band 43 Karsten Bertram: Die Gesetzgebung zur Neuregelung des Grundeigentums in der ersten Phase der Französischen Revolution (bis 1793) und deren Bedeutung für die deutsche Eigentumsdogmatik der Gegenwart. 2000.

Band 44 Ulrike Hartmann: Die Entwicklung im internationalen Umwelthaftungsrecht unter besonderer Berücksichtigung von *erga omnes*-Normen. 2000.

Band 45 Thomas Jesch: Die Wirtschaftsverfassung der Sonderverwaltungsregion Hongkong. Eine Darstellung vor dem Hintergrund der Wiedereingliederung in die Souveränität der Volksrepublik China. 2001.

Band 46 Sven Gottschalkson: Der Ausschluß des Zivilrechtsweges bei Eigentumsverlusten an Immobilien in der ehemaligen DDR. 2002.

Band 47 Gilbert Hanno Gornig / Gilles Despeux: Seeabgrenzungsrecht in der Ostsee. Eine Darstellung des völkerrechtlichen Seeabgrenzungsrechts unter besonderer Berücksichtigung der Praxis der Ostseestaaten. 2002.

Band 48 Andreas Zühlsdorff: Rechtsverordnungsersetzende Verträge unter besonderer Berücksichtigung des Umweltrechts. 2003.

Band 49 Katja Schmitz: Durchgriffswirkung von Maßnahmen der UN und ihrer Sonderorganisationen unter besonderer Berücksichtigung von Resolutionen des UN-Sicherheitsrates – Die Entwicklung supranationaler Strukturen. 2003.

Band 50 Stefanie Rothenberger: Die angemessene Nutzung gemeinschaftlicher Ressourcen am Beispiel von Flüssen und speziellen Ökosystemen. Eine vergleichende Betrachtung zum modernen Verständnis eines klassischen völkerrechtlichen Nutzungsprinzips. 2003.

Band 51 Christoph von Burgsdorff: Die Umsetzung der EG-Datenschutzrichtlinie im nicht-öffentlichen Bereich. Möglichkeit einer zukunftsorientierten Konzeption des Datenschutzes in der Privatwirtschaft unter besonderer Berücksichtigung des BDSG. 2003.

Band 52 Frank Reinhardt: Powerline. Verfassungs-, verwaltungs- und telekommunikationsrechtliche Probleme. 2003.

Band 53 Chie Sato: Immunität Internationaler Organisationen. 2004.

Band 54 Johannes Thoma: EU-Recht und Schranken hoheitlicher Staatstätigkeit. 2004.

Band 55 Wolf Peterhoff: Rechtsansprüche enteigneter Volksgruppen und ihre Durchsetzbarkeit. 2004.

Band 56 Do-Hyub Kim: Das deutsche parlamentarische Regierungssystem als mögliches Modell für Korea. 2004.

Band 57 Alexander Koberg: Die Exilregierung im Völkerrecht. Eine Untersuchung ihrer rechtlichen Klassifikation. 2005.

Band 58 Nils Christian Carstensen: Das Verhältnis des Seerechtsübereinkommens der Vereinten Nationen von 1982 zu fischereirechtlichen Übereinkommen und deren Streitbeilegungsvorschriften. 2005.

Band 59 Oliver Franz: Osttimor und das Recht auf Selbstbestimmung. Eine Untersuchung zur Anwendung des Selbstbestimmungsrechts der Völker am Beispiel Osttimors. 2005.

Band 60 Michael Kadgien: Das Habsburgergesetz. 2005.

Band 61 Felix Wolf: Terrorversicherungen und europäisches Wettbewerbsrecht. Verschiedene Modelle staatlicher Beteiligung an einer Terrorversicherung für Wirtschaftsbetriebe und ihre Vereinbarkeit mit dem europäischen Wettbewerbsrecht. 2005.

Band 62 Heiko Bertelmann: Die Europäisierung des Staatshaftungsrechts. Eine Untersuchung zum Einfluss des Europäischen Gemeinschaftsrechts auf das deutsche Staatshaftungsrecht unter besonderer Berücksichtigung der Haftung für judikatives Unrecht. 2005.

Band 63 Cedric Christian Meyer: Konkretisierung unbestimmter Rechtsbegriffe im deutschen und französischen Anlagenzulassungsrecht. 2005.

Band 64 Philippe Gréciano: Die Gerichtsbarkeit der Europäischen Gemeinschaften. Rechtsprechung und Rechtssprache Europas aus französischer Perspektive. Mit einem Vorwort von Theodor Öhlinger. 2007.

Band 65 Anne-Louise Schümer: Die Stellung des Ministerpräsidenten in den Bundesländern im Vergleich. 2006.

Band 66 Helen Ghebrewebet: Identifying Units of Statehood and Determining International Boundaries. A Revised Look at the Doctrine of *Uti Possidetis* and the Principle of Self-Determination. 2006.

Band 67 Arne Hertel: Beihilfen an kleine und mittlere Unternehmen. 2006.

Band 68 Markus Günther: Europol. Rechtsschutzmöglichkeiten und deren Vereinbarkeit mit nationalen und internationalen Anforderungen. 2006.

Band 69 Christian Wicker: The Concepts of Proportionality and State Crimes in International Law. An Analysis of the Scope of Proportionality in the Right of Self-Defence and in the Regime of International Countermeasures and an Evaluation of the Concept of State Crimes. 2006.

Band 70 Hauke Stöwsand: Zyperns Beitritt zur Europäischen Union. Vom Antrag auf Mitgliedschaft bis zum Protokoll der Beitrittsakte. 2007.

Band 71 Natalie Rowohl: Weltbank und Internationaler Währungsfonds: Ihre Mandate und deren Abgrenzung. Stand und Reformvorschläge. 2007.

Band 72 Ru-Huei Liu: Europäisierung des deutschen Umweltrechts. 2008.

Band 73 Katja Lange: Der Status der Aufständischen im modernen humanitären Völkerrecht. 2007.

Band 74 Tarik El-Shabassy: Die Durchsetzung finanzieller Sanktionen der Europäischen Gemeinschaften gegen ihre Mitgliedstaaten. 2008.

Band 75 Karsten Seifert: Das interamerikanische System zum Schutz der Menschenrechte und seine Reformierung. 2008.

Band 76 Nora Graaff: Staatenverantwortlichkeit. Vom „völkerrechtlichen Verbrechen" zur „schwerwiegenden Verletzung einer zwingenden Völkerrechtsnorm" anhand der ILC-Kodifikationsarbeit. 2008.

Band 77 Aldona Szczeponek: Die Umsetzung des Völkerrechts und des europäischen Gemeinschaftsrechts in Polen. Unter Berücksichtigung verfassungsrechtlicher Lösungen anderer europäischer Staaten. 2008.

Band 78 Christian Friedrich Fonk: Europäische Luftqualitätsziele und nationale Erfüllungsverantwortung. 2009.

Band 79 Christina Prinzhorn: Der Grundsatz des öffentlichen Zugangs zu amtlichen Dokumenten aus der Perspektive des internationalen Rechts. Materiell-rechtliche Vorgaben durch das internationale Recht für Informationszugangsrechte in den nationalen Rechtsordnungen Europas. 2009.

Band 80 Steffen Eicker: Der Deutsch-Herero-Krieg und das Völkerrecht. Die völkerrechtliche Haftung der Bundesrepublik Deutschland für das Vorgehen des Deutschen Reiches gegen die Herero in Deutsch-Südwestafrika im Jahre 1904 und ihre Durchsetzung vor einem nationalen Gericht. 2009.

Band 81 Niels Beisinghoff: Corporations and Human Rights. An Analysis of ATCA Litigation against Corporations. 2009.

Band 82 Gesine Wolf-Zimper: Zielgerichtete Sanktionen des Sicherheitsrates der Vereinten Nationen und effektiver Rechtsschutz. 2009.

Band 83 David Bergius: Die offene Frage des Privateigentums der Vertriebenen im deutsch-polnischen Verhältnis. 2009.

Band 84 Axel Rolf Schneider: Petitionen zum Europäischen Parlament mit Berücksichtigung des Bürgerbeauftragten. 2009.

Band 85 Tobias Nord: Rechtsnachfolge bei zwischenstaatlichen Organisationen. 2010.

Band 86 Marcel Bongard: Emissionshandel und effektiver Rechtsschutz: Ein unvereinbarer Gegensatz? Eine Untersuchung zu den Auswirkungen marktwirtschaftlicher Umweltschutzinstrumente auf den Individualrechtsschutz am Beispiel des Emissionshandelssystems. 2010.

Band 87 Armin Huhn: Amtshaftung im bewaffneten Auslandseinsatz. Anwendbarkeit und Leistungsfähigkeit des Amtshaftungsrechts bei Verletzung des *ius in bello*. 2010.

Band 88 Johannes Mosters: Ethische Beschaffung. Sekundärzwecke im Zeitalter der Globalisierung. 2010.

Band 89 Thomas Herntrich: Thüringen. Von den thüringischen Kleinstaaten nach Zerfall des Alten Reiches bis zum Freistaat Thüringen. Eine völkerrechtliche und verfassungsrechtliche Betrachtung. 2010.

Band 90 Marcelo Antonio Villagrán Abarzúa: Verfassungsrechtliche Grundlagen der Gemeindeverwaltung in Chile. Auch ein Beitrag zur Dezentralisierung und Dekonzentration. 2010.

Band 91 Manfred Hechtl: Die offensive Defensive: Das Recht der präventiven Selbstverteidigung? Lösungsansätze für (scheinbare) Bedrohungen durch einzelne Staaten und internationale Terrornetzwerke. 2011.

Band 92 Christian Grüner: Quantität und Qualität der europäischen Rechtsetzung. 2011.

Band 93 Anna Keller: Der neue Rechtsrahmen für den öffentlichen Rundfunk in Frankreich. 2011.

Band 94 Jörn Eschment: Musterprozesse vor dem Europäischen Gerichtshof für Menschenrechte. Probleme und Perspektiven des Piloturteilsverfahrens. 2011.

Band 95 Marija Dietrich: Staatliches Souveränitätsverständnis im Wandel der gesellschaftspolitischen Strukturen. Eine Perspektive der Europäischen Union nach Inkrafttreten des Vertrags von Lissabon. 2011.

Band 96 Philipp Austermann: Die Anrechnungsbestimmungen im Abgeordnetenrecht des Bundes und der Länder. Eine verfassungsrechtliche und verfassungspolitische Untersuchung unter besonderer Berücksichtigung des Abgeordnetenstatus. 2011.

Band 97 Gilbert Gornig (Hrsg.): Krisengebiete der Welt. Völkerrechtliche und politische Aspekte. 2011.

Band 98 Jörg Brackmann: Genehmigung, Anmeldung und Anzeige gentechnischer Arbeiten und Anlagen. Nach den Änderungen des Gentechnikrechts 2002, 2005 und 2008. 2011.

Band 99 Giuseppe de Vergottini / Valeria Piergigli (eds.): Topographical Names and Protection of Linguistic Minorities. 2011.

Band 100 Nevzat Kirkagac: Verdachtsausweisungen im deutschen Rechtsstaat. 2011.

Band 101 Karlheinz Rode: Verfassungsidentität und Ewigkeitsgarantie. Anmerkungen zu einem Mythos der Deutschen Staatsrechtslehre. 2012.

Band 102 Markus Kühnl: Enteignung und Mediation. Ansätze mediativer Konfliktlösung hinsichtlich einer Enteignung zur Realisierung planfeststellungsbedürftiger Großvorhaben. 2012.

Band 103 Max Fischer: Das System konsistenter Entgeltregulierung im deutschen Telekommunikationsrecht. 2012.

Band 104 Jennifer Satish: Nationale Handlungsspielräume beim Anbau von gentechnisch veränderten Organismen (GVO). Europa- und welthandelsrechtliche Implikationen. 2012.

Band 105 Eva Marie Lischka: Völkerrechtliches und nationales Schifffahrtsrecht. 2013.

Band 106 Friederike Maria Posor: Der Darfur-Konflikt und seine Auswirkungen auf die internationale Staatengemeinschaft. Vor dem Hintergrund neuer völkerrechtlicher Rechtsfortbildung. Möglichkeiten und Grenzen der internationalen Friedenskonsolidierung. 2013.

Band 107 Kai Georg Krenz: Rechtliche Probleme des internationalen Kulturgüterschutzes. Durchsetzung, Harmonisierungsbestrebungen und Restitutionen von Kulturgütern. 2013.

Band 108 Jörg Sommer: Das Recht der Kriegsgefangenen in modernen bewaffneten Konflikten. 2013.

Band 109 Henning Hildebrandt: Die Rechtsproblematik multipler Regulierungsstrukturen in der Doping-Bekämpfung. Zur Notwendigkeit und Möglichkeit einer globalen öffentlich-rechtlichen Kontrolle sozialmächtiger Sportverbände. 2013.

Band 110 Isabelle Reutzel: Das Weltraumrecht in Europa. Eine Analyse der nationalen Regelungen zur Raumfahrt. 2014.

Band 111 Lì Lǐ: Potenzial und Grenzen der Missbrauchskontrollregelung in der Europäischen Union und in der Volksrepublik China. Eine rechtsvergleichende Analyse am Beispiel der Kampfpreisstrategien. 2014.

Band 112 Adrianna Agata Michel: Polens Staatlichkeit in sieben Jahrhunderten. Eine völkerrechtliche Analyse zur Staatensukzession. 2015.

Band 113 René Ghouse: Langzeitverantwortlichkeit im parlamentarischen Gesetzgebungsverfahren. Ausgewählte Reformbemühungen zum Schutz nachrückender Generationen auf dem Prüfstand. 2016.

Band 114 Jan Ulrich Heinemann: Die Entwicklung der Außenkompetenzen der Europäischen Union im Vergleich der Rechtslagen vor und nach dem Reformvertrag von Lissabon. Unter besonderer Berücksichtigung der impliziten Außenkompetenzen. 2016.

Band 115 Christian Ehlenz: Zum Verhältnis von Recht und Ökonomik beim Behinderungsmissbrauch gemäß Art. 102 AEUV. Die Zwangslizenzierung von Immaterialgüterrechten als Paradigma des More Economic Approach. 2016.

www.peterlang.com

www.ingramcontent.com/pod-product-compliance
Ingram Content Group UK Ltd.
Pitfield, Milton Keynes, MK11 3LW, UK
UKHW021834290926
8980IPUK00004B/442